suhrkamp taschenbuch
wissenschaft 15

Peter Szondi, geboren 1929, lehrte bis zu seinem Tod im Oktober 1971 Allgemeine und Vergleichende Literaturwissenschaft an der Freien Universität Berlin. Schriften: *Theorie des modernen Dramas, Versuch über das Tragische, Satz und Gegensatz, Hölderlin-Studien, Celan-Studien, Lektüren und Lektionen.*

Der gemeinsame Gegenstand der literaturwissenschaftlichen Arbeiten Peter Szondis ist die Geschichte des bürgerlichen Subjekts in der Moderne, insofern als sie in Literatur und Literaturtheorie Ausdruck findet. Sein Interesse gilt den frühen Formen bürgerlichen Bewußtseins, die sich in der Dramatik und ihrer Theorie des 18. Jahrhunderts präsentiert. Die hier vorgelegten Analysen Szondis beabsichtigen in methodischer Hinsicht eine Konkretisierung der *Theorie des modernen Dramas.* Sie sind der Versuch einer soziologischen Theorie des frühen bürgerlichen Trauerspiels. Dabei geht es Szondi weniger um die Spuren der Realgeschichte in der dargestellten Wirklichkeit. Die Aufgabe der Literatursoziologie sieht er vielmehr darin, die Vermittlungen evident zu machen, durch die hindurch die Werke und ihre Theorie historisch, und das heißt auch gesellschaftlich, bedingt sind.

Peter Szondi

# Die Theorie des bürgerlichen Trauerspiels im 18. Jahrhundert

*Der Kaufmann, der Hausvater und der Hofmeister*

Herausgegeben von Gert Mattenklott
Mit einem Anhang
über Molière von Wolfgang Fietkau

Suhrkamp

*Studienausgabe der Vorlesungen*
Aus dem Nachlaß von Peter Szondi herausgegeben von Jean Bollack mit Henriette Beese, Wolfgang Fietkau, Hans-Hagen Hildebrandt, Gert Mattenklott, Senta Metz, Helen Stierlin.

CIP-Kurztitelaufnahme der Deutschen Bibliothek
*Szondi, Peter:*
Die Theorie des bürgerlichen Trauerspiels
im 18. [achtzehnten] Jahrhundert:
Der Kaufmann, der Hausvater und der Hofmeister / Peter Szondi.
Hrsg. von Gert Mattenklott. Mit e. Anh. über
Molière von Wolfgang Fietkau. –
1. Aufl., Frankfurt am Main: Suhrkamp, 1979.
(Studienausgabe der Vorlesungen / Peter Szondi; Bd. 1)
(Suhrkamp-Taschenbücher Wissenschaft; 15)
ISBN 3-518-27615-8

suhrkamp taschenbuch wissenschaft 15
Erste Auflage 1973

Druck: Nomos Verlagsgesellschaft, Baden-Baden
Printed in Germany
Umschlag nach Entwürfen von
Willy Fleckhaus und Rolf Staudt

6 7 8 9 10 – 88 87 86

# Inhalt

# Vorwort zu den Vorlesungsbänden

Im Gegensatz zu den bisher schon aus dem Nachlaß publizierten Essaybänden können sich die Herausgeber für die Edition der Vorlesungen nicht nur auf keine erklärte Absicht Szondis berufen, sondern sie sind sich bewußt, daß er diese Texte in dieser Form niemals in Druck gegeben hätte. Die Differenz zwischen den redigierten Vorlesungstexten und den für eine Veröffentlichung ausgearbeiteten Aufsätzen kommt am deutlichsten vielleicht darin zum Ausdruck, daß Szondi selbst gewisse Vorlesungszyklen als Vorstufe und Grundlage für spätere Publikationen konzipiert hat. Dennoch darf man wohl die in diesem ersten Band herausgegebene Vorlesungsreihe über die Theorie des bürgerlichen Trauerspiels im 18. Jahrhundert als von dem geplanten Buch *Der Kaufmann, der Hausvater und der Hofmeister* nicht allzu entfernt betrachten. Zuweilen pflegte Szondi auf die Vorlesungsmanuskripte zurückzugreifen, wenn er sich entschlossen hatte, der Bitte um einen Vortrag oder einen Beitrag nachzukommen, so daß Stücke daraus in die knappe Form des Essays gebracht wurden. Diese Umarbeitung der Vorlesungsfassung, der literarische Transformationsprozeß, war für ihn ein so notwendiger Vorgang, daß er, als er z. B. einmal von einem Hörer zweier Sendungen des Hessischen Rundfunks[1] über Moritz und Schlegel, die er nur zu diesem Zweck überarbeitet hatte[2], gebeten wurde, ihm das Manuskript zu überlassen, der Bitte nicht glaubte entsprechen zu dürfen und dem Mann, der sich an ihn gewandt

1 *Die Idee dient dem Kunstwerk, das Kunstwerk dient nicht ihr* über Moritz (27. 9. 1966); *Klassizismus und Frühromantik. Versuch über Friedrich Schlegel* (18. 4. 1967).
2 Aus: *Antike und Moderne in der Ästhetik der Goethezeit.*

hatte, antwortete: »Die beiden Rundfunksendungen über Moritz und Schlegel waren Vorträge, die ich nicht für publikationsreif halte«, worauf dieser seiner Achtung und seinem Bedauern ineins mit der Bemerkung Ausdruck gab: »Es gäbe wohl wenig germanistisches Schrifttum, wenn Fachkollegen ähnliche Forderungen an ihre Arbeiten stellten.«

Die Herausgeber sind dennoch, wie sehr sie selbst diesen Anspruch respektieren, überzeugt, das Richtige zu tun, weil ihnen der Verlust eines Werks von so eminenter Bedeutung ein sehr viel größeres Übel zu sein scheint als das der definitiven Vorläufigkeit.

Die enge Verbundenheit zwischen der akademischen Lehrtätigkeit Szondis und seinen publizierten Schriften zeigt, wie wenig er die Vorbereitung von Vorlesungen vom schriftstellerischen Handwerk trennte. Auch widerstrebte es ihm, irgend etwas der Improvisation zu überlassen. Zugleich aber wird an der Sorgfalt, von der auch die didaktische Seite seiner Ausführungen zeugt, deutlich, daß es ihm, neben der persönlichen Motivierung, auch darum zu tun war, durch die Art, wie er sein Amt wahrnahm, eine ihm eigene Norm zu setzen.

Alle Vorlesungen, die Szondi in Berlin, Göttingen und Heidelberg von 1959 bis 1971 gehalten hat, liegen maschinengeschrieben und, wo er sie wiederholt hat, in erweiterter und überarbeiteter Form vor. Durch diesen Umstand ist es möglich, nicht nur die Resultate seiner theoretischen Reflexion, sondern auch die gelegentlich mehr einführenden Partien (wie z. B. in die Ästhetik Hegels) den Studenten, und nicht nur ihnen, zugänglich zu machen. Indem wir auch Szondis Materialien (Notizen und Exzerpte), Arbeitsprojekte und Themen – oder als Ergänzung, wie in diesem Band, eine Darstellung, hinter der sich Elemente eines Buchplans abzeichnen – mit in diese Ausgabe aufgenommen haben, sollte festgehalten werden, wie im Bereich seiner philologischen Tätigkeit die Intention auf Theorie eins ist mit der Insistenz auf dem literarischen Detail. Die in insgesamt fünf Bänden erscheinenden Vorlesungen, die der akademischen Lehrtätigkeit eines vollen Jahrzehnts entsprechen, lassen gewiß auch eine interne Entwicklung des Werks erkennen, die sich aber von dem gewichtigen Umstand nicht trennen läßt, daß dessen Autor die neuen Impulse und die sich verändernden Verhältnisse der intellektuellen Situation in den sechziger Jahren an den Universitäten aufmerksam wahrnahm und mit Entschiedenheit Partei zu ergreifen wußte. Von noch größerer Bedeutung als das historische Dokument, das diese Texte allein schon dadurch darstellen, ist vielleicht die Selbstreflexion, die fortschreitend eine Korrektur der Perspektiven bedingt, und die sich selbst als eine Konsequenz der epistemologischen Voraussetzungen erweist.

Jean Bollack

# Vorwort des Herausgebers

Peter Szondis literaturwissenschaftliche Arbeiten waren während der letzten Jahre seiner Tätigkeit weitgehend der Geschichte des bürgerlichen Bewußtseins, zumal den frühen Formen der bürgerlichen Selbstdarstellung in der Dramatik und deren Theorie, gewidmet. Wenige Monate vor seinem Tod schrieb er an die Deutsche Forschungsgemeinschaft (12. 7. 1971), er beabsichtige, während der Zeit seines Forschungssemesters, seine »vor längerer Zeit begonnenen Studien zur Theorie des bürgerlichen Trauerspiels im 18. Jahrhundert« fortzuführen. Es handelt sich um eine Untersuchung der verschiedenen Formen und sozialgeschichtlichen Voraussetzungen dieser Gattung in England, Frankreich und Deutschland, dargestellt an dem ›London Merchant‹ von Lillo, den beiden bürgerlichen Dramen Diderots und dem ›Hofmeister‹ von Lenz«. Die Anwendung der literatursoziologischen Betrachtung auf diese Gattung und diese Zeit scheint sich nicht so sehr aus dem Anspruch zu erklären, eine Lücke in der Forschung zu schließen, als aus dem, die bürgerliche Intelligenz in der Selbstreflexion ihrer eigenen Frühgeschichte zu verstehen.

In Szondis Beitrag zur Theorie des Trauerspiels ist die Intention auf Einheit von Philologie und Geschichtsphilosophie ähnlich konstitutiv wie schon für sein erstes Buch: die *Theorie des modernen Dramas.* Sie findet hier wie in seinem frühen Werk methodologischen Ausdruck in dem, kritisch gegen eine gewisse Literatursoziologie gewendeten, Postulat, die bestimmte Historizität der Werke und der Theorie über sie als historische Semantik ästhetischer Formen und ihrer poetologischen Bestimmungen zu analysieren.

Die Vorlesung wurde im Sommersemester 1968 in Berlin gehalten. Doch bildet für die bereits sehr viel früher begonnene Beschäftigung mit dem Schauspiel des 18. Jahrhunderts ein bereits im Sommersemester 1963 in Göttingen veranstaltetes Seminar über ›Dramatik des Sturm und Drang‹ einen Anhaltspunkt. In die Zwischenzeit fallen, außer verschiedenen Vorlesungen über Probleme der Gattungspoetik und Ästhetik desselben Jahrhunderts, im Wintersemester 1966/67 und im Sommersemester 1967 gehaltene Seminare über ›Die Anfänge des bürgerlichen Trauerspiels in England, Frankreich und Deutschland‹, sowie über ›Individuum und Gesellschaft im französischen, englischen und deutschen Lustspiel des 17. und 18. Jahrhunderts‹.

Szondi beabsichtigte selbst die Veröffentlichung eines Bandes mit dem Titel *Der Kaufmann, der Hausvater und der Hofmeister. Zur Sozialpsychologie des bürgerlichen Dramas im 18. Jahrhundert.* Von der geplanten Gestalt dieses Bandes gibt der vollständige Abdruck der Vorlesung zum Trauerspiel den sicher zuverlässigsten Eindruck.

Der Anhang enthält im 1. Teil Notizen Szondis zu einer beabsichtigten Interpretation von Lessings ›Miss Sara Sampson‹ aus einem von zwei Heften mit Materialien zum Trauerspiel. Da der Lessing geltende Teil der Vorlesung – wohl des vorgerückten Semesters wegen – von der Aufteilung der beiden ersten Teile insofern abweicht, als die Diskussion der Theorie kein Komplement in der Interpretation eines dramatischen Textes hat, erscheint mir die Mitteilung dieser Aufzeichnungen als nützlich. Zumal im Hinblick auf die ausgeführten Teile können sie wichtige Hinweise nicht nur für den geplanten Fortgang der Vorlesung, sondern auch für eigene Studien geben.

Im 2. Teil des Anhangs, für den Wolfgang Fietkau zeichnet, geht es um die Rekonstitution zweier Kapitel eines geplanten Buches, in dessen Zentrum Molière und dessen Rezeption in England und Frankreich, aber auch in Deutschland, gestanden hätte, an Hand der Ausführungen Szondis in einem Seminar über dieses Thema sowie der von ihm hinterlassenen Aufzeichnungen.

Abweichungen dieses Drucks gegenüber der Typoskriptvorlage, die Szondi für die Vorlesung benutzt hat, beschränken sich auf die Auslassung von Anreden und technischen Hinweisen. An den Überleitungsstellen der neun Vorlesungsteile ineinander wurden die Wiederholungen getilgt und, im wesentlichen syntaktische, Verbindungen hergestellt. Die Zitate sind kontrolliert worden. Die Kapiteleinteilung ist ebenso wie der vom Herausgeber gemeinsam mit Henriette Beese und Senta Metz erstellte philologische Apparat ergänzt.

Gert Mattenklott

# Die Theorie des bürgerlichen Trauerspiels im 18. Jahrhundert

# I George Lillo: *The London Merchant*

Unser Gegenstand ist die Theorie des bürgerlichen Trauerspiels im 18. Jahrhundert. Was wir darzustellen haben, ist also nicht ein Kapitel aus der Geschichte der europäischen Dramatik, sondern eines aus der Geschichte der Dramentheorie, allgemeiner gesagt: der Poetik. Aber mehr noch vielleicht als bei anderen Themen aus der Geschichte der Poetik[1] ist bei diesem Thema die Darstellung der Theorie nicht möglich ohne die ständige Rücksicht auf die Praxis, auf die dramatische Produktion. Denn zum einen ist die Poetik des frühen und des mittleren 18. Jahrhunderts, wie man weiß, ungleich pragmatischer und normativer – in sehr viel höherem Maß aus den Werken gewonnen und die Gestalt der künftigen Werke bestimmen wollend –, als es dann die idealistisch-spekulative Poetik des späten 18. und des frühen 19. Jahrhunderts sein wird. Zum andern ist die Darstellung der Theorie – oder genauer: der Theorien – des bürgerlichen Trauerspiels im 18. Jahrhundert darum mehr auf den Rekurs auf die Werke selbst angewiesen, als es z. B. die Darstellung der Fabel-Theorie im gleichen Zeitraum wäre, weil diese Theorie programmatischen und polemischen Wesens ist: ihr Gegenstand, das bürgerliche Trauerspiel, war – aus Gründen und mit Einschränkungen, von denen wir noch ausführlich zu handeln haben werden – im frühen und mittleren 18. Jahrhundert ein Novum, wenn nicht gar ein Skandalon: was darüber an Theorie verfaßt wurde, stammt darum meist von den Autoren selbst – von Lillo, Diderot, Lessing, Mercier, Lenz, um die wichtigsten Namen zu nennen –, war

1 An dieser Stelle verwies Szondi auf frühere Vorlesungen und Seminare zur Geschichte der Poetik. Vgl. Editorisches Vorwort.

Kritik am Bestehenden, an der klassizistisch-heroischen Tragödie, war Programm und Apologie der neuen dramatischen Gattung. Es wäre wenig sinnvoll, allein diese Theorie zu betrachten, ist sie doch ganz auf die vergangene und künftige dramatische Produktion polemisch bzw. programmatisch bezogen. Freilich: die Einbeziehung der Werke selbst in unsere Betrachtung wird uns immer wieder Diskrepanzen zwischen den bürgerlichen Trauerspielen und ihrer programmatischen Theorie vor Augen führen, Diskrepanzen, die schwerlich mit subjektiv-privaten Gründen zu erklären sind. So hat z. B. Oskar Walzel in seiner in mancher Hinsicht zwar überholten, aber doch recht informativen Darstellung des bürgerlichen Dramas gesagt, die beiden Hauptintentionen der Aufklärung: der Kampf für das Wohl und den Fortschritt der Menschheit auf der einen, der *esprit de recherche et d'observation* (Marmontel) auf der anderen Seite bestimmten getrennt die theoretische und die praktische Arbeit von Diderot: *Den Realismus vertritt er als Theoretiker; seine bürgerlichen Dramen verfechten die sittlichen Wünsche der Aufklärung.*[2] An einer solchen Diskrepanz wird, so darf man vermuten, anderes als Zufällig-Privates beteiligt sein. Bedenkt man gar, daß beim Drama der Unterschied zwischen denen, für welche die Werke, und jenen, für die ihre Theorie bestimmt sind – der Unterschied zwischen Theaterpublikum und Kritikern, Dramatikern –, noch größer sein dürfte als bei anderen Gattungen, bei denen die Werke und ihre Theorie zumindest das Mittel ihrer Kommunikation, das Lesen, gemein haben, so wird man Diskrepanzen, wie der von Walzel vielleicht allzu pointiert, aber im Wesentlichen richtig benannten, alle Aufmerksamkeit schenken wollen: sie dürften Signale sein für die spezifischen Bedingungen, unter denen das bürgerliche

2 Oskar Walzel, *Das bürgerliche Drama* [1914]. In: O. W., *Vom Geistesleben alter und neuer Zeit.* Leipzig 1922, S. 172.

Trauerspiel im 18. Jahrhundert entstand, geschrieben und aufgeführt wurde: Bedingungen, die nur im Rahmen einer literatursoziologischen Analyse zureichend erkannt werden können.

So erfordert unser Thema, die Theorie des bürgerlichen Trauerspiels im 18. Jahrhundert, den Rekurs nicht bloß auf die dramatische Produktion, sondern auch auf die gesellschaftlichen Gegebenheiten und Prozesse. Aber wie bei der Einbeziehung der Werke, so wird man auch bei der Einbeziehung ihrer gesellschaftlichen Voraussetzungen auf manchen Widerspruch gefaßt sein müssen. So selbstverständlich es ist, daß man beim bürgerlichen Trauerspiel – einer Gattung, die schon in ihrem Namen ein gesellschaftliches Moment bezeichnet – auf die Literatursoziologie nicht wird verzichten wollen, so wichtig ist es, die Widersprüche, auf die man sei es beim Studium der literatursoziologischen Forschung, sei es beim eigenen Versuch einer Verknüpfung der Werke und ihrer Theorie mit den Fakten der Sozialgeschichte stößt, nicht zu bagatellisieren, sondern festzuhalten. Denn diese Widersprüche dürften eine Erkenntnischance darstellen, und zwar sowohl speziell: was die sozialen Voraussetzungen und Implikationen des bürgerlichen Trauerspiels im 18. Jahrhundert, als auch generell: was die Arbeitsweise der Literatursoziologie und ihre Beziehung zur Literaturwissenschaft und zur Geschichte der Poetik betrifft. Dafür ein Beispiel: in dem Einleitungskapitel zu seinem Buch über die Entwicklungsgeschichte des modernen Dramas, das unter dem Titel *Zur Soziologie des modernen Dramas* separat erschien, schreibt Georg Lukács 1914:

*Das bürgerliche Drama ist das erste, welches aus bewußtem Klassengegensatz erwachsen ist; das erste, dessen Ziel es war, der Gefühls- und Denkweise einer um Freiheit und Macht kämpfenden Klasse, ihrer Beziehung zu den andern Klassen, Ausdruck zu geben. Daraus folgt schon, daß in dem*

*Drama meistenteils beide Klassen aufrücken müssen, die kämpfende sowohl als die, gegen welche der Kampf sich abspielt.*[3]

Daß diese Sätze einleuchtend klingen, wird man wahrscheinlich nicht bestreiten. Aber trifft das in ihnen Behauptete zu? Weder in Lillos *The London Merchant*, noch in Diderots beiden Dramen *Le fils naturel* und *Le père de famille*, noch in Lessings *Miss Sara Sampson* stehen die beiden Klassen, die aufrückende bürgerliche und die bekämpfte adlige, sich gegenüber. Oft sind sogar die Helden der bürgerlichen Trauerspiele gar nicht Bürger, sondern Adlige, wie Sir William Sampson bei Lessing. Freilich gibt es auch Werke, und sie sind durchaus nicht weniger gewichtig als die eben genannten, auf die Lukács' Charakteristik des bürgerlichen Dramas als eines, das den Klassengegensatz austrägt, zutrifft, man denke an Lessings *Emilia Galotti* oder an Lenzens *Hofmeister*. Soll man aber nur diese als bürgerliche Dramen, als bürgerliche Trauerspiele auffassen? Dagegen spricht nicht bloß die Chronologie: Lillos Drama ist 1731, die Werke Diderots und *Miss Sara Sampson* sind in den fünfziger Jahren entstanden, während die Werke, die Lukács im Sinn haben mag, erst in den siebziger Jahren des 18. Jahrhunderts geschrieben wurden, *Kabale und Liebe* erst 1784. Nicht nur spielt der Klassengegensatz auf manifeste Weise nicht in allen, auch nicht in den meisten Werken der neuen Gattung eine Rolle; er tritt auch nicht von Anfang an auf. Ist also das bürgerliche Trauerspiel, wie Lukács behauptet, *aus bewußtem Klassengegensatz erwachsen* – woran zu zweifeln, ich keinen Anlaß sehe –, ohne daß dieser Klassengegensatz in die Werke unmittelbar Eingang findet, so wird

3 Georg Lukács, *Zur Soziologie des modernen Dramas.* In: *Archiv für Sozialwissenschaft und Sozialpolitik* 1914. Teilnachdruck in: G. L., *Schriften zur Literatursoziologie.* Ausgewählt und eingeleitet von Peter Ludz. Neuwied 1961, S. 277. Soziologische Texte 9.

man zwischen dem historisch-sozialen Prozeß, dem Aufstieg des Bürgertums, und seinem Ausdruck im Drama ein sehr viel weniger direktes Verhältnis annehmen als es Lukács schon in seiner frühen Arbeit zu postulieren scheint, von seiner späteren Theorie der Widerspiegelung zu schweigen. Nimmt man gar hinzu, daß in den theoretischen Schriften der Frühzeit des bürgerlichen Trauerspiels von einer politisch-klassenkämpferischen Intention der neuen Gattung überhaupt nicht die Rede ist, so wird man zwar keineswegs auf die literatursoziologische Betrachtungsweise verzichten wollen – zu welch grotesken Thesen ein prononciert antiliteratursoziologischer Ansatz beim bürgerlichen Trauerspiel führt, zeigt die Arbeit von Lothar Pikulik über *»Bürgerliches Trauerspiel« und Empfindsamkeit*[4] –, wohl aber wird man die literatursoziologische Methode ihrerseits ständig an dem, was sie erhellen soll, überprüfen; Literatursoziologie also nicht ohne ihre Kritik, ohne die Reflexion über die Bedingung ihrer Erkenntnismöglichkeit, treiben.

So folgt aus der Notwendigkeit, die Theorie des bürgerli-

4 Lothar Pikulik, *»Bürgerliches Trauerspiel« und Empfindsamkeit.* Köln/Graz 1966. Literatur und Leben 9.
In einem der Exzerpthefte zur Vorlesung stehen dazu die folgenden – von Szondi jeweils mit *sic!* kommentierten – Passagen aus Pikuliks Buch: *es fehlt unserer Überzeugung nach an einwandfreien Beweisen, daß das Ideal der Menschlichkeit soziologisch an eine bestimmte Klasse geknüpft gewesen wäre. Soviel man sehen kann, wurzelte es vielmehr in einer Sphäre, die unabhängig vom Begriff der gesellschaftlichen Klasse ist: in dem Bereich von Liebe, Freundschaft, Familie. Das sind damals die sozialen, doch psychologisch und ethisch begründeten Standorte für das Menschliche und das Unmenschliche: Mensch ist man in der begrenzten Gefühlsgemeinschaft, Unmenschlichkeit dagegen herrscht in der Gesellschaft, in der Großen Welt, besonders ihrer schlimmsten Abart, der höfischen Welt. So ist dieser Begriff der Menschlichkeit überhaupt ausgesprochen gesellschaftsfeindlich.* (S. 152) *Der soziologische Begriff des Bürgerlichen [läßt] sich allenfalls auf Gottsched und seine Schüler anwenden. Was jedoch das Drama noch einmal und gegen den Willen Gottscheds umgestaltete und damit die Reform reformierte, war eine im Kern unbürgerliche Erscheinung, die Empfindsamkeit.* (S. 170)

chen Trauerspiels im 18. Jahrhundert nicht bloß als ein Thema der Geschichte der Poetik, sondern zugleich als ein literarhistorisches und als ein literatursoziologisches Problem zu sehen, von den Theorien auf die Werke und auf beider gesellschaftliche Entstehungsbedingungen und Implikationen zu rekurrieren, die Notwendigkeit, dabei zugleich das Verhältnis zwischen Dramentheorie und dramatischer Produktion, ferner: das Verhältnis zwischen Dramentheorie und dramatischer Produktion einerseits und sozialer Wirklichkeit andererseits zum Gegenstand kritischer Reflexion zu machen.

Es läge nun nahe, bevor wir uns einem ersten Zeugnis der Theorie des bürgerlichen Trauerspiels, der *Dedication* und dem Prolog zu Lillos *The London Merchant* von 1731 zuwenden, zwei Fragen zu klären: eine terminologische und eine historische. Müßte nicht vorgängig jeder Analyse und Darstellung gesagt werden, 1. was im folgenden unter »Bürgerliches Trauerspiel« verstanden werden soll, und 2. seit wann es ein solches gibt? Wenn ich es vorziehe, die Beantwortung dieser beiden Fragen zu vertagen, so aus folgenden Gründen:

Zu der terminologischen Frage wäre zunächst zu sagen, daß es nicht möglich ist, nur die Stücke bürgerliche Trauerspiele zu nennen, die von ihren Autoren so bezeichnet wurden. Denn von den Werken, die im 18. Jahrhundert die Entwicklung am stärksten beeinflußt haben und sowohl den Kritikern und Theoretikern der Zeit als auch den Historikern des 19. und 20. Jahrhunderts als Paradigmata der neuen Gattung gelten, heißt kaum eines »Bürgerliches Trauerspiel«: *The London Merchant* nicht (außer in der deutschen Übersetzung), die Stücke Diderots nicht, weder *Emilia Galotti* noch der *Hofmeister*, und *Miss Sara Sampson* nur in der 1. Fassung. Unter den Dramen, die im Untertitel als *bürgerliche Trauerspiele* bezeichnet werden, ist im deutschen

Sprachbereich das einzige bedeutende Schillers *Kabale und Liebe*; die Verfasser der anderen heißen Breithaupt und Dusch, Lieberkühn und Pfeffel, Pfeil, Trautzschen und Ziegler.[5] Scheidet dieses Kriterium also aus, so wird man seine Zuflucht möglicherweise zu einer Definition nehmen wollen: Was aber taugt eine Bestimmung, derzufolge Bürgerliches Trauerspiel eines ist, in dem der tragische Held von bürgerlichem Stand ist, da doch, wie ich bereits erwähnt habe, einerseits in manchem Werk, das von seinem Verfasser als bürgerliches Trauerspiel bezeichnet wird, die Helden Adlige sind – es gibt sogar eines über Ludwig XVI.[6] –, andererseits der Terminus *tragischer Held*, den etwa der Artikel *Bürgerliches Drama* des Reallexikons der deutschen Literaturgeschichte benutzt,[7] selber der Klärung bedarf. Nicht einmal die Gattung der Komödie stellt eine Grenze dar, jenseits deren der Historiker des bürgerlichen Trauerspiels nichts zu suchen hätte: denn nicht nur ist der *Hofmeister* von Lenz im Untertitel als Komödie bezeichnet, die gattungspoetische Theorie des bürgerlichen Trauerspiels begreift dieses immer wieder als eine Zwischengattung, die zusammen mit dem rührenden oder weinerlichen Lustspiel das Gebiet zwischen der traditionellen Tragödie und der traditionellen Komödie – zwischen Corneille und Molière – besetzt hält. Die Grenze zwischen den beiden Zwischengattungen zu ziehen, das bürgerliche Trauerspiel vom rührenden Lustspiel streng zu scheiden, wird aber – wenn überhaupt – nur im Rahmen einer Diskussion der Werke und

5 Vgl. Wolfgang Schaer, *Die Gesellschaft im deutschen bürgerlichen Drama des 18. Jahrhunderts.* Bonn 1963.

6 Ernst Karl Ludwig Ysenburg von Buri, *Ludwig Capet, oder Der Königsmord. Ein bürgerliches Trauerspiel in vier Aufzügen.* Neuwied 1793 (Universitätsbibliothek Bonn).

7 Ursula Gauwerky, *Bürgerliches Drama.* In: *Reallexikon der deutschen Literaturgeschichte.* Begr. von Paul Merker und Wolfgang Stammler. 2. Aufl. Berlin 1958, Bd. I, S. 199-203.

ihrer Theorie, nicht jedoch als abstrakte Vorentscheidung möglich sein. Die Bezeichnung, die Lenz seinem *Hofmeister* zuerst gab, erhellt in bedeutender Weise die Komplexität der terminologischen Frage: das Werk sollte *Ein Lust- und Trauerspiel* heißen. So scheint es mir richtiger zu sein, statt im vorhinein zu postulieren, was als bürgerliches Trauerspiel zu bezeichnen und zu betrachten ist und was nicht, die Klärung der Frage durch die theoretische Diskussion hindurch, wie sie im 18. Jahrhundert geführt wurde, zu versuchen.

Damit habe ich zum Teil auch schon gesagt, warum ich die andere, die historische Frage, gleichfalls nicht vorgängig der materiellen Behandlung des Problems beantworten möchte. Gab es vor dem 18. Jahrhundert, etwa vor Lillos *Kaufmann von London*, nicht auch schon bürgerliche Trauerspiele? Ist Thomas Heywoods *A Woman Killed with Kindness*[8] von 1603, ist das von einem unbekannten Verfasser stammende *Arden of Feversham*[9] von 1592 kein bürgerliches Trauerspiel? Trauerspiele sind es und ihre Helden sind, zum Teil wenigstens, Bürger. Doch selbst wenn man von der Schwierigkeit absieht, daß ein Trauerspiel allein auf Grund des bürgerlichen Standes seiner Helden schwerlich ein bürgerliches Trauerspiel genannt werden kann, da es Werke gibt, die von ihren Autoren so genannt werden, ohne daß ihre Helden dem bürgerlichen Stand angehörten, läßt sich die Frage, ob diese Werke der Shakespeare-Zeit wie auch einige von Shakespeare selbst, zu unserem Thema gehören, erst entscheiden, wenn durch eine Untersuchung der theoretischen Grundlegung der neuen Gattung im 18. Jahrhundert und der von den ersten Theoretikern gemeinten Dramen

8 Thomas Heywood, *A Woman Killed with Kindness* [1603]. Ed. by R. van Fossen. London 1961. The Revels Plays.

9 Anonymus, *Arden of Feversham* [1592]. Ed. by Hugh Macdonald and D. Nichol Smith. Repr. Oxford 1940. The Malone Society Reprints.

auch für einen Vergleich zwischen diesen Werken und ihren möglichen Vorläufern die Bedingungen geschaffen sind.

Sicher habe ich mit diesen Bemerkungen die Bedenken jener, die mit guten Gründen auf der Notwendigkeit der Klärung terminologischer und methodologischer Fragen vorgängig jeder Arbeit bestehen, nicht ganz zerstreuen können. Mir ging es vor allem darum, durch einige Hinweise und Überlegungen zu Fragen der Terminologie und der Methodologie diese Insistenz selbst, zumindest in dem hier vorliegenden Fall, als bedenklich zu erweisen. Ohne daß damit die Diskussion, die an meinen Vorschlag, die terminologisch-historische Frage zu vertagen, anknüpfen könnte, verhindert werden sollte, sei noch darauf aufmerksam gemacht, daß die beiden Fragen: Was ist ein bürgerliches Trauerspiel? und: Seit wann gibt es bürgerliche Trauerspiele? im Rahmen dieser Vorlesung, deren Gegenstand primär nicht das bürgerliche Trauerspiel, sondern seine Theorie ist, von geringerer Dringlichkeit sind, läßt sich doch, auch wenn die beiden Fragen zunächst offen bleiben, eine dritte, unserem Thema genauer angemessene, beantworten, die Frage nämlich, wann und von wem die erste Rechtfertigung der neuen, wenn auch vielleicht nicht ganz so neuen, Gattung unternommen wurde, die der überlieferten Tragödie den Kampf ansagen sollte. Sehe ich richtig und sehen wir ab von den Prologen der genannten Stücke der Shakespeare-Zeit, in denen nur um Nachsicht gebeten wird für den schlichten Rahmen des folgenden, ohne daß dieser legitimiert würde, so sind das Widmungsschreiben und der Prolog, mit denen George Lillo seinen *London Merchant* im Jahr 1731 einleitet, wenn nicht das erste, so doch eines der ersten Zeugnisse dessen, was in dieser Vorlesung dargestellt werden soll: der Theorie des bürgerlichen Trauerspiels im 18. Jahrhundert.

Das Widmungsschreiben, an den Ratsherrn Sir John Eyles

gerichtet, dessen Vater zu Beginn des Jahrhunderts in den Adelsstand erhoben worden war, beginnt mit folgenden Abschnitten:

*If tragic poetry be, as Mr. Dryden has somewhere said, the most excellent and most useful kind of writing, the more extensively useful the moral of any tragedy is, the more excellent that piece must be of its kind.*

*I hope I shall not be thought to insinuate that this, to which I have presumed to prefix your name, is such. That depends on its fitness to answer the end of tragedy: the exciting of the passions in order to the correcting such of them as are criminal, either in their nature or through their excess.* [...]
*What I would infer is this, I think, evident truth: that tragedy is so far from losing its dignity by being accommodated to the circumstances of the generality of mankind that it is more truly august in proportion to the extent of its influence and the numbers that are properly affected by it, as it is more truly great to be the instrument of good to many who stand in need of our assistance than to a very small part of that number.*

*If princes, etc., were alone liable to misfortunes arising from vice or weakness in themselves or others, there would be good reason for confining the characters in tragedy to those of superior rank; but, since the contrary is evident, nothing can be more reasonable than to proportion the remedy to the disease.*

Darum sei es, schreibt Lillo, seine Absicht gewesen, *to enlarge the province of the graver kind of poetry*[10]. Diese Erweiterung des Gebiets der ernsten, der tragischen Dichtung ergibt das bürgerliche Trauerspiel. Womit wird sie bei Lillo begründet? Seine eben zitierten Ausführungen stellen

10 George Lillo, *The London Merchant* [1731]. Ed. by William H. McBurney. Lincoln 1965, S. 3 f. Regents Restoration Drama Series. (Künftig abgekürzt als *LM*, Akt, Szene; bzw. Seitenzahl)

einige Behauptungen auf, die allesamt im Rahmen einer jahrhundertealten, auf Aristoteles zurückgehenden Tragödientheorie und als eine für das 18. Jahrhundert in hohem Maß kennzeichnende Etappe in deren Geschichte zu sehen sind. Lillo behauptet, 1. daß die tragische Dichtung von allen Gattungen die nützlichste sei, 2. daß das Ziel der Tragödie, die Erregung der Leidenschaften, die Aufgabe habe, jene unter ihnen, die von Natur oder durch ihre Unmäßigkeit verbrecherisch sind, zu verbessern (oder zu strafen), 3. behauptet Lillo, daß die Erhabenheit der tragischen Dichtung vom Ausmaß ihres Wirkungsbereichs abhängig sei, und 4. daß die Beschränkung auf *vornehme Personen* (Gottsched) nur dann sinnvoll wäre, wenn allein diese den durch Laster oder Schwäche bewirkten Unglücksfällen ausgesetzt wären, was die These impliziert, daß die erstrebte Wirkung der Tragödie nur bei Angehörigen desjenigen Standes eintreten kann, dem der tragische Held angehört.

Die erste Behauptung, der zufolge die Tragödie die nützlichste der poetischen Gattungen ist, beruft sich auf Dryden. Das ist kein schlechter Kunstgriff, da so der klassizistische Vertreter und Theoretiker des *heroic play* und des *heroic poem* die Notwendigkeit des bürgerlichen Trauerspiels zu erweisen scheint, ist es doch einleuchtend, daß es einer Auffassung von der Tragödie als der nützlichsten Dichtart nicht gleichgültig sein kann, wie groß dieser Nutzen faktisch ist, ob die Werke nur bei einer kleinen sozialen Gruppe sich nützlich zeigen. Nun scheint aber Dryden, wie ein Herausgeber des *London Merchant*, McBurney, anmerkt,[11] den von Lillo berichteten Satz in seinen Schriften nirgends geschrieben zu haben; was sich bei ihm findet, ist ein Zitat aus der Poetik des Aristoteles: *The most perfect work of poetry,*

11 William H. McBurney, *LM* 3, Anm. 5.

*says our master Aristotle, is tragedy* – heißt es 1693 in Drydens Einleitung zu seiner Übersetzung der Satiren Juvenals, und die Begründung, die er gibt, enthält keinen Hinweis auf die Wirkung, also auf die Nützlichkeit, der Tragödie, sondern nur auf ihre Beschaffenheit: *His reason* – schreibt Dryden über Aristoteles – *is, because it is the most united; being more severely confined within the rules of action, time, and place.*[12] Diese Umdeutung der Vorzüge tragischer Dichtung ins Nützliche bestimmt auch die zweite Behauptung Lillos. Sagt er, es sei das Ziel der Tragödie, Leidenschaften zu erregen, so beruft er sich – auch wenn er den Namen nicht nennt – auf Aristoteles, gibt aber dessen Theorie von der kathartischen, von der reinigenden Wirkung der Tragödie einen Sinn, den sie bei ihm schwerlich hat: den der Verbesserung oder Züchtigung von Haus aus oder durch Exzess verbrecherischer Leidenschaften. Auch die beiden letzten Thesen Lillos beziehen sich, uminterpretierend oder gar polemisch, auf Aristoteles: hat Aristoteles die Erhabenheit als Merkmal der von der Tragödie nachgeahmten Handlung in die Definition der Gattung aufgenommen, so macht Lillo diese Erhabenheit abhängig vom Ausmaß des Wirkungsbereichs, von der Zahl der Menschen, auf die eine Tragödie zu wirken vermag. Vollends widerspricht Lillo dem ersten Theoretiker der Tragödie, wenn er die Zugehörigkeit zur selben sozialen Schicht zur Voraussetzung dafür macht, daß das Schicksal des tragischen Helden auf den Zuschauer die beabsichtigte Wirkung hat: war doch diese Übereinstimmung in Athen weniger noch als im England des 18. Jahrhunderts gegeben. Prinzen, selbst Könige dürften in London regelmäßigere Theaterbesucher gewesen

12 John Dryden, *A Discourse Concerning the Original and Progress of Satire, prefixed to »The Satires of Juvenalis, Translated«* [1693]. In J. D., *Of Dramatic Poesy and other Critical Essays.* Ed. by George Watson. London/New York 1962, vol. II, S. 95.

sein als Könige, Heroen und Halbgötter im Athen des 5. Jahrhunderts.

Die Thesen des Widmungsschreibens kehren versifiziert im Prolog wieder, der vor der Aufführung gesprochen wurde. Zunächst behauptet Lillo wiederum, daß die herkömmliche Tragödie mit ihren gekrönten Helden nur Königen zum abschreckenden Beispiel dienen könne (und behauptet damit zugleich, daß die Tragödie überhaupt diese Aufgabe hat: die Verhinderung dessen, was sie darstellt, in der Wirklichkeit). Die ersten Verse lauten:

*The Tragic Muse, sublime, delights to show*
*Princes distrest, and scenes of royal woe;*
*In awful pomp, majestic, to relate*
*The fall of nations, or some hero's fate,*
*That scepter'd chiefs may by example know*
*The strange vicissitude of things below;*
*What dangers on security attend;*
*How pride and cruelty in ruin end;*
*Hence Providence supreme to know, and own*
*Humanity adds glory to a throne.* (*LM*, S. 8)

Dann folgen Verse, die dem Widmungsschreiben zu widersprechen scheinen. Dort spricht nämlich Lillo von der *novelty of this attempt*, der Erweiterung des tragischen Bereichs, in der er ein *farther improvement of this excellent kind of poetry* sieht (*LM*, S. 5) – eine Vervollkommnung, weil die Tragödie nun auch auf Bürger ihren korrigierenden Einfluß wird ausüben können. Sie wird eine größere Wirkung haben, und da solche Wirkung ihr Wesen ist, auch vollkommener sein. Im Prolog beruft sich Lillo hingegen auf seine Vorläufer. Die Poetik der ersten Verse rückt sowohl zeitlich als auch geographisch in eine gewisse Distanz:

*In ev'ry former age, and foreign tongue,*
*With native grandeur thus the goddess sung.*
*Upon our stage, indeed, with wish'd success,*

*You've sometimes seen her in a humbler dress,*
*Great only in distress. When she complains*
*In Southerne's, Rowe's, or Otway's moving strains,*
*The brillant drops that fall from each bright eye*
*The absent pomp, with brighter gems, supply.*
(*LM*, S. 8)

Die preziöse Metapher, in die Lillo den Vergleich der überlieferten heroischen Tragödie und Staatsaktion mit dem bürgerlichen Drama faßt, wie es gelegentlich schon im späten 17. und in den ersten Jahrzehnten des 18. Jahrhunderts in England bekannt war – auf Beispiele aus der Shakespearezeit habe ich früher schon hingewiesen –, diese Metapher bezeichnet sehr genau den Wandel in der Auffassung von der Tragödie und ihrer Wirkung. An die Stelle des Gesangs der tragischen Muse tritt ihre Klage. Und wenn sie klagt, fallen aus den Augen leuchtende Tropfen, die den fehlenden Pomp mit glänzenderen Perlen ersetzen. Ausgedrückt ist hier zunächst die Verschiebung, die in der Wirkung der Tragödie vom 16. und 17. zum 18. Jahrhundert zu konstatieren ist: lag der Akzent im 16. und 17. Jahrhundert auf der Furcht und dem Schrecken, zu denen, zumal im Frankreich von Louis XIV, die Bewunderung trat, so verlagert er sich im 18. auf das Mitleid. Voraussetzung davon ist der Wegfall der sozialen Distanz zwischen den dargestellten Personen und dem Publikum. Die Tränen aber, deren Glanz den des abgeschafften Prunks zu ersetzen hat, sind nicht nur die der dramatis personae, sondern auch die der Zuschauer. Auch in dieser Hinsicht schwindet die Kluft zwischen der Bühne und dem Parterre. Das ist der Boden, auf dem die Wirkungsästhetik des 18. Jahrhunderts gedeiht: kennzeichnend, daß Lillo der heroischen Tragödie einen objektiven Sachverhalt zuschreibt: sie zeige den gekrönten Häuptern *the strange vicissitude of things below* (eine Barockreminiszenz, von der noch zu sprechen sein wird), während

das bürgerliche Trauerspiel, die *domestic tragedy*, sich in Tränen, in der Wirkung auf die Seelen, auflöst.
Welche Überzeugungskraft den Tränen in jener Zeit innewohnen mußte, geht aus den nächsten Versen des Prologs hervor. Der Hinweis auf seine illustren Vorläufer mündet in die traditionelle excusatio:

*Forgive us then, if we attempt to show,*
*In artless strains, a tale of private woe.*
*A London 'prentice ruin'd is our theme,*
*Drawn from the fam'd old song that bears his name.*
*We hope your taste is not so high to scorn*
*A moral tale, esteem'd ere you were born,*
*Which for a century of rolling years*
*Has fill'd a thousand thousand eyes with tears.* (ebd.)

Wenn der Zuschauer die schlichte Erzählung vom Untergang eines kaufmännischen Lehrlings nicht verschmähen soll, so darum, weil diese Geschichte als die Ballade von George Barnwell seit fast hundert Jahren Abertausende zu rühren wußte. Damit tritt eine Eigenart des *London Merchant* in den Vordergrund, die ihn von den meisten bürgerlichen Trauerspielen der folgenden Jahrzehnte, denen er den Weg bereitet, unterscheidet: das Stück hat eine literarische Vorlage, und zwar eine, die den Zuschauern der Zeit bekannt war; die Handlung, die es darstellt, ist also auch nicht der Gegenwart entnommen. Gleich die ersten Sätze der ersten Szene lassen den Zeitpunkt auf die 1580er Jahre datieren. Sosehr Lillo mit der klassizistischen Tragödientradition auch bricht, indem er an die Stelle von *royal woe private woe* setzt, in einem wichtigen Punkt bleibt er ihr treu: er erfindet nicht, sondern greift auf historisch-literarische Überlieferung zurück – nicht anders als die attischen Tragiker und ihre Schüler seit der Renaissance. Die alte, auf Aristoteles zurückgehende Unterscheidung, nach der die

Komödiendichter erfinden, die Tragödiendichter dagegen das von der Geschichte Überlieferte weiterreichen – lange Zeit ein Argument gegen bürgerliche Trauerspiele, denn Bürger gingen in die Geschichte nur ein, wenn sie ihre Stuben und Kontore verließen, und das war nicht leicht –, diese klassizistische Forderung wird von Lillo noch erfüllt.

Den Prolog schließt er mit Versen, in denen die didaktische Funktion des Theaters festgehalten wird:

*If thoughtless youth to warn, and shame the age*
*From vice destructive, well becomes the stage;*
*If this example innocence secure,*
*Prevent our guilt, or by reflection cure;*
*If Millwood's dreadful guilt and sad despair*
*Commend the virtue of the good and fair,*
*Though art be wanting, and our numbers fail,*
*Indulge th'attempt, in justice to the tale.*
(*LM*, S. 8 f.)

Noch einmal soll die Wirkung ersetzen, was dem Werk abgeht. Die Kunstlosigkeit der Sprache, der Verzicht auf den Vers – bald ein Gattungsmerkmal des bürgerlichen Trauerspiels –, soll wettgemacht werden durch die abschrekkende Wirkung, die vom Untergang des Lehrlings George Barnwell ausgeht, wettgemacht durch den Preis der Tugend, den die Schuld und die Verzweiflung der Millwood, des Vamps, in dessen Fängen der Bedauernswerte zugrunde geht, ex negativo darstellen.

Soweit das Widmungsschreiben und der Prolog. Was geht aus ihnen für unsere Fragestellung hervor?

Zunächst fällt auf, wie wenig Argumente die beiden Texte für eine literatursoziologische Begründung der neuen Gattung bereitstellen. Wohl ist der Adressat des Widmungsschreibens ein Mann, der selber ein Beispiel für den wirtschaftlichen, sozialen und politischen Aufstieg des englischen Bürgertums darstellt: Sir John Eyles, Sohn eines nobilitierten Bürgers, war Bürgermeister und Ratsherr, aber auch Vizedirektor der South Sea Company.[13] Dennoch beruft sich Lillo, um die Berechtigung und die Notwendigkeit des bürgerlichen Rahmens zu erweisen, in dem sein Stück spielt, nicht etwa auf die Rolle, die dem Bürgertum seiner Zeit im Leben der Nation zukam. Mit keinem Wort ist die Rede davon, daß der Adel die Tragödie nicht monopolisieren dürfe, daß auch der Bürger ein Anrecht darauf habe, als tragischer Held aufzutreten. Noch weniger ist es Lillos erklärte Absicht, den Kampf des Bürgertums gegen die Aristokratie auf die Bühne zu bringen. Seine Argumente geben sich vielmehr als poetologische. Die tragische Dichtung könne nur vervollkommnet werden, indem ihr Wirkungsbereich ausgedehnt wird. Hält sie an der überlieferten Beschränkung auf die höheren Stände fest, so wird auch ihre moralische Wirkung nur diesen zugute kommen. Um auch auf die Bürger abschreckend wirken zu können, muß sie auch bürgerliche Verbrecher vorführen dürfen. Das klingt anders als die Bestimmungen, die man bei Lukács und bei Arnold Hauser[14] lesen kann. Dennoch wäre es verfehlt, die Berechtigung einer literatursoziologischen Interpretation abzuweisen. Was wir hier feststellen, ist nur, daß sich der soziale Prozeß nicht direkt in der Theorie des bürgerlichen Trauerspiels spiegelt; die Argumente, mit denen Lillo dessen Notwendigkeit begründet, sind nicht politischer, sondern poetologischer Natur. Inwiefern ein solcher direkter Reflex in den Werken selbst statthat, wird noch zu prüfen sein. Aufgrund der Ausführungen Lillos ergibt sich jedoch zunächst die Notwendigkeit, erstens den tragödientheoreti-

13 Diese und weitere Angaben nach McBurney (a.a.O.), in den Fußnoten zu Lillos Widmungsschreiben.

14 Arnold Hauser, *Sozialgeschichte der Kunst und Literatur*. München 1969 (Sonderausgabe in einem Band der Auflage von 1953), S. 599-616: *Die Entstehung des bürgerlichen Dramas.*

schen Hintergrund zu erhellen, auf den sich Lillo beruft oder doch implizit bezieht, sowie die Umdeutung, welche diese, auf Aristoteles zurückgehende Tragödientheorie im 18. Jahrhundert erfährt. Das aber bedeutet, daß der historische Index der Theorie des bürgerlichen Trauerspiels, wie sie von Lillo skizziert wird, nicht direkt an ihr abgelesen werden kann. Zweitens ergibt sich die Aufgabe, die Wandlung dieser Theorie auf ihre gesellschaftlichen Implikationen zu prüfen; die Vermittlungen zu bezeichnen, durch die hindurch die Realität des sozialen Prozesses in die Kunst und ihre Theorie erst Eingang zu finden scheint. Zu fragen ist also nach dem geschichtlichen Gehalt seiner Kritik an der überlieferten Tragödientheorie, oder genauer: nach dem geschichtlichen Gehalt seiner eigenen Tragödientheorie, die eine Kritik an der überlieferten impliziert. Erst indem seine Auseinandersetzung mit der Tragödientheorie früherer Zeiten auf ihre historische Motivation geprüft wird, können die Zusammenhänge sichtbar werden, welche diese Theorie mit der politisch-ökonomischen Lage des Bürgertums im England des frühen 18. Jahrhunderts verknüpfen und den Ursprung des bürgerlichen Trauerspiels bestimmen.

Lillo argumentiert, wie wir gesehen haben, nicht so sehr im Namen des aufsteigenden Bürgertums, als in dem der Tragödie. Er behauptet nicht die Berechtigung eines bürgerlichen Trauerspiels, sondern die Notwendigkeit der Tragödie. Was er zu erweisen trachtet, ist nicht so sehr, daß die Tragödie kein Privileg der vornehmen Schichten sein darf, daß auch der Bürger einen Anspruch darauf hat, als tragischer Held auf der Bühne zu stehen, sondern daß die Tragödie, um eine breite Wirkung zu haben, sich nicht auf die königlichen und fürstlichen Geschlechter beschränken kann. Nicht der Bürger braucht die Tragödie, sondern die Tragödie den Bürger. Und zwar nicht erst jetzt, im 18. Jahrhundert. Wollte man Lillo folgen, dessen Behauptungen ebensowenig wie die seiner Zeitgenossen von historischem Bewußtsein relativiert sind, so müßte man die Angewiesenheit der Tragödie auf die soziale Schicht der Mehrheit ihres Publikums, damit ihre korrigierend-abschreckende Wirkung sichergestellt sei, auch für jede andere Epoche annehmen. Allein, die theoretischen Prämissen dieser Auffassung: Lillos Ansichten über die Wirkung des Trauerspiels stellen eine Umdeutung der aristotelischen Katharsis-Theorie im Geist des 18. Jahrhunderts dar. Ihre Relevanz bei Lillo für die Begründung des bürgerlichen Trauerspiels erweist zugleich die Notwendigkeit, bei dem jetzt zu unternehmenden Exkurs über die aristotelische Tradition der Tragödientheorie auch danach zu fragen, ob die Bestimmung über den sozialen Stand der tragischen Helden und die über die Art der tragischen Wirkung, über den Mechanismus der Katharsis, voneinander abhängen.

Eine Vorschrift über den fürstlichen Stand des tragischen Helden, die sogenannte Ständeklausel, aus deren bestimmter Negation das bürgerliche Trauerspiel seinen Ursprung hat, findet sich in der Poetik des Aristoteles nicht. Die Quellen, aus denen die Lehrbücher des Mittelalters sie übernahmen, um sie dann den folgenden Jahrhunderten weiterzureichen, sind Werke der Spätantike, in erster Linie die *Ars Grammatica* des Diomedes, vom Ende des 4. nachchristlichen Jahrhunderts, der im Mittelalter, als Aristoteles verschollen war, große Autorität genoß. Bei Diomedes heißt es: *Comoedia a tragoedia differt, quod in tragoedia introducuntur heroes duces reges, in comoedia humiles atque privatae personae.*[15] Heroen, Feldherren und Könige sind die Helden der Tragödie, während die Komödie Charaktere niederen Standes, Privatpersonen vorführt. Fast wörtlich kehrt diese Bestimmung in den Poetiken des 16. und 17. Jahrhunderts wieder, wo es, um nur ein Beispiel zu geben,

15 Diomedes, *Ars Grammatica*. In: *Handbook of French Renaissance Dramatic Theory*. By H. W. Lawton. Manchester 1949, S. 22.

in der *Art Poétique* von Jacques Peletier du Mans (1555) heißt:

*La Comédie et la Tragédie ont de commun qu'elles contiennent chacune cinq actes, ni plus ni moins. Au demeurant, elles sont toutes diverses, car au lieu des personnes comiques, qui sont de basse condition, en la Tragédie s'introduisent rois, princes et grans seigneurs.*[16]

Bekannt ist der etwas ausführlichere Abschnitt in Martin Opitzens *Buch von der deutschen Poeterey* (1624):

*Die tragedie ist an der maiestet dem Heroischen getichte gemesse, ohne daß sie selten leidet, das man geringen standes personen und schlechte sachen einführe: weil sie nur von Königlichem willen, Todtschlägen, verzweiffelungen, Kinder- und Vätermörden, brande, blutschanden, kriege und auffruhr, klagen, heulen, seuffzen und dergleichen handelt.* [...] *Die Comedie bestehet in schlechtem wesen und personen; redet von hochzeiten, gastgeboten, spielen, betrug und schalckheit der knechte, ruhmrätigen Landtsknechten, buhlersachen, leichtfertigkeit der jugend, geitze des alters, kupplerey und solchen sachen, die täglich unter gemeinen Leuten vorlauffen. Haben derowegen die, welche heutiges tages Comedien geschrieben, weit geirret, die Keyser und Potentaten eingeführet; weil solches den regeln der Comedien schnurstracks zuwider laufft.*[17]

Will man den Wandel im historischen Gehalt der Ständeklausel erkennen, so empfiehlt es sich, von diesen Bestimmungen, die entweder rein deskriptiv sind oder, wie bei Opitz, Verstöße gegen die Regeln nicht etwa durch deren Motivierung, sondern bloß durch die Berufung auf die Autorität dieser selben Regeln, bekämpfen – einerseits auf Ari-

16 Jacques Peletier du Mans, *Art Poétique* [1555]. In: *Handbook of French Renaissance Dramatic Theory* a.a.O., S. 52 f.

17 Martin Opitz, *Buch von der Deutschen Poeterey* [1624]. Nach der Edition von Wilhelm Braune neu hg. von Richard Alewyn. Tübingen 1963, S. 20. Neudrucke Deutscher Literaturwerke N. F. 8.

stoteles zurückzugreifen, um bei ihm den Funktionszusammenhang aufzusuchen, in dem jene Bemerkungen stehen, aus deren Mißverständnis oder doch Umdeutung in der Spätantike die Ständeklausel entstand – andererseits der Frage nachzugehen, wie im Barock, im Klassizismus und in der Frühaufklärung, nach der Erschütterung der rein normativen Poetik der Renaissance, der Ständeklausel ein Sinn unterlegt wurde.

Zunächst also Aristoteles. Als einen ersten Ansatzpunkt für die spätere Ständeklausel wird man seine Unterscheidung zu Beginn des zweiten Kapitels der Poetik ansehen müssen: Die Handelnden, die in den verschiedenen Kunstformen, so der Tragödie und der Komödie, nachgeahmt werden, *sind notwendigerweise entweder edel oder gemein; die Charaktere halten sich nämlich nahezu immer ausschließlich an diese beiden Kategorien: denn jedermann unterscheidet die Charaktere nach Tugend und Schlechtigkeit. So werden entweder Menschen nachgeahmt, die besser sind, als es bei uns vorkommt, oder schlechtere oder solche wie wir selber. So tun es auch die Maler: Polygnotos hat schönere Menschen gemalt, Pauson häßlichere, Dionysios aber ähnliche.*[18]

Aus dieser Unterscheidung gewinnt dann Aristoteles das Kriterium für die Unterscheidung von Komödie und Tragödie: *die eine ahmt edlere, die andere gemeinere Menschen nach, als sie in Wirklichkeit sind.* (a.a.O., S. 25)

Was ist damit gemeint? Den Vertretern der Ständeklausel mußte diese Einteilung der Menschen als eine solche in soziale Gruppen erscheinen. Dagegen spricht aber der Vergleich mit den verschiedenen Malern, an dem Aristoteles seine Lehre exemplifiziert. Polygnotos habe schönere Menschen gemalt, Pauson häßlichere, Dionysios aber ähnliche. Unterscheiden sich die drei Maler – wie es die Ständeklausel

18 Aristoteles, *Poetik*. Übersetzung, Einleitung und Anmerkungen von Olof Gigon. Stuttgart 1969, S. 24 f.

nahelegen würde – nach der sozialen Zugehörigkeit der von ihnen porträtierten Menschen? Pauson wird von Aristophanes als ein *boshafter Karikaturist* bezeichnet; Dionysius von Kolophon wurde der *Menschenmaler* genannt, möglicherweise, weil seine Bilder eine große Ähnlichkeit mit den von ihm Porträtierten aufwiesen,[19] während Polygnotos, der berühmteste Maler Athens in der 1. Hälfte des 5. Jahrhunderts, wie Aristoteles an einer anderen Stelle der Poetik sagt (Kap. 6) *ein guter Maler von Charakteren* war.[20] Daraus darf geschlossen werden, daß es Aristoteles primär nicht um die Unterscheidung der darzustellenden Menschen, sondern um die Unterscheidung von Darstellungsweisen geht: Polygnotos stilisiert, indem er einen Charakterzug hervorhebt, entstellende Details aber übergeht; Pauson karikiert, indem er einen Charakterzug, bzw. seine Entsprechung in der Physiognomie, übertreibt; Dionysios strebt dagegen Ähnlichkeit, Naturalismus an. Das aber bedeutet, daß die Epitheta »edel« oder »gut« und »gemein« oder »schlecht« nicht zur Klassifizierung der Menschen dienen, sondern auf ihre Darstellung sich beziehen, von der Darstellungsweise abhängig sind. Diese Relativität der beiden Begriffe wird von Aristoteles zu Beginn des 15. Kapitels betont; da heißt es über die Tragödie:

*Was die Charaktere betrifft, so sind vier Dinge zu erstreben. Das erste und wichtigste ist, daß sie edel seien. Ein Charakter wird sich ergeben, wie wir sagten, wenn die Rede oder die Handlung irgendeine Entscheidung sichtbar macht; ist die Entscheidung edel, so wird der Charakter edel sein. Dies findet sich bei jeder Art von Menschen: denn eine Frau*

19 Vgl. Hamilton Fyfe, Anm. zu der betreffenden Aristoteles-Stelle. In: Aristotle, *The Poetics*/»Longinus«, *On the Sublime*/Demetrius, *On Style*, with an English Translation by W. Hamilton Fyfe, London 1932, S. 9. The Loeb Classical Library.
20 Aristoteles, *Poetik* a.a.O., S. 32.

*kann edel sein und auch ein Sklave. Allerdings ist dies im einen Falle weniger bedeutend und im anderen überhaupt vulgär.* (a.a.O., S. 44.)

Der einschränkende Schlußsatz bedeutet, daß die verschiedenen Darstellungsweisen sich nicht gleichermaßen für die verschiedenen sozialen Gruppen eignen: die stilisierend-idealisierende, wie sie Epos und Tragödie kennen, weniger für Frauen und noch weniger für Sklaven. Nun wird man vielleicht fragen, ob es überhaupt statthaft ist, den Vergleich mit den verschiedenen Malern so genau zu nehmen und auf ihn die These zu gründen, es würden bei Aristoteles primär nicht soziale Gruppen, nicht Stände, sondern Darstellungsweisen, Stile unterschieden. Die Antwort geht aus einer anderen Stelle desselben 15. Kapitels der Poetik hervor, die zugleich die Quelle für die oben gegebene Deutung der stilisierenden Darstellung ist. Aristoteles schreibt:

*Da die Tragödie Nachahmung von Menschen ist, die besser sind als wir selbst, so muß man es halten wie die guten Porträtmaler. Denn auch jene bilden die individuelle menschliche Gestalt ab und machen sie gleichzeitig ähnlich und schöner. So soll auch der Dichter zwar jähzornige und leichtsinnige Charaktere und andere dergleichen nachbilden, aber sie in diesem Charakter achtenswert darstellen, so wie Homer den Achilleus sowohl als Urbild der Rauheit wie auch als tüchtig darstellt.* (a.a.O., S. 45 f.)

Auf diesem Hintergrund einer Theorie der Darstellungsweisen müssen die Aristotelischen Definitionen der Komödie und der Tragödie begriffen werden, gegen deren, von Verfälschung nicht freie, Dogmatisierung im europäischen Klassizismus die Theoretiker des bürgerlichen Trauerspiels rebellieren. *Die Komödie* – heißt es bei Aristoteles, in bezeichnender Nähe zu dem Beispiel aus der Malerei: der Karikatur – *ist die Nachahmung von Gemeinerem, aber nicht in bezug auf jede Art von Schlechtigkeit, sondern nur des*

*Lächerlichen, das ein Teil des Häßlichen ist. Das Lächerliche ist nämlich ein Fehler und eine Schande, aber eine solche, die nicht schmerzt und nicht verletzt, so wie etwa eine lächerliche Maske häßlich ist und verzerrt, aber ohne Schmerz.* (a.a.O., S. 29)

*Die Tragödie* [hingegen] *ist die Nachahmung einer edlen und abgeschlossenen Handlung von einer bestimmten Größe in gewählter Rede, derart, daß jede Form solcher Rede in gesonderten Teilen erscheint und daß gehandelt und nicht berichtet wird und daß mit Hilfe von Mitleid und Furcht eine Reinigung von eben derartigen Affekten bewerkstelligt wird.* (a.a.O., S. 30)

Auf diese Lehre von der tragischen Wirkung, der Katharsis, und ihrem Zusammenhang in der späteren Theorie mit dem sozialen Stand des tragischen Helden – Lillo begründet die Hereinnahme des Bürgertums ins Trauerspiel ja geradezu mit der Sicherstellung der tragischen Wirkung in einem bürgerlichen Publikum – auf diesen zweiten Teil der Aristotelischen Tragödiendefinition werden wir gleich noch zurückkommen müssen.

Zunächst ist zu fragen, wie sich der Unterschied zwischen der Definition des Aristoteles einerseits und den von ihr abgeleiteten Definitionen der Grammatiker der Spätantike und der Poetiker der Renaissance, des Barock und des Klassizismus andererseits erklärt: der Unterschied, daß Aristoteles nur von der Nachahmung einer »edlen« Handlung spricht, während seine Nachfolger Beruf bzw. Stand der Subjekte solcher Handlung festlegen: *heroes, duces, reges,* wie es bei Diomedes heißt[21], während der Aristoteles-Kommentator des französischen Klassizismus, Dacier (1692), einen dem Anfang der Definition entsprechenden Satz aus dem 5. Kapitel mit *une imitation des actions des plus grands personnages*[22] übersetzt und dazu bemerkt: *C'est ainsi qu'il*

21 Diomedes, *Ars Grammatica* a.a.O.

*faut traduire ce passage [...] & non pas »une imitation des actions illustres & importantes«* (a.a.O., S. 65). Die Stelle bezeichnet bei Aristoteles das, was Epos und Tragödie gemein haben, darum ist in der Begründung bei Dacier vom epischen Gedicht die Rede, sinngemäß gilt es aber wohl auch für seine Auffassung von der Tragödie. Er schreibt:

*Car il n'est pas necessaire que l'action qui fait la matière du Poëme Epique, soit illustre & importante par elle-même, puisqu'au contraire elle peut être simple et commune, mais il faut qu'elle le soit par la qualité des personnages qu'on fait agir. Aussi Horace a dit simplement: »Res gestae, Regumque, Ducumque«. »Les actions des Roys & des Capitaines.« Cela est si vray, que l'action la plus éclatante d'un simple Bourgeois, ne pourra jamais faire le sujet d'un Poëme Epique, et que l'action la plus simple d'un Roy ou d'un General d'Armée le fera toûjours avec succèz.* (ebd.)

An dem Wegfall der inhaltlichen Motivation, durch den die Ständeklausel als nicht weiter begründete Vorschrift entsteht, oder aber eine neue, wirkungsästhetische, Begründung notwendig macht, läßt sich der entscheidende Unterschied fassen, der die Aristotelische Poetik von der aristotelisierenden der Renaissance und des Klassizismus trennt. Es ist der Unterschied zwischen einer historisch-deskriptiven und einer abstrakt-normativen Poetik. (Das heißt freilich nicht, daß die Poetik des Aristoteles nicht auch normative Elemente enthielte, etwa die Vorschriften.) Die Tragödientheorie des Aristoteles ist ausschließlich an der attischen Tragödie orientiert. Diese ist ihr als ihr einziger Beobachtungsgegenstand vorgegeben. Aristoteles beschreibt die gemeinsamen Charakteristika der ihm bekannten Tragödien und versucht, sie als Gattungsmerkmale zu bestimmen, indem er sie von den Charakteristika der anderen poetischen Gattungen

22 André Dacier, *La Poétique d'Aristote.* Traduite en Français, avec des remarques. Paris 1692, S. 65.

unterscheidet. Zugleich ist er an der spezifischen Wirkung der Dichtung, insbesondere der Tragödie auf die Zuschauer interessiert. Nicht, oder doch kaum, ist seine Lehre komparativ: Vergleichsmöglichkeiten stehen ihm nur innerhalb der attischen Tragödie zur Verfügung, nicht aber, wie späteren Jahrhunderten, zwischen ihr und einer von ihr wesentlich unterschiedenen, etwa dem mittelalterlichen geistlichen Spiel oder Shakespeare. Das aber bedeutet, daß ihm die Eigenart der attischen Tragödie nicht hat problematisch werden können. Die Analyse und die Erklärung, die er ihren konstitutiven Momenten widmet, gründen nicht auf der Annahme, daß es auch ganz anders sein könnte, daß allererst zu rechtfertigen sei, warum es so ist. Die griechische Tragödie ist religiösen Ursprungs, ihre Aufgabe die Erneuerung und szenische Darstellung mythologischer Stoffe. Damit ist historisch erklärt, warum ihre Helden Heroen, Könige, Feldherren sind. Bei diesem Faktum setzt die Theorie ein: sie unterscheidet die Menschendarstellung in der Tragödie von der in der Komödie, und sie unterscheidet die beiden Gattungen im Hinblick darauf, ob sie auf einer historischen bzw. mythologischen Vorlage oder aber auf Fiktion beruhen. Dabei kann die Theorie auch in Verlegenheit kommen. Im 9. Kapitel der Poetik heißt es, daß *es nicht die Aufgabe des Dichters ist, zu berichten, was geschehen ist, sondern vielmehr, was geschehen könnte und was möglich wäre nach Angemessenheit oder Notwendigkeit. Denn der Geschichtsschreiber und der Dichter unterscheiden sich nicht dadurch, daß der eine Verse schreibt und der andere nicht (denn man könnte ja die Geschichte Herodots in Verse setzen und doch bliebe es gleich gut Geschichte, mit oder ohne Verse); sie unterscheiden sich vielmehr darin, daß der eine erzählt, was geschehen ist, der andere, was geschehen könnte. Darum ist die Dichtung auch philosophischer und bedeutender als die Geschichtsschreibung.* (a.a.O., S. 36)

Dem widerspricht nun, daß von den beiden poetischen Gattungen die Komödie, auf Erfindung gegründet, dem Postulat des »Was geschehen könnte« eher zu genügen scheint als die Tragödie, deren Stoff Geschehenes bildet, obwohl – wie Aristoteles an anderer Stelle behauptet – die Tragödie der Komödie überlegen ist. Aristoteles löst den Widerspruch mit dem Hinweis, daß *das überzeugt, was möglich ist. Was nun überhaupt nicht geschehen kann, das halten wir auch dichterisch nicht für möglich. Was aber geschehen ist, von dem ist es klar, daß es auch geschehen konnte; es wäre ja nicht geschehen, wenn es unmöglich gewesen wäre.* (ebd.)

Ob dies nun einleuchtet oder nicht: feststeht, daß es Aristoteles darum geht, die spezifische Struktur der Tragödie, ihre Verbindung von Fiktion und Geschichte sowohl gegenüber der Komödie als auch gegenüber der Geschichtsschreibung abzugrenzen und ihre prätendierte Erhabenheit über beide Formen zu erklären. Nicht aber geht es ihm darum, vorzuschreiben, daß die Tragödie auf Überliefertes zurückgreifen, also bekannte, statt fiktiver Namen (wie sie die Komödie kennt) einführen muß. Ein einziges Beispiel genügt ihm, das an so gut wie allen Tragödien Beobachtete ausdrücklich als nicht notwendig zu bezeichnen: es komme auch in den Tragödien vor, *daß unter den Namen nur einer oder zwei bekannt sind und die andern erfunden; in einigen ist kein einziger Name bekannt, wie im Antheus des Agathon. In ihm sind nämlich sowohl die Handlung wie auch die Namen erfunden und dennoch ist das Vergnügen daran nicht geringer. Also ist es durchaus nicht notwendig, sich unter allen Umständen an die überlieferten Mythen, so wie sie die [bekanntesten] Tragödien darstellen, zu halten.* (a.a.O., S. 36 f.)

Und es folgt ein Satz, der auf seltsame Weise die geläufige Vorstellung von der Vertrautheit der griechischen Zuschauer mit ihrer Mythologie Lügen straft:

*Es wäre auch lächerlich, sich darum* [also um die Darstellung allein der überlieferten Mythen] *zu bemühen, da ja selbst die bekannten Stoffe nur wenigen bekannt sind und dennoch alle erfreuen.* (a.a.O., S. 37)

Ein Abschnitt wie der eben zitierte zeigt mit aller Deutlichkeit den Unterschied zwischen Aristoteles und den Poetikern der Renaissance, des Barock und des Klassizismus, die sich doch für seine treuesten Schüler und Vermittler hielten. Aus dem, was bei Aristoteles Beobachtung war und dessen generelle Geltung von ihm, wie im vorliegenden Fall durch den Hinweis auf das verschollene Werk des Agathon und seinen Erfolg, ausdrücklich verneint wurde, machten sie Vorschriften und Gesetze. Im Gegensatz zu Aristoteles war ihnen auf dem Gebiet des Dramas nicht bloß die griechische Tragödie und Komödie bekannt. Die Vielfalt ihres Forschungsobjektes veranlaßte sie aber nicht etwa zu einer Ausweitung und Differenzierung des von Aristoteles für die beiden Genera Behaupteten; im Gegenteil: die Vielfalt, die ihnen als Chaos und Verfall erschien, sollte aus der Welt geschafft werden durch die Rückkehr zu Aristoteles, d. h. durch die Umwandlung seiner Beobachtungen in Gesetze, seiner deskriptiv-analytischen Poetik in eine normative. So beginnt etwa Dacier die Vorrede zu seinem Aristoteles-Kommentar mit den Sätzen:

*Si je n'avois à parler icy que du merite d'Aristote, de l'excellence de sa Poëtique, & des raisons que j'ay de la donner au public, je n'aurois qu'à renvoyer à la lecture de cet ouvrage, á représenter le desordre ou nôtre théatre est tombé depuis quelque temps, et à faire voir que comme l'injustice des hommes a donné lieu aux Loix, la décadence des Arts, & les fautes qu'on y a faites ont donné lieu aux regles & obligent de les renouveller. Mais pour prévenir les objections de certains esprits ennemis des regles & qui ne veulent que leur caprice pour guide, je croy qu'il est necessaire d'établir non seulement que la poësie est un art, mais que cet art est trouvé & que ses regles sont si certainement celles qu'Aristote nous donne, qu'il est impossible d'y réüssir par un autre chemin.* (a.a.O., S. iij)

Obwohl solcherart aus der deskriptiv-analytischen Poetik des Aristoteles in der Neuzeit eine normative geworden ist, wird im Verlauf der Jahrhunderte seit der Renaissance das Bedürfnis immer stärker, die Regeln zu begründen. Die bloße Autorität wird durch die Vernunft ersetzt (womit nicht gesagt werden soll, daß nicht auch mit dieser Schindluder getrieben werden kann). Im Fall der Ständeklausel finden sich bereits in den Poetiken des 16. Jahrhunderts Begründungen dafür, daß das tragische Personal aus Königen, Fürsten und Feldherren sich zusammensetzt. Dabei fällt auf, daß den Theoretikern des 16. Jahrhunderts der von Lillo vertretene Gedanke, demzufolge eine Tragödie mit Königen für Könige bestimmt sei, gar nicht fremd war. So heißt es bei Lazare de Baïf 1544:

*Tragédies [furent] premierement inventees pour remonstrer aux roys et grands seigneurs l'incertitude et lubrique instabilité des choses temporelles, afin qu'ils n'ayent de confiance qu'en la seule vertu* [...][23]

Und bei Charles Estienne 1542:

*La tragédie estoit une maniere de fable somptueuse qui se jouoit par personnaiges et se recitoit publiquement aux theatres, par laquelle les anciens reprenoient, non seulement les faultes qui se commettoient es choses privées et civiles, mais encores es choses haultaines et ardues, jusques à touscher et taxer les princes* [...][24]

23 Lazare de Baïf, *Dédication* zur Übersetzung von *Hecuba* [1544]. In: *Handbook of French Renaissance Dramatic Theory* a.a.O., S. 35.

24 Charles Estienne, *Epistre du traducteur au lecteur*, Vorwort zu *Andrie* [1542]. In: *Handbook of French Renaissance Dramatic Theory* a.a.O., S. 36.

Einige Jahrzehnte später, bei Philip Sidney, wird dieser Gedanke verbunden mit einem anderen, durch den nun auch die von den tragischen Helden nicht vertretenen sozialen Schichten zum Adressaten der Tragödie werden. In Sidney's *Apologie for Poetry* von 1583 heißt es:

the *high and excellent Tragedy, that openeth the greatest wounds, and sheweth forth the Vlcers that are couered with Tissue; that maketh Kings feare to be Tyrants and Tyrants manifest their tirannicall humors; that, with sturring the affects of admiration and commiseration, teacheth the vncertainety of this world, and vpon how weake foundations guilden roofes are builded.*[25]

Die Basis unserer Quellen ist natürlich zu schmal, um mehr als Bemerkungen und Hypothesen zu erlauben. Doch es scheint, als trete zu dem Moment des Fürstenspiegels, der an die Fürsten gerichteten Ermahnung und Kritik, ein Moment sehr viel allgemeinerer Belehrung. Dieselbe Lektion, die den König vor der Versuchung bewahren soll, zum Tyrannen zu werden, belehrt das Volk über die Unsicherheit der Dinge hienieden. Diese Belehrung unterscheidet sich von der anderen erstens darin, daß sie feststellt und enthüllt, statt vorzuschreiben und zu korrigieren; will sie überhaupt zu bestimmten Tugenden anhalten, so zu denen, die angesichts einer so beschaffenen Welt nötig sind: Beständigkeit und Gefaßtheit. Der zweite Unterschied gegenüber der Belehrung in der Art der Fürstenspiegel besteht darin, daß nun der fürstliche Stand eine methodologische Funktion erhält: daß einem König solches zustößt, mag auf andere Könige warnend wirken; daß selbst einem König solches widerfährt, bestärkt auch die, die es nicht sind, in der Erfahrung, die eine Grunderfahrung jener Zeit war: die der Vergänglich-

25 Sir Philip Sidney, *An Apologie for Poetry* [1583, gedruckt 1595]. In: *Elizabethan Critical Essays.* Ed. with an Introduction by G. Gregory Smith. London 1937, S. 177.

keit. Der Vermittlung solcher Einsicht dient nun das von Aristoteles formulierte Postulat des Umschlags aus Glück in Unglück. Bei Jules de la Mesnardière heißt es 1640:

*Pource que les fortes passions de ces Maistres de la Terre sont des orages furieux qui produisent de grans effets; et que d'ailleurs les infortunes qui arriuent à ces Puissances qui sembloient estre au dessus de toutes les calamitez, frappent nôtre Imagination auec plus de véhémence, d'étonnement et de terreur, que si elles s'attachoient à des personnes vulgaires.*[26]

Ähnlich schreibt Dryden, 1679, in *The Grounds of Criticism in Tragedy:*

*We are wrought to fear by their* [d. i. der Tragiker] *setting before our eyes some terrible example of misfortune, which happened to persons of the highest quality; for such an action demonstrates to us that no condition is privileged from the turns of fortune; this must of necessity cause terror in us, and consequently abate our pride.*[27]

Und besonders deutlich bei Gottsched, der noch mitten im 18. Jahrhundert lehrt, Aristoteles beschreibe die Tragödie *als eine Nachahmung einer Handlung, dadurch sich eine vornehme Person harte und unvermutete Unglücksfälle zuzieht. Der Poet will also durch die Fabeln Wahrheiten lehren, und die Zuschauer, durch den Anblick solcher schweren Fälle der Großen dieser Welt, zu ihren eigenen Trübsalen vorbereiten.*[28]

Nun hat zwar auch Aristoteles im 13. Kapitel der Poetik geschrieben, daß der tragische Held, der das Unglück erlei-

26 Jules de Mesnardière, *Poetik* von 1640, S. 17 (zitiert nach Oskar Walzel, a.a.O., S. 151).

27 John Dryden, *The Grounds of Criticism in Tragedy, prefixed to »Troilus and Cressida«* [1679]. In: J. D., *Of Dramatic Poesy and other Critical Essays* a.a.O., vol. I, S. 245.

28 Johann Christoph Gottsched, *Versuch einer Critischen Dichtkunst.* 4. Aufl. Leipzig 1751, Photomechanischer Nachdruck Darmstadt 1962, S. 606.

det, zu denen zählen muß, *die großen Ruhm und Glück gehabt haben, wie Ödipus oder Thyestes, oder andere berühmte Männer aus einem solchen Geschlechte*[29] – was man gleichfalls als einen Ansatzpunkt für die spätere Ständeklausel ansehen kann. Aber diese Forderung entstammt der Überlegung, welcher Fall von Umschlag aus Glück in Unglück am ehesten fähig ist, Furcht (bzw. Schrecken) und Mitleid zu erregen, nicht aber steht sie im Zusammenhang einer bestimmten Auffassung von der Beschaffenheit der Welt. Wörter wie »to teach« (Sidney), »to demonstrate« (Dryden) oder »lehren« (Gottsched) finden sich in der Poetik des Aristoteles nicht.

Es ist nun gerade diese barock-klassizistische Umdeutung des Aristoteles, von der sich Lillo im Prolog zum *London Merchant* distanziert. Der Auffassung Sidneys, de la Mesnardières, Drydens und auch noch Gottscheds entspricht, was er zu Beginn als die Aufgabe der tragischen Muse in der Vergangenheit und in fremden Sprachen kennzeichnet: sie besang den Untergang von Völkern oder das Schicksal von Heroen, damit gekrönte Häupter aus solchen Beispielen die *strange vicissitude*, die merkwürdige Wechselhaftigkeit der Dinge hienieden erfahren. Auf der englischen Bühne dagegen hat die tragische Muse gelegentlich bereits eine andere Aufgabe erhalten, und daran will Lillo anknüpfen. Statt Heroisches zu besingen, beklagt Lillos tragische Muse die Leiden eines einfachen Menschen, in dem die bürgerlichen Zuschauer sich wiedererkennen können. Weil aber das, was diesem Kaufmannslehrling widerfährt, nicht als blindes Diktat des Schicksals dargestellt wird, sondern durch ihn, durch Fehler, die er macht, selber verursacht, kann aus dem Mitleid, das man für ihn verspürt, die feste Entschlossenheit hervorgehen, diesen Fehler nicht zu begehen oder, so man

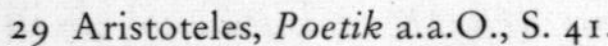

29 Aristoteles, *Poetik* a.a.O., S. 41.

ihn bereits begangen hat, ihn wiedergutzumachen. Während das tragische Geschehen des heroischen Trauerspiels, im Barock und im Klassizismus – der, anders als der von Weimar, im Frankreich und England des 17. Jh. dem Barock noch verhaftet war – während die Fabel des heroischen Trauerspiels ein Exempel war dafür, wie diese Welt beschaffen ist, soll die Geschichte, die das bürgerliche Trauerspiel erzählt, ein Exempel sein für die eigene Lebensführung, und zwar ein negatives. Es soll uns davor bewahren, schuldig zu werden, oder, falls wir es schon sind, soll es uns heilen. *If this example innocence secure,/ Prevent our guilt, or by reflection cure* [...] verheißt Lillos Prolog von der Wirkung der Geschichte, die er sich anschickt zu erzählen. Die Differenzierung, die Lillo – kein großer Dichter und kein großer Dramatiker – in den routinierten Versen, die er seinem Prosastück vorausschickt, zwischen diesem und der überlieferten Tragödie durchführt, berührt alle wesentlichen Punkte, in denen das bürgerliche Trauerspiel vom heroisch-klassizistischen sich unterscheidet – erst dies rechtfertigt unsere ausführliche Diskussion nicht nur des *London Merchant*, dessen Einfluß in England und auf dem Kontinent außerordentlich groß war, sondern auch der programmatischen Äußerungen Lillos dazu. Wichtiger als der Unterschied, daß nun nicht mehr Fürsten und Könige, sondern Bürger auf der Bühne agieren, sind der Unterschied im Sinn, den die Vorführung solchen Agierens hat, und der Unterschied in der Wirkung, die es auf die Zuschauer auszuüben bestimmt ist. Gezeigt wird nicht die Beschaffenheit der Welt, sondern die Lebensführung eines einzelnen. Die barocke Demonstration der Vergänglichkeit aller irdischen Güter hatte die Aufgabe, die Zuschauer, wie noch Gottsched sagt, *zu ihren eigenen Trübsalen vorzubereiten* und ihre Haltung gegenüber der Welt durch die Tugend der *constantia* zu stärken – *durch Beschauung der Mißligkeit deß Menschlichen Lebens* werde uns in den Tragödien *zuförderst Beständigkeit eingepflantzet,* heißt es in Opitzens Vorrede zu den *Trojanerinnen.*[30] Demgegenüber hat die Demonstration der traurigen Folgen eines Seitensprungs vom Pfad der Tugend im frühen bürgerlichen Trauerspiel, bei Lillo und seinem direkten Nachfolger Moore, dem Verfasser des *Gamester*[31], die Aufgabe, dem Zuschauer einzuschärfen, wie er sein Leben einrichten müsse, um zu einer möglichst großen Anhäufung irdischer Güter zu kommen. Das erst macht aus dem bürgerlichen Trauerspiel, das der *London Merchant* ist, ein Mittel, oder doch einen Ausdruck, des Kampfes, den im späten 17. und im 18. Jahrhundert das englische Bürgertum gegen die herrschende Klasse führt. Was wir hier beschreiben, gehört natürlich in jenen Komplex, den vor sechzig Jahren Max Weber in seinem epochemachenden Aufsatz *Die protestantische Ethik und der Geist des Kapitalismus* behandelt hat.[32] Ehe wir uns nun dem Stück selbst zuwenden und dabei auf einige Momente eingehen, die dieses Rapprochement legitimieren, haben wir zuvor noch einen Hinweis auf die Umwandlung zu geben, die durch das so motivierte bürgerliche Trauerspiel die Aristotelische Katharsis-Theorie erfährt – es soll ein erster Hinweis sein, dem dann bei der Diskussion der *Hamburgischen Dramaturgie* noch Näheres folgen soll.

Erinnern wir uns an die Bestimmung, die Lillo in seinem Widmungsschreiben über den Zweck der Tragödie gibt: *the exciting of the passions in order to the correcting such of them as are criminal, either in their nature or through their*

30 *L. Annaei Senecae Trojanerinnen* / Deuts vbersetzt vnd erkläret durch Martinum Opitium [1625]. In: Martin Opitz, *Weltliche Poemata,* erster Teil [1644]. Neudruck Tübingen 1967, S. 315.

31 Edward Moore, *The Gamester* [1753]. Reprint Ann Arbor 1948.

32 Max Weber, *Die protestantische Ethik und der Geist des Kapitalismus* [1904]. In: M. W., *Die protestantische Ethik. Eine Aufsatzsammlung.* Hg. Johannes Winckelmann. München und Hamburg 1965.

*excess.* Der Gedanke, daß die von Aristoteles behauptete Reinigung im Grunde eine Berichtigung und Mäßigung sei, scheint dem 17. und 18. Jahrhundert fast selbstverständlich gewesen zu sein. Von seinem *Cid* sagt Corneille im *Discours de la tragédie* von 1660, das Mitleid, das wir für Rodrigue und Chimène, die ihre Leidenschaft ins Unglück stößt, verspüren, müsse uns die Furcht eingeben, in ähnliches Unglück zu stürzen, müsse in uns dies »zu viel an Liebe«, *ce trop d'amour,* reinigen, das ihr Unglück verursacht und unser Mitleiden bestimmt.[33] Wie Lillo verstand also auch schon Corneille die Aristotelische Katharsis, ohne freilich daran zu glauben. Weil ihm nicht bewußt wurde, daß dies gar nicht der Sinn der von Aristoteles behaupteten tragischen Wirkung sein kann, folgerte er, daß die ganze Lehre wohl nur ein schöner Gedanke gewesen sei, ohne Entsprechung in der Realität, ein Gedanke, auf den Aristoteles vielleicht nur verfallen war, um gegen das Verdammungsurteil Platons die Nützlichkeit der Dichtung unter Beweis zu stellen. Ein anderer französischer Theoretiker dagegen, Batteux, hat nachgewiesen, daß Korrektur und Mäßigung der Sinn der Aristotelischen Katharsis gar nicht sein konnte. In seinem *Traité de la Poésie Dramatique,* aus dem *Cours de Belles-Lettres* von 1747/48, später in die *Principes de la Littérature* aufgenommen, stellt Batteux die Frage, in welcher Weise die Leidenschaften des Schreckens und der Furcht durch die Tragödie gereinigt werden können.

*Purger, c'est purifier, rendre pur, ou plus pur. Purger la terreur & la pitié, c'est donc rendre ces deux passions pures, ou plus pures qu'elles ne le sont ordinairement ou naturellement. Or on ne peut les rendre pures qu'en leur ôtant ou*

33 Pierre Corneille, *Discours de la tragédie et des moyens de la traiter selon le vraisemblable ou le nécessaire* [1660]. In: P. C., *Trois discours sur le Poème dramatique.* Ed. Louis Forestier. Paris 1963, S. 82.

*quelque excès, ou quelque accessoire, qui les rendroit ou vicieuses ou désagréables.*[34]
Die erste Bedeutung, die der Mäßigung, wird, wie wir gesehen haben, von Lillo – wie auch schon von Corneille – postuliert. Batteux aber weist nach, daß sie sich mit dem, was eine Tragödie ist, gar nicht vereinbaren läßt.
*Si la purgation de la terreur & de la pitié consiste dans la Tragédie à en modérer l'excès, à empêcher que l'une ne dégénère en foiblesse, l'autre en pusillanimité, cette purgation ne peut être l'effet de la Tragédie, puisque l'effet de la Tragédie est non-seulement de les produire, mais de les porter au plus haut point. On convient que plus une Tragédie est touchante & terrible, plus elle est tragique. Ce n'est donc point dans ce sens qu'elle peut purger la terreur & la pitié; ce ne peut donc être qu'en l'autre sens, en leur ôtant un certain accessoire qui les rend désagréables. Or quel peut être cet accessoire, si ce n'est la réalité des malheurs qui les font ressentir?* (a.a.O., S. 78 f./S. 236)
Damit berührt Batteux bereits die Schillersche Frage nach dem *Grund des Vergnügens an tragischen Gegenständen* und seine Antwort liegt in der später von Kant definierten Richtung, der ja auch Schiller gefolgt ist. Es ist, vom Subjekt her formuliert, die Interesselosigkeit, d. h. das Fehlen des Interesses an der Realität des Objekts, das zum ästhetischen Gegenstand werden soll, von diesem her formuliert, dessen Fiktionscharakter. *La Tragédie,* schreibt Batteux, *en offrant à nos yeux le spectacle du malheur,* [...] *met au fond de notre ame une pensée de consolation, un avis secret, qui nous dit que le malheur dont nous sommes touchés est sans malheureux, que ce n'est qu'une image; & par cet avis la terreur & la pitié restant toujours dans leur même genre, dont le fond est agréable & doux, perdent la plus grande*

34 Charles Batteux, *Traité de la Poésie dramatique* [1747/48], S. 78. In: Ch. B., *Principes de la Littérature.* Neudruck Genf 1967, S. 236.

*partie de ce qu'elles ont de noir & de facheux par l'idée du malheur réel. Comme leur objet est fictif, & que le spectateur le sent toujours, lors même qu'il croit l'avoir oublié, l'émotion est sans peine, & le plaisir sans douleur.*

Ob Batteux seiner Deutung zurecht ein abschließendes *c'est la pensée d'Aristote* (a.a.O., S. 79 f./S. 236 f.) hinzufügt, bleibe dahingestellt. Auf dem Umweg seiner Falsifizierung der Deutung von Katharsis als Mäßigung und Korrektur, um derentwillen wir ihn zitiert haben, wurde uns aber zugleich der Zusammenhang deutlich zwischen dieser, auch von Lillo vertretenen Auffassung, die für das bürgerliche Trauerspiel konstitutiv ist, und der antiklassizistisch-antiillusionistischen Absage an die Fiktion. Inwiefern das bürgerliche Trauerspiel von der klassizistisch-heroischen Tragödie sich primär durch seinen Wirklichkeitsbezug, seine realistische Intention unterscheidet, wird uns nun, bei der Betrachtung des *London Merchant*, beschäftigen müssen.

Was wir in Lillos Ausführungen zur Rechtfertigung der neuen, wenn auch nicht ganz neuen, Gattung des bürgerlichen Trauerspiels vermißt haben: bürgerliches Selbstbewußtsein, das Pochen auf die Verdienste und auf die politische Macht des erstarkten Bürgertums – das bestimmt zur Gänze die Eingangsszene seines Dramas.

In Abwesenheit des Titelhelden, des kaufmännischen Lehrlings George Barnwell, wird sein Freund, der andere Lehrling in der Firma des Kaufmanns Thorowgood, von diesem in einem Vortrag über die Kaufleute von London über ihre Möglichkeiten belehrt, England gegen seine Feinde zu verteidigen. Den Anlaß dazu bietet eine Nachricht, die der Lehrling Trueman bringt, Trueman, dessen Name nicht minder sprechend ist als der seines Herrn. – Berichtet wird der Erfolg einer Aktion, mit der es den Kaufleuten von London gelungen ist, die drohende spanische Invasion abzuwehren. Der spanische König, dessen Schatzkammern leer stehen, hatte versucht, sich in Genua Geld zu verschaffen. Als aber Königin Elisabeth erfuhr, daß die Bank von Genua *mit dem Könige von Spanien eins geworden* war, *demselben, gegen gute Versicherung und starke Zinsen, eine so beträchtliche Summe vorzuschießen, daß er damit seine ganze Flotte hätte ausrüsten können,* schickte sie, *die mit Recht die Mutter ihres Volkes genennt wird, ihren Sekretär Walsingham ab, um mit den Kaufleuten ihres getreuen Londens hierüber zu beratschlagen. Diese wurden bald eins. Sie schrieben jeder besonders an ihre verschiedene Agenten, alle ihr Ansehen bei den Genuesern dahin anzuwenden, sie zur Wiederaufhebung dieses mit dem spanischen Hofe geschlossenen Tractats zu bewegen. Itze ist alles richtig. Nach reifer Überlegung der Sachen und Erwägung ihres wahren Vorteils, haben der Rat und die Bank zu Genua die Freundschaft der Londenschen Kaufleute der Freundschaft eines Monarchen vorgezogen, der sich des hochmütigen Titels eines Königes von Ost- und West-Indien bedienet.*[35]

Man wird das Gewicht, das dieser Verherrlichung der Kaufleute von London zukommt, um so weniger geringschätzen dürfen, als Lillo sein Stück nicht etwa bloß für den Hausgebrauch des darin glorifizierten Standes geschrieben hat, sondern zur Aufführung im Königlichen Theater Drury Lane. Das mag, neben gewissen traditionellen Stilelementen, etwa der schwärmerischen Freundschaft zwischen Barnwell und Trueman, die – wie McBurney betont[36] – an das *heroic play* gemahnt, mit ein Grund dafür sein, daß der Bericht über die kaufmännische Heldentat Thorowgoods und seiner

35 *Der Kaufmann von London oder Begebenheiten Georg Barnwells. Ein bürgerliches Trauerspiel.* Aus dem Englischen des Herrn Tillo [sic] übersetzt durch H. A. B. [asewitz]. Hamburg 1757.

36 *LM* XVIII: *the extravagant friendship of the two apprentices can hardly be explained except in terms of the heroic play.*

Geschäftsfreunde nicht etwa in revolutionäre Forderungen, sondern in den Preis der Königin mündet; Trueman:

*Excellent queen! Oh, how unlike to former princes who made the danger of foreign enemies a pretense to oppress their subjects by taxes great and grievous to be borne* (*LM* I,1)

Und Thorowgood will seinem Lehrling nicht nachstehen:

*Nein, so handelt unsere gnädige Königin nicht mit uns. Die Liebe ihrer Untertanen ist ihr reichster Schatz, die Glückseligkeit derselben ist ihr größter Ruhm.* (ebd., Übers. Basewitz)

Freilich muß das Lob, das einer Königin des ausgehenden 16. Jahrhunderts gespendet wird, im 18. Jahrhundert nicht als Zeugnis mangelnden bürgerlichen Klassenbewußtseins gewertet werden; zumal in der Verbindung mit der Kritik an den *former princes* mag es von politischer Brisanz nicht frei sein, suggeriert es doch die Frage, welchem der konträren Vorbilder der gegenwärtige Herrscher denn nachstrebt. Auch darf nicht übersehen werden, daß nicht erst der Kampf der aufsteigenden Klasse gegen die bestehende Herrscherschicht, sondern bereits der Nachweis, daß die eigenen Verdienste um das Land nicht geringer sind als die des Adels – und um einen solchen Nachweis handelt es sich ja in der berichteten Episode – ein revolutionäres Moment darstellt, weil damit, wenn auch unausgesprochen, die Privilegien der Aristokratie in Frage gestellt werden. *As the name of merchant never degrades the gentleman* – sagt Thorowgood in derselben Szene –, *so by no means does it exclude him.* (*LM* I,1) Dieses Gleichheitsstreben mag auch dadurch nicht entscheidend bedroht sein, daß Thorowgood den Kaufmann nicht so sehr dem Adligen gleichstellen, als ihn zum Adligen machen möchte. Auf die Bemerkung seiner Tochter, die er verheiraten will, es seien Titel und adlige Geburt keine Empfehlungen für ihre Gefühle, sagt er:

*I would not that they should, unless his merit recommends*

*him more. A noble birth and fortune, though they make not a bad man good, yet they are a real advantage to a worthy one and place his virtues in the fairest light.* (*LM* I, 2)

Daß auch dieses Bekenntnis zum Adel nicht ohne revolutionäre Züge ist, mag daran abgelesen werden, daß der deutsche Übersetzer im Jahr 1757 die Feststellung, adlige Geburt mache aus einem schlechten Menschen noch keinen guten, in dieser Form nicht wiederzugeben gewagt hat; bei ihm heißt es, auch die persönlichen Verdienste müßten den Adligen noch mehr über andere erheben. Nicht zuletzt im Hinblick auf die Gattung des bürgerlichen Trauerspiels ist die Betonung der vaterländischen Meriten der Kaufleute, wie ihre daraus ableitbare Gleichstellung mit dem Adel, von größter Relevanz, stellt das doch zugleich die Ständeklausel in Frage. Mit deren Abschaffung aber setzt, wie wir gesehen haben, die Tradition der neuen Gattung ein und nicht mit der Kollision der beiden Klassen, wie es Lukács auf Grund der späteren Entwicklung (zumal im Sturm und Drang) für die ganze Gattung postulieren möchte. Indessen kann die literatursoziologische Analyse der neuen Kunstform mit einem solchen Nachweis sich nicht begnügen. Sowenig ein Zweifel daran besteht, daß in der Eingangsszene des *London Merchant,* wenn auch in historischer Distanzierung – das Stück spielt vor 1600 – den gewandelten sozialen Machtverhältnissen Rechnung getragen wird und diese neuen Machtverhältnisse die neue Gattung des bürgerlichen Trauerspiels überhaupt erst ermöglicht haben, so sehr muß nun gefragt werden, in welcher Weise der gesellschaftliche Wandel in dem Drama sich spiegelt.

Eine erste Antwort auf diese Frage ergibt sich, wenn man nach der Funktion fragt, die jener zu Beginn des Stückes erzählten Episode, welche die Kaufleute von London als Retter der Nation und auf dem Kampfplatz der Bank von Genua sogar als Sieger über den spanischen König erweist, im Rahmen des Dramas als Ganzem zukommt. Zunächst fällt auf, daß dieser Bericht, der doch der Exposition der traditionellen Dramaturgie zu entsprechen scheint, für das künftige dramatische Geschehen ohne jede direkte Bedeutung ist. Denn die Handlung des Stückes folgt der schaurigen Ballade von George Barnwell, des Lehrlings, der in die Fänge der Millwood gerät, ihr zu Liebe seinen Onkel ermordet, dann aber, von der Millwood verstoßen, am Galgen endet. Dieser abschreckenden Geschichte ist mit dem Bericht über die heldenhaften Kaufleute zu Beginn des Dramas ein Denkmal des London Merchant gegenübergestellt – wie schon der Doppeltitel *The London Merchant; or, The History of George Barnwell* den Kontrast formuliert zwischen der Norm, die qua Norm anonym bleibt, eine Gattungsbezeichnung; und der bedauerlichen Ausnahme, die individueller Natur ist und auf den Namen George Barnwell hört. Nicht nur hätte, traditioneller Dramaturgie gemäß, die Handlung des Stückes bei d e r Lage der Dinge einsetzen müssen, welche die Erzählung Thorowgoods zu Beginn dramatisch gegenwärtig gemacht hat – etwa den Folgen, welche die Intervention der Kaufleute von London bei der Bank von Genua für sie innenpolitisch hat. Vielleicht ist es keine Extravaganz, sich auszudenken, daß eine dramatische Gattung, die den Bürger anstelle von Königen und Fürsten als tragischen Helden einführen will, ja auch hätte versuchen können, die berichtete Heldentat der Kaufleute selbst zur dramatischen Handlung zu machen. Das aber besagt, daß wir zu fragen haben, warum dies nicht geschehen ist und möglicherweise auch nicht hat geschehen können.

Daß dieses imaginäre Stück der behaupteten und auch von uns vermuteten Intention der neuen Gattung gerecht wird und die Episode, eine bürgerliche Staatsaktion, beanspruchen könnte, an die Stelle der von *vornehmen Personen* bestrittenen Staatsaktion der überlieferten Tragödie zu treten, kann wohl nicht bestritten werden. Denn die Kaufleute von London tun in der Erzählung Thorowgoods genau das, was die Helden mancher Tragödie tun: sie handeln, und retten das Vaterland. Nicht so sehr, daß die Kaufleute sich dabei nicht tragisch verstricken, an keine Kreuzung zweier Notwendigkeiten geraten (wie Paul Ernst das Tragische definiert hat)[37], macht sie und was sie tun, dem Trauerspiel inadäquat. Tragik in diesem prägnanten Wortsinn scheint für das barocke Trauerspiel – eines Gryphius, eines Calderon, eines Corneille – ohnehin nicht konstitutiv zu sein. Was hier die Umsetzung ins Dramatische vielmehr verhindert, ist, daß die Tat der Kaufleute gerade darin besteht, zu verhindern, was so vielen Historienstücken Shakespeares etwa den Stoff liefert: Invasion und Krieg. Sie stechen den König von Spanien aus, ohne ihm zu begegnen. Und die, die zunächst als Feinde Englands erscheinen, *der Rat und die Bank zu Genua,* in deren Macht es gelegen hat, die spanische Invasion zu ermöglichen, werden von den Kaufleuten von London sowenig wie der König von Spanien bekämpft: sie werden nicht einmal erpreßt, in den dramatischen Konflikt verwickelt, sich für England oder für Spanien entscheiden zu müssen. Was die Bank von Genua tut, ist vielmehr – so berichtet es Thorowgood – *reife Überlegung der Sachen und Erwägung ihres wahren Vorteils.* (*LM* I, 1 – Übers. Basewitz). Was siegt, ist die Ratio, nämlich die Einsicht, daß einer Bank Beziehungen zu reichen Kaufleuten nützlicher sind als die zu einem geldlosen König des Auslands, auch wenn er sich König beider Indien nennt.

Damit sei nun nicht etwa behauptet, daß der Kaufmann der Neuzeit, daß der Kapitalismus eo ipso keinen dramatischen Stoff abgeben könne. Vielmehr wäre es Aufgabe einer lite-

37 Paul Ernst, *Die Möglichkeit der klassischen Tragödie.* In: *Der Weg zur Form.* 3. Aufl. München 1928, S. 121.

ratursoziologischen Untersuchung, die historischen Bedingungen sowie die formalen und stilistischen Veränderungen festzustellen, unter denen es in späteren Zeiten zu Werken wie Hauptmanns *Webern* oder Brechts *Heiliger Johanna der Schlachthöfe* kam. Es braucht wenig Phantasie, sich vorzustellen, daß zu den historischen Entstehungsfaktoren der Umstand gehört, daß das Bürgertum, statt sich gegen den Adel durchzusetzen, nun seinerseits gegen eine aufsteigende Klasse, gegen die Arbeiter, sich seiner Haut wehren muß, während das Stück des frühen Hauptmann wie Brechts ganzes dramatisches Werk den Schluß nahelegt, daß durch die Hereinnahme ökonomischer Momente, durch die Verlagerung des dramatischen Geschehens aus der Sphäre der von einzelnen Personen bestrittenen dramatischen Handlung in die des überindividuellen gesellschaftlichen Prozesses, der auf der Bühne nicht individualisiert werden darf, sondern als gesellschaftlicher dargestellt werden muß, als formale Änderung eine Wendung zum epischen Theater eintritt. Indirekt zeugt davon der Stil von Brechts *Heiliger Johanna*. Die Schiller-Parodie, Parodie auf das klassische Drama überhaupt, bezieht ihre historische Authentizität aus der Distanz, in die ihre Helden, der Fleischkönig von Pierpont und seine Freunde, gegenüber den Helden der klassizistischen Tragödie gerückt sind. Was hingegen die Figur des Kaufmanns im Drama der vorbürgerlichen Epoche betrifft, im Mittelalter etwa oder bei Shakespeare, so darf vermutet werden, daß er hier gleichfalls auf dem normativen Hintergrund einer anderen Schicht, der feudalen oder geistlichen gesehen wird. Und entscheidend ist, daß etwa Shylock – der freilich nicht der Titelheld, nicht der Merchant of Venice ist – mit der Intention von Lillos Stück nicht bloß deshalb unvereinbar ist, weil er von karikierend-polemischen Zügen nicht frei sein dürfte, sondern weil das, was ihn wesentlich ausmacht: Erbitterung, Leidenschaft, Maßlosigkeit, Starrsinn – gerade das Gegenteil von dem ist, als dessen Verkörperung Lillos Thorowgood, stellvertretend für die Kaufleute von London, sich versteht, nämlich der Rationalität. Ich bin damit wieder bei dem Moment, das uns vorhin bei der Frage nach dem dramatischen Agens in der Genueser Episode begegnete. Was dort das Spiel der Kräfte entschied, war nicht Auseinandersetzung, sondern Überlegung und Erwägung: *The state and bank of Genoa* [...] *having maturely weighed and rightly judged of their true interest* [...] (*LM* I, 1). Entscheidend ist nun, daß dieses Moment der Rationalität, für das Verständnis Thorowgoods und des Frühkapitalismus, den er vertritt, nicht etwa zufällig diese Rolle gespielt und diese glückliche Wende herbeigeführt hat. Was die Bankherren von Genua in jenem dramatischen Augenblick taten, tun sie, wie die Kaufleute von London, jahraus-jahrein, und es ist ihre Überzeugung, daß sie durch solche Unterordnung unter die Gebote der Vernunft nicht allein den eigenen Interessen dienen, sondern denen der ganzen Menschheit. Von diesem Selbstverständnis zeugt die Eingangsszene des dritten Aktes, die in strenger Analogie zur Eingangsszene von Akt I den Kaufmann im Gespräch mit dem Lehrling Trueman zeigt. Nun geht es aber nicht mehr um die Aktualität der abgewehrten spanischen Invasion, sondern um den Beruf des Kaufmanns allgemein. Thorowgood zu Trueman: *Methinks I would not have you only learn the method of merchandise and practice it hereafter merely as a means of getting wealth. 'Twill be well worth your pains to study it as a science, see how it is founded in reason and the nature of things, how it has promoted humanity as it has opened and yet keeps up an intercourse between nations far remote from one another in situation, customs, and religion; promoting arts, industry, peace, and plenty; by mutual benefits diffusing mutual love from pole to pole.* (*LM* III, 1)

Der Kaufmannsberuf ist in der Vernunft begründet, und er fördert deren Werk, wie das 18. Jahrhundert es verstand, als praktische Aufklärung, nämlich als Überwindung natürlicher und selbstgesetzter Schranken: seien es die Meere, welche die Kontinente, oder Religion und Sitten, welche die Völker voneinander trennen. Was dann im Gespräch zwischen dem Kaufmann und dem gelehrigen Lehrling noch abgehandelt wird, ist die Apotheose des Welthandels. Der Kaufmann handelt als Werkzeug der Vernunft, indem er die natürliche, gleichsam unvernünftige Verteilung der Güter auf der Erde korrigiert: Der Osten hat Edelsteine und Gewürze im Überfluß, das spät-entdeckte Amerika die reichsten Gold- und Silberbergwerke. So ist jedes Klima, jedes Land vom Himmel mit bestimmten Waren gesegnet und ermangelt anderer – diese natürliche Unordnung in Ordnung zu bringen, ist die Aufgabe des Kaufmanns.

Auch diese Selbstdarstellung des Merchant, zu Beginn des zweiten Teils, unmittelbar auf das erste Straucheln George Barnwells folgend, mag, wie die Episode aus der Eingangsszene, als Hinweis auf die neue gesellschaftliche Rolle und politische Macht des Bürgertums verstanden werden, und damit als eine Begründung und Legitimierung der neuen Gattung, und zwar mit wirklichkeitsnäheren Argumenten, als es die rein poetologischen des Widmungsschreibens und des Prologs sind. Nur muß man auch hier nach der Funktion einer solchen Selbstdarstellung im Ganzen des Dramas fragen. Dabei ist zunächst festzuhalten, daß der kleine Vortrag über den segensreichen Beruf des Kaufmanns, den sich Thorowgood und Trueman wechselweise halten, eine literarische Vorlage hat: es ist der Artikel, den Addison 1711 im *Spectator* über die Londoner Börse, the Royal Exchange, veröffentlicht hat. Da heißt es etwa:

*Nature seems to have taken a particular Care to disseminate her Blessings among the different Regions of the World, with an Eye to this mutual Intercourse and Traffick among Mankind, that the Natives of the several Parts of the Globe might have a kind of Dependance upon one another, and be united together by their common Interest* [...][38] endlich: *For these Reasons there are not more useful Members in a Commonwealth than Merchants. They knit Mankind together in a mutual Intercourse of good Offices, distribute the Gifts of Nature, find Work for the Poor, add Wealth to the Rich, and Magnificence to the Great. Our English Merchant converts the Tin of his own Country into Gold, and exchanges his Wooll for Rubies. The Mahometans are cloathed in our British Manufacture, and the Inhabitants of the Frozen Zone warmed with the Fleeces of our Sheep.* (Hervorh. von Addison) (a.a.O., S. 296)

Was besagt dieser quellengeschichtliche Hinweis? Zunächst, daß das Erscheinungsjahr des *London Merchant*, 1731, ideen- und sozialgeschichtlich keinerlei Markstein setzt. Was in dem Stück über die soziale Rolle des Kaufmannsstandes gesagt wird, ist bereits zwanzig Jahre früher gesagt worden, und zwar, zieht man andere Beiträge aus dem *Spectator* hinzu, sogar in prononcierterer Form. Während es bereits in dem zitierten Artikel heißt, es gebe keine nützlicheren Mitglieder in einem Gemeinwesen als die Kaufleute, schreibt Steele im selben Jahr 1711 im *Spectator*, der Kaufmann verschaffe nicht nur mehr Leuten Beschäftigung und Auskommen als der reichste Edelmann, *even the Nobleman is oblig'd to him for finding out foreign Markets for the Produce of his Estate, and for making a great Addition to his Rents.*[39] Und rücksichtslos behandelt er im Schlußsatz seines Artikels die Adligen, die ihre Güter an reichgewordene Bürger haben verkaufen müssen:

38 *The Spectator* 69, 1711. In: *The Spectator.* Ed. by Donald F. Bond. Oxford 1965, vol. I, S. 294.
39 *The Spectator* 174, 1711 a.a.O., vol. II, S. 188.

*'Tis the Misfortune of many other Gentleman to turn out of the Seats of their Ancestors, to make Way for such new Masters as have been more exact in their Accompts than themselves; and certainly he deserves the Estate a great deal better who has got it by his Industry, than he who has lost it by his Negligence.* (a.a.O., S. 189).

Solche Sätze hätte Lillo seinem Londoner Kaufmann wohl nicht in den Mund zu legen gewagt, war er doch auf Applaus im Königlichen Theater Drury Lane angewiesen. Wenn man also sein Stück in keiner Weise für epochemachend in der Geschichte des bürgerlichen, genauer: des kaufmännischen Selbstverständnisses und Selbstbewußtseins halten kann, so ist, angesichts der Abhängigkeit vom *Spectator* (wobei die beiden zitierten Aufsätze von Addison und Steele nur Beispiele aus einem reichen, hier nicht näher darzustellenden Quellenmaterial sind) die Frage zu stellen, wie sich Lillos Stück zu den Moralischen Wochenschriften verhält, welche Rolle das aus ihnen Übernommene in dem Funktionsganzen, das ein Drama ist – oder doch sein sollte –, spielt. Keines Nachweises bedarf es, wenn man darauf zunächst antwortet, daß der Dramatiker die Aufgabe der Herausgeber des *Spectator* übernimmt: indem Thorowgood auf der Bühne seinen braven Lehrling Trueman über Aufgaben und Meriten des Kaufmannsstandes aufklärt, tut Lillo das gleiche mit seinem Publikum, das später, wie die Theatergeschichte berichtet, bei den lange üblichen Extraaufführungen am Lord Mayor's Day wie auch während der Weihnachts- und Osterfeiertage, zum großen Teil aus Lehrlingen bestand, zu deren Belehrung reiche Bürger die Aufführungen finanzierten.[40] Ausführlicher müssen wir antworten, soweit nicht die Intention des Stückes, sondern dessen Beschaffenheit selbst in Frage steht. Ist Drama Handlung;

40 Theophilus Cibber, *The Lives of the Poets of Great Britain and Ireland.* London 1753, vol. V, S. 340 sowie Ernest Bernbaum, *The Drama of Sensibility.* Boston 1915, S. 158 (vgl. McBurney, *LM* XIII).

ist Trauerspiel Handlung, die ein böses Ende nimmt, so fragt es sich, welches Motiv aus dem Leben des Kaufmanns zum Ausgangspunkt eines bürgerlich-kaufmännischen Trauerspiels werden kann.

Das führt uns ein weiteres Mal zu dem Moment der Rationalität zurück, auf das wir bei Lillo selbst gestoßen sind und von dem man weiß, daß es in Max Webers Ausführungen über den Geist des Kapitalismus eine zentrale Rolle spielt. Aber vielleicht sollten wir dem nun folgenden Exkurs über Max Webers Theorie eine Stelle aus dem *London Merchant* als Motto vorausschicken. Nachdem Barnwell, der Millwood verfallen, ihr das Geld seines Herrn, Thorowgoods, übergeben hat, verabschiedet er sich von ihr mit den Worten: *You are my fate, my Heaven or my Hell...* (*LM* II, 13), und kaum hat Millwood das Zimmer verlassen, spricht er: *What have I done! Were my resolutions founded on reason...?* (*LM* II, 14) Auf diese verzweifelten Worte eines, der einen anderen Menschen zum Schicksal über sich selbst gemacht hat, obwohl er weiß, daß seine Handlungen vor der Instanz der Vernunft sich verantworten müssen, folgt das Gespräch zwischen Thorowgood und Trueman, das den Handel als praktische, als praktizierte Vernunft erweist.

Max Webers Aufsatz behauptet, wie schon dem Titel zu entnehmen ist, einen Zusammenhang zwischen der protestantischen Ethik und dem Geist des Kapitalismus. Die Kritik, die gleich nach seinem Erscheinen, aber auch in der Folgezeit, an der Weberschen These geübt wurde, läßt sich zumeist auf ein bestimmtes Verständnis dieses Zusammenhanges zurückführen, das aber nicht der Intention Max Webers entspricht. Anläßlich eines Neudrucks seiner zuerst 1904 erschienenen Arbeit[41] hat Weber seine Absicht in zahlreichen antikritischen Anmerkungen klargestellt und die

41 In: Max Weber, *Die protestantische Ethik II. Kritiken und Antikritiken.* Hg. Johannes Winckelmann. München und Hamburg 1968.

Mißverständnisse aufgedeckt. So hat man gegen seine These eingewandt, daß es bereits in der Antike einen Kapitalismus gegeben hat, was doch beweise, daß dieser nicht die Folge des Protestantismus sein könne. Oder man hat seine These als eine idealistische abgelehnt, wolle sie doch den Kapitalismus, der durch einen bestimmten historischen Stand der Produktionsmittel und den Umstand, daß diese in Privatbesitz sind, bedingt sei, aus dem Überbau – statt umgekehrt: diesen aus jenem – ableiten. Beide Einwände gehen von einem Verständnis des besagten Zusammenhanges zwischen der protestantischen Ethik und dem Geist des Kapitalismus als eines strengen Kausalnexus aus, als habe Max Weber behaupten wollen, daß es ohne Protestantismus keinen Kapitalismus gegeben hätte. Davon aber kann nicht die Rede sein. Was sein Aufsatz erweisen sollte, ist vielmehr, daß *einer der konstitutiven Bestandteile des modernen kapitalistischen Geistes, und nicht nur dieses, sondern der modernen Kultur: die rationale Lebensführung auf Grundlage der Berufsidee, [...] aus dem Geist der christlichen Askese geboren sei.* (die ersten beiden Hervorhebungen von SZ., die weiteren von Max Weber)[42]

An dieser These zielen aber beide Einwände – die positivistische und die materialistische – vorbei. Denn es geht Max Weber nicht um den Kapitalismus in allen seinen historischen Verwirklichungen, sondern um den der Moderne; und es geht ihm nicht um die Wirtschaftsform selbst, sondern um eine geistige Haltung, die in der Moderne überall dort nachzuweisen ist, wo der Kapitalismus sich frühzeitig und mit besonderem Erfolg durchgesetzt hat. Und das waren gerade die Länder bzw. Regionen, in denen der asketische Protestantismus: also Calvinismus, Puritanismus, Quäkertum, später auch Methodismus und Pietismus, nicht aber der Katho-

42 Max Weber, *Die protestantische Ethik und der Geist des Kapitalismus* a.a.O., S. 187.

lizismus oder das ursprüngliche Luthertum herrschten. Diesen Tatbestand versucht Max Weber zu deuten, indem er auf Grund zeitgenössischer Quellen den Typus des puritanischen Kaufmanns beschreibt und die Normen seiner Lebensführung, die protestantische Ethik, aus der Prädestinationslehre des Calvinismus ableitet. Im Hinblick auf unsere Darstellung von Lillos *London Merchant* brauchen wir uns mit diesem Teil des Weberschen Aufsatzes, dem eigentlich umstrittenen, nicht auseinanderzusetzen; wichtig für uns ist das Porträt, das Weber von dem Menschen malt, der das Subjekt des Frühkapitalismus in Westeuropa war.
Was ihn kennzeichnet, ist zunächst der Gedanke der Berufspflicht, *einer Verpflichtung, die der einzelne empfinden soll und empfindet gegenüber dem Inhalt seiner »beruflichen« Tätigkeit, gleichviel worin sie besteht, gleichviel insbesondere, ob sie dem unbefangenen Empfinden als reine Verwertung seiner Arbeitskraft oder gar nur seines Sachgüterbesitzes (als »Kapital«) erscheinen muß.* (a.a.O., S. 45)
Dieser Gedanke ist nach Max Weber *der »Sozialethik« der kapitalistischen Kultur charakteristisch, ja in gewissem Sinne für sie von konstitutiver Bedeutung.* (ebd.)
Er ist nicht zu begreifen ohne die Berücksichtigung des religiösen Moments, das in dem Wort »Beruf«, und mehr noch in dem englischen »calling«, enthalten ist und das sich auf Luthers Bibelübersetzung zurückführen läßt. Die katholischen Völker kennen einen Ausdruck ähnlicher Färbung ebensowenig wie das klassische Altertum. Anhand von Auszügen aus den Schriften Benjamin Franklins, *Necessary hints to those that would be rich* (1736) und *Advice to a young tradesman* (1748), erläutert Max Weber diese Vorstellung der Verpflichtung des einzelnen gegenüber dem als Selbstzweck vorausgesetzten Interesse an der Vergrößerung seines Kapitals. Es werde hier nicht einfach Lebenstechnik gepredigt, sondern eine eigentümliche »Ethik«, deren Verlet-

zung nicht nur als Torheit, sondern als eine Art von Pflichtvergessenheit behandelt wird. Diese Ethik unterscheidet den Typus des neuen Kapitalisten ebenso von den Verächtern irdischer Güter wie von jenen, die diesen Gütern skrupellos nachjagen. Beide sind Zeichen des Traditionalismus, der, z. B. durch die Einrichtung des Bußsakraments, den Einklang zwischen der außerweltlichen Norm und der faktischen Lebensführung stets von neuem herzustellen erlaubt.

*Die »Entzauberung« der Welt: die Ausschaltung der Magie als Heilsmittel, war in der katholischen Frömmigkeit nicht zu den Konsequenzen durchgeführt wie in der puritanischen (und vor ihm nur in der jüdischen) Religiosität. Dem Katholiken stand die Sakramentsgnade seiner Kirche als Ausgleichsmittel eigner Unzulänglichkeit zur Verfügung: der Priester war ein Magier, der das Wunder der Wandlung vollbrachte und in dessen Hand die Schlüsselgewalt gelegt war. Man konnte sich in Reue und Bußfertigkeit an ihn wenden, er spendete Sühne, Gnadenhoffnung, Gewißheit der Vergebung und gewährte damit die Entlastung von jener ungeheuren Spannung, in welcher zu leben das unentrinnbare und durch nichts zu lindernde Schicksal des Calvinisten war. Für diesen gab es jene freundlichen und menschlichen Tröstungen nicht und er konnte auch nicht hoffen, Stunden der Schwäche und des Leichtsinns durch erhöhten guten Willen in andern Stunden wettzumachen, wie der Katholik und auch der Lutheraner. Der Gott des Calvinismus verlangte von den Seinigen nicht einzelne »gute Werke«, sondern eine zum System gesteigerte Werkheiligkeit. Von dem katholischen, echt menschlichen Auf und Ab zwischen Sünde, Reue, Buße, Entlastung, neuer Sünde, oder von einem durch zeitliche Strafen abzubüßenden, durch kirchliche Gnadenmittel zu begleichenden Saldo des Gesamtlebens war keine Rede. Die ethische Praxis des*

*Alltagsmenschen wurde so ihrer Plan- und Systemlosigkeit entkleidet und zu einer konsequenten Methode der ganzen Lebensführung ausgestaltet.* (a.a.O., S. 133 f. – Hervorh. von Max Weber)

Diese Lebensführung, deren Aufgabe die Überwindung des status naturalis war, charakterisiert Max Weber als innerweltliche Askese. Sie ist an der christlichen Askese orientiert, wie sie das Mönchtum verwirklicht hat. Sie war *emanzipiert von planloser Weltflucht und virtuosenhafter Selbstquälerei* [wie sie den Mönch im Orient kennzeichnen]. *Sie war zu einer systematisch durchgebildeten Methode rationaler Lebensführung geworden, mit dem Ziel, den status naturae zu überwinden, den Menschen der Macht der irrationalen Triebe und der Abhängigkeit von Welt und Natur zu entziehen, der Suprematie des planvollen Wollens zu unterwerfen, seine Handlungen beständiger Selbstkontrolle und der Erwägung ihrer ethischen Tragweite zu unterstellen und so den Mönch – objektiv – zu einem Arbeiter im Dienst des Reiches Gottes zu erziehen, und dadurch wiederum – subjektiv – seines Seelenheils zu versichern. Diese – aktive – Selbstbeherrschung war, wie das Ziel der exercitia des heiligen Ignatius und der höchsten Formen rationaler mönchischer Tugenden überhaupt, so auch das entscheidende praktische Lebensideal des Puritanismus.* [...] *Die puritanische – wie jede »rationale« – Askese arbeitete daran, den Menschen zu befähigen, seine »konstanten Motive«, insbesondere diejenigen, welche sie selbst ihm »einübte«, gegenüber den »Affekten« zu behaupten und zur Geltung zu bringen: – daran also, ihn zu einer »Persönlichkeit« in diesem, formal-psychologischen Sinne des Wortes zu erziehen. Ein waches, bewußtes, helles Leben führen zu können, war, im Gegensatz zu manchen populären Vorstellungen, das Ziel – die Vernichtung der Unbefangenheit des triebhaften Lebensgenusses die dringendste Auf-*

*gabe* –, *Ordnung in die Lebensführung derer, die ihr anhingen, das wichtigste Mittel der Askese.* (a.a.O., S. 135 f. – Hervorh. von Max Weber)

Diese *innerweltliche protestantische Askese* wirkte nun *mit voller Wucht gegen den unbefangenen Genuß des Besitzes, sie schnürte die Konsumtion, speziell die Luxuskonsumtion, ein. Dagegen entlastete sie im psychologischen Effekt den Gütererwerb von den Hemmungen der traditionalistischen Ethik, sie sprengte die Fesseln des Gewinnstrebens, indem sie es nicht nur legalisierte, sondern* [...] *direkt als gottgewollt ansah. Der Kampf gegen Fleischeslust und das Hängen an äußeren Gütern war* [...] *kein Kampf gegen rationalen Erwerb, sondern gegen irrationale Verwendung des Besitzes. Diese aber lag vor allem in der Wertschätzung der als Kreaturvergötterung verdammlichen ostensiblen Formen des Luxus, wie sie dem feudalen Empfinden so nahe lagen, anstatt der von Gott gewollten rationalen und utilitaristischen Verwendung für die Lebenszwecke des einzelnen und der Gesamtheit.* [...] *Auf der Seite der Produktion des privatwirtschaftlichen Reichtums kämpfte die Askese gegen Unrechtlichkeit ebenso wie gegen rein triebhafte Habgier, – denn diese war es, welche sie als »covetousness«, als »Mammonismus« usw. verwarf: das Streben nach Reichtum zu dem Endzweck, reich zu sein. Denn der Besitz als solcher war Versuchung.* (a.a.O., S. 180 – Hervorh. von Max Weber)

Darum entbindet im Puritanismus auch der Reichtum nicht von der Arbeitspflicht.

*Die religiöse Wertung der rastlosen, stetigen, systematischen, weltlichen Berufsarbeit als schlechthin höchsten asketischen Mittels und zugleich sicherster und sichtbarster Bewährung des wiedergeborenen Menschen und seiner Glaubensechtheit war so* [...] *der denkbar mächtigste Hebel der Expansion jener Lebensauffassung* [...], *die wir*

*hier als »Geist« des Kapitalismus bezeichnet haben. Und halten wir nun noch jene Einschnürung der Konsumtion mit dieser Entfesselung des Erwerbsstrebens zusammen, so ist das äußere Ergebnis naheliegend: Kapitalbildung durch asketischen Sparzwang.* (ebd. – Hervorh. v. Weber)
Askese ist eine bürgerliche Tugend.[43]

Dem Lob und der Verbreitung dieser bürgerlichen Tugend dient Lillos *The London Merchant*, und erst diese Intention und nicht schon der soziale Stand seiner Personen macht das Werk zu einem bürgerlichen Drama. Damit sei freilich nicht etwa behauptet, daß das Moment puritanischer Lebensführung für das bürgerliche Trauerspiel des 18. Jh. konstitutiv sei (wie wenig das der Fall ist, wie sehr die Rezeption des *London Merchant* in Frankreich und Deutschland von anderen Momenten ausgeht, wird gleich noch zu zeigen sein). Wohl aber soll damit behauptet werden, daß nicht schon der bürgerliche Stand der dramatis personae, sondern erst ein spezifisch bürgerliches Thema oder Motiv ein Werk als bürgerliches Drama bzw. Trauerspiel erscheinen lassen kann. Damit ist nicht nur die terminologische Schwierigkeit beseitigt, daß auch über Adlige, ja über einen König »bürgerliche Trauerspiele« geschrieben werden können: eine Analyse der *Miss Sara Sampson* hätte zum Beispiel zu zeigen, inwiefern der Vater der Titelheldin, Sir William Sampson, Züge aufweist und Ansichten vertritt, die ihn dem bürgerlichen Sozialcharakter zuordnen. Eine in dieser Weise präzisierende Verwendung des Terminus »bürgerliches Trauerspiel« räumt zugleich mit der These Lothar Pikuliks auf.[44] Daß in

43 Vgl. a.a.O., S. 184.

44 Lothar Pikulik a.a.O. – Vgl. die 3. Fußnote dieses Kapitels und das folgende Exzerpt Szondis aus Pikuliks Schlußkapitel: *Wenn nun das »Bürgerliche Trauerspiel« die Ständeklausel aufhebt, so aber auch gleich im umfassendsten Sinne. Denn nicht nur tritt sie außer Kraft, weil gewisse ständische Schranken für das Personal fallen, sondern weil die Kategorie des Ständischen als solche in der neuen Dramaturgie ungültig wird.* (S. 171)

bürgerlichen Trauerspielen nicht nur Bürger auftreten, daß die Ständeklausel nicht so sehr zugunsten des bürgerlichen Standes durchbrochen wird, sondern weil an die Stelle des ständischen Denkens ein anderes, das der Empfindsamkeit, rückt, in der nicht der Gegensatz zwischen Bürgertum und Adel, sondern der zwischen dem Privaten und dem Öffentlichen ausschlaggebend ist, bedeutet – entgegen der allzu naiven Ansicht Pikuliks – nicht, daß die neue Gattung damit nicht mehr als Ausdruck des aufsteigenden Bürgertums gelten könne. Die Unkenntnis eines Werks wie *Strukturwandel der Öffentlichkeit* von Habermas macht sich hier schmerzlich bemerkbar.[45]

Doch kehren wir zunächst zum *London Merchant* und seiner Propagierung jener innerweltlichen Askese zurück, die Max Weber als wichtigen Bestandteil des frühkapitalistischen Geistes nachgewiesen hat. Wie die Moralischen Wochenschriften, wie Benjamin Franklin in den von Weber zitierten Schriften, so lehrt auch *The London Merchant*, in der Gestalt Thorowgoods, in direkter, nicht ästhetisch vermittelter Form, die Maximen puritanisch-bürgerlicher Lebensführung. Es ist bezeichnend, daß in den beiden bis jetzt behandelten Szenen, der jeweils 1. Szene des ersten und des dritten Aktes, in denen eine Theorie und Apotheose des Kaufmannsstandes gegeben werden, die nicht auf die Personen und auf die spezifische Thematik des Stückes bezogen sind, der Anschluß an diese jeweils durch eines der von Max Weber für die innerweltliche Askese als zentral erkannten Momente gesucht wird: durch die Tabuierung der vergeudeten Zeit und durch die Ideologie der Ordnung.

Max Weber hat dargestellt, warum im Puritanismus Zeitvergeudung *die erste und prinzipiell schwerste aller Sünden* war. *Die Zeitspanne des Lebens* [sei] *unendlich kurz und*

45 Jürgen Habermas, *Strukturwandel der Öffentlichkeit. Untersuchungen zu einer Kategorie der bürgerlichen Gesellschaft.* Neuwied und Berlin 1962.

*kostbar, um die eigene Berufung »festzumachen«*. Der erst später auftretende Satz »Zeit ist Geld« gelte hier *gewissermaßen im spirituellen Sinn: sie ist unendlich wertvoll, weil jede verlorene Stunde der Arbeit im Dienst des Ruhmes Gottes entzogen ist.*[46] Das ist der Hintergrund, vor dem die letzten Sätze der ersten Szene des Stücks zu sehen sind. Auf die Frage des braven Lehrlings Trueman, ob sein Herr ihm noch etwas zu befehlen habe, antwortet dieser:

*Sehet nach, ob unter den Rechnungen der Handwerker auch noch einige unbezahlet sind: findet ihr einige darunter, so sehet sie durch, und schicket diesen armen Leuten das Geld. Es ist unbillig, daß sie selbst herkommen, es abzuholen, indem sie dadurch eine Zeit verlieren, die dem gemeinsamen Besten, ihren Kindern und ihrem Hauswesen so kostbar ist.* (*LM* I, 1 – Übers. Basewitz)

Und nach dem Diskurs über die Funktion des Welthandels, der die natürliche Disparatheit der über den Erdball verteilten Güter ausgleichen soll, wendet Thorowgood seine Aufmerksamkeit den eigenen Dingen zu, ohne doch das oberste Kriterium wechseln zu müssen.

*Übrigens habe ich eure Rechnungen nachgesehen. Sie sind so richtig, wie ich sie allezeit befunden habe, und ganz genau geführet. Ich lobe euren besondern Fleiß. In allen Sachen muß man Ordnung beobachten. Diese ist eine Führerin, ohne welche man allezeit unruhig und in Gefahr ist, zu fehlen.* (*LM* III, 1 – Übers. Basewitz)

Worauf unmittelbar die Frage folgt, die den Blick auf die Haupthandlung des Stückes, *The History of George Barnwell*, freigibt: *Ist Barnwell auch fertig, seine Rechnung abzulegen? Er pfleget in dergleichen Fällen nicht der Letzte zu sein* (ebd. – Hervorh. von Sz.). Wenn Barnwell zu diesem Zeitpunkt nicht in der Lage ist, seine Rechnung abzulegen,

46 Max Weber, *Die protestantische Ethik und der Geist des Kapitalismus* a.a.O., S. 167 f.

so aus einem einfachen Grund: der Millwood verfallen, hat er ihr das Geld seines Herrn, das er bei sich hatte, übergeben. Aber Thorowgood, der davon nichts ahnt, ist den Überzeugungen des Stückes näher, wenn er die »Unordnung« nicht für die Folge, sondern für die Ursache des Strauchelns hält: *Method in business is the surest guide. He who neglects it frequently stumbles* [...] (*LM* III, 1). Wenn die Vermittlung der Maximen puritanischer Lebensführung Lillos Stück formal insofern bestimmt, als es – wie in Widmungsschreiben und Prolog formuliert – nicht mehr, wie das Barocktrauerspiel, die Beschaffenheit der Dinge hienieden vorführen, sondern vom schlechten Lebenswandel abschrecken will; wenn die selben Maximen in der Thematik selbst, zumal durch die Reden Thorowgoods, direkt zum Ausdruck kommen, so ergibt sich die Handlung des Stückes aus dem latenten Konflikt, den die »innerweltliche Askese« des Puritanismus impliziert. Wir sind damit bei der Beantwortung der Frage, die wir uns gestellt hatten: verbietet der Rationalismus des frühkapitalistischen Geistes den dramatischen Konflikt, weil sich nicht mehr – wie in Hegels Tragödienmodell[47] – zwei verschiedene Sittlichkeiten einander gegenüberstehen, sondern eine Vernunft herrscht, die sich nach dem Verständnis des 18. Jahrhunderts nicht entzweien kann, so ergibt sich der Konflikt als Gegenschlag gegen jene permanente Unterdrückung, welche die Rationalität der bürgerlich-puritanischen Lebensführung erst ermöglicht: die Unterdrückung der Triebe. Steele hat 1712 im *Spectator* geschrieben, bei der Darstellung des Domestic Life sei es nicht verkehrt, *to give now and then a Touch of Tragedy, and describe that most dreadful of all Human Conditions, the Case of Bankrupcy* [...][48] Der Bankrott ist in der

47 Vgl. vom Verf.: *Versuch über das Tragische.* Frankfurt am Main 1961, S. 20-28.
48 *The Spectator* 428, 1712 a.a.O., vol. IV, S. 6.

bürgerlichen Welt jener Umschlag aus Glück in Unglück, von dem schon Aristoteles als einem Konstituens der Tragödie spricht.[49] Er bestimmt die Handlung der beiden einflußreichsten Werke des englischen bürgerlichen Trauerspiels: Lillos *The London Merchant* und Moores *The Gamester*. Aber der finanzielle Ruin ist hier nur äußeres Zeichen der Niederlage in jenem Kampf, in dem der Pyrrhussieg Puritanismus heißt: im Kampf gegen die Triebe; gegen die Spielleidenschaft im *Gamester*, gegen die Sexualität im *London Merchant*. – Inwiefern es ein Pyrrhussieg ist, werden wir zu zeigen haben, wenn wir uns den beiden Frauengestalten im *London Merchant* zuwenden, die in der Rezeptionsgeschichte des Stücks einflußreicher waren als der Kaufmann: der femme fatale Millwood und der sich in Melancholie verzehrenden Tochter des Kaufmanns, Maria.

Wir haben gesehen: Lillos *The London Merchant* ist ein bürgerliches Trauerspiel, nicht bloß oder nicht schon, weil seine Helden Bürger sind, sondern weil es der Propagierung jener innerweltlichen Askese dient, die im 17. und 18. Jahrhundert den Siegeszug des bürgerlichen Kapitalismus, und damit des Bürgertums selbst, mit ermöglicht und mitbestimmt hat. Für die Geschichte der europäischen Dramatik und ihrer Theorie ist dabei wesentlich, daß Lillos Stück nicht einfach durch die Hereinnahme von Maximen in die kleinen Vorträge und Predigten, die der Kaufmann Thorowgood seinem Lehrling Trueman hält, dem Lehrgebäude des Puritanismus verhaftet ist. Vielmehr ist sowohl die theoretische Fundierung des Stückes als eines Trauerspiels wie auch seine Handlung von diesem Wertsystem bestimmt. Statt, wie das frühere Trauerspiel nach dem Verständnis Lillos und seiner Zeitgenossen, an den Unglücksfällen der Großen dieser Welt die *strange vicissitude*, die Unbeständigkeit der Dinge hienieden, aufzuzeigen, führt es am Beispiel eines bürgerli-

49 Aristoteles, *Poetik* a.a.O., 13. Stück.

chen Helden die Folgen vor Augen, die ein Seitensprung vom Pfad der Tugend nach sich zieht, um damit die richtige Lebensführung den Zuschauern einzuschärfen. Und die Handlung selbst, das Straucheln des Lehrlings George Barnwell, basiert auf dem einzigen Kampf, welchen der dem Gebot der innerweltlichen Askese gehorchende Kaufmann, seinem eigenen Verständnis nach, auszufechten hat: nicht gegen die Herrschenden, auch nicht gegen die Konkurrenz, sondern gegen die eigenen Triebe. In diesem Kampf geht der kleine Lehrling wie auch der Spieler in Edward Moores gleichnamigem Drama von 1753 zugrunde.

Lillos Stück wird seit der Mitte des 18. Jahrhunderts als Prototyp der neuen Gattung Bürgerliches Trauerspiel angesehen. Als solcher gilt es sowohl Diderot als auch Lessing. Umso merkwürdiger ist es, daß in der Rezeption des Werkes die von uns bisher an den Gestalten des Kaufmanns Thorowgood und der beiden Lehrlinge Trueman und Barnwell analysierte Thematik, die das Drama im weiteren Zusammenhang des von Max Weber untersuchten Frühkapitalismus und dessen religiösen Implikationen erscheinen ließ – ein Denkmal der säkularisierten Askese als bürgerlicher Tugend –, so gut wie keine Rolle spielt. Weder sind die Werke, auf die der *Kaufmann von London* als Beispiel eingewirkt hat, Lehrstücke über die rechte Lebensführung des Bürgers, insbesondere des Kaufmanns, noch wird, wenn in theoretischen Schriften auf Lillos Werk angespielt wird, dieser Aspekt gemeint. Lehrreich ist schon die Tatsache, daß in Merciers Bearbeitung des Stücks, die unter dem Titel *Jenneval ou Le Barnevelt François* 1769 erschien[50], der französische Thorowgood, M. Dabelle, als *Chef de Bureau*, also nicht als selbständiger Kaufmann, sondern als Beamter erscheint. Dementsprechend sind die Lektionen zu Beginn des 1. und des 3. Aktes gestrichen. Nur einige Sätze des

50 L. S. Mercier, *Jenneval ou le Barnevelt François*. Paris 1769.

Bürovorstehers, mit denen das Stück einsetzt, erinnern an Thorowgoods Eifer, seine Schulden zu begleichen, doch was er sagt, ist beinahe eine geheime Polemik gegen die Verherrlichung des selbständigen Kaufmannsstandes: *Répondez tout de suite à ces trois Lettres* [...] – sagt M. Dabelle –. *Faites expédier le Congé à ces Soldats, qui ont rempli le temps de leur engagement. Rendons des Agriculteurs aux Provinces, & ne violons jamais la foi publique. Elle est encore plus sacrée que celle des particuliers.* (a.a.O., S. 5) Nicht um Geld geht es, sondern um Soldaten, die Vergeudung nicht von Zeit, sondern von Arbeitskraft soll vermieden werden, und im Gegensatz zum englischen Kaufmann, der bei der Verfolgung seiner eigenen Interessen zugleich die der Nation, der Menschheit überhaupt, wahrzunehmen meint, versteht sich der französische Beamte als Vertreter der Öffentlichkeit, die er dem Privaten überordnet. Es gehörte zu den Aufgaben einer literatursoziologischen Analyse, den ökonomischen, sozialen und politischen Gründen solcher nationalen Verschiedenheiten nachzugehen. Bei der Diskussion der theoretischen Schriften Diderots und Merciers selbst wird noch deutlich werden, mit welchen anderen Argumenten und Zielen das bürgerliche Trauerspiel in Frankreich vertreten wird. Im Hinblick auf den *London Merchant* bleibt festzuhalten, daß sein Einfluß auf die französische und deutsche Dramatik andere Ursachen gehabt haben muß, als was uns bislang das Werk zu bestimmen schien. Fragt man nach diesen Ursachen, fragt man nach dem, was aus Lillos Stück in manches bürgerliche Trauerspiel der folgenden Jahrzehnte eingegangen ist, so wird man auf die beiden konträren Frauengestalten aufmerksam, auf die femme fatale Millwood, und auf die von Trübsinn umschattete Tochter des Kaufmanns, Maria. Von ihnen haben wir nun zu sprechen.

*You are my fate,* (*LM* II, 13) sagt Barnwell zur Millwood, nachdem er ihr das Geld seines Herrn ausgehändigt hat. Eine femme fatale ist die Millwood in diesem genauen Wortsinn: sie wird dem Lehrling Barnwell zum Schicksal, zum Verhängnis – wie dem Macbeth die drei Hexen. Wie diese dem General des Königs die Krone prophezeien, so gaukelt die Millwood dem bürgerlichen Helden künftiges Sinnenglück vor. Beide, Macbeth wie Barnwell, werden darüber zum Mörder. Daß aber das Sinnenglück, um dessentwillen Barnwell zuerst Diebstahl, dann Mord begeht, ein vorgetäuschtes ist, läßt die femme fatale erst in dem Licht erscheinen, das in Lillos Stück auf sie fällt: im Licht des puritanischen Rationalismus. Nichts wäre verfehlter, als in ihr, die in Barnwell die unterdrückten Triebe zur Rebellion gegen die asketische Tyrannei der Ratio weckt, eine Wedekindsche Lulu avant la lettre sehen zu wollen, *das wahre Tier, das wilde, schöne Tier.* Wenn die Millwood George Barnwell verführt, so nicht, weil sie nicht anders kann, und womit sie ihn verführt, ist nicht, was sie wirklich ist. Sondern sie treibt mit ihm ihr Spiel, und zwar nicht in unschuldiger Kreatürlichkeit, sondern aus kalter Berechnung. Barnwell ist ihr nur ein Mittel, zu Geld zu kommen. Zuerst ist es das Geld seines Herrn, dann das Geld seines Onkels, den er zu diesem Zweck umbringt. Kaum ist es geschehen, wendet die Millwood sich von ihm ab: nicht weil sie einen Mörder nicht lieben kann, nicht weil sie das nicht gewollt hat, sondern weil der Mörder durch Gewissensbisse gehindert wurde, seinem Opfer das Geld zu nehmen, und er sie nur noch gefährden, nicht aber reich machen kann. *Whining, preposterous, canting villan!* – so schreit sie ihn an. *To murder your uncle, rob him of life – nature's first, last dear prerogative, after which there's no injury – then fear to take what he no longer wanted, and bring to me your penury and guilt! Do you think I'll hazard my reputation – nay, my life – to entertain you?* (*LM* IV, 10)

Daß das Leben der Güter höchstes ist, bedeutet für die Millwood nicht, daß man es einem anderen nicht nehmen dürfe, sondern nur, daß es gegen alle Vernunft ist, hat man es ihm einmal genommen, ihm die anderen Güter zu lassen, die er doch nicht mehr nutzen kann. So spricht aus der Millwood nicht etwa die von der bürgerlichen Vernunft unterdrückte Triebwelt, sondern immer noch die Ratio. Lillos femme fatale ist kein in die Welt der Kaufleute eingesprengtes Stück Natur, sie ist, wie die Kaufleute, auf Geld aus, aber sie verfolgt dieses Ziel mit anderen Mitteln. Ihr Pendant in Moores Stück, der Bösewicht Stukely, der Beverley zugrunde richtet, erweist vollends, daß in diesen Gestalten, die an die Stelle des unsichtbaren Schicksals rücken – die griechische Tragödie kennt keine Versucher, Verderber, Intriganten, – nicht der Rationalismus der Aufklärung seines anderen, nämlich der blinden Natur der Triebe, ansichtig wird. Sondern die puritanische Kaufmannsmoral, derzufolge Gelderwerb an sich gut, aber nur mit ehrlichen Mitteln erlaubt sei, verketzert hier die Gestalt, die sich ihren Normen nicht fügt: den vorpuritanischen Kaufmann, der skrupellos nach Geld jagt. Man kann bei Max Weber nachlesen, inwiefern die Skrupellosigkeit der Geltendmachung des Eigeninteresses beim Gelderwerb – und nichts anderes bezeugt der eben zitierte Ausspruch der Millwood – ein Moment jenes Traditionalismus ist, von dem sich der Frühkapitalismus abhebt.[51] Insofern macht der Geist innerweltlicher Askese in Lillos Stück nicht nur dem den Prozeß, der seinen Trieben erliegt, sondern auch dem, der beim Gelderwerb die Moral suspendiert, wobei sich die beiden, Barnwell und die Millwood, der Naive und die Abgefeimte, insofern angleichen, als er, seinen Trieben ausgeliefert, um zu Geld zu kommen, zum Mörder wird, während sie im Gelderwerb

51 Max Weber, *Die protestantische Ethik und der Geist des Kapitalismus* a.a.O., S. 47-49 und S. 58 f.

nicht, wie Thorowgood, einen Beruf sieht zum Nutzen der Menschheit, sondern ihrerseits einem Trieb folgt, der Geldgier. Das Todesurteil, das über beide gefällt wird, ist darum im Falle beider zugleich eine didaktische Maßnahme.

Freilich wird die Idee skrupellos-aventurierhaften Gelderwerbs, für die die Millwood einsteht, im Stück selbst nicht in der historischen Perspektive gesehen, in der sie uns auf Grund der Untersuchung Max Webers erscheinen muß. Sowenig es der Rationalismus gestattet, die Millwood als ein von der Vernunftsphäre Unabhängiges, ihr Vorgegebenes, als reine Natur, zu begreifen, sowenig erlaubt es der Mangel an historischem Bewußtsein, welcher dem Rationalismus konstitutiv ist, in ihr die Vertreterin einer verflossenen Zeit, der feudalen, zu sehen, gegen die sich der neue Kaufmannsstand durchsetzt. Vielmehr fordert die rationalistische Konzeption, auch noch den, der sie gefährdet, als von ihr selbst, gleichsam durch Betriebsunfälle, durchs Versagen Einzelner hervorgebracht zu begreifen. Davon ist in dem Dialog zwischen der Millwood und den Vertretern der vom Stück glorifizierten Welt, Thorowgood und Trueman, die Rede – einem Dialog, der zum ideengeschichtlich Interessantesten im Stück gehört.

Das Gespräch, am Ende des 4. Aktes, hat zunächst den Lehrling Barnwell zum Gegenstand. Die Millwood versucht, den Kaufmann zu täuschen, indem sie vorgibt, Barnwell sei gar nicht in sie, sondern in ihre Kammerzofe Lucy verliebt. Nach einer kurzen Zwischenszene, in der sich die Millwood entfernt, um insgeheim eine Pistole zu holen, während bereits die Gerichtsdiener erscheinen, die sie bald festnehmen werden, weitet sich das Thema zu einer wütenden Anklagerede der Millwood gegen die, die aus ihr erst gemacht haben, was sie ist.

TRUEMAN *To call thee woman were to wrong the sex, thou devil!*

MILLWOOD *That imaginery being is an emblem of thy cursed sex collected, a mirror wherein each particular man may see his own likeness and that of all mankind!*

TRUEMAN *Think not by aggravating the fault of others to extenuate thy own, of which the abuse of such uncommon perfections of mind and body is not the least.* (*LM* IV, 18)

Darauf nun antwortet die Millwood:

*Eben dein Geschlecht ist es, welchem ich den Verlust dieser seltenen Schönheiten, die du mir vorrücktest, zuschreiben muß. Es ließ mich die Kostbarkeit derselben nicht eher einsehen, als bis es mich derselben beraubet hatte.* (ebd. – Übers. Basewitz)

Die Verführerin des unschuldigen Barnwell versteht sich selber als verführte Unschuld. Und die Geldgier, als deren Verkörperung sie im Stück, wie wir gesehen haben, fungiert, wird von ihr gleichfalls als die Folge jener Erfahrungen bezeichnet:

*Another and another spoiler came, and all my gain was poverty and reproach. My soul disdained, and yet disdains, dependence and contempt. Riches, no matter by what means obtained, I saw secured the worst of men from both. I found it, therefore, necessary to be rich and to that end I summoned all my arts. (LM* IV, 18)

Trueman möge diese Kunstgriffe für verrucht halten. Aber es seien die Männer selbst, die sie ihr eingegeben haben, indem sie sie bloß im Umgang mit ihnen gelernt hat. Auf den Ausruf Thorowgoods: *Sure, none but the worst of men conversed with thee!* antwortet sie:

*Men of all degrees and all professions I have known, yet found no difference but in their several capacities. All were alike wicked to the utmost of their power.* (ebd.)

Von Priestern habe sie Stolz, Streitsucht, Geiz und Grausamkeit gelernt, (ein Satz, den der deutsche Übersetzer Basewitz für klug hielt wegzulassen), von Gerichtsbeamten lernte sie, daß es sich auszahlt zu verleumden, weil man so ihren Schutz einhandelt. Und sie klagt die bestechlichen Richter an, die gerade jene begünstigen, die zu bestrafen ihres Amtes wäre: *With them, not to be guilty is the worst of crimes, and large fees, privately paid, is every needful virtue.* Ihre Anklage gipfelt in den Worten:

*What are your laws, of which you make your boast, but the fool's wisdom and the coward's valor, the instrument and screen of all your villanies by which you punish in others what you act yourselves or would have acted, had you been in their circumstances? The judge who condemns the poor man for being a thief had been a thief himself, had he been poor.* (ebd.)

Auch diese Sätze sind von Basewitz in kennzeichnender Weise entschärft worden. Der Satz über die Gesetze wurde gestrichen, und an die Stelle der Richter, von denen im letzten Satz die Rede ist, tritt das unbestimmte *Ihr* des Vorausgehenden: *Ihr verurteilet* [...] Ob aus Rücksicht auf die Zensur oder auf Grund jener Introjektion der Obrigkeit, die den deutschen Bürger so lange gehindert hat – und wenn nicht alles täuscht, nicht selten auch heute noch daran hindert, aus einem Untertan Bürger, Citoyen zu werden – das bleibe hier dahingestellt, wie wir ohnehin nur in wenigen Anmerkungen auf die wichtigen nationalen Unterschiede hinweisen können, die bereits an einem Vergleich von Lillos Werk mit dessen deutscher Übersetzung und französischer Bearbeitung deutlich werden. – Literatursoziologie und Komparatistik könnten bei der Lösung einer solchen Aufgabe sich aufs glücklichste verbinden.

Nun ist der zuletzt zitierte Abschnitt aus der großen Anklagerede der Millwood der Aufmerksamkeit der Literatursoziologen natürlich nicht entgangen. Arnold Hauser behauptet in seiner *Sozialgeschichte der Kunst und Literatur*, wie vor ihm Lukács, das bürgerliche Trauerspiel habe den sozialen Konflikt zum direkten Gegenstand seiner Darstellung gemacht und sich offen in den Dienst des Klassenkampfes gestellt. *Der eigentliche Unterschied zwischen dem bürgerlichen und dem vorbürgerlichen Drama* aber – so heißt es bei Hauser – *bestand gar nicht darin, daß die politisch-soziale Tendenz, die früher verborgen war, jetzt direkt zum Ausdruck kam, sondern in dem Umstand, daß der dramatische Kampf sich, statt zwischen einzelnen Individuen, zwischen dem Helden und Institutionen abspielte, daß der Held also, der übrigens auch nur der Vertreter einer sozialen Gruppe war, gegen anonyme Mächte kämpfte und seinen Standpunkt als eine abstrakte Idee, als eine Anklage gegen die bestehende Ordnung formulieren mußte. Die großen Ansprachen und Angriffe beginnen jetzt gewöhnlich mit einem »Ihr« statt mit einem »Du«.*

Und nun zitiert Hauser den vorhin angeführten Passus: *»Ihr bestrafet das an anderen« – deklamiert Lillo* [sic!] – *»was Ihr doch selbst nicht anders machet,* [...] *Ihr verurteilt einen Armen, der gestohlen hat, und würdet selbst Diebe geworden sein, wenn Ihr auch arm gewesen wäret.«*[52]

Man könnte hier beckmesserisch fragen, ob es angeht, in einer literatursoziologischen Darstellung von der Verschiedenheit der politisch-sozialen Lage im England und im Deutschland des 18. Jh. abzusehen und statt des Originals oder einer wörtlichen Übersetzung eine Übersetzung der Zeit zu zitieren, in der – wie wir ja gesehen haben – diese Verschiedenheiten ihre deutlichen Spuren hinterlassen haben. Auch wäre richtigzustellen, daß die Basewitzsche Übersetzung nicht, wie Hauser angibt, 1781, sondern bereits 1757 erschien. Aber das sind Kleinigkeiten. Wichtiger ist die Frage, ob die Anklagerede der Millwood überhaupt als ein

52 Arnold Hauser, *Sozialgeschichte der Kunst und Literatur* a.a.O., S. 600 f.

Ausdruck jenes Klassenkampfes gedeutet werden darf, in dem der Held des bürgerlichen Trauerspiels eine soziale Gruppe – doch wohl das Bürgertum – vertritt und zum Feind *anonyme Mächte, die bestehende soziale Ordnung*, hat. Daß dieser Anschein überhaupt entstehen kann, ist natürlich die Folge jener so beliebten wie mißlichen Identifizierung von Dramenperson und Autor, die es Hauser erlaubt zu sagen, es deklamiere hier Lillo selber. Aber die Millwood ist weder Lillo noch ein Vertreter des Bürgertums, und ihre Anklage ist nicht der das Bürgertum unterdrückenden sozialen Ordnung, sondern dem Vertreter dieses von Lillo glorifizierten bürgerlichen Kaufmannsstands, Thorowgood, ins Gesicht geschleudert. Mit welchem Recht, ist eine andere Frage, die wir zu prüfen haben.

Die Anklage der Millwood dient ihrer Verteidigung. Wenn sie aus Geldgier Barnwell zum Dieb und zum Mörder gemacht hat, so handelte sie nur als Produkt jener, die sie zur Dirne gemacht haben, jener, von denen sie Geiz und Grausamkeit lernen konnte, jener, die sich bestechen ließen. Das aber sind erstens die Männer, deren Sexualmoral nicht die des Puritanismus ist, zweitens die Priester, die der Puritanismus weitgehend überflüssig macht, indem er den Menschen seinem eigenen Gewissen als dem strengsten Richter unterwirft, drittens die Gerichtsbeamten, die ihr Amt nur mißbrauchen können, weil sie es nicht als Beruf im Sinn der protestantischen Ethik, nicht als Berufung, auffassen. Das aber heißt: die wütende Anklage der Millwood, deren Intensität und Maßlosigkeit die Belehrungen Thorowgoods im selben Maß übertreffen wie bei Dante die Schilderung der Hölle die des Paradieses, ist weder, wie man meinen könnte, eine Infragestellung der puritanischen Position, wie sie das Stück in der Person Thorowgoods einnimmt, noch, wie Hauser glauben machen will, eine Infragestellung der

bestehenden sozialen Ordnung durch einen Vertreter des erstarkenden Bürgertums. Sondern sie steht als Anklage gegen Libertinage, gegen Klerus und Beamtentum im Dienst derselben Propagierung asketisch-protestantischer Berufspflichtidee, welcher die Maximen Thorowgoods – möglicherweise mit sehr viel geringerem Erfolg – dienen. Ohne daß die Millwood diesen Ideengehalt des Frühkapitalismus vertreten würde, vielmehr gerade indem sie sich statt der Arbeit dem Reichtum verschreibt, statt dem Beruf einem Gewerbe, das sie nicht wohl als Verpflichtung, allenfalls als Zwang auffassen kann, und auf diesem Weg am Galgen endet, als Wegweiser aber auch noch die Feinde der asketischen Ethik des Bürgertums: den Klerus und die Staatsbeamten sowie die eigenen schwarzen Schafe, die Libertins, denunziert, wird aus ihr, der Gegenspielerin Thorowgoods, mit dem sie gleichsam um die Seele George Barnwells kämpft, um den Preis von dessen und ihrem eigenen Untergang, dennoch eine Stütze der guten Sache, für die Lillos Stück wirbt. Wenn also Hauser insofern doch nicht im Unrecht ist, so nur unter Berücksichtigung des, wie uns immer deutlicher wird, für eine Literatursoziologie des bürgerlichen Trauerspiels entscheidenden Moments, daß darin der Aufstieg des Bürgertums nicht so sehr direkt seinen Niederschlag findet, etwa im Auftreten bürgerlicher Helden, die gegen die herrschende Gesellschaftsordnung rebellieren, als vielmehr vermittelt einerseits durch die bürgerliche Ideologie, wie sie Max Weber dargestellt hat, andererseits durch die Modifikation des dramatischen Konflikts und der tragischen Wirkung, die davon bestimmt wird.
Soviel zur Millwood. Wir können hier nicht den Verwandlungen nachgehen, in denen ihre Gestalt durch die späteren bürgerlichen Trauerspiele geistert, so verlockend die Aufgabe auch wäre. Denn kehrt die seltsame Dialektik ihres losen Lebenswandels und ihrer sozialkritischen Strenge

nicht wieder in der Johanna Norfolk, die sich als Favoritin des Fürsten in Schillers *Kabale und Liebe* Lady Milford nennt, und die sich von ihrem fürstlichen Liebhaber mit den berühmten Worten verabschiedet:

*Ich verabscheue Gunstbezeugungen, die von den Tränen der Untertanen triefen. – Schenken Sie die Liebe, die ich Ihnen nicht mehr erwidern kann, Ihrem weinenden Lande, und lernen Sie von einer brittischen Fürstin Erbarmen gegen Ihr deutsches Volk. In einer Stunde bin ich über der Grenze.* (Hervorh. von Schiller)[53]

Statt also die Genealogie von Millwood zu Milford zu verfolgen, wenden wir uns jetzt der anderen Frauengestalt in Lillos Werk zu: der Tochter des Kaufmanns Thorowgood, Maria.

Das erste Mal betritt sie die Bühne nach dem Eingangsgespräch zwischen Thorowgood und Trueman über den Genueser Erfolg der Londoner Kaufleute. Thorowgood erkundigt sich nach den Vorbereitungen eines Empfangs, zu dem auch Leute vom Hof erwartet werden. Unter diesen erhofft er sich Marias Zukünftigen. Aber Maria bezeichnet sich als *unfit for conversation at present, I should but increase the number of the company without adding to their satisfaction.* Darauf Thorowgood: *Nay, my child, this melancholy must not be indulged.* Und Maria: *Company will but increase it. I wish you would dispense with my absence; solitude best suits my present temper.* (*LM* I, 2) Woher diese Melancholie? Der zweite Auftritt Marias folgt wiederum auf ein Gespräch zwischen ihrem Vater und Trueman, es ist der große Dialog zu Beginn von Akt 3, in dem die Tätigkeit des Kaufmanns verherrlicht und als die Bedingung für seinen Erfolg Ordnung, *method,* jene permanente Selbstkontrolle des Puritanismus, bezeichnet wird. Thorow-

53 Friedrich Schiller, *Kabale und Liebe* IV, 9.

good geht zur Börse, seine Tochter erscheint mit einem Buch, setzt sich und liest. Dann folgt ihr Monolog:
*Wie mächtig ist die Liebe zur Wahrheit! Der schwächste Geist, welcher von derselben beseelet und sich selbst gelassen ist, verachtet Erde und Hölle, wenn gleich beide ihre Kräfte gegen ihn vereiniget haben: dergleichen Seelen sind über alle Empfindungen von Schmerz erhaben, oder finden doch in sich selbst so kräftige Trostgründe, daß sie von demselben wenig oder gar nicht angefochten werden. Einem Märtyrer kostet es wenig, den Himmel zu erhalten. Sein Leiden ist leicht und geringe; seine Belohnung aber ist unendlich groß. Eine ganz andere Beschaffenheit hat es mit den schwachen Seelen* [*the wretch*, heißt es bei Lillo, was wohl nicht ganz dasselbe ist], *in welchen Liebe und Pflicht miteinander streiten. Eine angenehme Leidenschaft hat sie so eingenommen, daß sie mit großer Mühe ihren eigenen Begierden widerstehen. Allein was ist eine Stunde, ein Tag, ja ein Jahr voll Leiden gegen eine ganze Lebenszeit voll Marter und Qual?* (*LM* III, 2 – Übers. Basewitz)
Die Gedanken Marias scheinen den Verdacht zu bestätigen, den die Szenenkomposition zu Beginn von Akt 1 und Akt 3 erweckt: Wenn auf das helle Licht, in dem die strahlende Figur des London Merchant als des Retters von England, als des Wohltäters der Menschheit steht (je nachdem ob er die Invasion durch die spanische Flotte vereitelt oder Welthandel treibt) – wenn auf dieses Licht beidemal der Schatten der Melancholie folgt, die sich auf die Tochter des Kaufmanns gelegt hat, so vielleicht nicht ohne tiefere Bedeutung. Marias Melancholie ist Liebesmelancholie, sie liebt George Barnwell. Aber wenn sie unglücklich ist, so nicht, weil Barnwell ihre Liebe nicht erwidert, sondern weil sie sich das Liebesglück selber versagt. Präziser als in der eben zitierten Übersetzung Basewitzs wird der innere Kampf im Original beschrieben: Dem Märtyrer wird *the wretch* gegenüberge-

stellt, *who combats love with duty when the mind, weakened and dissolved by the soft passion, feeble and hopeless, opposes its own desires.* (*LM* III, 2) Der Märtyrer steht im Spannungsfeld von Erde und Himmel, er vermag es, in einer heroischen Geste sich aus den irdischen Banden loszureißen, um die Glückseligkeit des Jenseits zu erlangen. Vom Märtyrer als einer Gestalt des religiösen Traditionalismus hebt sich die puritanische Seele Marias ab wie die puritanische Berufspflichtidee des Kaufmanns Thorowgood sich vom skrupellosen Gelderwerb der Millwood, einer Figur des ökonomischen Traditionalismus, abhebt. Den Qualen des Märtyrers, die eine Stunde, einen Tag, vielleicht auch ein Jahr dauern, steht beim Puritaner *a whole life of tortures, eine ganze Lebenszeit voll Marter und Qual* gegenüber. Denn er hat das Spannungsfeld von Diesseits und Jenseits gleichsam in sein Inneres gewendet. Nicht mehr steht er wie der Barockmensch im Jammertal, aber den Blick auf das Jenseits gerichtet – ihm ist zur Pflicht gemacht, sich in seiner irdisch-sinnlichen Existenz der Erwählung durch Gott als würdig zu erweisen. Jeder einzelne Augenblick seiner Lebensführung steht unter diesem permanenten Anspruch. Er darf nicht, wie der Märtyrer, sein Leben seinem Glauben zum Opfer bringen, sondern muß sein ganzes Leben den Forderungen des Glaubens unterwerfen. So kann es dann zu einem *whole life of tortures* kommen, wenn der Geist den Begierden im Wege steht. Marias Melancholie aber ist die Folge dieses inneren Konflikts.

Sigmund Freud hat in seinem Aufsatz *Trauer und Melancholie* das Moment des Selbstvorwurfs und der Selbstkritik im Krankheitsbild der Melancholie beschrieben und zu erklären versucht. Im Hinblick auf die Konstitution des menschlichen Ich überhaupt sagt Freud, man sehe beim Melancholiker, *wie sich ein Teil des Ichs dem anderen gegenüberstellt, es kritisch wertet, es gleichsam zum Objekt nimmt.*

*Unser Verdacht, daß die hier vom Ich abgespaltene kritische Instanz auch unter anderen Verhältnissen ihre Selbständigkeit erweisen könne, wird durch alle weiteren Beobachtungen bestätigt werden. Wir werden wirklich Grund finden, diese Instanz vom übrigen Ich zu sondern. Was wir hier kennen lernen, ist die gewöhnlich Gewissen genannte Instanz; wir werden sie mit der Bewußtseinszensur und der Realitätsprüfung zu den großen Ichinstitutionen rechnen und irgendwo auch die Beweise dafür finden, daß sie für sich allein erkranken kann. Das Krankheitsbild der Melancholie läßt das moralische Mißfallen am eigenen Ich vor anderen Ausstellungen hervortreten.* (Hervorh. von Freud)[54]

Die Frage nach der Genesis dieser Selbstverurteilung führt Freud zur These, die Selbstvorwürfe seien eigentlich Vorwürfe gegen ein Liebesobjekt. Die Liebe zu diesem Objekt könne nicht aufgegeben werden, während das Objekt selbst aufgegeben wird. Sie flüchte sich in die narzißtische Identifizierung. So fällt *der Schatten des Objekts auf das Ich, welches nun von einer besonderen Instanz wie ein Objekt, wie das verlassene Objekt, beurteilt werden* kann. *Auf diese Weise hatte sich der Objektverlust in einen Ichverlust verwandelt, der Konflikt zwischen dem Ich und der geliebten Person in einen Zwiespalt zwischen Ichkritik und dem durch Identifizierung veränderten Ich.* (a.a.O., S. 434 f.)

Keineswegs soll damit der Nachweis zu führen versucht werden, daß die Melancholie der Londoner Kaufmannstochter Maria diesen Ursprung habe und diesen inneren Vorgang enthalte. Und zwar sehe ich von einem solchen Versuch vor allem aus methodologischen Erwägungen heraus ab. Wollte man nämlich für die von Freud postulierten Vorwürfe gegen das Liebesobjekt, die, wie er meint, hinter den Selbstvorwürfen stehen müssen, im Text selbst Belege

54 Sigmund Freud, *Trauer und Melancholie* [1916]. In: S. F., *Werke* Bd. 10. London 1946, S. 433 f.

suchen oder wollte man Marias Worte über Barnwell *Thou dear, dear cause of all my grief and pain* (*LM* IV, 1) als Widerlegung einer solchen These auffassen, so würde man den Fehler machen, die Aussprüche der dramatis personae für eine verläßliche Quelle psychoanalytischer Erkenntnis zu halten – als beruhte ein wichtiger Teil der Freudschen Methode – Traumdeutung und freie Assoziation – nicht gerade auf der Unzuverlässigkeit des wachen Bewußtseins, das immer der Rationalisierung, d. h. der Verfälschung der ursprünglichen Motive, verdächtig ist. An diesem Widerspruch haben m. E. alle psychoanalytischen Interpretationen von Literatur, von Fiction ihre Grenze: die Möglichkeit, Hamlet nach seinen Träumen zu befragen, um den Grund seines Zögerns bei der Rache an seinem Onkel zu finden – diese Möglichkeit hat nie bestanden.

So kann uns die Freudsche Theorie nur sehr bedingt eine Hilfe sein. Eher noch läßt sich als Beleg im Stück selbst ansehen, was darin ausgespart ist, als was seine Personen expressis verbis sagen. So fällt auf, daß es zu einer Begegnung zwischen Maria und Barnwell erst im Gefängnis, kurz vor der Hinrichtung Barnwells, kommt. Beim ersten Auftritt Marias, nach dem das Stück einleitenden Gespräch ihres Vaters mit Trueman über die Heldentat der Londoner Kaufleute, ist sie von Melancholie zwar schon gezeichnet, aber von ihrer Liebe zu Barnwell spricht sie nicht. Erst nach ihrem kurzen Monolog im Akt 3, da der treue Freund Trueman, der eben von Barnwells Betrug in einem Brief von ihm unterrichtet worden ist, mit einem *Oh, Barnwell! Oh, my friend, how art thou fallen!* die Bühne betritt, verrät sich Marias Leidenschaft: *Ha! Barnwell? What of him? Speak! Say, what of Barnwell?* (*LM* III, 3). Sie wird dann versuchen, die von Barnwell veruntreute Summe aus ihrer eigenen Tasche zu ersetzen, nicht aber versucht sie, ihm zu nahen, ihrer Liebe die Erfüllung zu gewähren. Erst im Gefängnis,

erst wenn durch das Todesurteil sozusagen gerichtlich bestätigt und gesichert ist, daß sie auf ihn verzichten muß, wagt sie es, ihn zu treffen.
Ausgespart wird im Stück auch der Grund, aus dem sie auf ihn immer schon verzichtet hat. Maria versagte ihrer Liebe die Erfüllung und zog sich bereits in die Melancholie zurück, als Barnwell sich noch gar nichts hatte zuschulden kommen lassen. Vielleicht ist es nicht zu gewagt zu vermuten, daß das, was Maria zu Barnwell hinzieht, und das, was sie davon abhält, diese Zuneigung zu realisieren, eines und dasselbe ist: die noch unerklärte Disposition Barnwells, den vorgeschriebenen Pfad puritanischer Lebensführung zu verlassen und das Glück in den Armen der Millwood zu suchen.
Oder besser, da es aus methodologischen Gründen mißlich ist, für die Handlungen literarischer Figuren psychologische Motivationen liefern zu wollen: Die Konstellation im Stück: einerseits der ungehorsame Lehrling, der die ethischen Maximen des Kaufmanns verletzt und dem Sinnenglück außerhalb der vorgesehenen Lebensbahn nachjagt, andererseits die folgsame Tochter des Kaufmanns, die diesen Lehrling liebt, auf die Erfüllung ihrer Liebe aber schon vor dessen Straucheln verzichtet hat und darüber der Melancholie verfällt, diese Konstellation ist der objektive Ausdruck davon, daß im Puritanismus nicht nur der, welcher der Versuchung erliegt, sondern auch der, der ihr widersteht, es teuer bezahlen muß. An Maria tritt das Opfer hervor, das die innerweltliche Askese vom Menschen verlangt, und das der Kaufmann selber – aus Altersgründen – verheimlichen kann. Wenn auf das helle Licht, das den Kaufmannsstand in den beiden ersten Szenen des 1. und 3. Aktes anstrahlt, mit dem Auftritt Marias beidemale der Schatten folgt, der sich auf sie gelegt hat, dann verweist dieses Kompositionsmoment nicht bloß auf den Entstehungszusammenhang von puritanischem Triebverzicht und Melancholie, sondern

zugleich auf die Rolle, die der Kaufmann von London, als Vater, in der Pathogenese von Marias Melancholie spielt.

Auf die Bemerkung ihres Vaters, er wisse wohl, daß Liebe wesentlich sei für das Glück in der Ehe, weshalb er denn lieber die Wahl seiner Tochter bestätigen, als sie lenken möchte, erwidert diese:

*Was soll ich Ihnen antworten, lieber Herr Vater? und was soll ich zu den vielfältigen Proben Ihrer Güte sagen, die, auch bei den allerzärtlichsten Vätern, ihresgleichen nicht hat? Ich gestehe indessen frei, ich würde sehr unglücklich sein, wenn Sie nicht so gütig wären.* (*LM* I, 2 – Übers. Basewitz).

Und etwas später:

*I cannot answer for my inclinations, but they shall ever be submitted to your wisdom and authority; and, as you will not compel me to marry where I cannot love, so love shall never make me act contrary to my duty.* (*LM* I, 2)

Maria weiß, daß in ihr die Liebe über die Pflicht nie die Oberhand gewinnen wird. Das unterscheidet sie von den tragischen Helden früherer Jahrhunderte, zumal des 17. – man denke an Corneille und an das *heroic play* des englischen Klassizismus, auf den Lillos *domestic drama* folgt. Eine Konfliktsituation zwischen Neigung und Pflicht, zwischen den Sinnen und dem Geist, kann es geben, nicht aber die Austragung des Konflikts, den Kampf, dessen Ausgang zunächst unbestimmt wäre. Marias Haltung ist Unterordnung, nicht als soziale Gegebenheit, gegen die – im Notstandsfall – das Widerstandsrecht gegeben wäre, ihre Unterordnung unter den Willen ihres Vaters ist vielmehr ein Akt ihres freien Willens. Sie begründet ihn mit seiner Güte, damit, daß sie weiß, er würde sie nicht – wie die Komödienväter vergangener Jahrhunderte – zur Heirat mit einem Mann zwingen, den sie nicht liebt. Dem Familienkonflikt ist also nicht nur von der Tochter her, sondern auch vom Vater her die Bedingung seiner Möglichkeit genommen. Soziologisch wird man in diesem neuen *contrat social* wahrscheinlich den Versuch sehen müssen, die Verhältnisse der bürgerlichen Kleinfamilie, die im 17. und 18. Jh. sich installiert, zu lösen. Dazu wäre wiederum Habermas' *Strukturwandel der Öffentlichkeit* heranzuziehen.[55] Literaturgeschichtlich ist es – wenn ich richtig sehe – die Grundlage dessen, was man Empfindsamkeit nennt. Und mehr als frühes Beispiel einer empfindsamen Dramengestalt, denn wegen ihrer melancholischen Stimmung dürfte Lillos Londoner Kaufmannstochter die paradigmatische Rolle bestimmt haben, die das Drama in Deutschland und Frankreich gespielt hat, neben der femme fatale Millwood und durchaus auf Kosten des Kaufmanns Thorowgood selbst. Empfindsamkeit ist der Ausdruck der Tabuierung jedes Konflikts zwischen den Angehörigen einer Familie. Dem Konflikt wird abgeschworen, da man von der Güte des anderen überzeugt ist. Die Absage an den Konflikt bedeutet aber nur dessen Hereinnahme ins Innere des Subjekts: *the mind opposes its own desires,* wie Maria sagt, *Zwiespalt zwischen Ichkritik und dem durch Identifizierung veränderten Ich,* wie der Begründer der Psychoanalyse formuliert. Die Folge ist Leiden, Melancholie. Beides, Grund wie Folge des Verzichts auf Austragung des Konflikts, führt zu jener Weinerlichkeit, welche den empfindsamen Stil kennzeichnet. Man weint Tränen der Rührung (wie gut, wie zärtlich ist doch der andere) und man weint Tränen des Leides (wie schlecht geht es doch einem – wegen der Güte des anderen). Empfindsamkeit ist der Tränenvorhang der bürgerlichen Familie, den die Vertreter des bürgerlichen Trauerspiels im 19. Jahrhundert – Hebbel, Ibsen, Strindberg – in Stücke reißen werden, um dahinter die Lebenslüge aufzuzeigen.

55 Jürgen Habermas, *Strukturwandel der Öffentlichkeit* a.a.O., insbesondere die §§ 6, 16 und 17.

# II Denis Diderot:
## *Theorie und dramatische Praxis*

Die Überquerung des Kanals, der Übergang von Lillo zu Diderot, dessen Bedeutung als Verfasser der beiden bürgerlichen Dramen *Le fils naturel* und *Le père de famille* sowie mehrerer theoretischer Schriften über die neue Gattung für deren Geschichte – wohl auch außerhalb Frankreichs – von niemand übertroffen wird, macht einen erneuten Rekurs auf die Diskussion der Ständeklausel, auf Auslegung und Widerlegung einiger Bestimmungen der Aristotelischen Poetik im 18. Jahrhundert notwendig. Denn die Auseinandersetzung mit den dramatischen Werken und Normen des 16. und vor allem des 17. Jahrhunderts war für einen Vertreter der neuen Gattung, die in der Aufhebung der Ständeklausel ihren Ursprung hat, in Frankreich sehr viel dringlicher und auch mit größeren Widerständen verbunden als in England. Erstens konnte sich Lillo, wie wir gesehen haben, auf Vorläufer berufen – im Prolog werden Southerne, Rowe und Otway genannt, und bereits die Dramatik der Elisabethanischen Zeit durchbricht gelegentlich die Ständeklausel –, während die französische *tragédie classique* noch tief in das 18. Jahrhundert hinein als unverletzbare Norm tradiert wird. Zweitens war die Dramentheorie, Poetik überhaupt, in England sehr viel weniger ausgebildet und sehr viel weniger beherrschend als in Frankreich.

Auf paradoxe Weise hat aber die Intensität, mit der in Frankreich Dramatiker und Theoretiker seit der Renaissance die poetischen Gattungen auf ihre spezifischen Formgesetze zu prüfen und festzulegen suchten, auch die Folge gehabt, daß dort schon sehr früh, auf dem Höhepunkt der Klassik, gar von einem ihrer Hauptvertreter, die theoretischen Voraussetzungen des bürgerlichen Trauerspiels bereitgestellt worden sind. Ich spreche von Pierre Corneille. Bereits 1650, in dem Widmungsschreiben, das seine »comédie héroïque« *Don Sanche d'Aragon* begleitet,[1] wird die überkommene Ständeklausel verworfen, werden die Bestimmungen des Aristoteles, auf die sich die Vertreter der Standesklausel berufen mochten, neu ausgelegt. Die Absicht Corneilles ist die theoretische Rechtfertigung der Gattung der heroischen Komödie, d. i. einer Komödie, deren Rollen nicht – wie einst Diomedes formulierte – *humiles atque privatae personae* sind, sondern Könige und Fürsten. Denn die Ständeklausel schloß ja nicht nur die Bürger aus der Tragödie, sondern auch die vornehmen Personen aus der Komödie aus, oder genauer: sie untersagte die komische Darstellungsweise für diesen Personenkreis. Indem Corneille die Gattung der *comédie héroïque* zu legitimieren sucht, tut er das gleiche auch für die *tragédie bourgeoise*. Sein Ausgangspunkt ist die Kritik an der Unterscheidung der Gattungen unter dem einzigen Gesichtspunkt des sozialen Standes, dem die dramatis personae angehören. Gegen Plautus, der im Prolog seines *Amphitruo* bekanntlich die Bezeichnung *tragico comoedia* einführt, da sein Werk weder Tragödie noch Komödie sein kann, treten doch darin sowohl Götter und vornehme Personen als auch Sklaven auf, macht Corneille den entscheidenden Einwand geltend, der genau den Differenzpunkt zwischen der Aristotelischen Poetik und ihrer Umdeutung im Sinne der Ständeklausel trifft: den Einwand, das heiße die Personen zu sehr, die Handlung zu wenig berücksichtigen. *C'est par la seule considération des actions, sans aucun égard aux personnages, qu'on doit déterminer de quelle espèce est un poème drama-*

1 Pierre Corneille, *Epitre dédicatoire zu Don Sanche d'Aragon* [1650]. In: *Théâtre complet.* Ed. M. Rat. Paris o. J., vol. 2, S. 607-610 (künftig abgekürzt als *Epitre*, Seitenzahl).

*tique.* (*Epitre*, S. 609) Diesen wichtigen Satz untermauert Corneille mit einer relecture des Aristoteles. Dieser halte es anders als Plautus. In der Tragödiendefinition des Aristoteles würden die Eigenschaften beschrieben, welche die Werke haben, und die Wirkung, die sie hervorrufen müßten, nicht aber spreche er von den Personen. Wohl könne man sich vorstellen, daß jene, die die tragische Dichtung auf die vornehmen Personen beschränkt haben, es in der Ansicht taten, nur das Schicksal der Könige und Fürsten könnte eine Handlung abgeben, wie sie Aristoteles für die Tragödie vorschreibt. Indessen berühre Aristoteles selber, wenn er die Eigenschaften prüft, die der tragische Held aufweisen müsse, die Frage des Standes nicht. Was er für den tragischen Helden postuliere, treffe durchaus nicht nur auf Fürsten zu, wohl aber verzeichne die Geschichte eine solche Begebenheit nur, wenn sie *quelqu'une de ces grandes têtes* treffe (*Epitre*, S. 608), ein gekröntes Haupt etwa. Darum aber habe die Tragödie bislang bei ihnen haltgemacht.

Es stellt sich die Frage, warum Corneille es unternimmt, eine bürgerliche Tragödie zu rechtfertigen, die zu schreiben weder er noch seine Zeitgenossen im Sinn hatten. Erfolgt es allein um der Symmetrie willen, welche die *comédie héroïque*, um die es Corneille ging, und die *tragédie domestique* bilden – beides Gattungen, welche die überlieferte Ständeklausel zwar verletzen, das Gesetz der beiden konträren Gattungen nach Corneille aber dennoch befolgen, und zwar im Sinn des Aristoteles, d. h. nicht hinsichtlich der Personen, sondern hinsichtlich der Handlung? Dieses Moment der Symmetrie oder Analogie spielt sicherlich eine Rolle – in dem Widmungsschreiben wird die Möglichkeit der *comédie héroïque* aus der eben dargelegten Möglichkeit der *tragédie bourgeoise* mit einem »a simili« abgeleitet. – Aber es darf nicht übersehen werden, daß Corneille für das bürgerliche Trauerspiel auch einen spezifischen Grund

anzuführen weiß, der nichts mehr mit dem cartesianischen Geist zu tun hat, den eine solche Symmetrie-Konstruktion bezeugt – der Text stammt übrigens aus dem Todesjahr des Descartes, 1650. Corneille schreibt:
*La tragédie doit exciter de la pitié et de la crainte, et cela est de ses parties essentielles, puisqu'il entre dans sa définition. Or, s'il est vrai que ce dernier sentiment* [also die Furcht] *ne s'excite en nous par sa représentation que quand nous voyons souffrir nos semblables, et que leurs infortunes nous en font appréhender de pareilles, n'est-il pas vrai aussi qu'il y pourrait être excité plus fortement par la vue des malheurs arrivés aux personnes de notre condition, à qui nous ressemblons tout à fait, que par l'image de ceux qui font trébucher de leurs trônes les plus grands monarques, avec qui nous n'avons aucun rapport qu'en tant que nous sommes susceptibles des passions qui les ont jetés dans ce précipice; ce qui ne se rencontre pas toujours?* (*Epitre*, S. 608)
Der für die Geschichte der Theorie des bürgerlichen Trauerspiels entscheidende Gedanke, daß die Wirkung der Tragödie von der Identität des sozialen Standes von Held und Zuschauer abhänge, ist von Corneille zehn Jahre später näher ausgeführt worden, nämlich in den drei Traktaten über die dramatische Poesie, die er für die 1660 erschienene dreibändige Ausgabe seiner Dramen verfaßte. So wie diese drei Abhandlungen im Ganzen als Kommentar zur Poetik des Aristoteles intendiert sind, so bezieht sich der zweite, an dessen Anfang die Erörterung des aus dem Widmungsschreiben zum *Don Sanche* übernommenen Gedankens steht, auf einen Satz des Aristoteles und dessen Auslegung. Aus dem 13. Kapitel der Poetik zitiert Corneille: *Nous avons pitié de ceux que nous voyons souffrir un malheur qu'ils ne méritent pas, et nous craignons qu'il ne nous en arrive un pareil, quand nous le voyons souffrir à nos semblables.*[2] Auf diesen

2 Pierre Corneille, *Discours de la tragédie et des moyens de la traiter selon*

Satz des Aristoteles können sich all jene Interpretationen berufen, welche die Wirkung der alten Tragödie auf Könige und Prinzen beschränken, welche sie als Fürstenspiegel verstehen. Bei unserem Überblick über die Geschichte der Ständeklausel haben wir solche Definitionen aus dem 16. Jahrhundert zitiert; die Anschauung bestimmt noch, wie wir sahen, Lillos Beweisführung, warum das bürgerliche Trauerspiel notwendig sei. Sowohl Corneille als auch Dacier, der Aristoteles-Kommentator der französischen Klassik, wenden sich kritisch gegen diese Auslegung des Aristoteles, die ihnen in dem 1613 erschienenen Aristoteles-Kommentar des Italieners Beni entgegentrat.[3] Das Wort *semblables* könne nicht im Sinne der Standesgleichheit verstanden werden, habe es doch zu Zeiten der attischen Tragödie gar keine Könige in Athen gegeben. Das sei aber – und hier unterscheidet sich Corneilles Ansicht von der späteren Lillos – auch nicht nötig: auch wenn die Zuschauer keine Zepter haben, um den Königen auf der Bühne zu gleichen, haben sie Grund zu befürchten, daß auch ihnen widerfahren könnte, was im Drama jenen widerfährt: *denn diese Könige sind Menschen wie die Zuschauer und in ihr Unglück werden sie von Leidenschaften hineingerissen, deren auch die Zuschauer fähig sind.* (Übers. von Sz.)[4] Im übrigen bestehe keine Notwendigkeit, das inszenierte Unglück auf das von Königen zu beschränken: Les infortunes *des autres hommes y trouveraient place, s'il leur en arrivait d'assez illustres et d'assez extraordinaires pour la mériter et que l'histoire prît assez de soin d'eux pour nous les apprendre.* (*Discours*, S. 78) Und

*le vraisemblable ou le nécessaire* a.a.O., S. 76 (künftig abgekürzt als *Discours*, Seitenzahl).

3 P. Beni, *In Aristotelis Poeticam commentarii; . . . adjecta est Platonis Poetica ex ejus dialogis collecta.* Padua 1613.

4 *mais ces rois sont hommes comme les auditeurs, et tombent dans ces malheurs par l'emportement des passions dont les auditeurs sont capables.* (*Discours*, S. 77 f.)

wie schon im Widmungsschreiben zum *Don Sanche* zitiert Corneille auch hier das Beispiel des Scedasos, jenes Bauern, dessen Schicksal, die Vergewaltigung seiner beiden Töchter, bei Plutarch überliefert ist und 1604 von Alexandre Hardy, einem französischen Zeitgenossen Shakespeares und Verfasser von 800 Dramen, zum Gegenstand einer Tragödie *Scédase ou l'Hospitalité violée* genommen wurde. Vergleicht man diese Stelle des zweiten Discours mit der zehn Jahre früher entstandenen *Epître Dédicatoire* zum *Don Sanche,* so fällt auf, daß Corneille hier nicht mehr die Ansicht vertritt, die Identität des sozialen Standes von Held und Zuschauer verstärke die Wirkung der Tragödie, so daß eine bürgerliche Tragödie nicht nur erlaubt, sondern auch wünschenswert sei. Diese Ansicht wird verdrängt einerseits durch die Interpretation des Kriteriums »Ähnlichkeit« im Sinne des Satzes *auch Könige sind Menschen* ..., andererseits durch den uns von anderen Autoren des 17. Jahrhunderts her schon vertrauten Gedanken, daß der soziale Abstand zwischen Held und Zuschauer die Furcht, welche das Schicksal des einen beim anderen hervorruft, nicht etwa vereitelt, vielmehr erhöht. Im *Discours* (S. 78) heißt es:

*le spectateur peut concevoir avec facilité que si un roi, pour trop s'abandonner à l'ambition, à l'amour, à la haine, à la vengeance, tombe dans un malheur si grand qu'il lui fait pitié, à plus forte raison lui qui n'est qu'un homme du commun doit tenir la bride à de telles passions, de peur qu'elles ne l'abîment dans un pareil malheur.*

Ich will nicht den Gründen nachgehen, die Corneille veranlaßt haben mögen, seinen früheren Hinweis auf die Wünschbarkeit einer bürgerlichen Tragödie zurückzunehmen; daß es eine Revision seiner Anschauung war, der er selber eine gewisse Bedeutung beimaß, darf vielleicht aus der Tatsache gefolgert werden, daß der *Don Sanche* von 1660 an ohne die *Epître Dédicatoire* gedruckt wurde.

Entscheidend ist für uns, daß Corneilles gewandelter Standpunkt, der von 1660, ihn nur scheinbar von den Voraussetzungen des künftigen bürgerlichen Trauerspiels entfernt. Wohl verzichtet er auf das Postulat der Zugehörigkeit zum selben sozialen Stand. Aber er kann es tun, weil er jenseits der sozialen Unterschiede eine Identität anderer Art gewahrt, welche König und Mensch verbindet: beide sind Menschen. Damit gibt Corneille keineswegs die communis opinio seiner Zeit wieder: 30 Jahre später wird Dacier seine Ablehnung Benis mit einer Kritik an Corneille verknüpfen. Nachdem er die Stelle aus dem *Discours de la Tragédie* angeführt hat, schreibt Dacier:

*Cette réponse de M. Corneille, au lieu de résoudre la difficulté, prouveroit plûtôt que la définition d'Aristote est fausse. En effet, si tous les malheurs qu'on s'attire par ses passions donnoient de la crainte indifferemment à tout le monde, ceux des Princes & des Rois en donneroient au peuple, comme ceux des autres hommes & par consequent Aristote auroit eü tort de dire dans sa Rhetorique & icy* [d. h. in der Poetik, Kapitel 13], *que la crainte naît de la misére de nos semblables. La véritable réponse se doit tirer de la doctrine même d' Aristote, qui a déja fait voir que le sujet de la Tragedie est d'abord une fable universelle, qui regarde tous les hommes en general; ce n'est ny Edipe, ny Atrée, ny Thyeste, c'est un homme ordinaire à qui on donne tel nom qu'on veut; mais pour rendre son action plus grande & plus croyable, le poëte luy donne un nom illustre qui soit connu; cependant quoyque cette fable soit renduë singulière par l'imposition des noms, elle ne change pourtant pas de nature au fond, & demeure toûjours generale; c'est toûjours un homme ordinaire qui agit sous le nom d'un Prince ou d'un Roy. Ainsi Aristote a eü raison d'appeller ces Princes & ces Rois, »nous semblables«; car le Poëte n'a pas en veüe d'imiter les actions des Rois, mais les actions des hommes; c'est nous qu'il represente. »Mutato nomine de te fabula narratur«.* (Hervorhebung von Sz.)[5]

Die Verschiedenheit der Ansichten, die Dacier und Corneille vom König auf der Bühne haben, ist gering, aber sie ist entscheidend. Dacier spricht vom Menschen, den der Dichter meint, dem er aber um den Forderungen der Dichtung im allgemeinen und der Tragödie im besonderen zu genügen, einen königlichen Namen gibt. Die Krone verleihe der Handlung Erhabenheit, der Name als historischer verbürge – wie schon Aristoteles behauptet – die Wahrscheinlichkeit der Handlung: was geschehen ist, ist auch möglich. Corneille hingegen spricht vom König als Menschen, für ihn sind Krone und Szepter nicht bloße Darstellungsmittel im Dienste des idealisierenden Stils, von dem schon bei Aristoteles an den Stellen die Rede ist, die später im Sinne der Ständeklausel mißverstanden wurden, sondern konträr: es ist die ihm (Corneille) vorschwebende neue Darstellungsweise, die auch im König den Menschen zeigt und damit, über die Standesschranken hinweg, Furcht und Mitleid auch im bürgerlichen Parterre garantiert. Daß Corneille, en plein classicisme, eine neue Darstellungsweise zu propagieren wagt, hängt nicht bloß mit der Einstellung seiner Landsleute zusammen, die – wie er in dem an einen Holländer gerichteten Widmungsschreiben zum *Don Sanche* sagt – *aiment la nouveauté* (*Epitre*, S. 607). Er kann sich auch auf die spezifischen historisch-politischen Prämissen der griechischen Tragödie berufen, denen er die der französischen Tragödie seiner Zeit gegenüberstellt. *Notre maxime de faire aimer nos principaux acteurs n'était pas de l'usage de nos anciens, et ces républicains avaient une si forte haine des rois, qu'ils voyaient avec plaisir des crimes dans les plus innocents de leur race.* (*Discours*, S. 104) Man wird schwerlich Corneilles

5 Dacier a.a.O., S. 180 f.

Ansicht teilen können, daß das Vergnügen der Athener an tragischen Gegenständen wie dem unschuldig Schuldigwerden des Oedipus auf ihren Antimonarchismus zurückzuführen sei. Bemerkenswert muß man aber das historische Bewußtsein, das Bewußtsein historisch bedingter Unterschiede zwischen der antiken und der modernen Dichtung finden – ein Bewußtsein, das im poetologischen Denken seiner Zeit noch keineswegs verbreitet ist. Es zeigt Corneille ebenso als Vorläufer des 18. Jahrhunderts wie jenes neue Darstellungsprinzip, auf das er bei der Distanzierung von der Antike sich beruft: die Maxime, die Helden der Dramen liebenswert erscheinen zu lassen. Indem sich Corneille zu dieser Maxime bekennt, bereitet er einerseits jene Empfindsamkeit vor, die in der Rezeption des *London Merchant* – wie wir schon angedeutet haben – eine sehr viel größere Rolle spielen wird als das bürgerliche Standesbewußtsein und die Kaufmannsmoral. Andererseits stellt diese Intention den gemeinsamen Nenner der beiden neuen Gattungen dar, der *comédie héroïque* und der *tragédie bourgeoise,* von denen die eine von Corneille selbst, die andere erst ein Jahrhundert später, von Diderot, für die französische Bühne verwirklicht wird. Indem die *comédie héroïque* ihren Platz zwischen der überlieferten Komödie, in der auf Kosten der *humiles atque privatae personae* gelacht wird, und der überlieferten Tragödie findet, in der auf Kosten der *heroes, duces, reges* die Leidenschaften der Zuschauer gereinigt werden sollen (was immer das genau heißen mag), schafft sie einen Spiel-Raum für Humanität, für Mitleid, Sympathie, Bewunderung. Sie stellt sich damit in die Nähe der anderen Zwischengattung, der *tragédie domestique* oder *bourgeoise,* die in ihrer französischen und bald auch deutschen Variante, nicht Klassenkonflikte darstellt, sondern jene Empfindsamkeit, in der die Menschen, zur bürgerlichen Kleinfamilie zusammengeschlossen, ihre Konflikte nicht auszutragen wagen, sondern sie in Tränen der Rührung und der Klage ersticken. Diese Verwandtschaft der *comédie larmoyante*, die als Nachfolgerin der *comédie héroïque* betrachtet werden darf, und der *tragédie domestique* tritt in Diderots theoretischen Schriften klar zutage; sie dürfte auch der geheime Grund sein dafür, daß Corneille in seiner Rechtfertigung der *comédie héroïque* zugleich das bürgerliche Trauerspiel, vor der Zeit, zu legitimieren unternimmt.

Dessen Zeit kam mit Diderot. Für die Theorie der neuen Gattung sind unter seinen ästhetischen Schriften die beiden folgenden von höchster Relevanz: der Dialog *Entretiens sur le Fils naturel* (1757) und die Abhandlung *De la Poésie dramatique*, die 1758 als Anhang zu Diderots zweitem bürgerlichen Drama *Le Père de famille* erschien.[6]

Corneilles Gedanke, die Wirkung der Tragödie beruhe darauf, daß auch die Könige Menschen sind wie die bürgerlichen Zuschauer, kehrt in Diderots Begründung der Theorie des bürgerlichen Trauerspiels an entscheidender Stelle wieder. Anläßlich der von Diderot bewunderten Szene V/4 von Racines *Iphigénie*, heißt es in den *Entretiens* über Klytämnestra, deren Tochter geopfert werden soll: *Si la mère d'Iphigénie se montrait un moment reine d'Argos et femme du général des Grecs, elle ne me paraîtrait que la dernière des créatures. La véritable dignité, celle qui me frappe, qui me renverse, c'est le tableau de l'amour maternel dans toute sa vérité.* (Œ. E., S. 91) Ihre Würde, ihre Erhabenheit verdankt die Tragödie nicht dem Umstand, daß ihre Helden Könige und Königinnen sind, sondern dem wahren Bild, dem *tableau*, der Gefühle, die sie bewegen. *Tableau* und *vérité* sind zwei Schlüsselwörter der Diderotschen Ästhetik,

6 Denis Diderot, *Entretiens sur le fils naturel* [1757]. In: D. D., *Œuvres esthétiques.* Ed. P. Vernière. Paris 1965, S. 80-175. ders., *Discours de la poésie dramatique* [1758]. In: D. D., *Œuvres esthétiques* a.a.O., S. 189-287 (künftig abgekürzt als *Œ. E.*, Seitenzahl).

auf die wir noch zurückkommen werden. Hier ist zunächst von dem zu sprechen, was Klytämnestra als Mutter statt als Königin erweist und was freilich das Kriterium der *vérité* und die künstlerische Erscheinungsform des *tableau* bedingt: von ihrer Liebe zur Tochter, von ihren Gefühlen. Wenig später wird in dem Gespräch, das der Autor mit seinem alter ego, der Titelfigur aus dem *Fils naturel*, Dorval, führt, ein zweites Beispiel gegeben, diesmal nicht aus der tragischen Dichtung, sondern aus der Wirklichkeit. Dorval erzählt von einer Bäuerin, die ihren Mann zu ihrer in einem Nachbardorf wohnenden Familie schickt. Dort wird er von einem seiner Schwäger umgebracht. Am nächsten Tag geht Dorval in das Haus, in dem die Tat verübt wurde. *J'y vis* – sagt er, indem er das Wort aus der Stelle über Klytämnestra wiederholt –, *j'y vis un tableau, et j'y entendis un discours que je n'ai point oubliés. Le mort était étendu sur un lit. Ses jambes nues pendaient hors du lit. Sa femme échevelée était à terre. Elle tenait les pieds de son mari; et elle disait en fondant en larmes, et avec une action qui en arrachait à tout le monde: »Hélas! quand je t'envoyai ici, je ne pensais pas que ces pieds te menaient à la mort.« Croyez-vous qu'une femme d'un autre rang* [eine Fürstin, eine Königin] *aurait été plus pathétique? Non. La même situation lui eût inspiré le même discours. Son âme eût été celle du moment; et ce qu'il faut que l'artiste trouve, c'est ce que tout le monde dirait en pareil cas; ce que personne n'entendra, sans le reconnaître aussitôt en soi.*
*Les grands intérêts, les grandes passions. Voilà la source des grands discours, des discours vrais...* (Œ. E., S. 99 – Hervorhebung von Sz.)
Die Analogie beider Stellen ist offenkundig. Beachtet man den Unterschied, daß in der ersten an einer Szene Racines, in der zweiten an einer Szene der Wirklichkeit exemplifiziert wird, so darf man nicht übersehen, daß auch das zweite

Beispiel von Dorval angeführt ist, einer Person aus der fiktiven Welt des *Fils naturel*: so ist auch die Wirklichkeit der Bäuerin eine poetischer Fiktion. Ebensowenig fällt ein anderer Unterschied ins Gewicht: daß nämlich das eine Mal das Menschliche an einer Königin hervortritt, das andere Mal an einer Bäuerin das, worin sie auch von einer Königin nicht übertroffen würde. Bemerkenswert ist aber etwas anderes. Während von den Versen Klytämnestras gesagt wird, sie böten ein Bild der mütterlichen Liebe *dans toute sa vérité*, heißt es im Anschluß an die von Dorval beschriebene Szene, die großen Leidenschaften seien die Quelle der *discours vrais*, der wahren Reden. Erscheint Wahrheit zunächst noch im überlieferten Sinn als Übereinstimmung von Sache und ihrem Ausdruck, so wird sie in der zweiten Stelle durch die Sache selbst, nämlich die großen Leidenschaften, hervorgebracht. Als Bezeichnung der adaequatio ist Wahrheit ein Stilpostulat, welches gegen das allmächtige Kriterium der französischen Klassik, das der *décence*, der Schicklichkeit, gerichtet ist. So kommt Dorval auf Klytämnestra in einer Replik zu sprechen, welche die Antwort auf ein entsetztes *Mais la décence! la décence!* (*Œ. E.*, S. 90) des Autors ist, der damit seinerseits auf die Forderung Dorvals reagiert, die Bühne solle *tableaux réels* bieten. Welchen Einfluß das Kriterium der *bienséance* auf die *tragédie classique* hatte, mag daran abgelesen werden, daß sie auf der Bühne keinen Mord duldete. Dorvals Bemerkung *Presque tous les hommes parlent bien en mourant* (*Œ. E.*, S. 99) ist insofern nicht nur Lob der Sterbenden, sondern auch Kritik an der überlieferten Tragödie. Gegen den Ausruf *Mais la décence!* führt er nun drei Beispiele an, die zugleich das Théâtre imaginaire Diderots auf charakteristische Weise umreißen:

*La maîtresse de Barnevelt entre échevelée dans la prison de son amant. Les deux amis s'embrassent et tombent à terre.*

*Philoctète se roulait autrefois à l'entrée de sa caverne. Il y faisait entendre les cris inarticulés de la douleur. Ces cris formaient un vers peu nombreux; mais les entrailles du spectateur en étaient déchirées. Avons-nous plus de délicatesse et plus de génie que les Athéniens? ... Quoi donc, pourrait-il y avoir rien de trop véhément dans l'action d'une mère dont on immole la fille? Qu'elle coure sur la scène comme une femme furieuse ou troublée; qu'elle remplisse de cris son palais; que le désordre ait passé jusque dans ses vêtements, ces choses conviennent à son désespoir.* (Œ. E., S. 90 f.)

Und nun folgen die schon zitierten Sätze über Klytämnestra.

Die drei Szenen, aus Lillos *The London Merchant*, aus dem *Philoktet* des Sophokles und aus Racines *Iphigénie*, oder genauer: die Skizzen, die uns in diesem Abschnitt gegeben werden, verraten Diderots Vorstellung von dem, was Tragödie ist oder doch sein sollte. Die drei Beispiele, die für Diderots Dramentheorie zu Paradigmata wurden, haben wir darum auf ihre gemeinsamen Züge zu prüfen. Sie werden uns als Ausgangspunkt für die Darstellung dieser Theorie dienen, der Theorie auch des bürgerlichen Trauerspiels bei Diderot. Doch zuvor ist eine philologische Frage zu klären. Diderot spricht von einer Szene bei Lillo: Barnwells Geliebte betrete mit zerzaustem Haar den Kerker ihres Liebhabers. Die beiden umarmen sich und fallen zu Boden. Von welcher Szene und von welcher Frau ist hier die Rede: der Millwood oder Maria? Vernière, der Herausgeber der *Œuvres Esthétiques* vermerkt in einer Fußnote, Schauplatz der letzten Begegnung zwischen Barnwell und der Millwood sei nicht der Kerker, sondern die Hinrichtungsstätte.[7] Das ist richtig und es wäre denkbar, daß Diderots Gedächtnis ihm einen Streich gespielt hat. Der Szene zwischen Barnwell

7 *Œ. E.*, S. 90, Anm. 2.

und der Millwood auf dem Hinrichtungsplatz geht aber die zwischen ihm und Maria im Kerker voraus – könnte Diderot sie gemeint haben? Dagegen spricht seine Rede von der *maîtresse de Barnevell,* die Maria, trotz ihrer Liebe, eben nicht geworden ist, und ebenso die Rede von Barnwell als *son amant.* Auch die, wie wir sehen werden, sehr wichtige Angabe, Barnwells Geliebte betrete den Kerker *échevelée,* wild, mit zerzaustem Haar, trifft – zumindest im Original – nicht auf Maria, sondern auf die Millwood zu, von der gesagt wird, sie sehe *wild, ruffled with passion, confounded, and amazed* aus.[8] Andererseits kommt die Millwood nicht zu Barnwell, wie es Diderots Beschreibung *La maîtresse de Barnevell entre échevelée dans la prison de son amant* angibt, sondern beide betreten, von einer Wache und dem Henker begleitet, den Schauplatz mit den beiden Galgen und einer gaffenden Menge im Hintergrund, und der Dialog, zu dem es zwischen beiden kommt, berührt nicht mehr ihre Liebe, sondern nur noch ihre Verbrechen und die Sühne, die Barnwell, zu Gott betend, sucht, und die die Millwood, in verzweifelter Rebellion gegen die Idee einer göttlichen Vorsehung, ablehnt. Diderots Angabe kann sich, auch wenn man einen Gedächtnisfehler unterstellt, nicht auf dieses im Anblick der Galgen, des Henkers und der Zuschauer geführte religiöse Streitgespräch beziehen, schreibt er doch: *Les deux amis s'embrassent et tombent à terre.* Wenn auch vom letzteren in der Szene, die zwischen Maria und Barnwell im Kerker stattfindet, ebensowenig die Rede ist, so doch von ihrer Umarmung. Barnwell zu Maria: *Would you, bright excellence, permit me the honor of a chaste embrace, the last happiness this world could give were mine.* Regiebemerkung: *She inclines toward him; they embrace.* (*LM* V, 10, 6 ff.) Das aber besagt, daß Diderot als er, wohl aus der Erinnerung, die Szene im *London Merchant* beschrieb, nicht so

8 *LM*, Appendix B, Scene the Last.

sehr den Kerker mit der Hinrichtungsstätte, als vielmehr Maria mit der Millwood verwechselt haben dürfte: als habe die herzzerreißende Abschiedsszene zwischen Barnwell und der Millwood sich abgespielt. Vielleicht ließe sich diese Hypothese noch überprüfen anhand der französischen Übersetzung des *London Merchant*, die 1748 von Clément de Genève veröffentlicht wurde, zwei Jahrzehnte vor der Mercierschen Bearbeitung.[9] Nicht minder entscheidend dürfte aber für die Beantwortung dieser Frage die Gesamtintention der Stelle sein, in der Diderot die Lillosche Szene neben die aus dem *Philoktet* und der *Iphigénie* stellt. Wenn ich hier auf dieses philologische Detailproblem so ausführlich zu sprechen kam, so weniger, weil dies von unserer gleichfalls ausführlichen Interpretation des *Kaufmann von London* nahegelegt wurde, als vielmehr deshalb, weil es sich nur im Rahmen der Interpretation des ganzen Abschnitts, genauer: im Zusammenhang der Diderotschen Dramentheorie, einleuchtend lösen läßt. Und gerade dies, Darstellung und Interpretation von Diderots Dramentheorie, ist unser Vorhaben.

Halten wir uns also zunächst an die Wiedergabe der Szene bei Diderot (statt an die Szene bei Lillo, von der wir zunächst noch offen lassen, welche sie ist: die im Kerker, die an der Hinrichtungsstätte) und vergleichen wir sie mit Diderots Beschreibung der beiden anderen Szenen. Die Gemeinsamkeit der drei Szenen ist bedingt durch die polemische Intention, in der ihre Nennung gegen den empörten Einwurf von Dorvals Gesprächspartner, dem Autor, gerichtet ist: *Mais la décence! la décence!* Gegen die Schicklichkeit verstoßen alle drei Helden: die Geliebte Barnwells, die mit zerzaustem Haar auftritt und – Diderot zufolge – sich mit ihm zu Boden wirft. Philoktet wälzt sich auf dem Boden und schreit, seine Schreie setzen sich über das tragische Metrum

9 L. S. Mercier, *Jenneval* a.a.O.

hinweg (das bedeutet der Satz *Ces cris formaient un vers peu nombreux,* nombreux im Sinn von harmonisch, wohlklingend). Ebenso verstößt gegen die Schicklichkeit Klytämnestra, indem sie sich nicht wie eine Königin aufführt, sondern vergißt, was man von ihrer sozialen Rolle erwartet, statt dessen schreit sie verstört nur noch aus sich heraus, was sie bewegt: die Liebe zur Tochter, die Angst, sie zu verlieren.

Gegen die Schicklichkeit verstößt auch die Reaktion der Zuschauer oder Leser auf solche Szenen. Das *tableau* der mütterlichen Liebe, das Klytämnestra bietet, ist eines *qui me frappe, qui me renverse,* schreibt Diderot. Und die Schreie des Philoktet, déchirent *les entrailles du spectateur.* Das Wilde, das Maßlose in der Wirkung dieser Szenen entspricht sowohl dem, was in ihnen zum Ausdruck kommt als auch dem Modus, in welchem dies geschieht. Mit beiden – Inhalt und Form, wenn man will – wendet sich Diderot gegen die zur Norm erstarrte, gegen die ausgehöhlte und klappernde *tragédie classique,* wie sie noch zu seiner Zeit, in der Mitte des 18. Jahrhunderts, in Frankreich in Geltung war, bei Crébillon, selbst bei Voltaire.

Zugleich enthalten die drei genannten Szenen – aus dem *London Merchant,* dem *Philoktet* und der Racineschen *Iphigénie* Hinweise auf Diderots Vorstellung von der neuen dramatischen Sprache, welche die des Klassizismus abzulösen hätte. Lillos Stück ist bekanntlich in Prosa verfaßt, freilich in einer, deren ungebrochenes Pathos dem Blankvers der überlieferten Tragödie immer wieder zu einer heimlichen Rückkehr verhilft. Etwa in dem folgenden Satz Truemans, der sich auch als eine Folge von Blankversen setzen läßt: (Die Rede ist vom Konflikt in Barnwells Brust:)

*Oh, give it vent and let me share your grief!*
*'Twill ease your pain, should it admit no cure,*
*And make it lighter by the part I bear.*[10]

10 *LM* II, 2. Im Original: *Something dreadful is laboring in your breast. Oh,*

Diderots Prosa in den beiden Stücken *Le fils naturel* und *Le père de famille* wird sehr viel konsequenter sein, ohne klassizistische Nostalgie. Ausdrücklich wird in den *Entretiens* festgehalten, daß die *tragédie domestique* den Vers auszuschließen scheint (*Œ. E.*, S. 167), und in dem zweiten Traktat, *De la poésie dramatique*, gibt Diderot die verschiedenen Gründe in Frageform zu bedenken, aus denen die Prosa den Vers abzulösen hat: *Je me suis demandé quelquefois si la tragédie domestique se pouvait écrire en vers; et, sans trop savoir pourquoi, je me suis répondu que non.* [...] *Ce genre exigerait-il un style particulier dont je n'ai pas la notion? ou la* v é r i t é *du sujet et la* v i o l e n c e *de l'intérêt rejetteraient-elles un langage symétrisé? La condition des personnages serait-elle trop voisine de la nôtre, pour admettre une harmonie régulière?* (Œ. E., S. 216 f. – Hervorh. von Sz.) Was nun die Szene aus Lillos *Kaufmann von London* betrifft, so dürfte sie mehr noch als durch ihre prosaische Sprache, durch ihre Sprachlosigkeit, durch ihre pantomimische, auf Mimik und Gestik reduzierte Form Diderot bedeutend geworden sein. *La maîtresse de Barnwell entre échevelée dans la prison de son amant. Les deux amis s'embrassent et tombent à terre.* (Œ. E., S. 90) Die Szene, wie sie hier beschworen ist, weicht nicht nur vom Stilprinzip der *tragédie classique* ab, die vom Ideal der *bienséance* bestimmt ist, sondern ebenso von ihrem Formprinzip. Dieses aber ist der ausschließlich sprachliche Charakter der dargestellten Wirklichkeit – Wirklichkeit gibt es in der *tragédie classique* nur insofern sie Sprache geworden ist. Demgegenüber wird Diderot auf das Mittel der Geste, auf die Form der Pantomime aufmerksam: *Nous parlons trop dans nos drames*, sagt Dorval, *et, conséquemment, nos acteurs n'y jouent pas assez. Nous avons perdu un art, dont les anciens connaissaient bien*

*give it vent and let me share your grief! 'Twill ease your Pain, should it admit no cure, and make it lighter by the part I bear.*

*les ressources. Le pantomime jouait autrefois toutes les conditions, les rois, les héros, les tyrans, les riches, les pauvres, les habitants des villes, ceux de la campagne, choisissant dans chaque état ce qui lui est propre; dans chaque action, ce qu'elle a de frappant.* (*Œ. E.*, S. 100)

Die Pantomime wird so in den Dienst der Wiedergabe empirischer Vielfalt gestellt, sie ist ein Kunstmittel des Realismus, das umso wichtiger ist, als die Sprache in Diderots Dramen zwar konsequent auf jede Stilisierung durch Metrum und Reim verzichtet, ohne doch der wiederzugebenden Besonderheit sich anpassen zu können. Wer von Diderots beiden Dramen einen Naturalismus von der Art der frühen Werke Gerhart Hauptmanns oder gar der *Letzten Tage der Menschheit* von Karl Kraus erwartet, wird bei der Lektüre sehr enttäuscht sein.

Der Prosa und der Pantomime in der Lillo-Szene stehen die klassischen Versmaße im *Philoktet* und in der *Iphigénie* gegenüber. Aber für Diderot bezeugen auch diese Szenen den Vorrang der Gefühle und der Leidenschaften gegenüber dem Gleichmaß des Metrums. Auf die Verse 745-746 aus dem *Philoktet* des Sophokles, auf die Schreie *Apāpapai, papā, papā, papā, papai* spielt Diderot an, gerade weil in ihnen das tragische Versmaß durchbrochen ist, und die Alexandriner Racines, die – wie Theophil Spoerri gezeigt hat[11] – den Alexandrinern Corneilles gegenüber bereits eine leidenschaftliche Zerklüftung aufweisen, gleichsam einen immer wieder auftretenden Verlust der Zäsur-Mitte, hat Diderot an einer späteren Stelle der *Entretiens* dem Seelenzustand der Heldin, Klytämnestras, gefügiger gemacht, indem er vorschlug die Verse *Barbares! arrêtez; C'est le pur sang du dieu qui lance le tonnerre* ... für ein Opernlibretto in folgender Weise umzuschreiben: *Barbares; barbares,*

11 Theophil Spoerri, *Dante und die europäische Literatur.* Stuttgart 1963, S. 166. Sprache und Literatur 6.

*arrêtez, arrêtez ... c'est le pur sang du dieu qui lance le tonnerre ... c'est le sang ... c'est le pur sang du dieu qui lance le tonnerre ... Ce dieu vous voit ... vous entend ... vous menace, barbares ... arrêtez!* (Œ. E., S. 169)
Nur so, in der Verbindung einer aufgebrochenen Sprache, die an den deutschen Sturm und Drang gemahnt, mit einer die Gefühlsregungen nachzeichnend-evozierenden Musik, konnte die spezifische Wirklichkeit von Klytämnestras Situation ganz dargestellt werden. *L'état de Clytemnestre doit arracher de ses entrailles le cri de la nature.* (Œ. E., S. 168) Dieser Schrei der Natur, den die Kunst nicht harmonisieren darf, der sowohl ästhetisch vermittelt als unvermittelt die Bretter von Diderots imaginärer Bühne zum Erzittern bringen soll, ist letztlich das Ziel, um dessentwillen er der klassizistischen Dramentradition aufkündigt. Insofern besteht zwischen einem Lillo oder Moore und Diderot ein qualitativer Sprung. Die Szene der Bäuerin: *elle disait en fondant en larmes, et avec une action qui en arrachait à tout le monde* (Œ. E., S. 99) ist noch in jenem empfindsamen Stil gehalten, der auch Lillos *The London Merchant* mit geprägt hat: nicht freilich die Gestalt des stolzen Kaufmanns, aber die seiner Tochter. Hier wie dort ersetzt die tragische Muse, nach den Worten aus dem Lilloschen Prolog, den einstigen Pomp mit dem Glanz der Tränen. Diese werden allemal dort geweint, wo der Konflikt nicht ausgetragen werden kann. Ihr gesellschaftlicher Ort ist die Kleinfamilie, die sich im 17. und 18. Jahrhundert als soziale Organisationsform des aufsteigenden Bürgertums etabliert. Ihr versuchen die beiden *tragédies domestiques* Diderots gerecht zu werden. Indem aber seine Theorie des neuen Dramas jenem Schrei der Natur sich verschreibt, den in paradigmatischer Weise der realiter verwundete Krieger Philoktet und das metaphysisch verwundete Muttertier Klytämnestra ausstoßen, setzt sie sich nicht nur von der *tragédie classique*, sondern ebenso-

sehr von der *tragédie domestique* ab, die sie doch begründen soll. Dieser innere Zwiespalt, diese innere Spannung bestimmen das Verhältnis von Diderots Dramen und Dramentheorie, sie werfen die Frage auf, inwiefern die neue Naturideologie, ein Kult des Barbarischen, bereits die Reaktion ist auf bürgerlich-zivilisiert geweinte Tränen – inwiefern dieser Dualismus jenem inneren Widerspruch entspricht, der die keineswegs homogene Aufklärung des 18. Jh. charakterisiert und an ihren beiden Polen Rousseau und Voltaire besonders deutlich in Erscheinung tritt.

Im Zentrum von Diderots Dramentheorie, deren kritische und programmatische Intentionen wir hier darzustellen versucht haben, steht das Postulat des genre sérieux und damit des bürgerlichen Trauerspiels, der *tragédie domestique et bourgeoise.* Der Doppelausdruck *domestique et bourgeoise,* den auch der englische Sprachgebrauch kennt (man spricht sowohl von *domestic drama* als auch von *middle-class tragedy),* hat im Deutschen keine Entsprechung. Darum die gelegentlichen Widersprüche zwischen der Gattungsbezeichnung *bürgerliches Trauerspiel* und dem Stand der Personen (Sir William Sampson, oder gar Ludwig XVI., der im Jahr seiner Hinrichtung, des königlichen Hauptes beraubt, zum Helden des bürgerlichen Trauerspiels *Ludwig Capet oder Der Königsmord* eines Ernst Ludwig Ysenburg von Buri wird).[12] Lothar Pikulik, der auf dieses vergessene Werk aufmerksam macht, hat zweifellos recht, wenn er das Wort »bürgerlich« in der deutschen Gattungsbezeichnung nicht so sehr als soziale Standesbestimmung denn als Namen für das Private, das Häusliche deutet.[13] Aber er hat ebenso zweifellos unrecht, wenn er die soziale Verwurzelung dieser neuen Lebensform und ihrer Ideologie in der aufsteigenden bürgerlichen Klasse verkennt. Das 18. Jahrhundert ist das Jahr-

12 E. K. L. Ysenburg von Buri, *Ludwig Capet, oder Der Königsmord* a.a.O.
13 L. Pikulik a.a.O., S. 152 f., S. 172-174.

hundert nicht nur des Bürgertums, sondern auch der Verbürgerlichung – eines Egalisierungsprozesses, der eingesetzt hat, lange bevor im letzten Jahrzehnt die Guillotine ihn dann gewaltsam betrieb. Der Kleinadel im bürgerlichen Trauerspiel mag darum zwar von der Abwesenheit klassenkämpferischer Intentionen in der Zeit vor Mercier und dem Sturm und Drang zeugen, nicht aber, wie Pikulik meint, von der Losgelöstheit der neuen Gattung vom Bürgertum. (a.a.O., S. 171)

Daran ist bei Diderot zu erinnern, der seine Vorstellung vom neuen Drama nicht, wie Lillo, an bürgerlichen Kaufleuten, sondern an einer Königin, an Klytämnestra, und an einer Bäuerin exemplifiziert. Klytämnestra wird diese Rolle als Vorbild zuteil, weil sie vergißt, daß sie Königin ist, und nur noch der Mutter in ihr, nur noch ihrem privaten Leid, Ausdruck verleiht. Und der Bäuerin, weil ihr Leid ihr zu einer Wahrheit und Würde des Ausdrucks verhilft, in denen sie auch höhergestellte Personen nicht übertreffen könnten. Es ist das Allgemeinmenschliche, entscheidender Glaubenspunkt der revolutionären bürgerlichen Ideologie des 18. Jahrhunderts. Es ist aber zugleich die Natur, deren Kult Diderot wie Rousseau ergeben sind und die daran schuld sein dürfte, daß die beiden von Diderot genannten idealen Heldinnen des bürgerlichen Trauerspiels, die Mutter und die Ehefrau, nicht dem Bürgerstand, nicht der Stadt zugehören, sondern der Natur – sei's der Archaik griechischer Mythologie, sei's dem Leben auf dem Lande. Dieser Widerspruch ist aus Diderots Gedankenwelt nicht wegzudenken, er tritt in ihr in mannigfacher Gestalt auf, etwa wenn er seiner Geliebten Sophie Volland in einem Brief gesteht, er sei in eine Philosophie (die der Aufklärung, der Encyclopédie) verstrickt, der sein Geist zustimmen, die sein Herz aber abweisen müsse. Widersprüchlich ist, wie nun zu zeigen sein wird, auch Diderots Dramentheorie, vollends widersprechen seine beiden bürgerlichen Dramen, der *Fils naturel* und der *Père de famille*, einigen der wichtigsten Postulate dieser Theorie.

Wir haben gesehen, daß Diderot sich auf eine tragische Heldin Racines beruft. Daß er deren Verse für ein Opernlibretto umzuschreiben, sie aus ihrem alexandrinischen Metrum zu befreien und zur leidenschaftlichen Worteruption zu steigern unternimmt, könnte glauben machen, es sei nicht so sehr Racine selber, als vielmehr ein von Diderot rezipierter, der hier bewundert wird. Indessen stehen bereits in Racines Vorwort zur *Bérénice* Sätze, die Diderot fast unverändert in seine *Entretiens sur le Fils naturel* eingehen läßt; Sätze, die beim Autor der *Bérénice* deren Handlungsarmut und Privatheit zu legitimieren haben.

*Toute l'invention consiste à faire quelque chose de rien, et* [...] *tout ce grand nombre d'incidents a toujours été le refuge des poètes qui ne sentaient dans leur génie ni assez d'abondance, ni assez de force, pour attacher durant cinq actes leurs spectateurs par une action simple, soutenue de la violence des passions, de la beauté des sentiments et de l'élégance de l'expression.*[14]

Auf der Eleganz des Ausdrucks wird Diderot nicht mehr bestehen, aber das übrige: die Forderung nach einer einfachen Handlung, die von der Gewalt der Leidenschaften und der Schönheit der Gefühle getragen wird, fällt genau mit dem zusammen, wo er selber einsetzt. *J'aime mieux* – sagt sein alter ego Dorval zu Beginn der *Entretiens* – *j'aime mieux qu'une pièce soit simple que chargée d'incidents* (*Œ. E.*, S. 81). Wichtiger als die Vielzahl der Begebenheiten sei die Verbindung unter ihnen. Er sei eher geneigt einer großen Anzahl von Ereignissen Glauben zu schenken, die der *expérience journalière*, der alltäglichen Erfahrung, wel-

14 Jean Racine, *Préface zu Bérénice* [1670]. In J. R., *Œuvres complètes.* Ed. R. Picard. Paris 1950, vol. I, S. 466. Bibliothèque de la Pléiade.

che die unwandelbare Regel der dramatischen Wahrscheinlichkeit sei, nahegerückt sind und dadurch einander notwendigerweise hervorzurufen scheinen, als zwei Ereignissen, welche der Zufall aufeinanderfolgen oder gleichzeitig stattfinden läßt. Diderot alias Dorval stimmt mit Racine im Postulat der Einfachheit der Handlung überein, geht aber weit über ihn hinaus, indem er einerseits das Geschehen der *expérience journalière* als Kontrollinstanz unterstellt, andererseits (wenngleich in engstem Zusammenhang damit) die Notwendigkeit in der Abfolge der Handlungsmomente verlangt. *L'art d'intriguer consiste à lier les événements, de manière que le spectateur sensé y aperçoive toujours une raison qui le satisfasse,* fährt Dorval fort (*Œ. E.*, S. 81). Freilich: weder wird man sagen können, es gehöre zu den Erfahrungen des Alltags, daß hinter dem, was geschieht, stets Vernunft waltet und alles seinen einsehbaren Grund hat, noch wird man die Fülle der Begebenheiten, wie sie etwa das Elisabethanische Theater kennzeichnet, als der Realität schlechthin inadäquat bezeichnen wollen. Keine zwei Jahrzehnte nach Diderot wird Herder, in seinem Shakespeare-Aufsatz, auf den geschichtlichen Wahrheitsgehalt der einfachen Handlung, wie sie die attische Tragödie, und des in sich mannigfaltigen »Eräugnisses«, wie es das Shakespearesche Drama kennt, hinweisen[15] – kraft eines historischen Bewußtseins, über das Diderot noch nicht oder kaum verfügt. Wie sehr indessen Diderots Dramentheorie historisch zu relativieren ist, d. h. aus den Gegebenheiten seiner Zeit zu verstehen, das wird besonders deutlich an der Stelle der *Entretiens,* wo berichtet wird, daß der *Fils naturel* nicht nur als bürgerliches Trauerspiel, sondern auch als Tragödie geschrieben worden ist. Dieses zweite Stück, von Dorval

15 J. G. Herder, *Shakespeare* [1773]. In: *Sturm und Drang. Kritische Schriften.* Heidelberg 1949, vgl. S. 567, 573.

resümiert, ist – wie der Herausgeber der *Œuvres esthétiques* zu Recht bemerkt[16] – weniger eine Tragödie als vielmehr ein schlechtes Melodrama. Unrecht hat er aber, wenn er meint, Diderot habe nicht verstanden – oder gar nicht verstehen wollen –, daß die Tragödie kultischer und mythischer Natur sei. Denn die Tragödie des 17. und des 18. Jahrhunderts war es nicht, und was das Résumé der glücklicherweise auch als Fiktion fiktiven Tragödie *Le fils naturel* bezeugt, ist nichts anderes als der triste Stand, auf den die Tragödie im 18. Jh. heruntergekommen war. Insofern ist das bürgerliche Trauerspiel – nicht so sehr eine Usurpierung, als eine legitime Fortführung und Anpassung des ernsten Dramas an die soziale Realität der Zeit. Die Momente der überlieferten Tragödie, ohne die es auskommen will und gegen die sein Theoretiker Diderot polemisiert, sind nicht unwahr per se, sondern historisch unwahr geworden. Das trifft insbesondere auf den *coup de théâtre* zu. Er wird in den *Entretiens* definiert als *un incident imprévu qui se passe en action, et qui change subitement l'état des personnages.* (*Œ. E.*, S. 88) Diesem unerwarteten, unvorhergesehenen Ereignis, das in den Stand und Zustand der Personen eingreift, sie plötzlich ändert, ziehen Diderot und Dorval das tableau, das szenische Gemälde, vor, definiert als *une disposition de ces personnages sur la scène, si naturelle et si vraie, que, rendue fidèlement par un peintre, elle me plairait sur la toile.* (*Œ, E.*, S. 88) Allein, wenn dem *tableau* mehr Wahrheit zugeschrieben wird als dem *incident imprévu* – das, weil als unwahr, als bloß theatralisch, von den Regeln des Theaters hervorgebracht empfunden, *coup de théâtre* genannt wird –, so nicht, weil es eo ipso, jenseits aller Geschichte, an der Wahrheit partizipiert, sondern weil für die bürgerliche Gesellschaft des 18. Jahrhunderts das Unvorhergesehene

16 *Œ. E.*, S. 147, Anm. 1.

realiter verfemt war.[17] Die rationale Lebensführung, von der wir auf Grund des Max Weberschen Aufsatzes sprachen, hat zur Aufgabe nicht zuletzt die Ausschaltung des Zufalls. Dieser, die fortuna, war der Leitstern jenes Traditionalismus, den, nach Weber, der Kapitalismus ablöst. Es seien *in der Regel* – schreibt er – *nicht waghalsige und skrupellose Spekulanten, ökonomische Abenteurernaturen, wie sie in allen Epochen der Wirtschaftsgeschichte begegnen, oder einfach »große Geldleute«* [gewesen], *welche diese äußerlich unscheinbare und doch für die Durchsetzung des ökonomischen Lebens mit diesem neuen Geist entscheidende Wendung schufen, sondern in harter Lebensschule aufgewachsene, wägend und wagend zugleich, vor allem aber n ü c h t e r n und s t e t i g, scharf und völlig der Sache hingegebene Männer mit streng bürgerlichen Anschauungen und »Grundsätzen«. (Prot. Ethik,* a.a.O., S. 58 f. – Hervorh. von Max Weber)
Mehr noch als dieser wägend-berechnende, der Spekulation abholde und Arbeit als ein Stetiges verstehende Sozialcharakter des Frühkapitalismus dürfte dessen sozialer Ort, die Familie, das Intérieur, an der Verfemung des *coup de théâtre* mitgewirkt haben. Die *coups de théâtre* sind am Hof zuhaus, sie spiegeln die Wandelbarkeit fürstlicher Launen, die Unbeständigkeit der Koalitionen dort, wo jeder auf der Jagd ist, nach Macht, Gunst und Glück, homo homini lupus. Zum *coup de théâtre* wird der plötzliche Umschlag erst einem Publikum, das ihn nur noch aus dem Theater kennt – eben dem bürgerlichen. Dessen Leben ist primär Leben in der Familie. Und während die feudalen Großfamilien, die Häuser und Geschlechter, wie man weiß, den Machtkämpfen und Intrigen des Hofes nicht etwa als unverletzbare Entitäten gegenüberstanden, sondern – den historischen

17 Vgl. vom Verf.: *Tableau und coup de théâtre.* In: P. Sz., *Lektüren und Lektionen.* Frankfurt am Main 1973.

Gegebenheiten entsprechend – beide der feindlichen Parteien stellten – ist die bürgerliche Kleinfamilie des 18. Jahrhunderts, anders als die des 19. und 20., geeint in der Gewißheit, wie gut es jeder mit jedem meine, homo homini agnus. Das Verhältnis der Familienmitglieder zueinander und das der Familie zu sich selber ist im Zeitalter der Empfindsamkeit von Rührung bestimmt. Deren Affinität zum *tableau* vermag ein Satz von Walter Benjamin verständlich zu machen. Sentimentalität sei, so heißt es in einem Kommentar zu seiner Briefanthologie *Deutsche Menschen, der erlahmende Flügel des Fühlens, das sich irgendwo niederläßt, weil es nicht weiterkann.*[18] Immer wieder scheint in Diderots bürgerlichen Dramen die Zeit stehen bleiben zu wollen; gerührt, mit Tränen in den Augen betrachten die Personen einander und sich selber, lassen sie sich von ihrer Umwelt, zu der auch die Zuschauer gehören, betrachten. Bevor der Vorhang über den *Père de famille* fällt, über eine Szene, die traditioneller nicht sein könnte: Versöhnung aller mit allen und Ausblick auf eine Doppelhochzeit, spricht der »Hausvater« – den *tableau*-Charakter der Szene garantiert die Regieanmerkung: *il unit ses quatre enfants, et il dit* – die Worte, die den alten Bühnentopos in den Dienst der Empfindsamkeit nehmen: *Une belle femme, un homme de bien, sont les deux êtres les plus touchants de la nature. Donnez deux fois, en un même jour, ce spectacle aux hommes ...*[19] Erhält hier eine von der Komödienliteratur der vergangenen Jahrhunderte unzähligemale wiederholte, fast schon zum Formgesetz gehörende Szene einen neuen Sinn, so stellt die Szene, die das Stück eröffnet, auch im Thematischen ein Novum – und ein für die sozialgeschichtlichen

18 Walter Benjamin, *Deutsche Menschen. Eine Folge von Briefen.* In: W. B., *Gesammelte Schriften* IV, 1. Frankfurt am Main 1972, S. 198.

19 Denis Diderot, *Le père de famille* [1758]. In: D. D., *Œuvres complètes.* Ed. J. Assézat, t 7, Paris 1875, S. 298 (V, 12) (künftig abgekürzt als *Œ. C.*, Band, Seitenzahl, Akt, Szene).

Prämissen des bürgerlichen Dramas charakteristisches – dar.

Das Stück beginnt mit einer genauen Beschreibung der Szenerie, sowohl der Bühne als auch des Verhaltens der anwesenden Personen: diese Regieanmerkungen dienen, wie schon angedeutet, einerseits dem *tableau*-Charakter der Szene, andererseits beziehen sie sich auf das Pantomimische des Spiels, sie halten Gesten fest, aus denen die Wahrheit der Gefühle unmittelbarer zu sprechen scheint als aus den Reden. Die Ausführlichkeit der Regieanmerkungen und Szenenbeschreibungen ist gegenüber der traditionellen Tragödie und Komödie des 17. und frühen 18. Jahrhunderts eine Neuerung, sie hat Diderot den Ruf eines Pioniers des Bühnenrealismus eingetragen – nicht zu Unrecht, obwohl hier von Realismus, wie wir gleich sehen werden, nur im Zusammenhang mit dem bürgerlichen Intérieur und der darin waltenden Empfindsamkeit die Rede sein kann.

Die Szenenangabe für den 1. Akt lautet: *Le théâtre représente une salle de compagnie, décorée de tapisseries, glaces, tableaux, pendules, etc. C'est celle du Père de famille. – La nuit est fort avancée. Il est entre cinq et six heures du matin.*[20] Die Personen, die zunächst eingeführt werden, sind der Père de famille M. d'Orbesson – kein Bürgerlicher also –, sein Schwager, der Commandeur d'Auvilé, ferner Cécile, die Tochter des Hausvaters und Germeuil, der im Hause lebende Sohn eines verstorbenen Freundes von d'Orbesson. Die Regieanweisung, mit der die 1. Szene beginnt, entspricht genau der früher zitierten Definition des *tableau* als einer Anordnung der Personen auf der Bühne, die so natürlich und so wahr ist, daß sie, von einem Maler getreu wiedergegeben, auf der Leinwand gefallen würde. *Sur le*

20 A.a.O., S. 187 – In der Folge werden einige Passagen in extenso zitiert, da die beiden bürgerlichen Dramen Diderots außerhalb der alten und seltenen Assézatschen Gesamtausgabe so gut wie unauffindbar sind.

*devant de la salle* – heißt es hier –, *on voit le Père de famille qui se promène à pas lents. Il a la tête baissée, les bras croisés, et l'air tout à fait pensif. – Un peu sur le fond, vers la cheminée qui est à l'un des côtés de la salle, le Commandeur et sa nièce font une partie de trictrac. – Derrière le Commandeur, un peu plus près du feu, Germeuil est assis négligemment dans un fauteuil, un livre à la main. Il en interrompt de temps en temps la lecture, pour regarder tendrement Cécile, dans les moments où elle est occupée de son jeu, et où il ne peut en être aperçu. – Le Commandeur se doute de ce qui se passe derrière lui. Ce soupçon le tient dans une inquiétude qu'on remarque à ses mouvements.* (I, 1 – *Œ. C.*, t 7, S. 187)
Erst nach dieser Beschreibung, nach diesem stummen Spiel, fällt das erste Wort. Zunächst sprechen die Spieler Cécile und ihr Onkel. Der Onkel läßt Kerzen holen, der damit motivierte Auftritt des Dieners La Brie läßt dann in der 2. Szene das Schweigen brechen, in dem der Père de famille bislang verharrte; im Gespräch zuerst mit dem Diener, dann mit seinem Schwager, seiner Tochter und mit Germeuil wird die Sorge des Hausvaters beim Namen genannt. Aus diesen Gesprächen, die zunächst noch mit dem Dialog der Spieler kontrapunktiert wird, einige Ausschnitte:

LE PERE DE FAMILLE *Est-ce pour leur bonheur, est-ce pour le nôtre qu'ils sont nés? ... Hélas! ni l'un ni l'autre. (La Brie vient avec des bougies, en place où il en faut; et lorsqu'il est sur le point de sortir, le Père de famille l'appelle.) La Brie!*

LA BRIE *Monsieur.*

LE PERE DE FAMILLE *(après une petite pause, pendant laquelle il a continué de rêver et de se promener): Où est mon fils?*

LA BRIE *Il est sorti.*

LE PERE DE FAMILLE *A quelle heure?*

LA BRIE *Monsieur, je n'en sais rien.*

LE PERE DE FAMILLE *(encore une pause): Et vous ne savez pas où il est allé?*

LA BRIE *Non, monsieur.* [...]

LE PERE DE FAMILLE *(à la Brie, toujours en se promenant et rêvant): Il vous a défendu de le suivre?*

LA BRIE *(feignant de ne pas entendre): Monsieur?* [...]

LE PERE DE FAMILLE *(toujours en se promenant et rêvant): Y a-t-il longtemps que cela dure?*

LA BRIE *(feignant encore de ne pas entendre): Monsieur?* [...]

LE PERE DE FAMILLE *Que cette nuit me paraît longue!*

(I, 2 – Œ. C., t 7, S. 188 ff.)

La Brie verläßt den Raum, die Trictrac-Partie ist zu Ende, der Commandeur, Cécile und Germeuil kommen zum Père de famille.

LE PERE DE FAMILLE *Dans quelle inquiétude il me tient! Où est-il? Qu'est-il devenu?*

LE COMMANDEUR *Et qui sait cela? ... Mais vous vous êtes assez tourmenté pour cette nuit. Si vous m'en croyez, vous irez prendre du repos.*

LE PERE DE FAMILLE *Il n'en est plus pour moi.*

LE COMMANDEUR *Si vous l'avez perdu, c'est un peu votre faute, et beaucoup celle de ma soeur. C'était, Dieu lui pardonne! une femme unique pour gâter ses enfants.*

CECILE *(peinée): Mon oncle!* (I, 3 – Œ. C., t 7, S. 190)

Nach einigen weiteren kritischen Bemerkungen, die seine Nichte mit dem wiederholten *Mon oncle!*, sein Schwager mit Schweigen beantwortet, verläßt der Commandeur die Szene. Nun wendet sich der Hausvater seiner Tochter zu:

LE PERE DE FAMILLE *(après s'être encore promené tristement): Ma fille, c'est malgré moi que vous avez passé la nuit* [nämlich mit ihm wachend].

CECILE *Mon père, j'ai fait ce que j'ai dû.*

LE PERE DE FAMILLE *Je vous sais gré de cette attention; mais je crains, que vous n'en soyez indisposée. Allez vous reposer.*

CECILE *Mon père, il est tard. Si vous me permettiez de prendre à votre santé l'intérêt que vous avez la bonté de prendre à la mienne ...*

LE PERE DE FAMILLE *Je veux rester, il faut que je lui parle.*

CECILE *Mon frère n'est plus un enfant.*

LE PERE DE FAMILLE *Et qui sait tout le mal qu'a pu apporter une nuit?*

CECILE *Mon père ...*

LE PERE DE FAMILLE *Je l'attendrai. Il me verra. (En appuyant tendrement ses mains sur les bras de sa fille.) Allez, ma fille, allez. Je sais que vous m'aimez. (Cécile sort. Germeuil se dispose à la suivre; mais le Père de famille le retient et lui dit:) Germeuil, demeurez.* (I, 4 – Œ. C., t 7, S. 191 f.)

Dann folgt die 5. Szene, ein langes, und – wie ausdrücklich angemerkt ist – schleppendes Gespräch zwischen dem Hausvater und Germeuil.

LE PERE DE FAMILLE *(comme s'il était seul, et en regardant aller Cécile): Son charactère a tout à fait changé. Elle n'a plus sa gaité, sa vivacité ... Ses charmes s'effacent ... Elle souffre ... Hélas! depuis que j'ai perdu ma femme et que le Commandeur s'est établi chez moi, le bonheur s'en est éloigné! ...* [...] *Ses vues ambitieuses, et l'autorité qu'il a prise dans ma maison, me deviennent de jour en jour plus importunes ... Nous vivions dans la paix et dans l'union. L'humeur inquiète et tyrannique de cet homme nous a tours séparés. On se craint, on s'évite, on me laisse; je suis solitaire au sein de ma famille, et je péris ... Mais le jour est prêt à paraître, et mon fils ne vient point! Germeuil, l'amertume a rempli mon âme. Je ne puis plus supporter mon état ...* (I, 5 – Œ. C., t 7, S. 192 f.)

Nach dem nun folgenden Gespräch über den Lebenswandel,

den der Sohn Saint-Albin in letzter Zeit führt und über dessen mögliche Gründe, bleibt der Vater allein zurück; er hört Schritte.

LE PERE DE FAMILLE *(seul. – Il s'avance vers l'endroit où il a entendu marcher. Il écoute, et dit tristement): Je n'entends plus rien. (Il se promène un peu, puis il dit): Asseyons-nous. (Il cherche du repos; il n'en trouve point, et il dit): Je ne saurais... quels pressentiments s'élèvent au fond de mon âme, s'y succèdent et l'agitent!... O coeur trop sensible d'un père, ne peux-tu te calmer un moment! ... A l'heure qu'il est, peut-être il perd sa santé... sa fortune ... ses moeurs... Que sais-je? sa vie... son honneur... le mien... (Il se lève brusquement, et dit:) Quelles idées me pursuivent!*

*(Tandis que le Père de famille erre, accablé de tristesse, entre un inconnu, vêtu comme un homme du peuple,* [...] *Il s'avance à pas lents. Il paraît plongé dans la peine et la rêverie.)* (I, 6 – Œ. C., t 7, S. 195 f.)

Es ist, wie man erraten hat, der sehnsüchtig und besorgt erwartete Sohn, Saint-Albin. Er kommt von Sophie, seiner Geliebten, die, von unbekannter Geburt, in großer Armut lebt und der gegenüber er seinen Namen und Stand zu verheimlichen gewußt hat (darum die Verkleidung); er ist verzweifelt, weil Sophie ihn verlassen will.

So beginnt Diderots *Père de famille.* Das alles beherrschende Motiv der fünf ersten Szenen ist die Sorge des Hausvaters um seinen Sohn, der zur Nachtzeit ausgeblieben ist. Exponiert wird – in Pantomime, Dialog und Monolog – ein Gefühlszustand; weder kommt es zu einer Handlung, noch dient die Exposition deren Vorbereitung. Diese ersten fünf Szenen – die etwa ein Zehntel des gesamten Dramas darstellen – versuchen, einem Psychogramm gleich, die Regungen in der Seele des Père de famille nachzuzeichnen, in eins damit geben sie ein Bild, ein *tableau*, seiner Familie.

Ist die Schluß-Szene des Stückes ein Bild der Apotheose, Verklärung der zur Harmonie wiedergefundenen, sich regenerierenden Familie, so zeichnen die ersten die Familie in ihrer Gefährdung, im Zustand der Verletzung, der Unordnung, der Desintegration. Deren Grund ist, abgesehen vom zurückliegenden Tod der Mutter, ein zweifacher: die Anwesenheit des Schwagers und die Abwesenheit des Sohnes. Beide Motive sind, sehe ich richtig, in der Geschichte sowohl der Tragödie als auch der Komödie ein Novum, und ihr Auftreten muß im Zusammenhang mit der Entstehung der Zwischengattungen, der *comédie larmoyante* und der *tragédie domestique* gesehen werden. Sprechen wir zunächst vom Ausbleiben des Sohnes, das den Hausvater mit solcher Sorge erfüllt. Zwar dürften sich in der Tragödienliteratur des 16. und 17. Jahrhunderts Szenen finden, in denen der Vater sich nach dem Verbleiben seines Sohnes erkundigt, und ebenso in der Komödienliteratur desselben Zeitraums. Aber in der Tragödie fragt der König oder Fürst nach dem Prinzen nicht, weil er dessen Gesellschaft bedarf, nicht weil die Familie nicht g a n z ist ohne ihn, sondern weil er ihn verdächtigt, sich mit seinen Feinden gegen ihn verbündet zu haben und nach seiner Krone zu trachten. In der Komödie hingegen, wo der Vater Bürger ist, verhindert das Stilgesetz des Komischen jede Anteilnahme an den Sorgen des Hausvaters: sein Fragen ist nichts als ein Zeichen, daß er die ihm zugedachte Rolle des tyrannischen Pedanten erfüllt, auf daß er – wie in der Komödie üblich – gefoppt werde, und daß sein Sohn ebenso die Rolle des *jeune premier* erfüllt und, statt das Haus zu hüten, amourösen Abenteuern nachgeht. Anders bei Diderot. Wie die Empfindsamkeit des 18. Jahrhunderts in der Molière-Rezeption sich dergestalt ausdrückt, daß die Sympathie sich den komischen Charakteren zuwendet, in denen eine geheime Tragik entdeckt wird (man denke an Rousseaus Ausführungen zum *Misan-*

*thrope)*[21], so ist im empfindsamen Drama der Zeit – und der *Père de famille* ist eines der signifikantesten – die komische Distanz zum Bürger abgeschafft, die Familie wird nicht mehr von außen relativiert durch die Normen des *honnête homme* gesehen, sondern sie macht jetzt die ganze Wirklichkeit des Dramas aus. Je nachdem ob man das bürgerliche Trauerspiel von der überlieferten Tragödie oder Komödie her betrachtet, läßt sich sein Ursprung als ein Wandel in der sozialen Realität oder als ein Wandel in der Optik verstehen, der freilich selber einen gesellschaftlichen Prozeß spiegelt. Unter Wandel der Optik verstehe ich jene Kassierung der komischen Distanz, die anhand der reichen Literatur des rührenden oder des weinerlichen Lustspiels und seiner Theorie ausführlich diskutiert werden müßte, da sie eng mit der Ausbildung des bürgerlichen Trauerspiels verknüpft ist. Auf diesen Aspekt der Verbürgerlichung des Dramas im 18. Jahrhundert möchte ich hier umso nachdrücklicher hinweisen, als sich unsere Darstellung auf die Entwicklung von der Tragödie zum bürgerlichen Trauerspiel konzentrieren muß. Wie fragwürdig eine solche Beschränkung ist, zeigt freilich schon die Gattungsbezeichnung sowohl des *Fils naturel* als des *Père de famille*: Comédie. Selbst wenn zu berücksichtigen ist, daß der Terminus »comédie« in der französischen Poetik der Zeit sehr viel mehr umfaßt, als was heute unter Komödie verstanden wird,[22] dürfte Walzels These, die französische bürgerliche Tragödie komme vom rührenden Lustspiel her, nicht ganz unbegründet sein.[23]

21 Vgl. Jean-Jacques Rousseau, *Lettre à d'Alembert* [1758]. In: J.-J. R., *Du Contrat social.* Paris 1962, S. 123-234. Classiques Garnier.

22 E. Winkler, *Zur Geschichte des Begriffs »comédie« in Frankreich.* Heidelberg 1937.

23 Oskar Walzel a.a.O., S. 172: *Rührung und nicht starkes Pathos entspricht dem Rokoko und besonders dem Zopfgeschmack. Die französische bürgerliche Tragödie kommt wirklich vom rührenden Lustspiel her.* – Literaturangaben zur Gattung des rührenden Lustspiels: vgl. Chr. F. Gellert, *Die Betschwester.* Hg. W. Martens. Berlin 1962. Komedia Bd. 2.

Was an den Eingangsszenen von Diderots *Père de famille* in aller Deutlichkeit hervortritt, wenn man sie von der überlieferten Tragödie – des 16. und 17. Jahrhunderts – her betrachtet, ist der soziale Wandel. Es ist weniger das Aufkommen einer neuen sozialen Schicht, als der Wandel in der Organisationsform der Gesellschaft. Die Helden von Diderots beiden bürgerlichen Trauerspielen sind nicht Bürger. Die des *Père de Famille* dürften zum niederen Adel gehören; zu Clairville, dem Freund des Fils Naturel, bemerkt dieser, als er von seiner Absicht erfährt, Kaufmann zu werden: *Avec le nom que vous portez, auriez-vous ce courage?* (IV, 5 – *Œ. C.*, t 7, S. 71) Das Leben aber, das diese Adligen führen, ist ein bürgerliches. Kaum dürfte sich die Ausführlichkeit, mit der ich aus den ersten Szenen des *Père de famille* zitiert habe, rechtfertigen lassen, ließe sich an ihnen nicht der konkrete Gehalt eines Begriffs illustrieren, den ich früher schon immer benutzt habe, wenn es um die sozialgeschichtliche Grundlage des *domestic drama*, der *tragédie domestique* ging: des Begriffs der patriarchalischen Kleinfamilie. Diese konsolidiert sich bekanntlich *hervorgehend aus Wandlungen der Familienstruktur, die sich mit der kapitalistischen Umwälzung seit Jahrhunderten anbahnen, als der in bürgerlichen Schichten dominante Typus.*[24] Das folgende beleuchtet den Gegenbegriff: *Der städtische Adel freilich, besonders der für das übrige Europa maßgebende der französischen Hauptstadt, hält weiterhin »Haus« und verpönt die Innerlichkeit bürgerlichen Familienlebens. Die Geschlechterfolge, zugleich Erbfolge der Privilegien, wird durch den Namen allein ausreichend garantiert; dazu bedarf es nicht einmal des gemeinsamen Hausstandes der Ehepartner, die oft genug ihr eigenes »hôtel« bewohnen und sich zuweilen in der außerfamilialen Sphäre des Salons häu-*

24 Jürgen Habermas, *Strukturwandel der Öffentlichkeit* a.a.O., S. 56.

*figer treffen als im Kreis der eigenen Familie. Die maîtresse ist Institution und dafür symptomatisch, daß die fluktuierenden, gleichwohl streng konventionalisierten Beziehungen des »gesellschaftlichen Lebens« eine Privatsphäre im bürgerlichen Sinne nur selten erlauben. Verspielte Intimität, wo sie dennoch zustande kommt, unterscheidet sich von der dauerhaften Intimität des neuen Familienlebens. Diese hebt sich andererseits gegen die älteren Formen großfamilialer Gemeinsamkeit ab, wie sie vom »Volke« noch, besonders auf dem Lande, weit über das 18. Jahrhundert hinaus festgehalten werden und vorbürgerlich auch in dem Sinne sind, daß sie sich der Unterscheidung von »öffentlich« und »privat« nicht fügen.* (ebd.)

Die Privatisierung des Lebens, deren architektonische Konsequenzen Habermas dann beim englischen Landadel des 17. Jahrhunderts – auf Grund der überaus lesenswerten Kultur- und Sozialgeschichte Englands von Trevelyan[25] – beschreibt, ist in der Familie von Diderots *Père de famille* mit Händen zu greifen. Zwar ist es eine adlige Familie und das Stück spielt in Paris, in der *salle de compagnie,* dem mit Gobelins, Spiegeln und Gemälden geschmückten Salon des Hauses. Aber bereits die ersten Szenen und das sie beherrschende eine Motiv: das Ausbleiben des Sohnes und die Sorge des Vaters um ihn, dokumentieren die – wie Habermas schreibt – dauerhafte Intimität, in der diese Familie zu leben gewohnt ist, könnte doch das Ausbleiben des Sohnes sonst gar nicht thematisch werden, und ebensowenig die Gegenwart des zynischen Onkels. Vielleicht darf man sagen, daß mit dem von Diderot an den Anfang seines Stückes gesetzten Thema die von ihm geschilderte Familie als patriarchalische Kleinfamilie im Sinne der Soziologie, d. h. aber als eine verbürgerlichte, gekennzeichnet ist. Dide-

25 G. M. Trevelyan, *Illustrated English Social History.* 4 vols., Watford 1964. – Dt.: *Kultur- und Sittengeschichte Englands.* Hamburg 1948.

rots Stück steht am Anfang einer Tradition, welche die Geschichte des neueren Dramas wesentlich mitbestimmt hat: der Tradition des Familiendramas, man denke an Hebbels *Maria Magdalene*, an Strindbergs *Vater*, Tschechows *Drei Schwestern*, schließlich auch an Albees *Wer hat Angst vor Virginia Woolf* – einer Tradition, in der das, was Diderot als höchstes Gut gilt, als der einzige Ort, an dem der Mensch glücklich sein kann, allmählich zur Hölle pervertiert.

Ich kann hier nicht auf die formalen Konsequenzen eingehen, welche diese Verengung des Schauplatzes zur Intimität der Kleinfamilie zur Folge hat – eine Reduktion, mit der das Drama den realen Wandel der Familienstruktur nachvollzieht –, sondern möchte auf den dramaturgischen Grundbegriff Diderots, auf den Begriff der *condition*, zurückkommen und die Frage prüfen, welche Rolle er in der Begründung des Familiendramas spielt. In den *Entretiens* wird an zentraler Stelle die Ansicht geäußert, nicht die Charaktere solle man auf der Bühne zeigen, sondern die conditions.

*Jusqu'à présent, dans la comédie, le caractère a été l'objet principal, et la condition n'a été que l'accessoire; il faut que la condition devienne aujourd'hui l'objet principal, et que le caractère ne soit que l'accessoire.* [...] *C'est la condition, ses devoirs, ses avantages, ses embarras, qui doivent servir de base à l'ouvrage.* [...] *Pour peu que le caractère fût chargé* [d. h. übertrieben], *un spectateur pouvait se dire à lui-même, ce n'est pas moi. Mais il ne peut se cacher que l'état qu'on joue devant lui, ne soit le sien; il ne peut méconnaître ses devoirs. Il faut absolument qu'il s'applique ce qu'il entend.* (*Œ. E.*, S. 153)

Das sagt Dorval. In dem nun folgenden Dialog wird nicht nur deutlich, woran Diderot primär denkt, wenn er die Darstellung der *conditions* im Drama fordert, sondern – durch die Fragen, die der Autor an Dorval stellt – mag auch eine Ahnung Diderots davon hervortreten, daß es ihm letztlich nicht um die *conditions* in der Mehrzahl, nicht um die Vielfalt sozialer Bedingungen, geht, sondern um die eine, welche die bürgerliche Familie konstituiert. Dorval meint, es müßten die Pflichten, die Vorteile, die Unannehmlichkeiten, die Gefahren gezeigt werden, die mit den *conditions* verbunden sind. Sie seien bislang, auch wenn ein Familienvater in fast jedem Drama vorkommt, nicht die Basis der Intrige und der Moral der Stücke gewesen. Darauf wird er vom Autor gefragt: *Ainsi, vous voudriez qu'on jouât l'homme de lettres, le philosophe, le commerçant, le juge, l'avocat, le politique, le citoyen, le magistrat, le financier, le grand seigneur, l'intendant.* Und Dorval, der in den *Entretiens* Diderots neue Dramaturgie entwickelt, antwortet: *Ajoutez à cela, toutes les relations: le père de famille, l'époux, la soeur, les frères. Le père de famille! Quel sujet, dans un siècle tel que le nôtre, où il ne paraît pas qu'on ait la moindre idée de ce que c'est qu'un père de famille!* (*Œ. E.*, S. 154)

Bemerkenswert ist hier, daß Dorvals Gesprächspartner verschiedene Berufe nennt, Kaufmann, Richter, Politiker, deren Behandlung in der Literatur die im 17. und 18. Jahrhundert sich herausbildende bürgerliche Gesellschaft in ihrer ganzen Vielfalt abbilden würde. Erfüllt wurde dieses Postulat erst von den Romanciers des 19. Jahrhunderts, von Balzac, Dickens, Zola, Fontane. Dorval korrigiert dieses Programm nicht ausdrücklich, er fügt aber den genannten Berufen die *relations*, die Verwandtschaftsstände, hinzu, und diese Ergänzung kommt einer Korrektur gleich. Bedenkt man, daß in den beiden bürgerlichen Dramen Diderots, im *Fils naturel* und im *Père de famille*, selbst Ansätze zu der Charakterisierung eines Berufsstandes fehlen, wie sie Lillo – in richtiger Einschätzung seiner Repräsentanz – für den Kaufmann gegeben hat und wie es die

Romanciers des 19. Jahrhunderts für eine ganze Fülle von Berufen und sozialen Positionen geben werden, so darf man sagen, daß es Diderot nicht um die verschiedenen Stände und Berufe, daß es ihm vielmehr um die Familie ging, um die Bedingungen, unter denen die Mitglieder der zu seiner Zeit sich etablierenden und auch auf den Adel übergreifenden Kleinfamilie leben. Wenn Lillos *London Merchant* ein bürgerliches Trauerspiel ist, nicht schon weil seine Helden Bürger sind, sondern weil er die bürgerliche Ideologie innerweltlicher Askese lehrt, so ist Diderots *Père de famille* ein bürgerliches Trauerspiel trotz des adligen Standes seiner Helden, weil er sie in einer sozialen Organisationsform, nämlich der patriarchalischen Kleinfamilie, zeigt, die dem Bürgertum angehört. Auch Diderots Drama ist ein bürgerliches, ohne den sozialen Konflikt wiederzugeben. Bezeugt Lillos Werk das Standesbewußtsein des bürgerlichen Kaufmanns, so triumphiert bei Diderot das Bürgertum, indem es den eigenen Sozialcharakter am verbürgerlichten Adel bewundern kann. Während in Diderots Theorie die Tragödienheldin Klytämnestra den bürgerlichen Zuschauer erschüttert, weil sie nicht als Königin, sondern als Mutter agiert, dürfte in seinem Drama der Père de Famille die Bürger im Parterre umso mehr gerührt haben, als dieser bürgerliche Hausvater ein Adliger ist.

Beides, die Reduktion des *condition*-Begriffs auf die internen Verhältnisse der patriarchalischen Familie sowie der Kontrast, in dem die unvermittelte, von der traditionellen Zensurinstanz der *décence* emanzipierte Wiedergabe von Gefühlen und Leidenschaften in Diderots Stücken zu den in den *Entretiens* evozierten Szenen der dramatischen Literatur steht, in denen der *cri de la nature*, der Schrei der Natur, laut wurde, wie etwa im Heulen des verwundeten Philoktet, hat uns auf einige Widersprüche aufmerksam gemacht, die das Verhältnis von Diderots dramatischer

Theorie und Praxis bestimmen. Zugleich hat uns die Präsentation des *Père de Famille* das sozialgeschichtliche Phänomen der bürgerlichen Kleinfamilie und die Relevanz dieses Phänomens für die Dramengeschichte, für die Ausbildung des *domestic drama,* der *tragédie domestique* im 18. Jahrhundert, vor Augen geführt.

Deutlich geworden ist darüber hinaus noch einmal, daß die Darstellung der Theorie des bürgerlichen Trauerspiels im 18. Jahrhundert nicht möglich ist ohne den Rekurs auf die Stücke selbst.

Ohne daß wir nun den Blick von Diderots eigenen Versuchen zur Realisierung der neuen Gattung ganz abwenden müßten, haben wir uns jetzt wieder mehr seinen theoretischen Überlegungen zuzuwenden.

Die Diskussion von Lillos Widmungsschreiben und Prolog zum *London Merchant* sowie der Exkurs über die Geschichte der Ständeklausel haben uns gezeigt, daß zwischen der Ständeklausel und der Funktion der Tragödie ein Verhältnis der Interdependenz besteht. Wenn Lillo der Ständeklausel aufkündigt, so nicht einfach, weil er in ihr eine ungerechte Maßnahme erblickt, die – wie man heute sagen würde – Unterprivilegierung des Bürgertums, das doch auf dem Weg ist, durch Kaufmannsfleiß die realen Privilegien des Adels zu unterlaufen, indem es sich z. B. in die Schlösser und Güter durch Luxus und Nichtstun arm gewordener Geschlechter einkauft. Sondern Lillo hält den bürgerlichen Stand des Tragödienhelden für notwendig um der beabsichtigten Wirkung willen: *the exciting of the passions in order to the correcting such of them as are criminal.*[26] Im Gegensatz zur Tragödientheorie des Barock, die in

26 *LM, Dedication: To Sir John Eyles, Baronet, Member of Parliament for, and Alderman of the City of London, and Sub-Governor of the South Sea Company* (S. 3).

England noch bei Dryden, in Deutschland noch bei Gottsched wirksam war, wird als Aufgabe der Tragödie nicht mehr die Demonstration der *uncertainety of this world*, nicht mehr die Vorbereitung der Zuschauer *zu ihren eigenen Trübsalen* bestimmt; an die Stelle solcher metaphysischen Didaktik tritt eine moralische: gezeigt wird dem Zuschauer, wie, und vor allem: wie er nicht, sein Leben führen soll. Vor dem ehrfurchteinflößenden Standbild des Kaufmanns von London wird die furchteinflößende Moritat vom irregegangenen Lehrling George Barnwell aufgeführt – geht man aus dem Theater mit dem festen Vorsatz, fortan wie Thorowgood und sein braver Lehrling Trueman, nicht aber wie Barnwell zu leben, so hat das Stück seine Aufgabe erfüllt.

Diderots Parteinahme für das bürgerliche Trauerspiel schien uns bislang ganz anders motiviert zu sein. In den *Entretiens* sagt Dorval: *Je ne me lasserai point de crier à nos Français: La Vérité! la Nature! les Anciens! Sophocle! Philoctète!* (*Œ. E.*, S. 120) Die Beschwörung des sich auf dem Boden wälzenden, vor Schmerzen heulenden Philoktet erläutert den Sinn, den die Begriffe Natur und Wahrheit – auf die man sich auch früher berief – für Diderot gewonnen haben. Die griechischen Tragiker – *les Anciens!* – ruft er an, um den Bann des französischen Klassizismus zu brechen. Was er auf der Bühne anstrebt, das sind die *situations naturelles qu'une décence ennemie du génie et des grands effets a proscrites.* (*Œ. E.*, S. 120) Die Freiheit des genialen Dichters, den keine Regel binden und die Erschütterung des Zuschauers, die kein Gesellschaftskodex mäßigen soll, das ist der Rahmen, Ursprung und Ziel, für den Spiel-Raum des Diderotschen Theaters, das sich der Natur und der Wahrheit verschrieben hat. Nichts davon findet sich in Lillos Versuch, das bürgerliche Trauerspiel theoretisch zu begründen und zu rechtfertigen, und auch die von Diderot als Vorbild

beschriebene Szene im Kerker kann, soweit sie überhaupt den Tatsachen von Lillos Stück entspricht (ich habe auf die Unstimmigkeiten hingewiesen) nicht als dessen originale Leistung angesehen werden, waren doch der englischen Bühne weder in der Shakespearezeit noch im Zeitalter der ›Restoration‹ die engen Dezenzgrenzen gesetzt, wie sie den französischen Klassizismus bestimmen.
So könnte es denn scheinen, als gebe es – außer jener Empfindsamkeit, die sowohl im *London Merchant* als auch im *Père de famille* die Beziehungen und die Sprache der Familienmitglieder zueinander prägt – keine Kontinuität von Lillo zu Diderot. Die weitere Beschäftigung mit den theoretischen Grundlagen des bürgerlichen Trauerspiels bei Diderot wird diesen Schein korrigieren müssen, ohne daß dabei die beiden in jeder Hinsicht so ungleichen Autoren einander angenähert werden sollten – droht es doch schon die Proportionen zu verfälschen, wenn man Lillo und Diderot als Theoretiker der neuen Gattung in einem Atemzug nennt. Worum es sich vielmehr handelt, ist die Einsicht, daß Diderot nicht nur der Verkünder einer neuen, wenn man will: präromantischen Kunstkonzeption ist, in der das Genie über die Regeln triumphiert und Natur zum Synonym von Wahrheit und Realität wird, sondern zugleich dem etablierten Kunstbegriff der Aufklärung verhaftet bleibt und insofern in wesentlichen Punkten der Dramentheorie auch Lillos. Den Blick von revolutionären Zügen Diderots auf die konventionelleren zu lenken, ist von Bedeutung, erstens weil nur so die Widersprüche verständlich werden, auf die wir bei der Betrachtung des *Père de famille* gestoßen sind, und zweitens weil so erst der Abstand zu ermessen sein wird, der die späteren Vertreter des bürgerlichen Trauerspiels, Mercier und seine Adepten im Sturm und Drang, von Diderot trennt.
Lillo verstößt gegen die Ständeklausel, um die Wirkung des

Trauerspiels auf die bürgerlichen Zuschauer sicherzustellen. Wenn Diderot – in Fortführung Corneillescher Gedanken – von Klytämnestra schreibt, sie erschüttere die Zuschauer nicht als Königin, sondern als Mutter, so erscheint die Ständeklausel nicht als ein Hindernis für die tragische Wirkung, sondern sie ist irrelevant geworden. Vergleicht man Lillo und Diderot unter diesem Gesichtspunkt, so ergibt sich einerseits die Notwendigkeit des bürgerlichen Trauerspiels bei Lillo, nicht hingegen bei Diderot; andererseits wird deutlich, durch welche Vermittlungen hindurch in der Kunst und mehr noch in der Kunsttheorie Gesellschaftliches sich ausdrückt. Die Vermittlung findet bei Lillo in der Bestimmung der tragischen Wirkung als einer korrigierenden, bei Diderot als einer rührenden statt. Literatursoziologisch entscheidend ist nun weniger, daß die Bestimmung der tragischen Wirkung bei Lillo den bürgerlichen Stand des Helden vorschreibt, bei Diderot nicht, als vielmehr, daß der Moralismus, der Lillos Trauerspielkonzeption bedingt, ebenso ein Moment der bürgerlichen Ideologie des 18. Jahrhunderts ist wie die Empfindsamkeit, welche Diderots Auffassung prägt. Das empfindsame Familiendrama des 18. Jahrhunderts ist ein bürgerliches, auch wenn seine Helden Adlige sind. Adlige, aber nicht Fürsten oder Könige, sieht man einmal von Louis Capet ab. Neben der an Klytämnestra exemplifizierten Irrelevanz des Standes – da doch der von aller sozialen Stellung unabhängige Schrei der Natur bei der um ihr Kind flehenden Mutter den Zuschauer erschütterte – steht in Diderots theoretischen Schriften die uns von Lillo her vertraute Überlegung, daß die Erschütterung beim bürgerlichen Zuschauer größer sein wird, wenn sein Mitleid einem bürgerlichen Helden gilt. Nachdem im dritten *Entretien* Dorval die Gesetze der *tragédie domestique* skizziert hat, fragt ihn der Autor: *Mais cette tragédie nous intéressera-t-elle?* Und Dorval antwortet:

*Je vous le demande. Elle est plus voisine de nous. C'est le tableau des malheurs qui nous environnent. Quoi! vous ne concevez pas l'effet que produiraient sur vous une scène réelle, des habits vrais, des discours proportionnés aux actions, des actions simples, des dangers dont il est impossible que vous n'ayez tremblé pour vos parents, vos amis, pour vous-même?* (Gefahren also, die man mit Sicherheit schon für seine Verwandten, seine Freunde, für sich selbst befürchtet hat.) *Un renversement de fortune, la crainte de l'ignominie, les suites de la misère, une passion qui conduit l'homme à sa ruine, de sa ruine au désespoir, du désespoir à une mort violente, ne sont pas des événements rares; et vous croyez qu'ils ne vous affecteraient pas autant que la mort fabuleuse d'un tyran, ou le sacrifice d'un enfant aux autels des dieux d'Athènes ou de Rome?* ... (*Œ. E.*, S. 148 f.) Deutlich wird hier einerseits auf den durch Spielleidenschaft verschuldeten Untergang in Moores *Spieler* angespielt, den Diderot bald darauf übersetzen wird, andererseits auf die Opferung Iphigenies. Wenngleich Diderots Option für das bürgerliche Trauerspiel in diesen Sätzen unverkennbar ist, bleibt es hier bei der Behauptung, die dem bürgerlichen Trauerspiel eigenen Katastrophen müßten den Zuschauer ebenso – aber eben: nicht mehr, oder überhaupt erst – erschüttern wie das Geschehen der Fürstentragödie. Wie Lillo gemeint hat, die Vorführung von Schuld und Untergang eines Königs könne nur auf einen König prophylaktisch wirken, so wird, wohl in direktem Anschluß an die zitierte Diderot-Stelle, 1767 Beaumarchais in seinem *Essai sur le genre dramatique sérieux*, der seinem, vom *Père de famille* beeinflußten, Drama *Eugénie* als Einleitung dient, schreiben: *Que me font à moi, sujet paisible d'un état monarchique du 18e siècle, les révolutions d'Athènes ou de Rome? Quel véritable intérêt puis-je prendre à la mort d'un tyran du Péloponèse, au sacrifice d'une jeune princesse en*

*Aulide?*[27] Diderot dagegen mag an einer so eindeutigen theoretischen Bevorzugung zeitgenössischer Stoffe gegenüber den antiken durch seine Einsicht gehindert worden sein, daß auch die Maske einer griechischen Königin eine Mutter verbirgt und die Szene in Racines Tragödie gerade deshalb zu erschüttern vermag, weil Klytämnestra sich nicht wie eine Königin benimmt. Auch die folgende Stelle ist von dieser Zurückhaltung geprägt, die man geistesgeschichtlich als ein Gleichgewicht von aufklärerischen und präromantischen Zügen interpretieren darf, und es ist kennzeichnend, daß der Bruch mit der Tradition der klassizistischen Tragödie und die Entscheidung für die *tragédie domestique* von Diderot nicht – wie bei Lillo oder auch Beaumarchais – als Resultat eines nüchternen Interessenkalküls, sondern als die Tat eines genialen Menschen erscheint. Zu der französischen Übersetzung von Lessings *Miss Sara Sampson* schreibt Diderot 1762:

*Enfin, il vient un homme de génie qui conçoit qu'il n'y a plus de ressources que dans l'infraction de ces bornes étroites que l'habitude et la petitesse d'esprit ont mises à l'art* [...] *Pourquoi ne rapprocherait-on pas davantage les moeurs théâtrales des moeurs domestiques?* [...] *On dit: mais on n'a mis jusqu'à présent sur la scène que des rois, des princes. Pourquoi n'y mettrait-on pas des particuliers? Quoi donc? n'y a-t-il que la condition souveraine qui soit exposée à ces revers terribles qui inspirent la commisération ou l'horreur? Et l'on fait des tragédies bourgeoises.* (*Œ. C.*, t 8, S. 440) Was hier nur anklingt, die Funktion der Genieästhetik in der Begründung des bürgerlichen Trauerspiels bei Diderot wird expressis verbis zu Beginn des 10. Abschnitts von *De la poésie dramatique* postuliert. Seine Überlegungen zur Ver-

27 Pierre Augustin Caron de Beaumarchais, *Essai sur le Genre dramatique sérieux* [1767]. In: B., *Théâtre complet.* Paris 1957, S. 10. Bibliothèque de la Pléiade. – Vgl. Diderot, *Œ. E.*, S. 149, Anm. 1.

schiedenheit von Tragödie und Komödie beginnt Diderot in seinem zweiten dramentheoretischen Traktat, der den *Père de famille* begleitet, mit den Worten:

*Il y a trois ordres de choses. L'histoire, où le fait est donné; la tragédie, où le poète ajoute à l'histoire ce qu'il imagine en pouvoir augmenter l'intérêt; la comédie, où le poète invente tout.*

*D'où l'on peut conclure que le poète comique est le poète par excellence. C'est lui qui fait. Il est, dans sa sphère, ce que l'Etre tout-puissant est dans la nature. C'est lui qui crée, qui tire du néant...* (*Œ. E.*, S. 212)

Diderot übernimmt also die Unterscheidung der Aristotelischen Poetik zwischen Geschichtsschreibung, Tragödie und Komödie. Er hält fest an dem von der aristotelisierenden Poetik der Neuzeit gegenüber Aristoteles noch entschiedener formulierten Postulat, die Tragödie müsse historisch Überliefertes, nicht frei Erfundenes gestalten. Aber im Namen der Dichterkonzeption der Genieästhetik zieht er daraus einen überraschenden Schluß: die Komödie, keiner historisch-mythischen Vorlage verpflichtet, auf reiner Erfindung beruhend, wird dadurch zur Gattung par excellence des neuen Dichtertyps, der sich als Schöpfer, der sein Werk als creatio ex nihilo begreift. Wenn der Komödiendichter in seiner Sphäre wie der Allmächtige in der Natur die Dinge aus dem Nichts ins Leben hebt, so bedeutet diese seine Freiheit aber nicht, daß er nur seiner Phantasie folgen kann. Die Genieästhetik des 18. Jahrhunderts – im Gegensatz zum Surrealismus des 20. etwa – verankert den Dichter durch den Vergleich mit dem Schöpfer in der Natur. Er ist zwar erhaben über Regeln und tradierte Stoffe, nicht aber über die Natur, der sich seine eigene Schöpfung vielmehr angleichen soll wie er dem Weltenschöpfer verglichen wird. So wird die anschließende Frage von Dorvals Gesprächspartner, ob denn der Dichter – da die Komödie in allen ihren

Teilen Nachahmung der Natur ist, – sich nicht nach einem Vorbild, einem Modell, richten müsse, – von Dorval alias Diderot bejaht. (*Œ.E.*, S. 212) Deutlicher noch als in seinen dramentheoretischen Schriften hat Diderot diesen Realismus, der die Bedingung seiner Möglichkeit auf paradoxe Weise in der schöpferischen Freiheit des Komödiendichters hat, in seinem *Eloge de Richardson* gepriesen,[28] Richardsons, dessen Briefromane *Pamela* und *Clarissa Harlowe* jene von Empfindsamkeit geprägte Wiedergabe bürgerlich-kleinadligen Familienlebens auf dem Kontinent heimisch machten, die uns schon in einigen Szenen des *London Merchant* entgegengetreten ist. Fast mit denselben Worten, die er 1762 für Lessing finden wird, spricht Diderot 1760 von Richardson, wenn er die Vorwürfe erwähnt, die man Richardson wegen der detaillierten Schilderungen in seinen Romanen gemacht hat.

*Malheurs à l'homme de génie qui franchit les barrières que l'usage et le temps ont prescrites aux productions des arts, et qui foule aux pieds le protocole et ses formules! il s'écoulera de longues années après sa mort, avant que la justice qu'il mérite lui soit rendue.* (*Œ.E.*, S. 34)

O *Richardson, Richardson, homme unique à mes yeux, tu seras ma lecture dans tous les temps!* [...] *tu me resteras sur le même rayon avec Moïse, Homère, Euripide et Sophocle ...* (*Œ.E.*, S. 33)

Was Diderot an Richardson zu so hymnischen Sätzen, die uns aus gutem Grund kaum mehr verständlich sind, hingerissen hat, ist dessen Realismus, eine Naturnähe, die im Frankreich des 18. Jahrhunderts, in dem ein antikisierender oder in märchenhafte Fernen ausschweifender Rokoko-Klassizismus den Ton angab, als die befreiende Tat eines Genies wirken konnte. *Cet auteur* – schreibt Diderot über

28 Denis Diderot, *Eloge de Richardson* [1760]. In: D. D., *Œ. E.*, S. 29-48.

Richardson – *ne fait point couler le sang le long des lambris; il ne vous transporte point dans des contrées éloignées; il ne vous expose point à être dévoré par des sauvages; il ne se renferme point dans des lieux clandestins de débauche, il ne se perd jamais dans les régions de la féerie. Le monde où nous vivons est le lieu de la scène; le fond de son drame est vrai; ses personnages ont toute la réalité possible; ses caractères sont pris du milieu de la société; ses incidents sont dans les moeurs de toutes les nations policées; les passions qu'il peint sont telles que je les éprouve en moi; ce sont les mêmes objets qui les émeuvent, elles ont l'énergie que je leur connais; les traverses et les afflictions de ses personnages sont de la nature de celles qui me menacent sans cesse; il me montre le cours général des choses qui m'environnent.* (Œ. E., S. 31)

Was Diderot an Richardson feiert, ist nichts anderes, als was er in seinen dramentheoretischen Schriften selber postuliert und in seinen beiden bürgerlichen Dramen selber versucht hat. Aber nicht nur dieser Realismus verbindet ihn mit Richardson. Nicht minder entscheidend als der den Bedingungen, den *conditions*, des häuslichen Lebens zugewandte Blick, die Beobachtungsgabe – für Diderot ein Konstituens des Genies –, ist für die Affinität, die er Richardson gegenüber empfindet, dessen Kult der Tugend. In seinem *Eloge* auf ihn schreibt er:

*Richardson sät in die Herzen Tugendkeime, die zunächst untätig und ruhig bleiben. Sie bleiben dort verborgen, bis sich eine Gelegenheit ergibt, die sie bewegt und zum Aufblühen bringt. Nun entwickeln sie sich, und man fühlt sich mit einem solchen Ungestüm zum Guten getrieben, wie man es an sich gar nicht kannte. Angesichts des Unrechts empfindet man in sich eine Revolte, die man sich selbst kaum erklären kann. Der Grund ist, daß man Richardson gelesen hat, daß man mit einem anständigen Mann in*

*Augenblicken verkehrte, in denen die Seele, uneigennützig, sich der Wahrheit geöffnet hatte.* (Œ.E., S. 31 – Übers. von Sz.)

Genauer ließe sich die Wirkung, die Diderot sich für seine beiden bürgerlichen Dramen erhoffte, nicht beschreiben, auf solche Wirkung hin sind sie angelegt. Er hat es nicht verschmäht, im Drama selbst davon zu sprechen. Im *Fils naturel* heißt es: ... *il n'y a point d'exemple qui captive plus fortement que celui de la vertu, pas même l'exemple du vice.* (IV, 3 – Œ. C., t 7, S. 67 f.) Der Untertitel des Stückes heißt: *Les épreuves de la vertu.* Er ist ebenso ernst gemeint, wie der ungleich bekanntere Untertitel *Les malheurs de la vertu,* den einige Jahrzehnte später der Marquis de Sade seinem Roman *Justine* gab, höhnisch gemeint ist. Kein größerer Gegensatz läßt sich denken als der zwischen Sades Faszination durch die tierische Natur des Menschen und Diderots Glauben an seine natürliche Güte. Auf die Frage, ob denn die menschliche Natur gut sei, antwortet er in dem Aufsatz *De la poésie dramatique: Oui, mon ami, et très bonne.* [...] *Ce sont les misérables conventions qui pervertissent l'homme, et non la nature humaine qu'il faut accuser. En effet, qu'est-ce qui nous affecte comme le récit d'une action généreuse?* ... (Œ.E., S. 195 f.) Und er wünscht, es möchten alle nachahmenden Künste mit den Gesetzen zusammenwirken, um uns die Tugend lieben und das Laster hassen zu lehren.

Dieser Kult der Tugend, den Diderot nicht etwa von Richardson, den er vergleichsweise spät gelesen hat, übernimmt, den er vielmehr bei ihm wiederfindet, nachdem er seine beiden bürgerlichen Dramen verfaßt hat – dieser Kult der Tugend ist in unserem Zusammenhang nicht allein als inhaltliches Moment von Diderots Werken von Belang, sondern zugleich als ein weiterer Grund, aus dem Diderot sich für das *genre sérieux* entschied, jene Gattung zwischen der überlieferten Lachkomödie und der Tragödie. In seinem *système dramatique* stehen zwischen der heiteren Komödie, die das Lächerliche und das Laster zum Gegenstand hat, und der Tragödie, die öffentliche Katastrophen und das Unglück der Großen behandelt, das *genre sérieux* ausmachend: einerseits die ernste Komödie, deren Gegenstand die Tugend und die Pflichten des Menschen sind, andererseits die Tragödie, oder besser: das Trauerspiel, in dem das häusliche Unglück – *nos malheurs domestiques* – dargestellt werden. Ich zitiere diese wichtige Aufstellung auch im Original:

*Voici donc le système dramatique dans toute son étendue. La comédie gaie, qui a pour objet le ridicule et le vice, la comédie sérieuse, qui a pour objet la vertu et les devoirs de l'homme. La tragédie, qui aurait pour objet nos malheurs domestiques; la tragédie, qui a pour objet les catastrophes publiques et les malheurs des grands.* (Œ.E., S. 191)

Haben wir die Motive, die Diderot das bürgerliche Trauerspiel der überlieferten Fürstentragödie und Staatsaktion vorziehen heißen, bereits kennengelernt, so wird nun die Motivation seiner Entscheidung für die »ernste Komödie« auf Kosten der traditionellen Lachkomödie deutlich. *Das Anständige . . .* – heißt es im Traktat *De la poésie dramatique* – *berührt uns auf innigere und sanftere Weise, als was unsere Verachtung und unser Lachen erregt.* (Œ. E., S. 195 – Übers. v. Sz.) Das Beispiel der Tugend fessele mehr als selbst das Beispiel des Lasters, so heißt es im *Fils naturel* selbst.[29] *Die Pflichten der Menschen* – um noch eine Stelle aus *De la poésie dramatique* zu zitieren – *sind für den dramatischen Dichter ein ebenso reicher Stoff wie ihre Laster und ihre lächerlichen Züge* (Œ. E., S. 192 – Übers. v. Sz.). Folgerichtig heißt es in der Theaterutopie, die Dorval im zweiten *Entretien* entwirft – er

29 Vgl. Zitat S. 138 (IV, 3 – Œ. C., t 7, S. 67 f.).

spricht von der Gründung eines kleinen glücklichen Volkes auf der Insel Lampedouse, *loin de la terre, au milieu des flots de la mer* – an den Feiertagen würden Tragödien aufgeführt, welche die Menschen ihre Leidenschaften fürchten lehren, und Komödien, die sie über ihre Pflichten unterrichten und ihnen den Sinn für sie einflößen. *(Œ. E.*, S. 105) Komödien, in denen gelacht und verlacht wird, gibt es auf der Insel Lampedusa nicht. Die Bosheit ist nicht mehr, wie in der traditionellen Komödie, Formgesetz, zu dem sich der Autor, der seine Gestalten lächerlich machen und seine Zuschauer zum Lachen bringen will, bekennt – die Bosheit geht nun in das Stück selber ein als Merkmal der feindlichen Welt, die dem tugendhaften Helden Leiden bereitet. In *De la poésie dramatique* sagt Diderot, die Menschen müßten in der Komödie die Rolle übernehmen, welche in der Tragödie die Götter spielen: dem Schicksal in der Tragödie entspreche in der Komödie die menschliche Bosheit – sie seien jeweils der Grund des dramatischen Interesses.[30]

Wenn nun in Diderots Konzeption des bürgerlichen Trauerspiels, zu dem wir auch die ernste Komödie rechnen müssen, der Begriff der Tugend eine so bestimmte Rolle spielt, liegt es nahe, nach den sozialen Implikationen dieses Tugendbegriffs zu fragen. Dabei wird uns ein Satz bedeutend, der im *Eloge de Richardson* der schon zitierten Stelle über den Tugendkeime in die Seelen seiner Leser säenden Romancier unmittelbar vorausgeht. *Qu'est-ce que la vertu?* fragt Diderot, und gibt die Antwort: *C'est, sous quelque face qu'on la considère, un sacrifice de soi-même.* (*Œ.E.*, S. 31) Tugend als Opfer – was bedeutet das?

In der Abhandlung über die dramatische Poesie heißt es im Anschluß an den gleichfalls schon zitierten Satz, es seien die

30 *Œ. E.*, S. 214: *Il faut que les hommes fassent, dans la comédie, le rôle que font les dieux dans la tragédie. La fatalité et la méchanceté, voilà, dans l'un et l'autre genre, les bases de l'intérêt dramatique.*

Pflichten der Menschen für den Dramatiker ein ebenso reicher Stoff wie ihre Laster und ihre lächerlichen Züge: die anständigen und ernsten Stücke würden überall Erfolg haben, *mais plus sûrement encore chez un peuple corrompu qu'ailleurs.* (*Œ. E.*, S. 192) Da dieser Satz im Zusammenhang der programmatischen Begründung einer Theorie des *genre sérieux* steht, muß Diderot mit *peuple corrompu* das Frankreich seiner Zeit meinen. Warum er es tut, und vor allem: welchen Zusammenhang er zwischen der politisch-sozialen Realität und der Notwendigkeit einer dem Kult der Tugend geweihten neuen Gattung postuliert, kann aus den anschließenden Sätzen entnommen werden. *C'est en allant au théâtre qu'ils se sauveront de la compagnie des méchants dont ils sont entourés; c'est là qu'ils trouveront ceux avec lesquels ils aimeraient à vivre; c'est là qu'ils verront l'espèce humaine comme elle est, et qu'ils se réconcilieront avec elle.* (*Œ. E.*, S. 192 f.) Der Anblick und die Pflege der Tugend im Theater haben die Funktion, dem Menschen die Flucht aus seiner realen Umgebung, die eine Umgebung von Bösewichten ist, zu ermöglichen.

Die Welt des schönen – oder besser: tugendhaften – Scheins ist aber nicht nur eine, in der die Menschen leben möchten, sie ist zugleich, und darauf kommt es an, die wahre Welt: sie zeigt, was der Mensch wirklich ist (nämlich gut), so daß der Zuschauer, der aus der bösen Realität ins Theater geflohen ist, indem diese Realität zum Schein verflüchtigt und der Schein als die wahre Wirklichkeit behauptet wird, sich mit der Welt versöhnen kann. Dieser Versöhnung dient Diderots Theater – was ist das für ein Dienst? Um darzulegen, warum Diderot die Franzosen seiner Zeit *un peuple corrompu*, ein verderbtes (nicht etwa: korrumpiertes) Volk nennt, müßte man weit ausholen. Ich stütze mich darum im folgenden mehr auf seine Bemerkung, man gehe ins Theater, um sich von der Gesellschaft der Bösewichte zu befreien, die einen umgeben. Der persönliche Ton dieser Bemerkung legitimiert den – an sich nicht unproblematischen – Rekurs auf die Biographie. Aus ihr nenne ich einige Fakten: 1743 wird Diderot, im Alter von 30 Jahren, da er sich mit Heiratsplänen trägt, auf Befehl seines Vaters in ein Kloster gesperrt. – 1746 wird auf Anordnung des Pariser Parlaments Diderots erstes eigenständiges Werk, die *Pensées philosophiques*, verboten. – 1747 richtet der lieutenant de la Prévôté Générale des Monnaies Perrault an den lieutenant de Police Berryer ein Schreiben folgenden Inhalts:

*J'ai l'honneur de vous rendre compte qu'il m'a été donné avis que le nommé Diderot, auteur d'un ouvrage que l'on m'a dit avoir pour titre »Lettres ou amusements philosophiques«, qui fut condamné par le Parlement il y a deux ans à être brûlé, en même temps qu'un autre ouvrage qui avait pour titre »Lettres philosophiques sur l'immortalité de l'âme«. Ce misérable Diderot est encore après à finir un ouvrage qu'il y a un an qu'il est après, dans le même goût de ceux dont je viens d'avoir l'honneur de vous parler. C'est un homme très dangereux, et qui parle des saints martyrs de notre religion avec mépris, qui corrompt les moeurs* ..[31] – 1749 wird Diderot in seiner Wohnung verhaftet und in Vincennes eingekerkert. – 1752, kurz nach Erscheinen des 2. Bandes der *Encyclopédie*, werden auf Befehl des Conseil du Roi die beiden ersten Bände verboten. – 1757 – es ist das Jahr der Publikation des *Fils naturel* – wird Diderot in den *Petites lettres sur de grands philosophes* von Palissot angegriffen und des Plagiats beschuldigt. Im selben Jahr wendet sich von Diderot sein Freund Rousseau ab, der einen Satz aus dem *Fils naturel*: *Il n'y a que le méchant qui soit seul* (*Œ. C.*, t 7, S. 66) auf sich bezogen hat. 1758 wird die *Encyclopédie* in der Schrift des Paters Hayer *La Religion vengée* scharf ange-

31 Zitiert nach: Ch. Guyot, *Diderot par lui-même*. Paris 1953, S. 7.

griffen. D'Alembert beschließt, nicht mehr an der *Encyclopédie* mitzuarbeiten, Voltaire bittet um die Rücksendung seiner noch ungedruckten Artikel.[32] – Die letztgenannten Fakten prägen die Umstände, in denen der *Père de famille* und die Abhandlung über die dramatische Poesie entstanden, aus der ich die Sätze über den *peuple corrompu* und die *compagnie des méchants* zitiert habe. Fast alle der angeführten Unannehmlichkeiten aus fünfzehn Jahren von Diderots Leben sind durch die Zusammenwirkung persönlicher Anfeindung und staatlicher Repressionsmaßnahmen gekennzeichnet. In das Kloster wird er auf Anordnung seines Vaters, aber mit Hilfe öffentlicher Gewalt gesperrt. Seine spätere Verhaftung und das Verbot der ersten beiden Bände der *Encyclopédie* sind ohne Angriffe und Denunziationen Einzelner ebenfalls nicht denkbar, wie sie dann ihrerseits zu persönlichen Attacken ermutigen und die Freunde d'Alembert und Voltaire zur Aufkündigung der Mitarbeit veranlassen. Diderot hatte Grund genug, an die Schlechtigkeit – an Bosheit und Feigheit – der Menschen und an das Zusammenspiel dieser subjektiven Eigenschaften mit den politisch-sozialen Verhältnissen in der absoluten Monarchie Ludwigs XV. zu glauben. Dennoch weihte er das bürgerliche Drama, das er schaffen wollte, der Feier menschlicher Güte und Tugendhaftigkeit. Und wie der zitierte Abschnitt aus *De la poésie dramatique* beweist, war er sich bewußt, damit nicht so sehr die realen Zustände zu treffen, als vielmehr ein Mittel anzubieten, wie diesen Zuständen zu entkommen sei. Auf der Bühne soll der Zuschauer den Menschen begegnen, mit denen er gern zusammenleben würde. Diese Utopie ist indessen eine, die im engsten Bereich der Familie bereits ihre Realität hat oder doch haben könnte. Mit einer bemerkenswerten Wendung ad hominem läßt Diderot den Wirk-

32 Vgl. – auch für weitere bibliographische Angaben – Ch. Guyot a.a.O.

lichkeitscharakter der vom Familiendrama gezeigten Welt durch den Rekurs auf die privaten Lebensumstände des Einzelnen bestätigen. Nach der Behauptung, im Theater sehe der Zuschauer die Menschen, mit denen er gerne leben würde, und erfahre dabei, was der Mensch wirklich ist *(c'est là qu'il verr[a] l'espèce humaine comme elle est)*, fährt Diderot fort: *Les gens de bien sont rares; mais il y en a. Celui qui pense autrement s'accuse lui-même, et montre combien il est malheureux dans sa femme, dans ses parents, dans ses amis, dans ses connaissances.* (*Œ.E.*, S. 193)
Die Verhältnisse mögen sein, wie sie sind: in seinen vier Wänden kann der Mensch glücklich sein; ist er es nicht, so hat er es sich selbst vorzuwerfen. Die bürgerliche Kleinfamilie, die – im Gegensatz zur feudalen Großfamilie – eine Trennung von Privatem und Öffentlichem überhaupt erst einführt, ihr Wesen an der Abgeschiedenheit eines privaten Raumes von der Öffentlichkeit und d. h. auch von Staat und Politik hat, ist ihren Möglichkeiten nach für Diderot ein Garant des Glücks. Indem er im *Fils naturel* und im *Père de famille* die Bühnenrealität auf die Intimität der Familie reduziert, indem er – wie wir gesehen haben – unter *conditions* theoretisch zwar die ganze Mannigfaltigkeit des bürgerlichen Berufslebens versteht, in der Dramenpraxis aber doch nur die Beziehungen der Familienmitglieder zueinander wiedergibt, macht Diderot die *tragédie domestique et bourgeoise* zur Darstellung und Verteidigung der bürgerlich-empfindsamen Kleinfamilie als realer Utopie, in deren Abgeschiedenheit der rechtlose Bürger seine Ohnmacht in der absoluten Monarchie vergessen und sich trotz allem Augenschein der Güte der menschlichen Natur versichern kann.
Damit ist nichts über Diderots politische Haltung ausgesagt, wohl aber etwas über die politischen und sozialen Implikationen seines *drame bourgeois*. Diderot hat in den von ihm

verfaßten Artikeln der *Encyclopédie* die absolute Monarchie theoretisch aus den Angeln gehoben, er hat kurz nach Beendigung des amerikanischen Unabhängigkeitskriegs die Revolution mit den Sätzen gefeiert: *Möge die Revolution, die jenseits der Meere stattgefunden hat, nach Jahrhunderten der allgemeinen Unterdrückung, indem sie allen Einwohnern Europas eine Zuflucht vor dem Fanatismus und der Tyrannei gewährt, die Herrschenden über den rechtmäßigen Gebrauch ihrer Macht belehren.*[33]

Er hat aber andererseits geschrieben: *Le peuple est méchant, mais il est encore plus sot* und: *L'homme peuple: der einfache Mann ist der dümmste und böseste unter den Menschen – se dépopulariser, ou se rendre meilleur, c'est la même chose.*[34]

Die Widersprüche, von denen Diderots ganzes Werk durchfurcht ist und die man nicht als bloß private bagatellisieren sollte, kennzeichnen auch seine politische Haltung. Über sie kann darum in unserem Zusammenhang nichts Generelles gesagt werden. Wohl aber darf man versuchen, auf Grund des gesellschaftlichen Gehalts seines bürgerlichen Dramas und der politischen Implikationen von dessen theoretischer Begründung, die Funktion der neuen Gattung, des in ihrem Zentrum stehenden Tugendbegriffs und ihres empfindsamen Stils im Frankreich Ludwigs XV. zu bestimmen. Zugleich wird dann der Unterschied gegenüber Lillos bürgerlichem Trauerspiel erkennbar.

Die Tugenden, die der Kaufmann von London lehrt – Anständigkeit, Aufrichtigkeit, Pünktlichkeit, Loyalität, Fleiß, – dieser Tugendkanon des asketischen Protestantismus, wie Max Weber ihn geschildert hat, gehört ebenso dem öffentli-

33 Denis Diderot, *Aux insurgents d'Amérique* [1782]. In D. D., *Œ. C.*, t 3, S. 342 f. oder in: D. D., *Œuvres politiques*. Ed. P. Vernière. Paris 1963, S. 491. Classiques Garnier. – (Übers. v. Sz.)

34 Denis Diderot, *Essai sur les règnes de Claude et de Néron* [1782]. Zitiert nach: Ch. Guyot a.a.O., S. 66. (Übers. v. Sz.)

chen wie dem privaten Bereich an. Indem der Bürger ihn praktiziert, kommt er zu Reichtum; indem er zu Reichtum kommt, kommt er zu Macht. Die Tugend ist im England des 17. und 18. Jahrhunderts ein Mittel sozialer Expansion. Im Frankreich des ancien régime dagegen ist Tugend ein Privates, an dem der Bürger, vor den Intrigen und der Bösartigkeit der Welt in seine vier Wände fliehend, sich aufrichtet. Freilich, indem die Tugend, statt wie in England zu den pragmatischen Pflichten zu gehören, von den Philosophen der französischen Aufklärung in die Natur des Menschen eingesenkt wird, wächst ihr zugleich eine kritische und antizipierende Kraft zu, die 1789 die absolute Monarchie zum ancien régime machen wird.

Schwieriger dürfte die Bestimmung der gesellschaftlichen Funktion der Empfindsamkeit sein, wie sie in Frankreich und bald auch in Deutschland in bürgerlichen Kreisen den Ton angibt. Es liegt nahe, in ihr eine Reaktion des Bürgers auf seine politische und soziale Ohnmacht zu vermuten, eine Flucht aus der äußeren Realität in die Welt der Gefühle. Aber diese Hypothese muß sich mit dem Faktum auseinandersetzen, daß die Empfindsamkeit ausgerechnet aus England nach Frankreich und Deutschland kam, besonders von Richardsons Romanen vermittelt – aus dem Land also, in dem der Bürger mehr als anderswo sich gegen den Adel und den Absolutheitsanspruch der Monarchie durchsetzen konnte. Haben wir in unserer Interpretation des *London Merchant* den Entstehungszusammenhang der empfindsamen Melancholie bei der Kaufmannstochter Maria richtig diagnostiziert, als eine Reaktion nämlich auf die Anforderungen der innerweltlichen Askese, als die Auswirkung des Opfers, das Maria im Triebverzicht ihrer Identifikation mit der Lustfeindschaft des väterlichen Kaufmannsethos bringt – wir verstehen jetzt Diderots Satz *La vertu est un sacrifice de soi-même* –, dann ist mit aller Vorsicht die Vermutung auszusprechen, daß die Empfindsamkeit, indem sie aus dem englischen in das französische und deutsche Bürgertum importiert wurde, einem Funktionswechsel unterlag. Aus der Reaktion auf die Ohnmacht der Triebe, zu der die innerweltliche Askese den Bürger um seiner politischen und sozialen Macht willen zwang, wird sie auf dem Kontinent zur Reaktion auf die politische und soziale Ohnmacht selbst. Das ist, wie gesagt, nur eine Vermutung. Wenn ich sie hier äußere, so nicht zuletzt, um eine der möglichen Richtungen anzugeben, in denen Literatursoziologie – hier mit dem Ziel einer Soziologie der Empfindsamkeit – zu arbeiten hätte.

# III Lessing; Mercier

Will man versuchen, Lessings Bedeutung für die Theorie des bürgerlichen Trauerspiels auf engem Raum zu umreißen, so wird man gut tun, von vornherein auf eine Entfaltung des Materials zu verzichten und sich auf Hinweise zu beschränken, die Bekanntes aus Lessings dramatischer Theorie und Praxis in jenen Problemzusammenhang rücken, den wir bisher, zumal an Lillo und an Diderot, studiert haben – sowie auf solche, die einigen weniger bekannten Texten Lessings gelten. Wenn auch Lessing, anders als Diderot, keine programmatische Schrift über das bürgerliche Trauerspiel verfaßt hat, so sind doch seine dramentheoretischen Überlegungen seit ihren Anfängen direkt oder indirekt mit den beiden neuen Gattungen des *genre sérieux* – der ernsten Komödie und der *tragédie domestique* – befaßt; indirekt vor allem in den berühmten Ausführungen der *Hamburgischen Dramaturgie* zur Frage des Katharsis-Begriffs, die gleich allen anderen antiklassizistisch intendierten Momenten der Dramentheorie des 18. Jh. mit der Ausbildung des bürgerlichen Dramas unterirdisch verbunden sind. Hinzu kommt, daß Lessing als Dramatiker mit drei Werken, die unterschiedlicher nicht sein könnten, für die neue Gattung mehr getan hat als wohl jeder andere Dramatiker des 18. Jahrhunderts, mehr gerade auch kraft der Vielfalt, mit der die drei Dramen Möglichkeiten des *genre sérieux*, des früher übersehenen oder verpönten Feldes zwischen der Tragödie und der Komödie, vor Augen führen: *Miss Sara Sampson*, 1755, ein empfindsames *domestic drama*, von Lillo und Richardson beeinflußt (*Ach, Sie weinen schon wieder, schon wieder, Sir!* – sagt im fünften Satz des Stückes der Diener zu Sir William Sampson, der seine Tochter in einem elenden Wirtshaus wiederfindet. Und seine Antwort: *Laß mich weinen, alter, ehrlicher Diener. Oder verdient sie etwa meine Tränen nicht?*) – Dann, 1767, das Lustspiel *Minna von Barnhelm oder Das Soldatenglück*, mit dem Lessing, überzeugender als Diderot, sowohl die Tradition der Lach-Komödie als auch die der »weinerlichen Komödie«, mit der die Empfindsamkeit des frühen und mittleren 18. Jahrhunderts darauf reagierte, überwindet und das Beispiel einer »ernsten Komödie« nach Diderots Vorstellungen schafft, in dem – das deutet schon der Untertitel *(Das Soldatenglück)* an – die Aufmerksamkeit weniger einem exzentrischen Charakter wie dem Geizhals oder dem Eingebildeten Kranken als vielmehr den *conditions* eines Standes, hier des Offiziers, gilt und dessen Spielraum, wiederum Diderotschen Postulaten gemäß, zeitlich und räumlich der Gegenwart nahegerückt ist. – Schließlich 1772 das Trauerspiel *Emilia Galotti*, an dem Lessing seit 1757 arbeitete und das, zunächst als heroische Tragödie aus der Geschichte Roms konzipiert, in ein gegen das absolutistische Regime gerichtetes, dem bürgerlichen Ideal der Humanität verpflichtetes Drama umgewandelt wird, neben Martinis *Rhynsolt und Sapphira* von 1755[1] wohl das bedeutendste Werk jener vom Klassenkonflikt ausgehenden Richtung des bürgerlichen Trauerspiels, die erst mit dem Sturm und Drang die Bühne erobern wird.

Durch eine Interpretation dieser drei Lessingschen Werke, das dürfte aus meinen wenigen Bemerkungen deutlich geworden sein, könnte der gesamte Problemkomplex des bürgerlichen Trauerspiels und der ernsten Komödie im

1 Christian Leberecht Martini, *Rhynsolt und Sapphira. Ein prosaisches Trauerspiel in dreien Handlungen aus dem Jahre 1755*. In: *Die Anfänge des bürgerlichen Trauerspiels in den 50er Jahren*. Hg. Fritz Brüggemann. Leipzig 1934. Deutsche Literatur, Reihe Aufklärung, Bd. 8. Nachdruck Darmstadt 1964.

18. Jh. entfaltet werden. Das kann hier nicht meine Aufgabe sein; vieles ist bereits in ähnlicher Weise anläßlich Lillos und Diderots zur Sprache gekommen. Darauf aufbauend möchte ich darum hier die dramentheoretischen Schriften Lessings, in ihrer chronologischen Abfolge, unter dem Gesichtspunkt unseres Themas kommentieren, wie fragmentarisch auch immer.[2]

1754 veröffentlicht der 25jährige Lessing, der bereits als Autor der Lustspiele *Der junge Gelehrte, Der Misogyn, Der Freigeist* hervorgetreten war, unter dem Titel *Abhandlungen von dem weinerlichen oder rührenden Lustspiele* eine Kritik und eine Verteidigung dieser Gattung, die von ihm übersetzt und mit einigen Anmerkungen umrahmt worden sind.[3] Der Angriff stammt von Chassiron; sein Pamphlet, 1749 verfaßt, bekämpft die *comédie larmoyante* mit klassizistischen Argumenten, zumal dem, daß die Gattungen nicht vermischt und die von den Griechen und Römern

2 Zur Sekundärliteratur über Lessing s. Karl S. Guthke, *Der Stand der Lessing-Forschung. Ein Bericht über die Literatur 1932-1962*, Stuttgart 1965. Die ausführlichste Darstellung von Diderots Einfluß auf Lessing (und nicht nur ihn): Roland Mortier, *Diderot in Deutschland 1750-1850*. Stuttgart 1967. Zum Einfluß Lillos s. Lawrence Marsden Price, *Die Aufnahme englischer Literatur in Deutschland (1500-1960)*. Bern und München 1961, S. 160 ff. – Zu Lessings Behandlung des Katharsis-Problems in der *Hamburgischen Dramaturgie* vgl. insbesondere: Max Kommerell, *Lessing und Aristoteles. Untersuchungen über die Theorie der Tragödie* [1940]. 3. Aufl. Frankfurt am Main 1960, und Wolfgang Schadewaldt, *Furcht und Mitleid?* [1955]. In: *Hellas und Hesperien. Gesammelte Schriften zur Antike und neueren Literatur.* Zürich und Stuttgart 1960, S. 346-388. (Kurzfassung in DVjs 30, 1956, S. 137-140) – Eine ideologiekritische Darstellung des Familiendramas von Schröder und Iffland, zu dem die Diderotsche *tragédie domestique et bourgeoise* in Deutschland herunterkam, sowie eine interessante Analyse von Lessings *Minna von Barnhelm* finden sich bei Helmut Arntzen, *Die ernste Komödie. Das deutsche Lustspiel von Lessing bis Kleist.* München 1968.

3 Gotthold Ephraim Lessing, *Abhandlungen von dem weinerlichen oder rührenden Lustspiele. Theatralische Bibliothek,* Erstes Stück 1754. In: G. E. L., *Sämtliche Schriften.* Hg. Karl Lachmann und Franz Muncker, Bd. 6. Stuttgart 1890, S. 6-53.

geschaffenen Muster nicht mißachtet werden dürfen.[4] Die Verteidigungsschrift, Gellerts Abhandlung *Für das rührende Lustspiel,* hat Lessing aus dem Lateinischen übersetzt.[5] Für die Geschichte der Theorie des bürgerlichen Trauerspiels ist diese, zum größten Teil unselbständige Publikation des jungen Lessing relevant, weil in der Einleitung das rührende Lustspiel und das bürgerliche Trauerspiel als die beiden Neuerungen bezeichnet werden, *welche zu unsern Zeiten in der dramatischen Dichtkunst sind gemacht worden* (a.a.O., S. 6). Ein Jahr vor dem Erscheinen der anonymen Abhandlung *Vom bürgerlichen Trauerspiele*[6] und von Martinis *Rhynsolt und Sapphira,* einige Jahre vor der Publikation von Diderots beiden bürgerlichen Dramen und den beiden sie begleitenden theoretischen Schriften, bezeugt Lessing ein klares Bewußtsein davon, daß mit Lillos *The London Merchant* eine neue Gattung vorliegt. Und nicht minder scheint er sich dessen bewußt zu sein, daß die beiden Neuerungen,

4 *Nach den verschiedenen Rührungen des Herzens entweder lachen oder weinen, sind, ohne Zweifel, natürliche Empfindungen: allein in eben demselben Augenblicke lachen und weinen, und jenes in der einen Szene fortsetzen, wenn man in der andern dieses tun soll, das ist ganz und gar nicht nach der Natur. Dieser schleunige Übergang von der Freude zur Betrübnis und von der Betrübnis zur Freude, setzte die Seele in Zwang und verursacht ihr unangenehme und gewaltsame Bewegungen.* (M. D. Chassiron, *Reflexions sur le Comique-larmoyant* [1749]. In Lessings Übersetzung a.a.O., S. 16). *Homer, Pindarus, Demosthenes und Thucydides sind die Lehrmeister des Virgil, des Horaz, des Cicero und des Livius gewesen. Das vereinigte Ansehen dieser großen Männer ist zum Gesetz geworden; und dieses Gesetz haben hernach alle Nationen angenommen, und die Vollkommenheit einzig und allein an die genaue Nachahmung dieser alten Muster gebunden. Wenn es also nun wahr ist, daß das Wesen dieser verschiedenen Werke so unveränderlich festgestellet ist, als es nur immer durch die aller verehrungswürdigsten Beispiele festgestellet werden kann; aus was für einer besonderen Ursache sollte es denn nur vergönnet sein, das Wesen der Komödie zu ändern, welches durch die allgemeine Billigung nicht minder geheiliget ist.* (a.a.O., S. 17 f.)

5 Chr. F. Gellert, *Pro Comoedia commovente* [1751]. In Lessings Übersetzung a.a.O., S. 32-49.

6 Anonymus, *Vom bürgerlichen Trauerspiele.* In: *Neue Erweiterungen der Erkenntnis und des Vergnügens,* 6. Bd. Leipzig 1755.

die Erhöhung der Komödie und die Herabsetzung der Tragödie, wie er formuliert, miteinander zusammenhängen. Diderots Konzeption eines *genre intermédiaire*, das einerseits von der ernsten Komödie, andererseits vom bürgerlichen Trauerspiel, vom Familiendrama, gebildet wird, ist ihm zwar fremd. Aber auch er konstruiert die beiden neuen Gattungen streng symmetrisch: Weder das Lustspiel noch das Trauerspiel, schreibt er, sei von den Neuerungen verschont geblieben.

*Dort glaubte man, daß die Welt lange genug in dem Lustspiele gelacht und abgeschmackte Laster ausgezischt habe; man kam also auf den Einfall, die Welt endlich einmal auch darinne weinen und an stillen Tugenden ein edles Vergnügen finden zu lassen. Hier* [also beim Trauerspiel] *hielt man es für unbillig, daß nur Regenten und hohe Standespersonen in uns Schrecken und Mitleiden erwecken sollten; man suchte sich also aus dem Mittelstande Helden, und schnallte ihnen den tragischen Stiefel an, in dem man sie sonst, nur ihn lächerlich zu machen, gesehen hatte.* (a.a.O., S. 6)

Die erste Veränderung habe das hervorgebracht, was seine Anhänger das *rührende Lustspiel* und seine Widersacher das *weinerliche* nennen; aus der zweiten Veränderung sei das *bürgerliche Trauerspiel* entstanden, und zwar sei jene von den Franzosen, diese von den Engländern gemacht worden. Wichtig an diesen Bemerkungen Lessings ist, daß er als die Intention des bürgerlichen Trauerspiels den Willen setzt, das Privileg der Fürstengeschlechter, wie es in der Ständeklausel festgelegt ist, aufzuheben; den Anspruch des Bürgers *anch'io sono eroe.* Wir erinnern uns, daß Lillo bei der Begründung des bürgerlichen Standes seiner Helden ganz anders argumentiert hat und daß auch Diderot anders argumentieren wird. Während bei ihnen die Aufhebung der Ständeklausel nur in der Vermittlung durch die neue, moralische Funktion des Trauerspiels und durch den Kult des

Gefühls ein Akt des bürgerlichen Bewußtseins ist, gilt für Lessing – wie für manchen Literatursoziologen –, daß die Aufhebung der Ständeklausel ein unmittelbarer Akt der Emanzipation und Expansion des Bürgertums war, wie die Abschaffung anderer Privilegien auch. Liest man freilich bei Lessing die Erklärung, die er für die Einbeziehung des bürgerlichen Standes in die englische Tragödie erwägt, so wird man in ihm keinen Zeugen für jene, wie ich meine, allzu simplifizierende These erblicken wollen. Denn Lessing kokettiert mit der Völkerpsychologie. *Ich wollte fast sagen* – so beginnt er, und am Schluß wird es heißen: *Dieses ist vielleicht nur ein leerer Gedanke; aber genug, daß es doch wenigstens ein Gedanke ist* (als gebe es keine falschen) – *Ich wollte fast sagen, daß sie beide* [die beiden Gattungen] *aus dem besondern Naturelle dieser Völker entsprungen zu sein scheinen. Der Franzose ist ein Geschöpf, das immer größer scheinen will, als es ist. Der Engländer ist ein anders, welches alles Große zu sich hernieder ziehen will. Dem einen ward es verdrüßlich, sich immer auf der lächerlichen Seite vorgestellt zu sehen; ein heimlicher Ehrgeiz trieb ihn, seinesgleichen aus einem edeln Gesichtspunkte zu zeigen. Dem andern war es ärgerlich, gekrönten Häuptern viel voraus zu lassen; er glaubte bei sich zu fühlen, daß gewaltsame Leidenschaften und erhabne Gedanken nicht mehr für sie als für einen aus seinen Mitteln wären.* (a.a.O., S. 52)
Wenn es auch müßig ist, Lessing die Vernachlässigung der Verlagerung ökonomischer und politischer Machtpositionen vorzuwerfen – als gebe es »den« Engländer und »den« Franzosen, als sei das normative Subjekt der Diderotschen Komödie soziologisch gesehen identisch mit dem der Molièreschen –, so ist doch festzuhalten, daß Lessing das Aufkommen der neuen Gattungen nicht mit dem Aufstieg des Bürgertums in Zusammenhang bringt. Mag dieser Zusammenhang für uns auch ausgemacht sein, so muß doch

der Umstand, daß er bei dem führenden Theoretiker in Deutschland überhaupt nicht ins Blickfeld kommt, während bei Lillo und Diderot das bürgerliche Trauerspiel zwar mit spezifisch bürgerlichen Argumenten legitimiert wird, nicht aber mit dem Anspruch des Bürgertums auf ein bislang den gekrönten Häuptern und Fürsten Vorbehaltenes, für eine literatursoziologische Erklärung des bürgerlichen Trauerspiels im 18. Jahrhundert konstitutiv werden. Selbst wenn man die Argumente Lillos und Diderots, etwa die These, daß die Tragödie auf Bürger nur wirken kann, wenn ihre Helden, die das abschreckende Beispiel geben, ihrerseits Bürger sind, für eine Rationalisierung hält – kennzeichnend ist ja, daß im Licht einer solchen These die Ständeklausel gar nicht mehr als Privileg erscheint: – selbst wenn man annimmt, daß der Machtanspruch des ökonomisch potent gewordenen Londoner Bürgertums mit solchen dramentheoretischen Reflexionen nur kaschiert wird, muß dieses ideologische Moment von der Literatursoziologie berücksichtigt werden, weil es deren Gegenstand, der Literatur, insofern sie ein ideelles Produkt ist, selbst eigen ist.

In den Bemerkungen, mit denen Lessing seine Veröffentlichung der Aufsätze Chassirons und Gellerts beschließt, ist nur noch von der Komödie die Rede. Im Hinblick auf *Minna von Barnhelm* ist dabei wichtig, daß Lessing den Streit um das weinerliche Lustspiel mit der These zu schlichten sucht, es wolle das Possenspiel nur zum Lachen bewegen, das weinerliche Lustspiel nur rühren, während die wahre Komödie beides wolle.[7] Nicht nur *Minna von Barnhelm*, sondern vieles aus der späteren Geschichte des deutschen Lustspiels ist in diesem Lessingschen Sinn Komödie, im Gegensatz zu

7 Das *Possenspiel will nur zum Lachen bewegen; das weinerliche Lustspiel will nur rühren; die wahre Komödie will beides.* (Hervorh. v. Lessing) (Lessing a.a.O., S. 52).

den bis zum heutigen Tag als für die Gattung paradigmatisch erachteten Werken Molières, was mit ein Grund ist, warum es zur Klage kommen konnte, es gebe kaum deutsche Lustspiele. Auf diese Zusammenhänge mit Nachdruck hingewiesen zu haben, ist das Verdienst von Helmut Arntzen. – Um deutlich zu machen, daß er das Possenspiel und das weinerliche Lustspiel nicht etwa *in eine Klasse setzen will,* daß er ihnen also nicht den gleichen Rang zuschreibt, rekurriert Lessing übrigens nun doch auf Soziales. Zwischen den beiden Gattungen, schreibt er, sei *noch immer der Unterschied* [...], *der zwischen dem Pöbel und Leuten von Stande ist. Der Pöbel wird ewig der Beschützer der Possenspiele bleiben und unter Leuten von Stande wird es immer gezwungne Zärtlinge geben, die den Ruhm empfindlicher Seelen auch da zu behaupten suchen, wo andre ehrliche Leute gähnen. Die wahre Komödie allein ist für das Volk und allein fähig, einen allgemeinen Beifall zu erlangen und folglich auch einen allgemeinen Nutzen zu stiften.* (a.a.O., S. 52)

Was die soziale Zuordnung der Gattungen des Possenspiels und des weinerlichen Lustspiels betrifft, so wäre zu fragen, ob bei Molière sich dem Pöbel nicht der Hof zugesellt, um den Bürger zu verlachen[8]; ferner, ob die Empfindsamkeit der *comédie larmoyante* nicht eher dem Bürgertum und dem verbürgerlichten Landadel als einfach, wie Lessing es tut, den *Leuten von Stande* zugeordnet werden muß. Entscheidend ist, daß er die *wahre Komödie* für die Gattung hält, die allein fähig sei, *einen allgemeinen Beifall zu erlangen und* [...] *einen allgemeinen Nutzen zu stiften* (a.a.O., S. 52) – wir begegnen auch hier einem konstitutiven Moment des bürgerlichen Denkens im 18. Jahrhundert, das sich nicht als auf den bürgerlichen Stand beschränkt, sondern als Ausdruck der ganzen Menschheit versteht.

8 Paul Bénichou, *Les Morales du Grand Siècle.* Paris 1948.

In seiner Einleitung hatte Lessing geschrieben, er wolle diesmal nur die Veränderung zu dem Gegenstande seiner Betrachtungen machen, welche das rührende bzw. weinerliche Lustspiel hervorgebracht hat; die Beurteilung der zweiten wolle er auf einen andern Ort sparen. Die hier in Aussicht gestellte Abhandlung über das bürgerliche Trauerspiel hat Lessing nicht geschrieben. Aber schon zwei Jahre später, 1756, kommt er in einem kurzen Text darauf zurück. Es handelt sich um die Vorrede, die er für eine Ausgabe von *Des Herrn Jakob Thomson sämtlichen Trauerspielen* verfaßt hat.[9] James Thomson wurde in Deutschland vor allem als der Verfasser des naturbeschreibenden Gedichts *The Seasons* (1726-30) verehrt, das von Brockes übersetzt wurde und in dessen Nachfolge Ewald von Kleists Lehrgedicht *Der Frühling* (1749) entstand. Als Dramatiker schrieb Thomson Tragödien nach antiken Vorlagen: so einen Agamemnon und einen Coriolan. Dennoch kam er als Engländer und wohl auch aufgrund seines empfindsamen Stils den antiklassizistischen, gegen Gottscheds Franzosenkult gerichteten Absichten Lessings entgegen, und in diesem Zusammenhang wird in dessen Vorrede auch der *London Merchant* gepriesen.

*So wie ich unendlich lieber den allerungestaltetsten Menschen, mit krummen Beinen, mit Buckeln hinten und vorne, erschaffen, als die schönste Bildsäule eines Praxiteles gemacht haben wollte: so wollte ich auch unendlich lieber der Urheber des Kaufmanns von London, als des sterbenden Cato sein, gesetzt auch, daß dieser alle die mechanischen Richtigkeiten hat, derenwegen man ihn zum Muster für die Deutschen hat machen wollen. Denn warum? Bei einer einzigen Vorstellung des erstern* [also des *London Merchant*] *sind, auch von den Unempfindlichsten, mehr*

9 G. E. Lessing, *Sämtliche Schriften* a.a.O., Bd. 7, S. 66-71.

*Tränen vergossen werden, als bei allen möglichen Vorstellungen des andern* [also von Gottscheds Alexandrinertragödie aus demselben Jahr 1731], *auch von den Empfindlichsten, nicht können vergossen werden. Und nur diese Tränen des Mitleids und der sich fühlenden Menschlichkeit sind die Absicht des Trauerspiels, oder es kann gar keine haben.* (a.a.O., S. 68 – Hervorh. von Lessing)

Mit diesem letzten Satz über das Erwecken von Mitleid als die Intention der Tragödie hat Lessing das Thema berührt, das seine folgenden dramentheoretischen Schriften als ein cantus firmus durchzieht. Daß dieses Postulat einer empfindsamen Dramaturgie zur Ablehnung der auf Bewunderung abzielenden Tragödie der Corneilleschen Art und mehr noch zur Ablehnung von deren Nachahmer Gottsched führt, ist in unserem Zusammenhang weniger wichtig, als daß es die Rezeption von Lillos *London Merchant* bestimmt. Erst diese Sätze Lessings legitimieren es, daß wir in der Analyse des *Kaufmanns von London,* im Hinblick auf dessen Wirkung in Frankreich und Deutschland, neben den Motiven des kaufmännischen Standesbewußtseins und der kaufmännischen Morallehre, jene Empfindsamkeit betont haben, welche die Gestalt der Maria wie auch des von Barnwell ermordeten Onkels prägt. Von Tränen des Mitleids spricht auch Lillo. Aber während das Mitleid bei ihm die Funktion hat, den Zuschauer zu einem tugendhaften Lebenswandel anzuhalten, auf daß es ihm nicht ergehe wie dem Gestrauchelten, der nun auf sein Mitleid angewiesen ist, scheint Lessing das Mitleid als Ausdruck einer *sich fühlenden Menschlichkeit* zum Selbstzweck zu erheben. Kein Zufall darum, daß er die Bedingungen, unter denen Mitleid allererst entstehen kann, nicht am Beispiel des Lehrlings Barnwell, dessen Schicksal nach der Intention Lillos beim Zuschauer Tränen des Mitleids, darauf Besinnung und den Willen zum rechten Lebenswandel hervorrufen soll, sondern an dem von ihm ermordeten Onkel demonstriert. Im selben Jahr, in dem seine Vorrede zu den Thomsonschen Trauerspielen entstand, schreibt Lessing an Moses Mendelssohn:

*Gedenken Sie an den alten Vetter, im Kaufmann von London; wenn ihn Barnwell ersticht, entsetzen sich die Zuschauer, ohne mitleidig zu sein, weil der gute Charakter des Alten gar nichts enthält, was den Grund zu diesem Unglück abgeben könnte. Sobald man ihn aber für seinen Mörder und Vetter noch zu Gott beten hört, verwandelt sich das Entsetzen in ein recht entzückendes Mitleiden, und zwar ganz natürlich, weil diese großmütige Tat aus seinem Unglücke fließet und ihren Grund in demselben hat.*[10]

Der Sterbende bete für seinen Mörder und Vetter zu Gott, schreibt Lessing. Der Satz ist, wenn nicht mißverständlich, so ein Mißverständnis, und zwar eines, das für die Verstärkung der empfindsamen Momente bei Lillo, die in der Rezeption in Deutschland eintritt, bezeichnend ist. Denn bei Lillo erkennt der Sterbende nicht, daß es sein Neffe ist, der ihn erdolcht hat. Er sagt:

*Oh, I am slain! All-gracious Heaven, regard the prayer of thy dying servant! Bless with thy choicest blessings my dearest nephew, forgive my murderer, and take my fleeting soul to endless mercy!* (*LM* III, 7)

Wohl bittet er Gott, dem Mörder zu verzeihen, doch seine Bitte um Segen ist einem Neffen zugedacht, von dem er nicht weiß, daß es sein Mörder ist. Lillo führt, wie mir scheint, nicht so sehr die Güte des Onkels vor, der – nach Lessing – *für seinen Mörder und Vetter zu Gott betet,* als daß er auf die Wirkung der tragischen Ironie baut, daß der vom Onkel als *dearest nephew* Bezeichnete mit dem Mörder

10 Lessing an Mendelssohn am 8. Dezember 1756. In: *Lessings Briefwechsel mit Mendelssohn und Nicolai über das Trauerspiel.* Hg. R. Petsch. Leipzig 1910.

identisch ist. Die Wirkung dieser Ironie wird in den Worten des Neffen gezeigt, der sich dem Sterbenden zu erkennen gibt, weil er es nicht erträgt, als sein Mörder von ihm beweint und mit Gottes Segen bedacht zu werden: *Oh, do not look so tenderly upon me* – sagt er. *Let indignation lighten from your eyes and blast me ere you die. By Heaven, he weeps in pity of my woes. Tears, tears, for blood. The murdered in the agonies of death weeps for his murderer.* [...] *Oh, why with such fond affection do you press my murdering hand?* (ebd.)

Lillo läßt keinen Zweifel daran, daß der Sterbende nichts mehr wahrnimmt und daß seine Geste eine rein reflektorische ist. Wenn der Onkel über seinen Mörder zu weinen scheint, so darum, weil ihn die Agonie hindert, in seinem Mörder den Neffen zu erkennen. Und wenn Barnwell die letzte Lebensäußerung des Sterbenden, das Festklammern an seiner Hand, für den Ausdruck zärtlichen Gefühls halten und davor zurückschaudern kann, so nur, weil er nicht nur der Mörder, sondern auch der Neffe ist, dem jene Zuneigung allenfalls gelten könnte. Lillo geht es also nicht so sehr um die Güte des Onkels, der seinem Mörder vergibt, als vielmehr um die Erschütterung Barnwells, der als Mörder die Kundgabe von Gefühlen und Gedanken entgegennehmen muß, die ihm als Neffen gelten, die er als Mörder aber gerade verscherzt hat. Aus dieser Erschütterung geht er als ein Gewandelter hervor, und Lillo läßt ihn Worte sprechen, aus denen die Hoffnung spricht, daß seine Tat nicht nur auf ihn, sondern auch auf die Zuschauer gewirkt haben möchte: *This execrable act of mine is without a parallel. Oh, may it ever stand alone – the last of murders, as it is the worst.* (ebd.) – Das von tragischer Ironie begleitete Verkennungsmotiv, einst ein Bestandteil der hohen Tragödie, bei Lillo wie auch in den Schauerdramen des 19. Jahrhunderts immer mehr zum melodramatischen Griff heruntergekommen, läßt

Lessing in seinem Brief an Mendelssohn außer Acht, weil es ihm um den engen Zusammenhang von *großmütiger Tat* und *Unglück* geht, den er als die conditio sine qua non des Mitleids postuliert. Wenige Wochen vorher hatte er dies in einem Brief an Friedrich Nicolai mit einem anderen Beispiel klarzumachen versucht. Lessing unterscheidet in seinem Brief vom 29. November 1756 drei Grade des Mitleids, deren mittlerer das weinende Mitleid sei. Die drei Grade nennt er: Rührung, Tränen und Beklemmung.

*Rührung ist, wenn ich weder die Vollkommenheiten, noch das Unglück des Gegenstandes deutlich denke, sondern von beiden nur einen dunkeln Begriff habe; so rührt mich z. E. der Anblick jedes Bettlers. T r ä n e n erweckt er nur dann in mir, wenn er mich mit seinen guten Eigenschaften sowohl, als mit seinen Unfällen bekannter macht, und zwar mit beiden z u g l e i c h, welches das wahre Kunststück ist, Tränen zu erregen. Denn macht er mich erst mit seinen guten Eigenschaften und hernach mit seinen Unfällen, oder erst mit diesen und hernach mit jenen bekannt, so wird zwar die Rührung stärker, aber zu Tränen kömmt sie nicht. Z. E. Ich frage den Bettler nach seinen Umständen, und er antwortet: ich bin seit drei Jahren amtlos, ich habe Frau und Kinder; sie sind teils krank, teils noch zu klein, sich selbst zu versorgen; ich selbst bin nur vor einigen Tagen vom Krankenbette aufgestanden. – Das ist sein Unglück! – Aber wer sind sie denn? frage ich weiter. – Ich bin der und der, von dessen Geschicklichkeit in diesen oder jenen Verrichtungen Sie vielleicht gehört haben; ich bekleidete mein Amt mit möglichster Treue; ich könnte es alle Tage wieder antreten, wenn ich lieber die Kreatur eines Ministers, als ein ehrlicher Mann sein wollte usw. Das sind seine Vollkommenheiten! Bei einer solchen Erzählung aber kann niemand w e i n e n. Sondern wenn der Unglückliche meine Tränen haben will, muß er beide Stücke verbinden; er muß sagen: ich bin vom*

*Amte gesetzt, weil ich zu ehrlich war, und mich dadurch bei dem Minister verhaßt machte; ich hungere, und mit mir hungert eine kranke liebenswürdige Frau; und mit uns hungern sonst hoffnungsvolle, jetzt in der Armut vermodernde Kinder; und wir werden gewiß noch lange hungern müssen. Doch ich will lieber hungern, als niederträchtig sein; auch meine Frau und Kinder wollen lieber hungern, und ihr Brot lieber unmittelbar von Gott, das ist, aus der Hand eines barmherzigen Mannes, nehmen, als ihren Vater und Ehemann lasterhaft wissen usw.* – [...] *Einer solchen Erzählung habe ich immer Tränen in Bereitschaft. Unglück und Verdienst sind hier im Gleichgewicht.*[11] (Hervorh. von Lessing)

Es wäre verlockend, der Frage nachzugehen, inwiefern in dieser Geschichte, und zwar in ihrer ersten Variante, in der einer, um ein ehrlicher Mann bleiben zu können, sein Amt zur Verfügung stellt und zum Bettler wird – der Variante also, welche nach Lessing für die Tragödie ungeeignet ist – die Keimzelle seines Lustspiels *Minna von Barnhelm* vorliegt. Ich muß hier darauf verzichten, um nach den politischen und sozialen Implikationen der Lessingschen Mitleidkonzeption zu fragen.[12]

Dabei wird ein Unterschied wichtig, der zwischen dem zuletzt zitierten Beispiel und dem aus Lillos *London Merchant* angeführten besteht. Gewiß ließe sich, etwa in den Spuren Nietzsches, eine Ideologiekritik jenes Standpunkts versuchen, der Tränen des Mitleids nur dann kennt, wenn ein Unglücklicher eine großmütige Tat vollbringt. Das Unglück selber ist kein zureichender Grund, und eine großmütige Tat, die nicht von einem Unglücklichen und nicht aus seinem Unglück heraus vollbracht wird, ohne Interesse.

11 Lessing an Nicolai am 29. November 1756 a.a.O.
12 Der folgende Absatz ist im Manuskript nur flüchtig durchstrichen – bei Tilgungen ist sonst in der Regel das Getilgte unleserlich gemacht.

Dabei verwischt sich die Grenze zwischen dem wirkungspsychologischen und dem ethischen Postulat: Verlangt nur das Gesetz des Trauerspiels, welches in den Augen der Zuschauer Tränen sehen will, daß der erdolchte Onkel für seinen Mörder zu Gott bete, oder wird diese *großmütige Tat* dem Unglücklichen um eines Telos willen abverlangt, das die Sphäre der Dramaturgie transzendiert: um der, wie Lessing in der Vorrede zu Thomsons Trauerspielen schreibt, *sich fühlenden Menschlichkeit* willen? Wie dem auch sei, während eine ideologiekritische Analyse dieses Beispiels den politisch-sozialen Kontext einer solchen Moral zu konstruieren hätte, wird in dem anderen Fall dieser Kontext beim Namen genannt.
Die Rede ist von einem Mann, der sein Amt verliert, weil er zu ehrlich war und sich dadurch bei dem Minister verhaßt gemacht hat. Für die Erzählung dieses Mannes, dem er als Bettler begegnet, hat Lessing, wie er schreibt, *Tränen in Bereitschaft.* Hier seien *Unglück und Verdienst im Gleichgewicht.* Und Lessing fährt fort:
*Aber lassen Sie uns das Gewicht in der einen oder andern Schale vermehren, und zusehen, was nunmehr entsteht. Lassen Sie uns zuerst in die Schale der Vollkommenheit eine Zulage werfen. Der Unglückliche mag fortfahren: aber wenn ich und meine kranke Frau uns nur erst wieder erholt haben, so soll es schon anders werden. Wir wollen von der Arbeit unsrer Hände leben; wir schämen uns keiner. Alle Arten, sein Brot zu verdienen, sind einem ehrlichen Manne gleich anständig; Holz spalten, oder am Ruder des Staates sitzen. Es kömmt seinem Gewissen nicht darauf an, wie viel er nützt, sondern wie viel er nützen wollte. – Nun hören meine Tränen auf; die Bewundrung erstickt sie. Und kaum, daß ich es noch fühle, daß die Bewundrung aus dem Mitleiden entsprungen. – Lassen Sie uns eben den Versuch mit der andern Wagschale anstellen. Der ehrliche Bettler*

*erfährt, daß es wirklich einerlei Wunder, einerlei übernatürliche Seltenheit ist, von der Barmherzigkeit der Menschen, oder unmittelbar aus der Hand Gottes gespeist zu werden. Er wird überall schimpflich abgewiesen; unterdessen nimmt sein Mangel zu, und mit ihm seine Verwirrung. Endlich gerät er in Wut; er ermordet seine Frau, seine Kinder und sich. – Weinen Sie noch? – Hier erstickt der Schmerz die Tränen, aber nicht das Mitleid, wie es die Bewundrung tut. Es ist –*

An dieser Stelle fällt sich Lessing mit dem Ausruf *Ich verzweifelter Schwätzer!* selber ins Wort und beendet den Brief (a.a.O.). Denkt man an die im Brief weiter vorn gegebene Skala des Mitleids: Rührung, Tränen, Beklemmung, so darf man vermuten, daß der Fall des wegen seiner Ehrlichkeit entlassenen Beamten, der in seiner Verzweiflung seine Familie und sich selbst umbringt, den dritten Mitleidsgrad, den der Beklemmung, illustriert. Lessing scheint vor dieser Möglichkeit zurückzuschrecken. Dennoch ist nicht zu leugnen, daß sie als die physische Selbstopferung des Ohnmächtigen die konsequente Weiterführung des von Lessing ins Zentrum seiner Mitleidkonzeption gerückten Falls bildet, in dem das materielle Auskommen der Ehrlichkeit geopfert wird, ohne daß der also zum Bettler Gewordene sich entschließen würde, von der Arbeit seiner Hände zu leben – was die, nach Lessing dem Trauerspiel unangemessene, Reaktion der Bewunderung auslösen müßte. Daß der Ohnmächtige den politisch-sozialen Verhältnissen sich selbst zum physischen Opfer bringt, ist, wenngleich in anderer Form als bei Lessing, das Motiv jenes Werkes, das vielleicht als Endpunkt der Entwicklung des bürgerlichen Trauerspiels im 18. Jahrhundert angesehen werden darf: ich meine den Lenzschen Hofmeister, der sich entmannt. Bei Lessing wie bei Lenz ist die Aggression des machtlosen Bürgers gegen sich selbst gerichtet und nicht gegen die, die ihm die Macht verweigern. Daß der zum Bettler gewordene Beamte in seiner Wut statt seine Familie und sich selbst ja auch den Minister hätte ermorden können, der ihn zur Niedertracht zwingen wollte, fällt Lessing nicht bei. Das mag gewisse Tendenzen bürgerlichen Denkens spiegeln, zumal in einem Land, dessen Bürger lieber den Revolutionär als den Diktator umbringen.

Nun fragt es sich freilich, ob es zulässig ist, aus dem von Lessing gegebenen Beispiel eines gleichsam vorbildhaften Helden für das bürgerliche Trauerspiel: des zum Bettler gewordenen Beamten, der sich weigert, eine von seinem Vorgesetzten verlangte Niedertracht zu begehen und der so sein Amt verliert, auf die politisch-sozialen Prämissen der Lessingschen Dramaturgie zu schließen. Denn Lessing argumentiert ja in einem streng wirkungsästhetischen Zusammenhang. Er schreibt nicht, wie der Mensch handeln soll, sondern wie er handeln muß, soll der Zuschauer Tränen des Mitleids weinen können. Daß sein Beispiel, gleichsam nebenher, eine Gesellschaftsordnung zitiert, in welcher zum Bettler wird, wer das ministeriell vorgeschriebene Laster verschmäht, könnte als unbeabsichtigt oder gar als Zeichen von Lessings Kritik an absolutistischer Willkür angesehen werden, einer Kritik, von der ja auch *Emilia Galotti* zeugt. Aber eine solche Argumentation griffe zu kurz. Statt in Lessings Beispiel Wirkungsästhetisches und Sozialkritisches zu trennen, müßten vielmehr die politischen und gesellschaftlichen Bedingungen einer Ästhetik geklärt werden, die als die intendierte Wirkung des Trauerspiels »Tränen des Mitleids« bestimmt. Man muß also die Ausführungen Lessings gleichsam wider den Strich lesen, man muß aus seiner Prämisse »Absicht des Trauerspiels sind die Tränen des Mitleids« eine Frage; aus seiner Frage »Wann hat man Mitleid?« eine Prämisse machen. Diese Prämisse aber ist die gegebene Gesellschaftsordnung, in der ein Minister seinen

Untergebenen zur Niedertracht anhalten kann und dieser, will er ehrlich bleiben, den Bettelstab ergreifen muß. Es gibt, in so gegebenen Verhältnissen, auch andere Verhaltensmöglichkeiten – Lessing weiß es, und er spielt sie durch. Der aus dem Amt Gejagte kann sich sagen, es seien *alle Arten, sein Brot zu verdienen, einem ehrlichen Manne gleich anständig: Holz spalten, oder am Ruder des Staates sitzen.* Es komme seinem Gewissen nicht darauf an, *wie viel er nützt, sondern wie viel er nützen wollte.* Diese Möglichkeit antizipiert den Deutschen Idealismus, der es mit der Revolution gehalten und die Mittel an die Hand gegeben hat, die Macht der Verhältnisse, statt sie im Weinen zu akzeptieren, in der Idee zu negieren und so ihre Abschaffung zu antizipieren. Diesem revolutionären Bewußtsein entstammt die idealistische Tragödie Schillers und die Tragödienkonzeption des Deutschen Idealismus, die zwar das Opfer kennt, aber um der Herbeiführung einer neuen Zeit willen – man denke an die Deutung, die Hegel dem Tod des Sokrates gab.[13] Wenn Lessing diese mögliche Haltung ablehnt, so nur, weil sie in ihm eine Bewunderung für den also sich Verhaltenden wekken würde, die seine Tränen ersticken müßte: *kaum, daß* [er] *noch fühlt, daß die Bewundrung aus dem Mitleiden entsprungen.* Aber wenn Lessing zur Ablehnung dieser Haltung allein von der Zweckbestimmung der Tragödie, Tränen des Mitleids hervorzurufen, gezwungen wird, so ist zu fragen, was ihn zu dieser Zweckbestimmung zwingt. Es ist die Frage nach den politisch-sozialen Prämissen der Theorie des bürgerlichen Trauerspiels.

Im Lichte dieser Fragestellung wäre die *Hamburgische Dramaturgie* neu zu lesen. Mit ihren hundertundvier Stücken trug der Theoretiker Lessing zum Unternehmen einer Gruppe von Hamburger Bürgern bei, den Hoftheatern, wel-

13 G. W. F. Hegel, *Vorlesungen über die Geschichte der Philosophie.* Jubiläums-Ausgabe Bd. 18, S. 119 f.

che vor allem die Oper und das Ballett pflegten, und dem Theater der Neuberin und Gottscheds in Leipzig, wo der französische Klassizismus, also wiederum keine bürgerliche Kunst, dominierte, ein Nationaltheater gegenüberzustellen. In vielen Passagen der *Hamburger Dramaturgie* werden die Überlegungen über die Wirkung der Tragödie, über Furcht und Mitleid und ihren Zusammenhang, fortgeführt. Lessing übersetzt »phobos« nicht mit »Schrecken« sondern mit »Furcht«, und er versteht diese Furcht als eine, die uns nicht *das bevorstehende Übel eines andern, für diesen andern erweckt,* sondern die *aus unserer Ähnlichkeit mit der leidenden Person für uns selbst entspringt.* Furcht sei, man kennt die Definition, *das auf uns selbst bezogene Mitleid.*[14] So wird das Postulat der Ähnlichkeit von Dramenperson und Zuschauer in die Bestimmung der tragischen Wirkung, und damit der Tragödie selbst, hereingenommen. Den bei Corneille, Lillo und Diderot begegnenden Einwand gegen die Ständeklausel kann Lessing vom Mitleidbegriff her neu formulieren:

*Die Namen von Fürsten und Helden können einem Stücke Pomp und Majestät geben; aber zur Rührung tragen sie nichts bei. Das Unglück derjenigen, deren Umstände den unsrigen am nächsten kommen, muß natürlicherweise am tiefsten in unsere Seele dringen; und wenn wir mit Königen Mitleiden haben, so haben wir es mit ihnen als mit Menschen, und nicht als mit Königen. Macht ihr Stand schon öfters ihre Unfälle wichtiger, so macht er sie darum nicht interessanter. Immerhin mögen ganze Völker darein verwickelt werden; unsere Sympathie erfordert einen einzeln Gegenstand, und ein Staat ist ein viel zu abstrakter Begriff für unsere Empfindungen.* (a.a.O., Bd. 9, S. 239 – 14. Stück)

14 G. E. Lessing, *Hamburgische Dramaturgie* [1767-1769]. In: G. E. L., *Sämtliche Schriften* a.a.O., Bd. 10, S. 102 (75. Stück).

Freilich: solange der Bürger als Zuschauer im Theater Mitleiden praktizieren will, wird das bürgerliche Trauerspiel seinen paradigmatischen Helden in dem ohnmächtigen Opfer absolutistischer Willkür haben, dessen Wirkungskreis sich auf seine Familie beschränkt. Oder umgekehrt: solange das Bürgertum gegen den Absolutismus nicht aufbegehrt und seinen Machtanspruch anmeldet, lebt es seinen Empfindungen, beweint es im Theater ohnmächtig die eigene Misere, die ihm – nach dem Wort von Diderot – ebenso von Menschen bereitet wird wie den Helden der attischen Tragödie vom Schicksal. Der Bürger findet sich mit seiner Ohnmacht im Absolutismus ab, indem er sich in eine Privatheit zurückzieht, auf welche die gesellschaftlichen und politischen Verhältnisse keine Macht auszuüben scheinen. Das Aufbegehren des Bürgers bedeutet für das Drama das Ende der Empfindsamkeit, das Ende von Mitleid und Rührung als Intention des Trauerspiels. Der Staat mag – wie Lessing sagt – ein viel zu abstrakter Begriff für die Empfindungen sein, aber daraus läßt sich auch der Schluß ziehen, daß es im Drama nicht auf die Empfindungen ankommen soll. Diesen Schluß zogen die Dramatiker des Sturm und Drang, in paradigmatischer Weise Lenz. Ihre Aufmerksamkeit gilt nicht mehr allein dem Bettler, sondern auch der Gesellschaftsordnung, in der ein Beamter, will er ehrlich bleiben, zum Bettler wird.

Hatte Lessings seine Ablehnung der Ständeklausel begründender Satz zugleich auf die Sphäre verwiesen, in der das bürgerliche Trauerspiel um die Mitte des 18. Jahrhunderts, bei Diderot und Lessing, seinen Schauplatz hat: auf die Abgeschiedenheit der bürgerlichen Familie, die zur Stätte reiner Menschlichkeit verklärt wird, so ist die deutlichste Absage an diese Intention, damit zugleich die wichtigste theoretische Begründung des bürgerlichen Trauerspiels der 70er Jahre – also des Sturm und Drang –, Merciers Abhandlung: *Du Théâtre ou Nouvel essai sur l'art dramatique.*[15] Dieser Schrift möchte ich mich zum Abschluß dieser Vorlesung zuwenden. Man hat sie mit gutem Grund revolutionär genannt, und liest man sie nach den Schriften Diderots, so ist es, als kündigte sich an mancher Stelle in ihr die reale Revolution, die von 1789, an. So heißt es z. B. nach einer Aufzählung von Mißständen, die als dramatische Stoffe in Frage kommen:

*Die Quelle aller dieser Übel steckt in der schlechten Staatsverfassung, welche die gegenseitige Einigkeit der Bürger befürchtet hat. Sie führt aber ihre Strafe auf ihrer Seit schon bei sich: schwach und zerteilt hat sie nur eine scheinbare, aufgedunsene Stärke, und ist ihrem Einsturz ganz nahe.* (*TNE* Wagner, S. 171)

Schon dieser eine Satz verrät, daß Merciers Theater sich in eben dem Punkt von Diderots und Lessings bürgerlichem Trauerspiel unterscheidet, auf den ich mit dem Zitat aus der *Hamburgischen Dramaturgie* aufmerksam machen wollte: statt die *vie domestique* in ihrer Abgeschiedenheit vorzuführen, hat es Mercier gerade auf die Stellen abgesehen, an denen die im Staat und in der Gesellschaft herrschenden Kräfte in sie (die *vie domestique*) einbrechen. Kennzeichnend dafür ist der folgende Abschnitt. Mercier polemisiert in einem Kapitel, das *Von den wesentlichen Fehlern der neuern Komödie* überschrieben ist, gegen die Gesellschaftskomödie des Rokoko, in der jenes *Heer von kleinen unerträglichen Geschöpfen* den Ton angibt, *das zweimal die Woche nach Versailles fliegt und wieder zurücke kehrt, das sich allein auf der Welt glaubt, den Rest der Sterblichen für einen Haufen Insekten ansieht, das auf nichts als seine Intriguen,*

15 [Louis-Sébastien Mercier], *Du Théatre, ou Nouvel Essai sur l'Art Dramatique.* Amsterdam 1773 (künftig abgekürzt als *TNE*, Seitenzahl). – Dt.: [Heinrich Leopold Wagner], *Merciers Neuer Versuch über die Schauspielkunst.* Aus dem Französischen. Mit einem Anhang aus Goethes Brieftasche. Leipzig 1776 (künftig abgekürzt als *TNE* Wagner, Seitenzahl).

*seine Zänkereien, seine eigensinnigen Launen einigen Wert setzt* [...] (a.a.O., S. 108 f.)

Der Dramatiker soll sich eine andere Gesellschaft suchen. *Lade dich* – so lautet Merciers Rat – *lade dich freundschaftlich beim ehrlichen Bürgersmann zu Gast, dessen unschuldige und bescheidene Tochter voll Freude deiner Ankunft entgegenlächelt. Hier wirst du ungeschminkte, sanfte, offne, mannigfaltige Sitten erblicken; hier siehst du das Gemälde des bürgerlichen Lebens* [*le tableau de la vie civile*], *so wie Richardson und Fielding es sahn* [...]

Das könnte auch bei Diderot stehen. Aber Mercier fährt fort: *Hier* [in der Familie des *honnête bourgeois*] *siehst du vielleicht diese Stutzerchen als feine Betrüger in der Absicht erscheinen, den guten Alten zu prellen oder seine Tochter zu verführen. Dies ist der Augenblick, nimm deine Palette und laß jedem sein Recht widerfahren.* (a.a.O., S. 110)

*Prends la palette, et fais justice* – erst dieser Schlußsatz enthüllt die Intention von Merciers Theater und damit den Differenzpunkt von seinem und Diderots dramaturgischen Programm. Selbst wenn Mercier nicht expressis verbis erklärt hätte, daß *die Poetik des Herrn Diderot die beste unter allen* sei (a.a.O., S. 132), bliebe seinen Lesern nicht verborgen, wie viel er Diderot verdankt. Es wird gleich ausführlicher zu zeigen sein, daß seine Schrift sowohl in den wirkungsästhetischen als auch in den gattungspoetischen Partien auf Diderots Dramentheorie beruht. Aber unverkennbar ist auch, daß er in allen Punkten einen entscheidenden Schritt über Diderot hinaus tut, der sein Theater allererst zu dem macht, was man in den zwanziger Jahren ein politisches, in den fünfziger ein engagiertes, heute ein kritisches Theater nennen würde. Anders als Diderot genügt es Mercier nicht, im Drama ein *tableau* des bürgerlichen Lebens, seiner ungeschminkten und offnen, d. h. natürlichen, Sitten zu malen. Zwar sagt er schon auf der ersten

Seite seiner Schrift, als Schüler Diderots, daß das *Schauspiel ein Gemälde* sei, doch er fährt fort: *es kommt darauf an, dieses Gemälde nützlich zu machen* (a.a.O., S. 1). Und wenn auch in der Folge diese Nützlichkeit mit den alten wirkungsästhetischen Kategorien bestimmt wird – *das Bild möge dienen, die Menschen durch das siegreiche Gefühl des Mitleidens und der Teilnehmung unter sich zu verknüpfen* (ebd.) –, so hat die beabsichtigte Solidarisierung – im Gegensatz etwa zu Lessings *sich fühlender Menschlichkeit* – eine ganz unmittelbare politische Funktion.

Auf sie kommt Mercier immer wieder zurück. Bereits in dem an seinen Bruder gerichteten Widmungsschreiben, das von Wagner nicht übersetzt wurde, heißt es:
*J'ai écrit sur cet Art que tu chéris, & qui mieux vu & différemment traité pourroit rendre l'instruction générale, répandre dans l'esprit du* c i t o y e n *des principes utiles, cultiver la raison publique jusqu'ici si négligée, ramener enfin les hommes à ces idées simples, claires, intelligibles, qui font les meilleures de toutes & qui leur paroîtront de la plus étrange nouveauté, car rien de plus nouveau pour eux que les premières & faciles notions de la vrai morale et de la saine politique.* (*TNE*, IV – Hervorh. von Mercier)
Der Schritt über Diderots Dramentheorie hinaus, von dem ich eben sprach, läßt sich hier präziser fassen: Diderot spricht vom Menschen, Mercier vom Staatsbürger, Diderot hätte es bei der *wahren Moral* bewenden lassen, Mercier fügt ihr die *gesunde Politik* hinzu. *Schriftsteller sein, will schon viel sagen* – heißt es in der Einleitung –, *aber ein nützlicher Schriftsteller sein, auf die Sitten seiner Mitbürger einen Einfluß haben, sie mit einer hellen und gesunden Moral verfeinern, das heißt sich des schönsten Vorrechts der menschlichen Natur bemeistern.* (*TNE* Wagner, S. 1 f.)

Auch diese These spitzt Mercier dann politisch zu. In einer Anmerkung zu dem eben zitierten Satz heißt es: *Les vrais gens de lettres sont aujourd'hui les citoyens les plus utiles (TNE,* S. 1). Seltsamerweise übersetzt Wagner *gens de lettres,* zu denen Mercier sicher auch den Dramatiker zählt, mit *Gelehrter (TNE* Wagner, S. 2). Das hat zur – möglicherweise beabsichtigten – Folge, daß auch die politisch brisanten Schlußsätze der Anmerkung, die wiederum von einer Vorahnung der kommenden Revolution diktiert zu sein scheint, statt von den Schriftstellern, also auch Mercier und seinem Übersetzer, von den Gelehrten gesagt werden. Es heißt hier:

*Le corps des gens de lettres paroît animé, d'un bout de l'Europe à l'autre, d'un même esprit: standhaft unter der Fahne der Philosophie fortschreitend, werden sie notwendig den Staatsmännern und Königen die Lehren vorschreiben, welche die Grundlagen der allgemeinen Glückseligkeit* [der *félicité publique*] *sein sollen. Unsere Enkel werden gewiß glücklicher sein als wir.* (ebd.)

In diesem Sinne wird später behauptet, der Dichter sei *ein Gesetzgeber, der die ganze Würde seines Amts fühlen muß (TNE* Wagner, S. 122). Und Mercier schrickt nicht davor zurück, den als Gesetzgeber begriffenen Dichter der bestehenden politischen Ordnung gegenüberzustellen und diese dafür verantwortlich zu machen, daß es jenen – den Dichter als Gesetzgeber – noch kaum gibt.

*Von Monarchen beherrscht, abgeschnitten von allen Angelegenheiten des Staats, gezwungen unsre patriotischen Entwürfe, sogar unsre Gedanken aufzuopfern, wie entfernt sind wir nicht von der Nationaltragödie! Der politische Dichter ist uns eben so unbekannt als der Redner.* (a.a.O., S. 36)

Das wahre Trauerspiel werde in einer genauen Beziehung mit den politischen Angelegenheiten stehen, aber *seine stolze Stimme* werde es *nur da erheben, wo die Stimme der Freiheit* nicht erstickt ist (a.a.O., S. 53).

Um der politischen Wirkung, um der gesellschaftlichen Nützlichkeit willen ist der Dichter, wie Mercier ihn sieht, nicht nur Gesetzgeber, sondern auch Richter. Er müsse, statt an Schauspieler, Publikum oder Zensur zu denken, *unter dem strengen Auge der Gerechtigkeit – bald hätte ich gesagt: der öffentlichen Rache – arbeiten* (a.a.O., S. 176). *Der Komödie käme es eigentlich zu* – schreibt Mercier im 4. Kapitel –, *die Fakel der Wahrheit in die dunklen Behälter zu tragen, worinn die Ruchlosen ihre Ungerechtigkeiten schmieden, in dem Schooß der Ehrenstellen das niederträchtige maschinenmäßige Geschöpf* [*le vil automate*], *das sich zum Tyrannen aufwirft, zu entdecken, und es zitternd an das dem Laster so überlästige Licht zu schleppen. Alsdann könnte derjenige, welcher sich nicht fürchtet, strafbar zu sein, vor der Schande sich fürchten: das Theater wäre der oberste Gerichtshof, vor welchen der Feind des Vaterlandes citiert und der öffentlichen Schande bloßgestellt würde* [...] (a.a.O., S. 81)

Das führt uns zu der kleinen Szene zurück, die den Komödiendichter als Gast beim *ehrlichen Bürgersmann* zeigt, dessen *unschuldige und bescheidene Tochter voll Freude* [seiner] *Ankunft entgegenlächelt.* Denn nicht schon das *Gemälde des bürgerlichen Lebens* ist die Aufgabe, die Mercier dem Dramatiker stellt, sondern erst, wenn die Höflinge erscheinen, um den Vater zu betrügen oder die Tochter zu verführen, ist der Augenblick gekommen – so sagt es Mercier ausdrücklich –, die Palette zu nehmen und Recht zu sprechen. Das bürgerliche Intérieur ist nicht mehr der Zufluchtsort, der es bei Diderot war, es wird selber zum Schauplatz der Auseinandersetzung zwischen Bürgertum und Adel. Das setzt voraus, daß »bürgerlich« für Mercier nicht mehr gleichbedeutend mit »privat«, mit »häuslich« ist.

Aus dem Bourgeois ist der Citoyen geworden, dem es nicht mehr genügt, seine soziale Unterdrückung im Schoß seiner Familie vergessen zu können, an deren Harmonie und Tugendhaftigkeit er sich empfindsam aufrichtet. Das Bürgertum ist *ohne Widerrede die ehrwürdigste Klasse des Staats, oder besser: diejenige Klasse, welche den Staat ausmacht* (a.a.O., S. 116 f). Dadurch ändert sich auch die Funktion des bürgerlichen Intérieurs. An zentraler Stelle, nämlich am Schluß des Kapitels über das *Drama*, d. h. über *le drame*, dem er – wie Diderot – gegenüber der überlieferten Tragödie und Komödie den Vorzug gibt, stellt Mercier eine Reihe rhetorischer Fragen, die von der Annahme ausgehen, es würden *der Nachwelt nur die Tragödien des Corneille, des Racine, des Voltaire, selbst die Komödien des Molière übrig bleiben* [...] Und die letzte Frage lautet: *Würde man das Gemälde unsrer jetzigen Sitten, das Innre unsrer Häuser, dieses Innre, das einem Reich ist, was die Eingeweide dem menschlichen Körper sind, entdecken?* (a.a.O., S. 135 f.) Das Interieur, Schauplatz der *tragédies domestiques et bourgeoises*, ist nicht mehr der Ort des Privaten, Abgeschiedenen, sondern wird als das Innerste des Staates begriffen, aus dem er seine Lebenskraft bezieht wie der Körper aus den Eingeweiden.

Ist der Bürger Staatsbürger und sein Haus das Innerste des Staates, dann erhält die Darstellung häuslich-bürgerlichen Lebens eine andere Legitimation als noch bei Diderot; zugleich weist sie, anders als bei Diderot, immer schon über sich hinaus, auf Staat und Gesellschaft in ihrer Totalität. Durch die Politisierung des bürgerlichen Dramas fällt die Schranke, die das Familienstück von der Staatsaktion trennt. Wie den Begriff des *drame* übernimmt Mercier von Diderot auch den der *conditions* als des dramatischen Stoffes par excellence. Aber während Diderot, wie wir gesehen haben, den *conditions* insgeheim die *relations*, dem Berufsleben die *vie domestique* substituiert – nicht zufällig sind seine beiden *drames bourgeois* nach Verwandtschaftsgraden benannt: *Le fils naturel, Le père de famille* –, insistiert Mercier, der ein Stück mit dem Titel *Der Schubkarren des Essighändlers* verfaßt hat, darauf, daß im Drama *alle Stände der Menschen auftreten können,* was es zu einem *interessanten Gemälde* mache (a.a.O., S. 138). Statt – wie es die Klassizisten des 16. und 17. Jahrhunderts taten – mit ihren Bibliotheken zu arbeiten, müßten die Dramatiker vor dem geöffneten Buch der Welt – *le livre ouvert du monde* (*TNE*, S. 225) – ihre Werke schreiben. Was Mercier darunter versteht, geht aus folgendem Abschnitt hervor:

*Wenn wir zu den Ständen* [*conditions*] *herabsteigen, wie viel sonderbare Dinge sind nicht noch zu lernen! Wie viel Verschiedenheit legt nicht ein Weberschiffchen, ein Hammer, eine Waage, ein Winkelmaß, ein Quadrant, eine Schere in dieses Interesse, das beim ersten Anblicke einförmig zu sein scheint. Wie! man sollte mit Entzücken die kunstmäßige Beschreibung der Handwerker lesen, und der denkende Kopf, der diese geistreiche Maschine in Bewegung setzt, erfindet, sollte nicht interessant sein? Diese erstaunende Verschiedenheit von Industrie, Aussichten, Überlegung wird hundertmal mehr Reize für mich haben als die Geckereien dieser Marquis, die man uns als die einzigen Leute gibt, die existieren, und die bei allem ihrem Gewäsch doch nicht den hundertsten Teil des Verstandes haben, den dieser ehrliche Handwerksmann besitzt.* (*TNE* Wagner, S. 143)

Während Diderot bei der Aufzählung der verschiedenen *conditions* den Schriftsteller, den Philosophen, den Kaufmann, den Richter, den Verwalter nennt, und in seinen Stücken einen verbürgerlichten Kleinadel darstellt, steigt Mercier absichtlich bis zu den untersten Stufen der sozialen Leiter hinab. Der Dichter gleiche dem Sternseher, dessen

Blick immer am Firmament herumirrt und nicht sieht, was zu seinen Füßen ist. Es sei Zeit, ihm mit einem neueren Fabeldichter zuzurufen: Was machst du im dritten Himmel dort oben? die Unglücklichen sind auf der Erde. Und Mercier fügt hinzu:

*Die Dichter, welche sich dem Privatleben nähern werden, werden die interessantesten und die geliebtesten sein; so wie diejenigen zu den besten Königen gezählt werden, die vorzüglich für das Glück und die Freiheit der untersten Klasse ihrer Untertanen wachen.* (a.a.O., S. 145)

*Les malheureux sont sur la terre (TNE*, S. 110). Auch dieses soziale Pathos unterscheidet Mercier von Diderot und weist voraus auf den deutschen Sturm und Drang. Der Dichter ist, nach Mercier, *der Dolmetscher der Unglücklichen, der öffentliche Verteidiger aller Unterdrückten*, es obliegt ihm, *ihr Wehklagen den Stolzen zu Ohren zu bringen, die, so verhärtet sie auch sind, den Donner der Wahrheit doch vernehmen, von ihm betäubt oder gerührt sein werden: Denn selbst der Bösewicht ist gezwungen zu kämpfen, um die Natur und das Mitleiden zu besiegen. (TNE* Wagner, S. 178 f.)

Deutlich wird hier, wie Merciers Konzeption des politischen Theaters nicht so sehr gegen die empfindsame Dramaturgie Diderots gerichtet ist, als daß sie deren zentralen Kategorien eine andere Funktion zuweist. Erschien uns als der soziale Erfahrungsgehalt der Bestimmung, Ziel des Trauerspiels seien die Tränen des Mitleids, die Ohnmacht des Bürgers im absolutistischen Staat und der Versuch, diese Ohnmacht in einer idealen Welt reiner Menschlichkeit, welche in der Privatheit der Familie bereits ihre Verwirklichung gefunden hat, zu übersteigen, so wäre zu erwarten gewesen, daß im politischen Theater Merciers, das den Konflikt zwischen Bürgertum und absolutistischem Staat als sein Thema erkennt, dem Mitleid kein Raum mehr bleibt. Indessen ist

Mercier noch allzu sehr der Empfindsamkeit Rousseaus und Diderots verhaftet, als daß es schon bei ihm zu der fundamentalen Neuorientierung der Dramentheorie gekommen wäre, von der z. B. Lenzens *Anmerkungen übers Theater* von 1774 Zeugnis ablegen. Bei Mercier finden sich Sätze wie der folgende:

*Wenn sich eine rührende Szene darbietet, so soll sie der Dichter vorzüglich vor allen andern haschen. Nichts dringt tiefer in das menschliche Herz hinein als das Mitleiden. Gibt es wohl eine angenehmere Empfindung, als wenn man seine Seele unter den Eindrücken dieser edelmütigen Leidenschaft zerfließen, ganz dahinschmelzen fühlt.* (a.a.O., S. 175)

Das könnte ebenso bei Diderot stehen. Neu ist hingegen, daß die Erregung von Mitleid in den Dienst der Kritik an den Herrschenden genommen wird. Als der öffentliche Verteidiger der Unterdrückten sucht der Dichter zu rühren, *denn selbst der Bösewicht ist gezwungen zu kämpfen, um die Natur und das Mitleiden zu besiegen.* Sind die Tränen des Mitleids im früheren bürgerlichen Trauerspiel ein Palliativ für die Unterdrückten, so wird ihnen (den Tränen) bei Mercier die Kraft zugetraut, eine Umkehr bei den Unterdrückern zu bewirken, oder aber, wie aus dem folgenden Zitat hervorgeht, zur Hilfeleistung zu veranlassen. Wenn der Dramatiker den Zuschauer zum Weinen bringt, so schwingt sich dessen Seele *bis an diese große und schöne Handlung hinauf, brennt vor Begierde ein gleiches zu tun, macht mit diesem jammernden Unglücklichen* [den ihm der Dichter vorführt] *nur eine Person aus, leidet vielleicht mehr als er selbst, und eben der Anteil, den sie* [die Seele des Zuschauers] *an seinem Unglück nimmt, flößt ihr auch das Verlangen ein, ihm beizuspringen.* (a.a.O., S. 15)

Davon war in Lessings Überlegungen nicht die Rede. In seinem Brief an Nicolai vom 29. November 1756 wird das

Funktionieren des Mitleids an dem Fall des wegen seiner Ehrlichkeit zum Bettler gewordenen Beamten exemplifiziert: Lessing beschließt ihn mit dem Satz *Einer solchen Erzählung habe ich immer Tränen in Bereitschaft,*[16] daß er helfen könnte, fällt ihm nicht bei.

Freilich: die von Mercier intendierte Hilfeleistung wäre ebenso fiktiv wie das dargestellte Elend. Dennoch ist von Bedeutung, daß seine empfindsame Dramaturgie, im Gegensatz zu der seiner Vorgänger, das passive Mitleiden, wenn der Pleonasmus erlaubt ist, nur als Vorstufe einer Aktivität kennt. Diese Aktivität bestimmt auch das von Mercier postulierte Drama. Es darf sich nicht mehr mit der Wiedergabe des bürgerlichen Lebens begnügen; zwar soll es – wie schon auf der ersten Seite der Schrift gesagt wird –, ein Gemälde sein, aber ein nützliches. Es sei nötig, *dem Drama einen Charakter von Nützlichkeit für die Gegenwart, Kenntnis der Menschen und der der Gesellschaft vorteilhaften Dinge einzuprägen. Das ist das vornehmste Studium, und dasjenige, was dem dramatischen Schriftsteller zu eigen ist* (*TNE* Wagner, S. 199).

Der Gedanke an die gesellschaftliche Funktion, an die Nützlichkeit des Dramas hat bei Mercier seine Konsequenzen für die Wahl und die Behandlung der Stoffe. Deutlich wird das, wenn man vergleicht, wie Diderot und Mercier sich ein Drama vorstellen, dessen Held ein Richter ist. Im zweiten Kapitel von *De la poésie dramatique* heißt es:

*Que quelqu'un se propose de mettre sur la scène la condition du juge; qu'il intrigue son sujet d'une manière aussi intéressante qu'il le comporte et que je le conçois; que l'homme y soit forcé par les fonctions de son état, ou de manquer à la dignité et à la sainteté de son ministère, et de se déshonorer aux yeux des autres et aux siens, ou de s'immoler lui-même*

16 Lessing, Brief an Nicolai vom 29. November 1756 a.a.O.

*dans ses passions, ses goûts, sa fortune, sa naissance, sa femme et ses enfants, et l'on prononcera après, si l'on veut, que le drame honnête et sérieux est sans chaleur, sans couleur et sans force.* (*Œ.E.*, S. 194 f.)

Diderot deutet die Konflikte an, in die den Richter die Forderungen seiner Berufs- und seiner Familiensphäre bringen können, ihm geht es um jenes Ineinander von Belastung und Beglückung, die in der *condition* des *père de famille* der Schlußsatz des Titelhelden formuliert: *Oh! qu'il est cruel...qu'il est doux d'être père!*[17] Das bürgerliche Drama Diderots ist eines der Bewährung: gerührt wird, bevor der Vorhang fällt, bescheinigt, daß man den Lasten, die jeder Stand, jeder Beruf mit sich bringt, gewachsen war. Anders bei Mercier. Im 10. Kapitel seiner Schrift, das von *den neuen dramatischen Gegenständen* handelt, *die man bearbeiten könnte*, heißt es:

*Wenn es dem Dichter obliegt, einen jeden, der sich durch eine entehrende Niederträchtigkeit verächtlich macht, zu brandmarken* [...] *für wen* [...] *will er seine Donnerkeile aufsparen, wenn er sie nicht auf diesen unreinen Richter richten will, der, gegen seine eigne Würde fühllos, da, wo er im Namen des Gesetzes sprechen soll, sein Urteil gegen die Liebkosungen eines Weibes verhandelt, und auf diese Art das Heiligste, das Ehrwürdigste auf der Erde, die Bitte und das Zutrauen dessen, der die Gerechtigkeit anfleht, zerstört?* (*TNE* Wagner, S. 154-156)

Diderot gab gleichsam ein Bild des Richters von innen, er sah ihn unter dem Zwang seines Amtes – *l'homme forcé par les fonctions de son état* [...] –, Mercier geht es nicht so sehr um die *condition* qua Bedingung, in welcher jeder Richter steht, als vielmehr um die Verfehlungen, deren sich Richter schuldig machen können. Die Aktivität, der sich Mercier als

17 *Le père de famille* V, 12. *Œ. C.*, t. 7, S. 298.

politischer Dichter verschreibt, ist Kritik an den herrschenden Zuständen, ist Kampf gegen Korruption und Mißbrauch der Macht – ein Kampf, in den er den Zuschauer seines politischen Theaters dadurch hofft verwickeln zu können, daß er dessen Mitleiden für das Opfer der Korruption weckt.

War im frühen bürgerlichen Trauerspiel, man denke an den *Spieler* Edward Moores, der auch in Deutschland und Frankreich große Beachtung fand, finanzieller Ruin der adäquate tragische Untergang des Kaufmanns – schon im *Spectator* wird 1712 Bankrott als *the most dreadful of all human conditions* zur Beschreibung empfohlen, um *a touch of tragedy* zu erlangen,[18] – war also exemplarischer Trauerspielheld der Bürger, den eine Leidenschaft zwingt, Schulden zu machen, die er schließlich nicht mehr tilgen kann, so stellt Mercier dem korrupten Richter den Mann an die Seite, der *mit Vorsatz Schulden macht, und durch ihm allein bekannte Umwege seine Gläubiger prellt; der den brodlosen Handwerker seinen verdienten Lohn erbetteln sieht, und sich mit dem Gedanken, ihn betrogen zu haben, noch was zu gut tut (TNE* Wagner, S. 151). Und während Lessings Konstruktion eines zum Bettler gewordenen Beamten zwar bestimmte politische Zustände impliziert, aber ohne jeden ausdrücklichen Hinweis auf sie, in der abstrakten Sphäre wirkungsästhetischer Kalkulationen stattfindet, scheut sich Mercier nicht, der oben zitierten Schilderung den Satz hinzuzufügen: *Paris wimmelt von Ungeheuern dieser Art* (ebd.).
Es überrascht darum nicht, in seiner Abhandlung über die dramatische Kunst stellenweise auch recht präziser Kritik an den bestehenden sozialen, politischen und ökonomischen Verhältnissen zu begegnen. So heißt es über den Egoismus,

18 *The Spectator* 428, 1712 a.a.O., vol. IV, S. 6.

ein Ungeheuer, dessen Scheußlichkeit Mercier, wie er schreibt, auf der Bühne im Angesicht der Zuschauer geschlachtet sehen möchte:

*Allen Ständen hat er ein falsches point d'honneur eingeflößt, das die Liebe zum gemeinen Besten [ le bien public] überwiegt. Wird ein Offizier z. E. bei einer Beförderung mit Unrecht übergangen, so legt er die Waffen nieder. Jeder sieht nur auf personal Interesse, nicht auf das Interesse des Vaterlands. Und zum größten Unglück kann es nicht wohl anders sein in einem Staat, wo alles nur für einige existiert; und wo die höchste Gewalt [l'autorité], die nur ihre eigensinnigen Rechte vor Augen hat, den politischen Körper geschnitzt hat; in einem Staat, wo die Errichtung so vieler Leibrenten allein die heiligen Bande des Geblüts [les liens sacrés de la parenté] zerschnitten hat. Was ist bei solchen Umständen gleichgültiger, als das Wohlergehen der Regierung? Kein Bürger wird mehr, selbst von der Ehre nicht, angetrieben, ihr das geringste aufzuopfern. Die Bürger müssen notwendigerweise sich trennen, und wenn sie ihrer Existenz genießen wollen, sich dem personal Interesse in die Arme werfen, und die ersten sein, dieses Vaterland, dem sie würden gedient haben, zu zerstückeln. Dann sieht man den schändlichen Spruch hervorkeimen: après moi le déluge. Er wird zum Sprichwort, überzeugt; alle Bande werden aufgelöset. Die Quelle aller dieser Übel steckt in der schlechten Staatsverfassung, welche die gegenseitige Einigkeit der Bürger befürchtet hat.* (a.a.O., S. 171)

Und es folgt der schon zitierte Satz, in dem diesen Zuständen ein baldiges Ende prophezeit wird. Wichtig ist hier, daß Mercier nicht nur die Regierung geißelt, sondern auch die Bürger, die aufhören Staatsbürger, citoyens, zu sein, und nur mehr ihrem Eigennutz leben. Erst diese Kritik macht es verständlich, daß Mercier die überlieferte Intention des Trauerspiels, die Erregung von Mitleid, übernehmen kann. Mitleid wird für Mercier zum Mittel, den Egoismus, in dem er nichts Naturgegebenes, vielmehr eine Folge der politischen Zustände erblickt, zu überwinden, aus dem Bourgeois einen citoyen zu machen. In diesem Sinn heißt es bereits auf der ersten Seite, das Schauspiel müsse ein nützliches Gemälde sein, d. h. dem Ziel dienen, *die Menschen durch das siegreiche Gefühl des Mitleidens und der Teilnehmung unter sich zu verknüpfen* (a.a.O., S. 1).

Ich habe bis jetzt, dem programmatischen Charakter von Merciers Schrift entsprechend, fast nur von seinen Forderungen gesprochen, von seiner Konzeption eines künftigen Dramas, das ein politisches Theater im Dienst der bürgerlichen Emanzipation sein soll. Diesen Postulaten geht indessen in seiner Abhandlung die kritische Abrechnung mit den beiden überlieferten Gattungen und ihren Gesetzen, denen der Komödie und der Tragödie, voraus – eine Kritik, die, entschiedener noch als bei Diderot, in die Forderung mündet, das künftige Drama solle weder Komödie noch Tragödie sein, sondern ein *genre intermédiaire*, das, was man auf französisch *drame*, im Deutschen mit *Schauspiel* bezeichnet. Auch in diesen gattungspoetischen Überlegungen baut Mercier auf Diderots Schriften auf, aber wie in der Konzeption des Dramas als eines *tableau de la vie bourgeoise* und seiner wirkungsästhetischen Begründung, erfolgt auch hier, in der Auseinandersetzung mit der überlieferten Tragödie und Komödie und der Abschaffung der Ständeklausel eine Umwandlung, die man vielleicht nur deshalb nicht Umfunktionierung nennen sollte, weil es eher so ist, daß die übernommenen Kategorien – wie *tableau* – bei Mercier überhaupt erst eine deklarierte Funktion erhalten, jene *utilité politique*, die ich eben bei dem Begriff des Mitleids nachgewiesen habe. Eine Funktion hatten diese Begriffe freilich auch bei Merciers Vorgängern, diese Funktion zu erschließen war ja gerade die Aufgabe, die ich bei Lillo, bei Diderot und bei Lessing zu lösen versucht habe. Die Konzeption eines engagierten Theaters läßt die soziologischen Zusammenhänge ausdrücklich werden, was die Analyse oft überflüssig macht – es ist eine alte Erfahrung, daß die Literatursoziologie umso mehr zu tun hat, je weniger eine Literatur sich zu ihren gesellschaftlichen Bedingungen und politischen Zielen bekennt.

Wenn wir nun abschließend einen Blick auf die Konsequenzen werfen wollen, welche die Konzeption eines politischen Theaters für Merciers Ansichten über Tragödie und Komödie hat, so verdient seine Diskussion der Ständeklausel unser besonderes Interesse. Mercier fragt wiederum nicht so sehr nach der Notwendigkeit als vielmehr nach der Nützlichkeit der klassizistischen Fürstentragödie. *Wird der Dichter* [...] – so lautet die Frage – *seinen Vorgängern auf der gewöhnlichen Heerstraße nachgehen? Wird er die Asche der Könige aufrütteln?* [...] *Ich glaube, er kann zum Besten Aller weit mehr tun.* [...] *Er wird als denkener Kopf, als treuer Maler, als Philosoph nachsinnen, stets sich erinnern, daß er im 18. Jahrhundert lebt, und die Monarchen unter ihren bemoosten Grabmälern ruhen lassen; mit einem Blick wird er seine lieben Zeitgenossen übersehn; nützlichere Lehren in dem Gemälde der jetzigen Sitten ihnen zu geben finden, und dem zufolge statt ein Trauerspiel zu verfertigen, das machen, was man ein Drama nennt* (a.a.O., S. 21 f.)

Die Nützlichkeit, um derentwillen Mercier für das Drama, d. h. für das bürgerliche Trauerspiel optiert, vermißt er bei der traditionellen Fürstentragödie. Indem er nach deren angeblicher Funktion fragt, liefert er eine Kritik jener Auffassungen, denen wir bei unserem Überblick über die Geschichte der Ständeklausel als Versuchen begegnet sind, die Bestimmungen der zur normativen Poetik umgedeuteten primär deskriptiven Poetik des Aristoteles mit nachträglichen rationalen Begründungen zu versehen. Auf diese Thesen, zumal an jene, die wir mit dem Terminus Fürstenspiegel bezeichnet haben, bezieht sich Mercier, wenn er die Frage nach dem Nutzen der Tragödie stellt, in der die Leidenschaften und die Laster, in denen Zorn und Rache der Könige mit ihrer Macht im Verhältnis stehen und darum die standhaftesten Gemüter zittern und erbleichen lassen.

*Wird* [diese Tragödie] *den Zorn der Könige besänftigen? Dieser Zorn ist fast immer zum Adel erhoben* [*exaltée avec noblesse*] *und beinahe gerechtfertigt; seht hier den Agamemnon seine Tochter zum Altar führen, weil Achilles ihm getrotzt hat. Wird sie den Verstand der Könige erleuchten? Das Gemälde ist unstreitig zu weit von ihnen entfernt, und ist überdas nicht dasjenige, welches sich für sie schickt. Alle Schilderungen, die man von der Gnade macht, schreiben sie sich zu, und überlassen dem türkischen Sultan jeden Vers, in welchem der Tyrannei gedacht wird.* [...] *Könige zu belehren, muß man ihnen nicht ihresgleichen, sondern niedrigere vor Augen stellen; ihre Intendanten nämlich, welche sie, ohne ihr Wissen, so zu reden, führen und leiten, und die sich nach einiger Zeit einbilden, die Einkünfte des Staats gehörten ihnen zu. Aber niemals hat man daran gedacht, dieses in irgendeinem Trauerspiel zu zeigen.* (a.a.O., S. 45 f.)

Der letzte Satz trifft freilich allenfalls für Frankreich zu, wo das bürgerliche Trauerspiel Diderots sich in die vier Wände der Familie zurückzog. Die andere Möglichkeit bürgerlichen Trauerspiels aber, die Mercier nicht ohne Ironie gerade mit jenem Argument ableitet, das einst die Ständeklausel festigen sollte: das Trauerspiel vom Bürger als dem Opfer der absolutistischen Willkür eines Intendanten, d. h. eines königlichen oder fürstlichen Verwalters, prägt eine wichtige Tradition des bürgerlichen Trauerspiels in Deutschland, der Martinis *Rhynsolt und Sapphira* (1755), Lessings *Emilia Galotti* und Schillers *Kabale und Liebe* zugehören. So zeigt Martini – nicht anders als Mercier es skizziert – Rhynsolt, den Gouverneur Karls des Kühnen, der ohne das Wissen des Herzogs den Kaufmann Danfeld, dessen Frau Sapphira er liebt, zugrunde richtet. Die letzten Worte gehören Karl dem Kühnen: *Der getreueste Untertan wird plötzlich umgebracht, und der größte Bösewicht regiert mein ganzes Herz und fällt erst nach soviel grausamen Bubenstücken*[19]. So unrecht hat Mercier nicht, wenn er meint, solches könne einem König eher zur Belehrung dienen als das Schicksal des Ödipus oder des Nero; Martinis Stück ist mit derselben Aufklärungsdidaktik zum Nutzen der Fürsten und Könige verfaßt wie Lillos *London Merchant* den Lehrlingen Londons zugedacht war.

Wird solcherart das »Fürstenspiegel«-Argument, mit dem die Ständeklausel gestützt werden sollte, bei Mercier in eines gegen die Fürstentragödie umgewandelt und in den Dienst der Propagierung des bürgerlichen Trauerspiels genommen, so erscheint die Fürstentragödie selber, unter dem Nützlichkeitsgesichtspunkt Merciers, nicht minder verwandelt. Zunächst argumentiert Mercier wie vor ihm Corneille und Diderot:

*Aber werden Könige, wirft man mir vielleicht ein, dich nicht mehr interessieren als simple Privatpersonen?* [...] *Als Menschen werden sie mich interessieren, nicht aber als Könige. Wenn sie Zepter und Krone niederlegen, werden sie mir nur um so viel lieber sein.* (*TNE* Wagner, S. 56)

Dann aber geht er auf den Wunsch, auf dem Theater *andre Gegenstände als unsersgleichen* zu sehen, ein, freilich nur, um der Fürstentragödie ebenso eine neue Funktion zuzuweisen, wie er es mit dem Familienstück, dem *tableau de la vie bourgeoise*, tut.

*Wohlan, wenn Könige geschildert sein sollen, so stellt ihren Ehrgeiz, als die Quelle vor, aus welcher die Unglücksfälle*

19 Chr. L. Martini, *Rhynsolt und Sapphira* a.a.O., S. 111.

*ihrer Völker herfließen; stellt ihn vor, diesen Monarchen, welchen ihr mit den schönsten Farben ausschmückt, als einen Tyrannen, der Sklaven haben will, der die Ketten, die er im Begriff ist aufzurollen, versteckt, der auf das Jubelgeschrei des Siegs das Winseln der Unterdrückten wird folgen machen, der nur sich liebt, dessen Stolz jeden einzelnen Menschen zertreten würde, so wie ers im Großen tut. Stellt die Tyrannei unter der erstaunenden Gestalt vor, der sich Solon bediente, als einen hohen Turm ohne Leitern, in welchem man immer belagert ist, und aus dem man sich nicht mehr befreien kann, ohne sich herabzustürzen. Dieses Bild würde jeden Liebhaber der willkürlichen Gewalt erschrecken. Donnert diesen Zorn der Könige, durch welchen sie sich den Göttern gleich glauben, zu Boden. Wann das Trauerspiel erst so wird vorgestellt werden, dann werden die Menschen fühlen, daß sie das Spielzeug der Ehrgeizigen sind, für deren Verbrechen sie büßen müssen.* (a.a.O., S. 57 f.)

Der Mensch als Spielzeug der Ehrgeizigen, der Bürger als Opfer der Herrschenden – dieses Motiv, das für Lillo im nachrevolutionären England keine Aktualität hatte, dem Diderot in die gerührte Selbstbespiegelung bürgerlicher Tugendhaftigkeit auswich und das Lessing nur verfremdet, als Exempel der Wirkungsästhetik im Brief an Nicolai oder, in der *Emilia Galotti*, als Begebenheit an einem italienischen Hof kennt – es wird bestimmend für die Dramatik des Sturm und Drang, die sich von Merciers *Neuem Versuch über die Schauspielkunst* sei's die Richtung weisen, sei's die Richtung bestätigen ließ. Die von Heinrich Leopold Wagner übersetzte Abhandlung ist ein Ereignis weit mehr der deutschen als der französischen Literaturgeschichte geworden. Sie ist der theoretische Hintergrund, vor dem die sozialkritische, auf die Änderung der Verhältnisse, und sei es auch nur in einzelnen Punkten (wie der Erziehung oder des Sexuallebens der Soldaten) abzielende Dramatik von Lenz und Wagner gesehen werden muß. An Marie Wesener und an dem Hofmeister Läuffer wird die zerstörende Kraft des Bestehenden aufgezeigt. Die Werke, deren zentrale Figur sie sind, *Die Soldaten* und *Der Hofmeister*, heißen in der Lenzschen Poetik *Komödien*. Sie können so heißen, weil die alte Komödie, in der ein Charakterzug verlacht werden sollte, die Komödie Molières und auch noch der Frühaufklärung, in eins mit der alten Tragödie, vom bürgerlichen Trauerspiel, vom *drame*, verdrängt worden ist. Was die Komödie bei Lenz zur Komödie macht, ist nicht das Lachen als intendierte Wirkung, sondern daß sie eine Begebenheit, eine Sache zum Hauptgedanken hat, nicht eine Person. Nennt Lenz in den *Anmerkungen übers Theater* als Beispiele für eine solche Sache eine Mißheirat, einen Findling oder *irgend eine Grille eines seltsamen Kopfs*[20], so wird man sich fragen müssen, ob er nicht bereits das Phänomen der Verdinglichung meint, das erst im 19. Jahrhundert auf den Begriff gebracht wird, im späten 18. aber längst realiter gegeben ist: Die verzweifelte Tat des Hofmeisters unterscheidet sich vom traditionellen Untergang des tragischen Helden gerade darin, daß er seine Subjektivität nicht in der Zustimmung zum Untergang beweist, sondern zum Objekt verstümmelt am Leben bleibt.

*The London Merchant*, *Le père de famille*, *Der Hofmeister* – drei Stationen in der Geschichte des bürgerlichen Trauerspiels im 18. Jahrhundert – der Held, der Heilige, das Opfer, es sind – mit einem Begriff Walter Benjamins[21] – drei Sozialcharaktere, deren Verschiedenheit politischen und

20 J. M. R. Lenz, *Anmerkungen übers Theater* [1744]. In: L., *Werke und Schriften.* Darmstadt 1966, Bd. I, S. 361:

21 Walter Benjamin, *Zum gegenwärtigen Standort des französischen Schriftstellers.* In: *Zeitschrift für Sozialforschung* 3 (1934), S. 66.

sozialen Differenzen in der Position des englischen, des französischen und des deutschen Bürgertums im 18. Jahrhundert entsprechen. Aufgabe der Literatursoziologie ist es weniger, diese Differenzen in der dargestellten Wirklichkeit der Stücke wiederzufinden, als daß sie die Vermittlungen – z. B. in der Dramentechnik oder der Wirkungsästhetik – evident machen müßte, durch die hindurch die Werke und ihre Theorien historisch – und das heißt auch: gesellschaftlich – bedingt sind.

# Anhänge

## *Bemerkungen zum Exkurs über Aristoteles in Kapitel I*

Peter Szondi hatte bei der Ausarbeitung seiner Vorlesung die Übersetzung der aristotelischen Poetik von Olof Gigon (Artemis 1950, seither auch in revidierter Fassung bei Reclam) benutzt, da diese Ausgabe dem letzten Stand der Forschung entsprach. Er konnte nicht ahnen, wie viele Fehler in ihr enthalten sind.
In den Fällen, wo die Abweichungen vom richtigen Verständnis des Textes auf produktive Interpretationen früherer Jahrhunderte zurückgehen, ließ sich gerade im Zusammenhang dieser Vorlesungen der Abdruck auch der »falschen« Auffassung rechtfertigen (obgleich auf die Divergenz etwa zwischen Batteux und Aristoteles jeweils aufmerksam zu machen wäre).
Ob nun die Irrtümer auf Tradition oder auf bloßer Nachlässigkeit beruhen, die relativ große Zahl der zu berichtigenden Stellen weist auf die mißliche Situation hin, in der sich der Literaturwissenschaftler befindet, der oft an der Sache mehr interessiert ist als der Gräzist im engeren Sinne, aber auf dessen Arbeit angewiesen ist.

S. 35, Z. 16 heißt es im Zitat der Poetik (Kap. 2) ... *sind notwendigerweise entweder edel oder gemein* ... bei Aristoteles nicht: ... *denn jedermann unterscheidet die Charaktere nach Tugend und Schlechtigkeit,* sondern:

> ... *denn alle Menschen unterscheiden sich in bezug auf die Charaktere durch Schlechtigkeit und Vortrefflichkeit.*

S. 35, Z. 24 ist statt: *die eine ahmt edlere, die andere gemeinere Menschen nach, als sie in Wirklichkeit sind,* zu verstehen:

> ... *denn die eine will schlechtere, die andere bessere Menschen als die jetzigen* (im Gegensatz zu den Heroen der Vergangenheit) *nachahmen;*
> so auch Batteux, *Les Quatre Poetiques.* Paris 1771, S. 25: ... *celle-ci fait les hommes plus mauvais qu'ils ne sont aujourd'hui, & la Tragédie les fait meilleurs.*

S. 36, Z. 25 im Zitat *Was die Charaktere betrifft* ... heißt es bei Aristoteles (Kap. 15) nicht: *Ein Charakter wird sich ergeben, wie wir sagten, wenn die Rede oder die Handlung irgendeine Entscheidung sichtbar macht; ist die Entscheidung edel, so wird der Charakter edel sein*, sondern:

*Die Rede aber wird einen Charakter enthalten, wenn sie ihn, wie gesagt, sichtbar werden läßt, oder wenn die Handlung auf eine Entscheidung ausgerichtet ist, und einen guten, wenn diese selbst gut ist.*

Bei Batteux, a.a.O., S. 101, steht *Sitten* statt *Charakter*, darum: *Nous avons dit qu'il y a des Mœurs dans un Poëme, lorsque le discours ou la manière d'agir d'un personnage font connoître quelle est sa pensée, son dessein. Les Mœurs sont bonnes, quand le dessein est bon; elles sont mauvaises, quand le dessein est mauvais.*

S. 37, Z. 23 heißt es im Zitat *Da die Tragödie Nachahmung von Menschen ist* ... (Kap. 15) nicht: ... *so wie Homer den Achilleus sowohl als Urbild der Rauheit wie auch als tüchtig darstellt*, sondern:

... *so hat auch Homer den Achill, die Unerbittlichkeit in Person, in edlen Zügen dargestellt.*

S. 37, Z. 31 sollte es im ersten Satz des Zitats *Die Komödie* ... *ist die Nachahmung* ... (Kap. 5) nicht heißen: *Die Komödie ist* ... *die Nachahmung von Gemeinerem, aber nicht in bezug auf jede Art von Schlechtigkeit, sondern nur des Lächerlichen, das ein Teil des Häßlichen ist* (ähnlich auch Batteux, a.a.O., S. 41: *La Comédie est* ... *l'Imitation du mauvais, non du mauvais pris dans toute son etendue, puisque le Ridicule n'en est qu'une partie)*, sondern vielmehr:

*Die Komödie* ... *ist Nachahmung von minderwertigen Personen, allerdings nicht im Hinblick auf jegliche Schlechtigkeit; vielmehr ist das Komische nur ein Teil des Schimpflichen.*

S. 40, Z. 27 heißt es im Zitat ... *es nicht die Aufgabe des Dichters ist* ... (Kap. 9) statt *Angemessenheit* eher *Wahrscheinlichkeit.*

S. 41, Z. 9 im Zitat ... *das überzeugt, was möglich ist* ... (Kap. 9) heißt es statt: *Was nun überhaupt nicht geschehen kann, das halten wir auch dichterisch nicht für möglich. Was aber geschehen ist, von dem ist es klar, daß es auch geschehen konnte; es wäre ja nicht geschehen, wenn es unmöglich gewesen wäre* richtiger:

> *Was nun nicht geschehen ist, davon sind wir noch nicht überzeugt, daß es möglich ist, und was bereits geschehen ist, davon liegt auf der Hand, daß es möglich ist. Denn es wäre nicht geschehen, wenn es unmöglich wäre.*

J. B.

# Anhang I

*Materialien zu einer Interpretation von Lessings ›Miß Sara Sampson‹*

*Das Gewissen:* »mehr, als eine ganze uns verklagende Welt« (I, 1) s. I, 7
Sara: »Mitten aus dem Schlafe weckten mich strafende Stimmen« (I, 7)
Sara: »... einen anderen Vorteil als die Beruhigung meines Gewissens ...« (I, 7)
Mellefont zur Marwood: »Das fehlte noch, daß Sie auch mein Gewissen wider mich zu Hilfe riefen!« (II, 4)

*Tränen/Weinen:* »verdient sie etwa meine Tränen nicht?« (I, 1)
Sara bleibt den ganzen Tag in ihrer Stube ... und weint. (I, 2)
Mellefont: »Sieh, da läuft die erste Träne, die ich seit meiner Kindheit geweinet, die Wange herunter!«
Marwood: »sehen Sie, daß auch die Freude ihre Tränen hat?« (II, 3)
Arabella (II, 5)
(Jede Träne Sir W. Sampsons: Wiederholung von Sara's Laster und Undank III, 3)
Sara: »Zu Tränen hat er es nicht kommen lassen. Nicht wahr ...« (III, 3)
Waitwell »(indem er sich die Augen wischt)« (III, 3)
(Vgl. V, 8)

*Zärtlichkeit:* »mache mir aus meiner Zärtlichkeit ein Verbrechen« (I, 1)
(Vgl. Hamburgische Dramaturgie: »Warum sollte es einem Dichter nicht freistehen können, um unser Mitlei-

den gegen eine so zärtliche Mutter auf das höchste zu treiben, sie durch ihre Zärtlichkeit selbst unglücklich werden zu lassen?« 38. Stück)
Sara: »Die Verstellung bleibt immer kalt, und eine so zärtliche Sprache ist in ihrem Vermögen nicht.« (III, 6)
Sara zu Mellefont: »Sir William? Ach Mellefont, fangen Sie doch nun an, sich an einen weit zärtlichern Namen zu gewöhnen. Mein Vater, Ihr Vater, Mellefont – –« (IV, 1)
Sara zu Mellefont: »einen Namen [Arabella], welcher eine andre Zärtlichkeit bei Ihnen rege machen muß, als Sie gegen mich empfinden –« (V, 4)
Waitwell (über Sara): »Ich fürchte mich nur vor dem allzugewaltsamen Eindrucke, den sein unvermuteter Anblick auf einen so zärtlichen Geist machen möchte.« (V, 9)

*Liebe:* »Sarchen hat ihren Vater geliebt, und gewiß! gewiß! sie liebt ihn noch.« (I, 1)
»Wenn sie mich noch liebt, so ist ihr Fehler vergessen.« (I, 1)
Sara: »Ich fühle mein Unglück zu sehr ... als daß ich mir selbst diese letzte einzige Versüßung desselben rauben sollte.« (Ihre Liebe zu Mellefont) (I, 7)
Sara: »ich in der Welt weiter von keiner Ehre wissen will, als von der Ehre, Sie zu lieben.« (I, 7)
»Mit den Augen der Liebe ...« (I, 7)
Mellefont: »... seitdem ich in dem Umgange mit einer tugendhaften Freundin die Liebe von der Wollust unterscheiden gelernt.« (II, 3)
Sir W. Sampson: »wenn sie mich nicht mehr liebt: so hoffe ich, daß ich mich endlich werde überwinden können, sie ihrem Schicksale zu überlassen.« (III, 1)
Sara: »Sag' ihm, daß ich in den lebhaftesten Empfindungen der Reue, Dankbarkeit und Liebe gestorben bin.« (V, 8)

Norton: »die Liebe hat Sie [Mellefont] bereits entschuldigt.« (V, 2)

*Tugenden:* »Ihre Flucht war die Wirkung ihrer Reue. Solche Vergehungen sind besser, als erzwungene Tugenden.« (I, 1)

Mellefont (über seine Vergangenheit vor Sara): »ich hatte noch keine verwahrlosete Tugend auf meiner Seele.« (I, 3)

Sara: »[Wenn unsere Taten] unsern Pflichten und der Tugend gemäß sind, so dienen die sie begleitenden Einbildungen zur Vermehrung unserer Ruhe und unseres Vergnügens.« (I, 7)

Sara: »Die bewährte Tugend muß Gott der Welt lange zum Beispiele lassen, und nur die schwache Tugend, die allzuvielen Prüfungen vielleicht unterliegen würde, hebt er plötzlich aus den gefährlichen Schranken.« (V, 10)

Mellefont: »muß der, welcher tugendhaft sein soll, keinen Fehler begangen haben?« (I, 7)

Sir W. Sampson: »In der kurzen Entfernung von der Tugend kann sie die Verstellung noch nicht gelernt haben.« (III, 1)

Sara: »es kann leicht in der Welt nicht wohl möglich sein, nur lauter tugendhafte Freunde zu haben.« (IV, 8)

*Laster, Vergebung, Schuld:* Sir W. Sampson: »wenn diese Vergehungen auch wahre Verbrechen, wenn es auch vorsätzliche Laster wären: ach! ich würde ihr doch vergeben. Ich würde doch lieber von einer lasterhaften Tochter, als von keiner, geliebt sein wollen.« (I, 2)

Mellefonts lasterhaftes Leben vor der Entführung Sara's. (I, 3)

Mellefont: »Ich war mit dem Laster zu vertraut geworden, und Sie kannten es zu wenig – –« (I, 7)

Sara: »jeder Seufzer, den er um mich verlöre [ihr Vater] [würde] meine Verbrechen vergrößern.« (III, 3)

Sara: »Eben das kann ich nicht aushalten, daß er den ersten Schritt tun muß.« (III, 3)
Waitwell: »ist denn nicht das Vergeben für ein gutes Herz ein Vergnügen?« (III, 3)
Mellefont: »einen göttlichen Mann: denn was ist göttlicher, als vergeben?« (III, 5)
Sara ist ihr Anteil an ihrem und Mellefonts Vergehen »teuer, so strafbar er auch ist, denn er muß Sie überzeugt haben, daß ich meinen Mellefont über alles in der Welt liebe.« (IV, 1)
Sara: »wie wenig, wie nichts fehlte – so wäre ich auch eine Vatermörderin geworden!« (IV, 1) (vgl. V, 9)
Sara: »Lassen Sie mich nichts von Rache hören. Die Rache ist nicht unser!« (V, 5)
Sir W. Sampson: »Warum vergab ich dir nicht gleich?« (V, 9)
Sara: »Ich sterbe, und vergeb' es der Hand, durch die mich Gott heimsucht.« (V, 10)
Sir W. Sampson (über den sterbenden Mellefont): »Ach, er war mehr unglücklich, als lasterhaft.« (V, 10)
*Gedanken:* Mellefont: »Bliebe ich mit meinen Gedanken länger allein: sie möchten mich zu weit führen.« (I, 3)
*Schlaflosigkeit:* Mellefont (I, 3); Sara (I, 4); Sara (I, 7)
*Traum:* Sara (I, 7)
*Mitleiden:* Mellefont (zu Norton): »so habe wenigstens Mitleiden mit mir.« (I, 3)
Sara (über die Marwood): »Wenn es nur keine von den stolzen Weibern ist ... ein zweideutiges Achselzucken ist das ganze Mitleiden, das wir ihnen zu verdienen scheinen.« (III, 2)
Mellefont (zu Sara): »Soll ich Ihre Schmerzen nicht mitfühlen, Miß? Ich Unglücklicher, daß ich sie nur mitfühlen kann!« (V, 4)
*Gefühl und Verstand:* »ich war sinnreich genug, meinen

Verstand zu betäuben; aber mein Herz und ein inneres Gefühl werfen auf einmal das mühsame Gebäude von Schlüssen übern Haufen.« (I, 7)

Sara: »Weiß ich aber auch schon, was ich schreiben soll? Was ich denke; was ich empfinde.« (III, 4)

*Einbildungen:* Sara: » [Der Himmel] hat die Einbildungen in unserer Gewalt gelassen. Sie richten sich nach unsern Taten.« (I, 7)

Der himmlische *Richter:* Sara: »... vor den Augen jenes Richters, der die geringsten Übertretungen seiner Ordnung zu strafen gedrohet hat – –« (I, 7)

Sara: »Mein Irrtum sag' ich; denn warum soll ich länger so grausam gegen mich sein, und ihn als ein Verbrechen betrachten? Der Himmel selbst hört auf, ihn als ein solches anzusehen; er nimmt die Strafe von mir, und schenkt mir einen Vater wieder –« (IV, 8)

*Ehre:* Sara: »... weil ich in der Welt weiter von keiner Ehre wissen will, als von der Ehre, Sie zu lieben.« (I, 7)

*Vater, Vaterland:* Sara: »So soll ich mein Vaterland als eine Verbrecherin verlassen? ... Jeder Wind würde mir von den väterlichen Küsten Verwünschungen nachbrausen.« (I, 7)

Marwoods List: sie nimmt Bella mit, spekuliert auf Mellefonts väterliche Gefühle. (II, 1)

Marwood: »das Herz mag es ihm sagen, was er noch mehr, als dein Beschützer, als dein Freund sein kann.« (II, 4)

Marwood (zu Mellefont): »daß Sie einem alten Vater sein einziges Kind raubten ... schicken Sie eine leichtgläubige Tochter in ihr Haus zurück, das Sie deswegen, weil Sie es beschimpft haben, nicht auch öde machen müssen.« (II, 4)

»der Brief eines zärtlichen Vaters« (III, 1)

Sir W. Sampson: »wenn ich aus dem Verführer nur meinen Sohn machen kann.« (III, 1)

Waitwell: »Sir William ist noch immer der zärtliche Vater.« (III, 3)
»väterliche Gewalt«; »väterliche Huld« (III, 3)
vgl. III, 3 (Waitwell über Vater und Kind)
Sara: »Eben das kann ich nicht aushalten, daß er den ersten Schritt tun muß.« (III, 3) (vgl. V, 9)
s. auch II, 5; IV, 1 (Mellefont vaterlos); IV, 4 (Mellefont Vater); V, 4 (ib.); V, 10.

*Welt, Gesellschaft* etc.: »Das Gewissen ist doch mehr, als eine ganze uns verklagende Welt.« (I, 1)
Sara: »ich in der Welt weiter von keiner Ehre wissen will, als von der Ehre, Sie zu lieben.« (I, 7)
Sara: »Eine heilige Handlung wird durch das Feierliche nicht kräftiger.« (I, 7) (die Hochzeit)
Mellefont: »Ach, Miß, lassen Sie mich meinen Ehrgeiz gestehen. Ich möchte gern gegen die ganze Welt mit Ihnen prahlen.« (III, 2)
Sara: »[Die Flatterhaftigkeit] wird durch die Gegenstände der Liebe entschuldigt, die es immer zu bleiben selten verdienen.« (IV, 8)
Marwood: »Miß Sampsons Sittenlehre scheinet nicht die strengste zu sein.« (ebd.)

*Vertrauen, Zweifel:* Sara: »wenn ich es mir nicht zum unverbrüchlichsten Gesetze gemacht hätte, niemals an der Aufrichtigkeit Ihrer Liebe zu zweifeln ...« (I, 7)

*Puritanismus* etc.: Marwood (über Mellefonts Brief): »den übrigen theologischen Rest [mußte] ein Quäker geschrieben haben.« (II, 3)
Sara: »[Des Schicksals] Fügungen sind immer die besten. Lassen Sie uns nur das recht brauchen, was es uns schenkt ...« (IV, 1)
Sara: »ein Band ... ohne welches auch die aufrichtigste Liebe eine unheilige Leidenschaft bleibet.« (IV, 8)

Sara: die »Hand [der Marwood], durch die mich Gott heimsucht.« (V, 10)

Sir W. Sampson (über Mellefont): »er war mehr unglücklich, als lasterhaft.« (V, 10)

*Abwesenheit* (eines Familienmitgliedes): Arabella: »War es nicht schon eine kleine Ewigkeit, die wir Sie jetzt vermißt haben?« (II, 4)

Sir W. Sampson: »der Brief eines zärtlichen Vaters, der sich über nichts, als über ihre Abwesenheit beklaget.« (III, 1) (vgl. III, 3)

Sara: »Er nennt meine Flucht eine Abwesenheit. Wie viel sträflicher wird sie durch dieses gelinde Wort!« (III, 3) (vgl. III, 7)

*Mitschuld:* Sir W. Sampson: »Ich habe selbst den größten Fehler bei diesem Unglücke begangen ... Es war natürlich, daß ihm die dankbare Aufmerksamkeit, die ich für ihn bezeigte, auch die Achtung meiner Tochter zuziehen mußte.« (III, 1)

*Soziale Unterschiede:* Sir W. Sampson (zum Diener Waitwell): »Ich will allen Unterschied zwischen uns aufheben; in jener Welt, weißt du wohl, ist er ohnedies aufgehoben.« (III, 7)

Mellefont (zum Diener Norton): »vergiß nicht, wer du bist.«

Norton: »Ich will es nicht vergessen, daß ich ein Bedienter bin ...« (IV, 3)

# Anhang II

*Molière in der Perspektive einer lecture sociologique*
*Versuche einer Rekonstruktion*

*I*

*Wie die Empfindsamkeit des 18. Jahrhunderts in der Molière-Rezeption sich dergestalt ausdrückt, daß die Sympathie sich den komischen Charakteren zuwendet, um in ihnen eine geheime Tragik zu entdecken – man denke an Rousseaus Lektüre des ›Misanthrope‹, eine Lektüre wider den Strich –, so ist im empfindsamen Drama der Zeit die komische Distanz zum Bürger abgeschafft. Die Familie wird nicht mehr von außen gesehen, relativiert durch die Normen des »homme de qualité«; sie macht jetzt die ganze Wirklichkeit des Dramas aus. Dieser Prozeß der Verbürgerlichung, der an die Stelle des Lustspiels Molièrescher Art die ernste Komödie setzt, erreicht seinen Gipfelpunkt dort, wo – wie in Diderots ›Père de famille‹ – der bürgerliche Hausvater adligen Standes ist: Molières ›Bourgeois gentilhomme‹ macht sich lächerlich – Diderots ›Gentilhomme-bourgeois‹ dürfte den Zuschauern um so sicherer Tränen der Rührung entlocken, als sie die eigene Bürgerlichkeit an ihm buchstäblich geadelt sehen. Das Eingangs*tableau* *von Diderots ›Père de famille‹ bezeugt einen sozialen Wandel. Dieser besteht nicht so sehr im Aufkommen einer neuen sozialen Schicht, als vielmehr in einer Veränderung in der Organisationsform der Gesellschaft.*

In diesen Sätzen aus *Tableau und coup de théâtre*, Szondis letzter Arbeit zum Problemkreis des bürgerlichen Trauerspiels, die das Resümee einiger Gedanken der Diderot-Vorlesung ziehen, gibt sich vielleicht der Gesichtspunkt zu erkennen, wie er einige weitere Arbeiten bestimmt hätte, denen bei der Deskription eines historischen Gegentypus des bürgerlichen Trauerspiels trotz der Kontrastierung des Unterschiedenen wohl die methodologische Perspektive gemeinsam gewesen wäre, der Versuch einer *lecture sociologique*, wie Szondi dies Verfahren gelegentlich bezeichnete. Zu Arbeitsplänen, von denen er gesprochen hatte, gehörten Studien zu Molières *La Bourgeois gentilhomme*, *Le Misanthrope* und *L'Avare*. Zudem interessierte ihn, unter den nämlichen Gesichtspunkten, die Geschichte der Adaptation dieser Stücke im England der Restauration durch Ravenscroft (*The Citizen Turn'd Gentleman*, 1672), Wycherley (*The Plain-Dealer*, 1676), Shadwell (*The Miser*, 1672), ihre Aufnahme in Deutschland im Spiegel der Kritik von Gottsched, Lessing und Goethe, schließlich der Übersetzungen und Bearbeitungen vom *Menschenfeind* der Gottschedin bis zu Hofmannsthals Bühnenbearbeitung des *Bürgers als Edelmann*.

Die Ausführung dieser Arbeiten ist über das Stadium von Notizen und Exzerpten nicht mehr hinausgediehen. Wäre dies geschehen – Szondi hatte diese Pläne gegenüber den Celan-Studien zurückgestellt –, hätte man darin wahrscheinlich unter anderem einen Exkurs über die Verwandtschaft zwischen Molières *Misanthrope* und Hofmannsthals *Schwierigem* gefunden.

Allerdings hat Szondi im Zusammenhang eines im Wintersemester 1970/71 von ihm veranstalteten Seminars *(Rezeptionsgeschichte als Sozialgeschichte I, Molière in Frankreich, England und Deutschland)* zwei Interpretationsversuche, des *Bourgeois Gentilhomme* und des *Misanthrope*, in ihren Grundzügen vorgetragen und deren Gesichtspunkt wie Pointe zur Diskussion gestellt. Sie zumindest ließen sich unter Zuhilfenahme seiner Anmerkungen und Exzerpte sowie dank der Aufzeichnungen anderer Seminarteilnehmer in etwa rekonstruieren. Freilich ist die Diskussion diesen Thesen nicht ganz äußerlich geblieben. So hat Szondi in seiner Argumentation dem einen oder andern Beitrag oder Einwand Rechnung getragen, ohne daß diese im Zusammenhang der Begründung noch einzeln namhaft zu machen wären.

*Daß der Versuch einer solchen Wiedergabe, und, notwendigerweise auch, Objektivierung eines zunächst eher als Hypothese denn als prononcierte Gewißheit vorgetragenen Exposés nicht ganz frei sein kann von subjektiver Zutat, darf, mit dem Hinweis zugleich auf die verflossene Zeit, angemerkt werden: daß er sich, ermöglicht aber zugleich begrenzt durch die Erinnerung des Teilnehmers, dem Vorbehalt aussetzt, sei an dieser Stelle unterstrichen. Mag auch das subjektiv Ungewisse und objektiv Ungefähre in alledem überhaupt gegen ein solches Beginnen sprechen, haben wir diese Bedenken schließlich doch der Überlegung untergeordnet, daß der Gesichtspunkt wie das Material dieser Thesen in all ihrer Vorläufigkeit im Rahmen einer Studienausgabe vielleicht allein schon deshalb der Wiedergabe wert sind, als Versuche einer lecture sociologique an diesem Gegenstand selten, noch seltener mit Glück geübt worden sind.*

Die komische Distanz zu dem wie durchs Lorgnon des *homme de qualité* betrachteten Bürgers erscheint im Molièreschen Lustspiel nicht mehr nur als eine seiner sozialen Voraussetzungen, das heißt als Bedingung der Ermöglichung seiner Komik, sondern zugleich als ein Resultat. Die Distanz ist nicht mehr nur sozial vorgegeben, sie wird im Drama selbst als Distanzierung erst hergestellt: ein Indiz vielleicht dafür, daß sie in der historischen Wirklichkeit schon nicht mehr respektvoll gewahrt wird. Molières Bühnengestalt macht sich als *Bourgeois gentilhomme* im Verfolg ihrer Nobilitierungsprätentionen nicht nur lächerlich: sie wird in der Komödie lächerlich gemacht. Damit wird die Komödie zur Stellungnahme – aber Stellungnahme zu welchem Konflikt? Hier setzten Szondis Überlegungen ein. Reflexionen solcher Art, scheinen sie auch elementar und naheliegend, scheint freilich das Stück sich lange Zeit eigentümlich versperrt zu haben, wie etwa Antoine Adams Behauptung[1] bezeugt, die nur eine unter vielen, aber weniger verblümt als andere, darum nicht weniger symptomatisch, aus den Prämissen der Lektüre auf die Verfassung des Stückes, nämlich auf einen inneren Mangel, das Fehlen einer Sache selber schloß.

Mögen sich für eine solche Einschränkung des Blicks im einzelnen vielleicht historische Gründe unschwer finden lassen, scheint der Charakter dieses Symptoms doch eher institutionell, wenn man bedenkt, in welchem Maße in Frankreich die Verwaltung des Klassikers den Institutionen obliegt, die, wie, um nur die wichtigsten zu nennen, das Enseignement secondaire, die großen Bühnen und schließlich die Feuilletonisten einander wechselseitig voraussetzen, zu Rate ziehen und zum Vorwand nehmen. Mit dem enseignement secondaire wird die Lektüre obligatorisch; und die Leseprämissen sind nicht frei von Sanktionen: am Ende gibt es Zensuren. So tragen auch die Handbücher der Lektüreexerzitien die Schrift der Institution. Kommentare, wie in den *Nouveaux classiques*..., werden als *Questions* ausgegeben, in den Fragen solch unbefragter Fragen aber kauert, unauffällig, dennoch gebieterisch ein ganzes Sanktuarium

1 *Ces intentions satiriques mises à part, le »Bourgeois gentilhomme« n'est ni une étude sociale, ni une étude de caractère. La pièce est bâtie à la diable. ... La matière manque tellement que Molière recommence pour la troisième fois la scène du double dépit amoureux, qu'il avait déjà reprise pour meubler le vide du deuxième acte de Tartuffe. Les caractères ne sont même pas tous cohérents ...* (Antoine Adam, *Histoire de la littérature française au XVII*[e] *siècle.* T. 3, Paris 1952, S. 383.)

von Glaubensartikeln, das sich in den Antworten, wenigstens in den vorgesehenen und zulässigen, dann wie von selbst reproduziert: eine Psychologie der Charaktere (insofern die Komödien Charakterkomödien sind), Charaktere, die, weil psychologische Größen, zeitlos und, in ihrer Zeitlosigkeit, klassisch sind, klassisch wiederum, indem man sie immer wieder behandelt – Voraussetzungen eines *Discours,* wie er sich, im Selbstgespräch der Institution mit ihren Adepten, unaufhörlich erneuert. Diese Annexion, wie sie sich historisch vielleicht nirgends deutlicher als in der Juste-Milieu-Dreieinigkeit von *Bon Sens, Bon Goût* und *Naturel* kundgab, scheint freilich so weit zu gehen, daß noch die mondäne Manier der Reaktion auf sie, etwa am Beispiel der Behauptung, der Autor habe sich ihr nur allzu offen dargeboten, als daß er sie sich nicht selber zuzuschreiben hätte, in der Identifikation des Gegenstandes mit dem Verfahren seiner Traktierung, durch und durch von der Schule determiniert ist.

Wo sich dieser Refus gar, wie gelegentlich in Deutschland, in der Verweigerung weiterer Beschäftigung mit diesem Autor äußert, scheint es sich freilich, anders als im Falle des Resümees der französischen Tertia-Erfahrungen, nicht einmal immer um das akademische Fazit der eigenen zu handeln. Sowenig all dies im eigentlichen Sinne zur Sache gehört, so sehr kennzeichnet es vielleicht doch, jedenfalls im Rückblick auf den Winter 70/71, die Voraussetzungen und Widerstände der Beschäftigung mit ihr. Der Versuch einer *lecture* –, oder genauer, *relecture sociologique,* wie ihn Szondi in jenem Seminar unternahm, ging daher seiner Intention nach wohl auch ein wenig gegen den historischen Strich, nicht schon mit dem Anspruch, den Komödienschreiber vor der Allianz beamteter Liebhaber und ostentativ Indifferenter rehabilitiern zu wollen, aber zumindest doch mit der Sache selbst auch die Vorurteile wider sie neu zu verhandeln. Wenn die Wiederaufnahme eines Verfahrens in der Regel eine Modifikation der Verfahrensregeln, und in eins damit, eine Revision der Voraussetzungen des alten einschließt, ließen sich die Prämissen dieser *relecture* vielleicht dahingehend resümieren: daß die *caractères* der *comédie sociale* keine Substanzen seien, keine Träger oder gar Inkorporationen einer Psychologie, sondern im dramaturgischen Sinne Darstellungsmittel, im historischen Sinne Sozialcharaktere von Standespersonen, ohne daß das eine mit dem anderen immer differenzlos zusammenfallen müßte: ein Dorante äußert sich im *Bourgeois gentilhomme* nicht nur in seiner historischen Eigenschaft als Standesperson, sondern auch seiner dramaturgischen als *homme d'intrigue*. Nun wird mit dem Schritt auf die Ebene der historischen Realien das Werk nach dem bekannten Einwand zum historischen Dokument herabgesetzt. Aber erst im Maße der Rekonstruktion eines Konfliktes, auf den die Komödie als Stellungnahme bezogen ist (zugegebenermaßen zunächst nur eine Hypothese), geben sich auch die internen Antworten, die komischen Momente zu erkennen, die einstmals womöglich das Gelächter an Stellen provozierten, über die man heute hinwegliest. Insofern betrifft die Suche nach der in der Komödie verhandelten ›Sache‹, wie sie sich dem Blick etwa Antoine Adams zu verbergen scheint, nicht nur die Ebene des Dargestellten, sondern vor allem die Weise der Darstellung oder, wie es in einer Anmerkung Szondis heißt, den *Modus der Präsentation*: vielleicht weil sie allein dort zu finden ist.

Daß ein Monsieur Jourdain sich Musik-, Tanz- und Fechtlehrer engagiert, um parlieren zu lernen sich einen Philosophen ins Haus holt, die Kleidung der *gens de qualité* imitiert, bedarf, wenn man sich fragt, was seine Zeitgenossen daran komisch gefunden haben können, heute vielleicht schon der Explikation. Wirft man einen Blick auf den Kodex der Verhaltensformen, wie er ursprünglich im Zusammenhang der grundherrlichen, später der höfischen Privilegien die »Lebensführung« des Adels kennzeichnet (wie ursprünglich die Bewohnung von Schloß und Domäne, das Vorrecht des Tragens von Kleidern und Waffen, Banner und Wappen, das dem Mann aus der Rotüre versagt ist, das Vorrecht der ständischen Endogamie, oder die schlechthin adelige Beschäftigung, die Jagd, schließlich das Vorrecht der Hinrichtung durch das Schwert etc.), zeigt sich, daß Molières *Bourgeois gentilhomme* im Zuge seiner verspäteten, aber beflissenen Verfeinerungsübungen nicht nur im allgemeinen Sinne Manieren zu erlernen sucht, wie sie die Zöglinge des Adels schon vom zarten Alter an in der Schule der Jesuiten und später bei Hofe exerzieren lernen, sondern sich im spezifischen Sinne soziale Prärogativen[2] zu appropriieren sucht: denn Privilegien stellen nicht nur faktische Vorrechte dar, sondern lassen diese auch in den Formen und Verpflichtungen der sozial Bevorrechtigten symbolisch in Erscheinung treten. Exklusiv, insbesondere aber distinktiv, wie diese Vorrechte selbst, ist auch das Prinzip ihrer Semiologie, das die Angehörigen der Aristokratie als Träger dieser Differenz symbolisch einschließt und abschließt. Norbert Elias, auf dessen Studie über *Die höfische Gesellschaft*[3]

2 Exzerpt Szondis: Monsieur Jourdain (zu Nicole und Madame Jourdain): *Taisez-vous, vous dis-je; vous êtes des ignorantes l'une et l'autre, et vous ne savez pas les prérogatives de tout cela.* (III, 3) Mit Auszug aus Littré: *prérogative = (fig.) Tout pouvoir ou autorité qu'une personne ou un corps a de plus qu'un autre, et qui les distingue de ceux qui ne l'ont pas. – Avantage dont certains êtres jouissent exclusivement.*
*Prérogative – privilège. – Prérogative signifie un titre à certains hommages, une préférence, une distinction, une dignité: . . . privilège, un avantage réel et positif qui met en dehors de la loi commune.*
*La prérogative est un honneur, et se rapporte au rang; elle relève ou met au-dessus des autres; le privilège a plutôt rapport à l'intérêt; c'est un avantage dont on est favorisé parmi les autres et contre le droit commun.*
3 Norbert Elias, *Die höfische Gesellschaft. Untersuchungen zur Soziologie des Königtums und der höfischen Aristokratie. Mit einer Einleitung: Soziolo-*

Szondi sich immer wieder bezog, um zu zeigen, wie wenig die Relevanz einer Sache im Kontext der höfischen Konversation sich in ihrem Was zu erkennen gibt, sondern eher in ihrem Wie, in der Manier über sie zu reden, bzw. über sie zu reden ohne über sie zu reden, hat die sozialen Funktionen der Ranghierarchien der feudalen Gesellschaft im Zuge ihrer Transformation zur höfischen, die Verpflichtung zur Repräsentation und Etikette, die ständische Differenzierung der Zeichen und Titel, am methodologischen Modell einer Figurationsanalyse unter anderem an der Differenzierung und Ausgestaltung der Häuser eindrucksvoll dargestellt. Die unteren sozialen Schichten des ancien régime, d. h. die große Masse der Gewerbetreibenden, sind vom Zwang der ständischen Repräsentation ausgenommen, im »eigentlichen« Sinne ohne Standesverpflichtung. In der Häuserhierarchie folgen nach den *palais* und *hôtels* die *maisons particulières*, die sich reiche Bürger als ihren ständigen Wohnsitz errichten. Größe und Dekor des Hauses aber hängen, wie Elias in seiner Analyse der Wohnform nachweist, nicht ab vom Reichtum des Besitzers, sondern seinem ständischen Rang, damit seiner Repräsentationspflicht. Indem Molière die Szene in das Haus eines Angehörigen der begüterten Bürgerschicht der *marchands* in sozial noch insignifikanter bürgerlicher voisinage verlegt, den Bürger aber bei der Appropriation alles dessen zeigt, was, vom Hauskonzert bis zum Ballett zur zeremonialen Apanage der *noblesse,* von der Fähigkeit, Worte mit demselben Geschick plazieren zu können wie Degenstöße, Degenstöße wie Worte, traditionelle Prärogativen des privilegierten Standes bildet, gibt er die Momentaufnahme, das Tableau einer historischen Situation, in der die Standesschranken sich zu verschieben begin-

*gie und Geschichtswissenschaft.* Neuwied u. Berlin 1969, vgl. S. 167 ff.; zur Analyse der Wohnformen vgl. S. 70, 92, 113 ff., 118, 122-125.

nen, aber auch den Hinweis, warum. Denn Monsieur Jourdain ist offensichtlich sehr reich.

Eine seiner Äußerungen im dritten Akt, worin er die Heiratspläne der Tochter bereits in die eigenen Aufstiegsprätentionen einbezieht – *J'ai du bien assez pour ma fille, je n'ai besoin que d' honneur, et je la veux faire marquise* (III, 12) – wirft ein Licht sowohl auf die sozialen Voraussetzungen wie den Impetus der Rangakquisition, aber zugleich das im Stück immer wieder zur Komik zugespitzte Widerspiel zwischen *Besitz als unumgänglicher Voraussetzung ständischer Ehre* und gleichwohl *niemals zureichender Grundlage,* insofern diese, wie Max Weber[4] demonstriert, *mit den Prätentionen des nackten Besitzes als solchem in schroffem Widerspruch* stehe. Daß der Bürger die Schwelle des Besitzes erstiegen haben muß, um sie überschreiten zu können, aber nur um ihn, wenn er sie überschreitet zum Stolpern zu bringen, ist zwar eins der konstitutiven Momente der Komik dieser Komödie, ihr letzter Schluß ist es nicht. Er zeichnet sich eher dort ab, wo die Standesschranke, über die hinwegzusteigen Herr Jourdain sich anschickt, ihn zum Straucheln nur deshalb bringt, weil er gezeigt wird als einer, der in dem andern, der er werden möchte, doch immer der bleiben will und wird, der er ist.

Tanzen möchte er lernen, nicht freilich, weil er dies für ein Signum der Vollendung hielte[5], sondern um es seinem ständigen Fixpunkt, den *gens de qualité* gleichzutun.[6] Da er dem Hauskonzert im alltäglichen Habit keinen Geschmack abgewinnen kann, läßt er sich von den Lakaien den Mantel

4 Max Weber, *Wirtschaft und Gesellschaft.* Bd. 2, Köln, Berlin 1964, S. 687.

5 M. Jourdain (zum maître de musique und maître à danser): *Hé bien, messieurs? Qu'est-ce? Me ferez-vous voir votre petite drôlerie?* (I, 2)

6 M. Jourdain: *Est-ce que les gens de qualité apprennent aussi la musique?* – Maître de musique: *Oui, monsieur.* – M. Jourdain: *Je l'apprendrai donc.* ... (I, 2), eine in den ersten beiden Akten immer wieder gezeigte Verhaltensweise des Bürgers.

umlegen, um im Ornat der feinen Leute sich selbst als einen der ihren zu goutieren, nicht die Musik, die ihm mißfällt. Denn seine Ästhetik gerät niemals ins Wanken. Weil die *gens de qualité* jeden Mittwoch Hauskonzert geben, muß auch Herr Jourdain ein Orchester haben, darin aber wünscht er sich nichts sehnlicher als eine *trompette marine*. Die Worte setzen möchte er können, aber er kennt sie nicht, auch fehlt ihm die Geduld, sie noch zu lernen, und die Sprache der Bonmots ist nicht die seiner Denkart; vom Iah des Esels in der Philosophiestunde bis zur Narrenposse am Ende entfahren sie ihm als Galimatias, den er in der Initiationszeremonie des Schlusses, die de facto den rituellen Ausschluß aus der Welt seiner Aspirationen vollzieht, als der ewig Unmündige bereitwillig mitrezitiert. Wie die *gens de qualité* hält auch ein Jourdain sich Lakaien, auf der Straße aber müssen sie ihm so dicht folgen, daß ein jeder sehen kann, daß er es ist, dem sie gehören... Nicht nur wird gezeigt, daß es ihm nichts nützt, zu haben, was auch jene haben, weil sie scheinen, was sie sind, nicht weil sie haben, daß Manieren ihm niemals zum Terminus a quo werden können, sondern immer, wie der Erwerb, der ihm ihren Erwerb erst ermöglicht, ein Terminus ad quem bleiben müssen. Was Molière indessen, indem er des Bürgers So-und-nicht-anders-sein-und-werden-Können dem Gelächter preisgibt, ist, wie Szondi zu zeigen suchte, nicht des Bürgers fixe Natur, sondern (im Weberschen Sinne) die Ethik seines Standes, die ihn gerade dort verfolgt, wo er meint, sich über sie hinwegsetzen zu können. Das wird deutlich an Herrn Jourdains Beziehung zum Geld.

Wenn irgend in der Komödie die Transgression und strikte Wahrung der symbolischen Schranken, des eigenen wie des anderen Standes im Tun des Bürgers als Momente ein und derselben Handlung erscheinen, so am Beispiel der *dépenses*, von denen er sich den Einlaß in die *monde* erhofft.

Ihnen tritt die Bürgersfrau zwar mit den Maximen der Erwerbsvernunft ihres Standes entgegen, nicht ganz zu Unrecht, wie sich zeigt, aber die Grenzen ihres Standes erweisen sich als Grenzen ihrer Einsicht an der Unfähigkeit zu begreifen, daß, was dem bürgerlichen Sparsamkeitsgebot als Skandal und Anfang des Ruins erscheint, im Zeichen der *noblesse oblige*, wie sie der Bürger erstrebt, nur den Schibboleth dessen darstellt, der dazugehört.

Der Begriff der *économie* im Sinne der Unterordnung der Ausgaben unter die Einnahmen, der systematischen Einschränkung des Verbrauchs um des Sparens willen, hat, wie Elias nachweist, bis spät ins 18. Jahrhundert hinein und über die Revolution hinaus, im Munde der Aristokratie einen verächtlichen Beigeschmack, Symbol für die Tugend der kleinen Leute. Aber auch die Repräsentationsentfaltung der *noblesse*, ökonomisch betrachtet improduktive Konsumtion und Überkonsumtion[7], die der Begriff der ›Verschwen-

7 Die Untersuchungen von Fernand Braudel und Ernest Labrousse (*Histoire économique et sociale de la France*, Bd. 2: 1660-1789. Paris 1970) scheinen eine Reihe der Thesen von Elias rücksichtlich der ökonomischen Fakten zu bestätigen, deren Analyse bei Elias eher am Rande figuriert, wie etwa am Beispiel einer in den Archives Nationales aufbewahrten Buchführung eines Prinzen von Geblüt, Conti, aus der nach der Untersuchung Braudel-Labrousse für das Jahr 1655 folgendes hervorgeht: Ländereien und Güter, zum Teil weit verstreut, bringen nicht einmal 200 000 livres ein, obwohl sie ein Kapital darstellen, das im Zuge der Bodenverteuerung auf 4 bis 5 Millionen ansteigen sollte, wie alle Güter des von Braudel-Labrousse analysierten Gegentypus, der Familie Séguier. Eine Rente durch Zoll auf Zufahrtswege nach und Stadteingänge in Paris ergibt gut 56 000 livres. Der Prinz und sein Haus aber geben in diesem Jahr mehr als eine Million aus. Die jährliche Pension von seiten des Königs, an die 500 000 livres, mit der man rechnen durfte, deckte etwa die Hälfte des Defizits. Um die fehlenden 400 000 livres aufzubringen, veräußert Conti das Gouvernement de Berry. Zum Unterschied von den Contis illustriert der Werdegang der Séguier-Familie beinahe simplizistisch den tiefen Gegensatz, der materiellen Praxis wie der Gesinnung, zwischen dieser alten Aristokratie, die zunächst einmal verausgabt und das Geld hinterher schon auftreibt, und dem jungen Amts- und Verwaltungsadel (die Séguier waren unter François I. Spezereienhändler), der noch bedacht ist, große Domänen zu sammeln, Immobilien, Renten, Geldvermö-

dungssucht‹ nur denunziert, ohne ihre Funktionen zu erklären, gehorcht einem typeigenen Kalkül. Die ostentative Entfaltung von Überfluß, der Veblen[8] den Namen der *conspicious consumption* gab, erweist sich als alles andere denn überflüssig. So hat Elias zwei Typen einer jeweils standesspezifischen Rationalität voneinander unterscheiden wollen: den berufsbürgerlichen als *Kalkulation von Gewinn und Verlust finanzieller Macht* vom höfisch-aristokratischen der *Kalkulation von Gewinn und Verlust an Prestige- und Statuschancen.*[9]

Wie der Kalkül der bürgerlichen Akkumulation *rational* ist, erweist sich auch die aristokratische Verschwendung als planvolle Verausgabung, die, obwohl von sozialen Zwängen diktiert, ihrerseits wie die bürgerliche Geldakkumulation auf Akquisition hinausläuft, wenn auch auf anderem Niveau. Nicht zufällig orientiert auch Elias seine Untersuchung der Funktionen der ostentativen *dépenses* des Adels an der von Marcel Mauss[10] in der ethnologischen Analyse der nordamerikanischen Stämme beschriebenen Institution

gen aufzustocken als Grundlage für den Kauf weiterer Ländereien, aber mit dem Ziel, weiter in der Adelshierarchie zu klettern.

Begriffe wie Kapital, Akkumulation, Geldvermögen besitzen als Kategorien, mit denen ihre wirtschaftliche Gesinnung *und* ihre Praxis beschrieben werden soll, eigentlich nur für die letzteren Sinn, aber auch nur einen eingeschränkten, in dem Maße, wie die Geldakkumulation auch für sie der Prestige- und Machtakkumulation unterstellt wird, nur daß man um ihrer willen sich auch unter den Voraussetzungen des Amtsadels oft noch über Generationen hin ›einschränken‹ muß, ehe man sie in der Repräsentation voll entfalten kann. Für die ersteren ist ihre *race* bereits schon das ein und alles, die Taler finden sich, zur Not weiß man, wie. Fehlen sie, wird der König schon dafür sorgen, indem er seinen Untergebenen weitere Auflagen macht. 1799 noch erhält die Duchesse de Polignac zur Begleichung ihrer Schulden sowie als Mitgift ihrer Tochter von der Krone 1 Million 200 000 livres. Siehe ebd. S. 582/83.

8 Thorstein Veblen, *The Theory of the Leisure Class* [1899]. Taschenbuchausgabe: Mentor MP 401.

9 Elias a.a.O., S. 141.

10 Marcel Mauss, *Essai sur le don, forme et raison de l'échange dans les sociétés archaïques.* Paris 1925 (wiederaufgelegt 1950: Presses Universitaires de France; deutsch in: M. M., *Die Gabe.* Frankfurt am Main 1968).

des *Potlatch*, dem sozialen Gebot, Rang und Ansehen einer Position sowie die damit verbundenen Privilegien periodisch, in Form prangender Ausgaben und großer Gelage bis hin zur rituellen Vernichtung aufgestockter Reichtümer in der Konkurrenz mit Prestige-Rivalen unter Beweis zu stellen. Unabhängig von Elias, aber radikaler in der Konsequenz seiner Beobachtungen, hat Georges Bataille[11], seinerseits mit Blick auf das von Mauss beschriebene Phänomen, auf den agonalen Grundcharakter dieser Einrichtung hingewiesen, der die Bedingungen der Möglichkeit einer rein internen symbolischen Konkurrenz der privilegierten Schichten, auf die Elias seine Untersuchung beschränkt, vielleicht überhaupt erst zu erklären vermag. Wenn sich der *Potlatch*, obwohl dem Anschein nach nur eine ritualisierte Tauschhandlung, seiner Natur und Finalität gemäß als ein Phänomen agonalen Charakters darstellt, so als der symbolische Akt einer immer wieder zur Schau gestellten Separation: unter diesem Aspekt erschiene die ostentative Verausgabung des angeeigneten, nicht des durch Arbeit erworbenen Reichtums, seine demonstrative Herabsetzung als Mittel zum Zweck, im verächtlichen Konsum des Verlustes der sozial Niedriggestellten, immer zugleich als eine symbolische Handlung der Verwerfung, die die Niedrigkeit der Niedrigen, soziale Voraussetzung der exklusiven Konkurrenz der Inklusiven, noch einmal an den Ausgeschlossenen als Herabsetzung verübt, als Akt der Transformation sozialer Herrschaft in symbolische Gewalt bzw. kulturelle Legitimität. Betrachtet man die rituellen échanges zwischen dem adligen und dem bürgerlichen Protagonisten des Stücks unter diesem Gesichtspunkt, ließe sich leicht zeigen, daß in der Gestalt des *gentilhomme*, der sich in das Haus des Bürgers hinab- und des Bürgers, der sich im Verkehr mit

11 Georges Bataille, *La notion de dépense und La part maudite.* In: G. B., *La part maudite.* Paris 1967, S. 113 (Théorie du »potlatch«).

ihm, und sei's nur mit den ersten tapsigen Schritten, in die *monde* hinaufbegibt, mehr als nur zwei Charaktere, sondern in den dargestellten Vertretern zweier Stände auch deren Ethiken aufeinandertreffen.

Daß Geld im Sinne der *économie*, des *intérêt* für den Mann von Stande keine Rolle spielen dürfe, eine Maxime, die der *maître à danser* im Stück ausspricht[12], ehe der *gentilhomme* sie praktiziert, wird zum Movens der Intrige, nachdem, wie es scheint, die soziale Voraussetzung dieser Maxime verlorenging: daß, wer auf souveräne Manier verachten will, im Besitz dessen sein sollte, was er verachtet. Dieser Maxime aber, kraft deren der eine nunmehr auf den Geldbeutel des reichen Bürgers spekuliert, muß auch der Bürger folgen, will er sein, was er nicht ist, *gentilhomme*. Kein Geld zu haben, für den Adligen keine Schande, wird für den Bürger, der es hat und sich zum Adel gedrängt fühlt, zu der Verpflichtung, es jenem zu geben, aber nach dem Kodex des anderen Standes, sine conditio, ohne Handeln und Feilschen, ohne zu fragen, warum und wieviel. Monsieur Jourdain hingegen hat sich alle je verliehenen Summen bis auf den kleinsten Heller notiert.

Und Geld kann, da nur *noblesse oblige*, der ›Freund‹ zumal ohne Zins nur vom ›Freund‹ nehmen, der ›Freund‹ nur dem ›Freunde‹ geben, also von gleich zu gleich. So wird die Standesschranke, unter die der eine gezwungen ist, sich herabzubegeben, im Akte ihrer Überschreitung von ihm wiedererrichtet. Die Anrede, die der ›Freundschaft‹ Ausdruck gibt, nimmt diese im Ausdruck zurück, als Kondeszendenz: *Mon cher ami, Monsieur Jourdain . . .* Ebendiese soziale Ferne, die der eine durchstreicht und wiederherstellt, wird für den anderen zum Impetus, aus dem heraus allein er gibt, nicht dem ›Freunde‹, sondern dem *homme de condition*[13] – und

12 I, 1.

13 M. Jourdain: *Hé bien! Ne m'est-ce pas de l'honneur de prêter de l'argent*

auch seinerseits nicht ohne Berechnung. Der *gentilhomme*, der als der Nicht-Bürger auf den Kalkül des Bürgers nur spekulieren kann, indem er diesen zum eigenen Stande erhebt und nach dessen Kodex behandelt, überlistet diesen gerade nach dessen eigener Berechnung (gib, wenn du bekommst), während dem Gefoppten, zweifellos wider die eigene Absicht, gelingt, was ihm anstünde nur als *homme de qualité*, die improduktive Verausgabung seines Reichtums. Das Bühnenlicht, das Molière auf den Adligen als *homme d'intrigue* fallen läßt, aber wirft auf seine historische Gestalt als Sozialcharakter einen Schatten; die Lebensführung, die nur ist, was sie ist, wenn und soweit es ihr gelingt, alle Merkmale des Erwerbs zu negieren, wird zu dem Mittel, sich ihn zu verschaffen. Der Schatten verlängert sich auf die vom *gentilhomme* ins Bürgerhaus eingeführten *maîtres* des Adepten, eingeführt in Wahrheit nicht etwa, wie es zunächst scheint und der Adept wähnt, um ihn in der Etikette der *gens de qualité* zu unterweisen und das geplante Dîner mit den Standespersonen ästhetisch zu vervollständigen, sondern aufgrund der Geldnot des Adligen, der sie zuvor in Übung und Brot hielt. Im Hause des Bürgers fallen sie, wider die Ansprüche der noblen *artes*, zurück in den Geist der Bürger, die auch sie sind: Gewerbetreibende, nunmehr aber in offener Konkurrenz. Das golddurchwirkte Gewebe aus höfischer Manier und bürgerlichem Geschäftsinteresse zerreißt, als der Bürger zur Abrundung seiner Exerzitien und Schulung in der höflichen Konversation sich mit dem ihm eigenen Geschick gerade einen Philosophen mietet, der die Stände und Unterschiede der Stände sowie ihre symboli-

*à un homme de cette condition-là?* (III, 4) Die soziale Ferne ist auch der einzige bzw. der wahre Grund seiner Faszination an Dorimène: *Il n'y a point de dépenses que je ne fisse, si par là je pouvais trouver le chemin de son cœur. Une femme de qualité a pour moi des charmes ravissants, et c'est un honneur que j'achèterais au prix de toute chose.* (III, VI) (Hervorh. von mir, W.F.)

sche Apanage verachtet. Die Stellungnahme der Komödie zur Verachtung des *pédant* geschieht indirekt. Berufen, den Streit der *métiers* zu schlichten, verfällt der Philosoph ihm seinerseits. Was als Floretturnier der Worte beginnt, endet handfest in einer Keilerei, in der sich die Kombattanten, entbunden vom Zwang der feinen Manieren die einen, verlassen von der philosophischen Langmut der andere, als *bêtes féroces* darstellen, und wenn man darin eine Stellungnahme der Komödie sehen darf, als Fleisch vom Fleische des Standes der Jourdain. Aber all dies sind nur Indizes auf der Ebene des *modus praesentationis.* Erst zwei Bemerkungen des *gentilhomme*[14], eine Replik des Bürgers an die Adresse der Gemahlin, verweisen auf den eigentlichen, wenngleich niemals ausgesprochenen, Gegenstand eines *commerce,* mit dem der *gentilhomme*, um Geld flüssig zu machen, immer nur winkt, während der Bürger, gezwungen, unter der Diktatur der höflichen Sprache des anderen die Mentalität des Händlers zu verleugnen (die sich gleichwohl in seiner Sprache ständig verrät)[15], ihn niemals zu nennen wagt: in Erwiderung der von Herrn Jourdain erwiesenen Generosität stellt der *gentilhomme* Fürsprache bei Hofe in Aussicht.

Jourdain (zu seiner Frau, die angesichts der in den Chevalier investierten Summen an seinem Verstand zweifelt):

> *Voulez-vous que je refuse un homme de cette condition-là, qui a parlé de moi ce matin dans la chambre du roi?*[16]

14 Dorante: *Ma foi! Monsieur Jourdain, j'avais une impatience étrange à vous voir. Vous êtes l'homme du monde que j'estime le plus, et je parlais de vous encore ce matin dans la chambre du Roi.* (III, 4) sowie: *Je vous assure, Monsieur Jourdain, que je suis tout à vous, et que je brûle de vous rendre un service à la cour.* (III, 6)

15 M. Jourdain: *C'est trop d'honneur, Monsieur, que vous me faites. Je vais querir votre affaire.* (III, 4)

16 Ebd., III, 4. Aufschlußreich in diesem Punkt ist die Übersetzung von Ravenscroft, der dem englischen Publikum, ohne die Ironie der ganzen Angelegenheit zu unterschlagen, verdeutlichen muß, was Molière dem höfischen

An dieser Stelle hätte das Publikum des Hofes, wie Szondi meinte, anders als das heutige, das den Satz eher als insignifikant überhört, sich zweifellos »königlich« amüsiert, ganz einfach, weil jedermann bei Hofe sich darüber hätte klar sein müssen, daß der *gentilhomme* nicht im Traum daran denkt (und denken könnte), wovon er spricht: kann es sich doch um keinen anderen Ort, um keine andere Gelegenheit handeln als das Zeremoniell des *Lever* im Schlafgemach des Königs, wo sich allmorgendlich im Rahmen der verschiedenen, byzantinisch nach Gunst, Rang und Würde gestaffelten, und mit der Feierlichkeit einer Haupt- und Staatsaktion, der Genauigkeit einer Choreographie, geregelten *entrées* sich der Hofstaat um die Estrade des königlichen Schaubetts versammelt. Daß sich ein Dorante in seiner Eigenschaft als Comte bei dieser Gelegenheit für die Angelegenheiten eines Herrn Jourdain ins Zeug legen könnte, diese Idee gibt sich nicht nur als Spott des *gentilhomme* über die Gutgläubigkeit seines Opfers zu erkennen, nicht nur als Witz über die »Welt« des Bürgers als Wille und Vorstellung, sondern als eine Art objektiver Komik, insofern der Bürger der *monde* niemals ferner ist, als wo er sich in ihrem Herzen wähnt. Gerade die Komik der Szene aber erlaubt Rück-

Publikum gar nicht zu sagen braucht. So zeigt Ravenscroft mit dem Finger auf die Sache, um die es auch im *Bourgeois gentilhomme* eigentlich geht. (Exzerpt Szondis: Cureal, *Man of Intrigue: I was speaking of you this morning to the King as I stood by his bed-side. . . . Well, Sir, as I was saying, I spoke of you to the King, and he has given order the Patent be made, and commands me to bring you to him, and he'l confer on you the Honour of Knight-hood; he showed much joy and willingness when I told him, and was much pleased when I mentioned you to him. – Cureal introduced as the Court Doctor.*) Zum genaueren Verständnis dieser Stelle bei Ravenscroft wären freilich nicht nur die englischen Modalitäten und Voraussetzungen der Ämtervergabe zu untersuchen, sondern auch die Formen des Zeremoniells am englischen Hof: ob nämlich der *Man of Intrigue* im Rahmen eines dem französischen Lever entsprechenden Zeremoniells in der Nähe des königlichen Bettes steht oder überhaupt sinnvollerweise nur als *Court Doctor,* nämlich in seiner Eigenschaft als Hofarzt, dort stehen kann.

schlüsse auf die in Wirklichkeit keineswegs so irrealen Aspirationen des historischen Bürgers wie eine in ihren Folgen höchst problematische Praxis des realen Souveräns: die Nobilitierung von Bürgern, gewöhnlich verbunden mit Ämtervergabe, sei's im direkten Verkauf gegen Geld, sei's als Akt der königlichen Gunstbezeugung.

*Offices* heißen unterm ancien régime alle mit öffentlichen Funktionen verbundenen Ämter. Sie werden in der Folge einer Praxis, die, verfolgt man ihre Geschichte, bis auf die ersten Epochen des Römischen Reiches (die Praxis der *suffragia*) zurückzugehen scheint, erst gegen Mitte des 15. Jahrhunderts durch Gesetz als käuflich anerkannt. Zuvor gelten sie, zumindest im Prinzip, als zeitlich befristet, widerrufbar, grundsätzlich nicht übertragbar. Als Loyseau unter Henri IV im Anschluß an das *édit de la Paulette* (1604), das die *offices* durch Gesetzesdekret für erblich erklärt, sein *Traîté sur les offices* verfaßt, gibt es in Frankreich bereits drei Arten erblicher Ämter, die der König vergibt.[17] Nach dem Edikt erhöhen sich ihre Preise beträchtlich; der Kauf ist mit einer jährlich aufzubringenden Steuer verbunden, durch die das Amt Besitz wird. Trotz der Beschwerden und Proteste, der Mißbräuche, die die Ämterkäuflichkeit mit sich bringt, dauert diese Praxis bis zum Sturz der Monarchie: in der Nacht des 4. August 1789 beschließt die Assemblée constituante ihre Abschaffung.

Der Verkauf der Ämter bildet für die Krone und die Staatsfinanzen eine wichtige Einnahmequelle, leitet aber langfristig eine Entwicklung ein, durch die das Land aufgrund des Rückzugs der nobilitierten *marchands* aus Handel und Gewerbe, die Rücknahme ihrer Kapitalien und Anlagen in Form festverzinslicher Renten wirtschaftlich, verglichen zumal mit England, ins Hintertreffen gerät. Es ist der

17 *La Grande Encyclopédie.* Paris 1889, vgl. Art. *noblesse (offices).*

Beginn der für Frankreich noch über die Revolution hinaus typischen Disproportion zwischen Bürokratie und Industrie.[18]

Die Käuferschichten rekrutieren sich aus dem Bürgertum, das durch die wirtschaftliche Entwicklung des 16. Jahrhunderts, den stark vermehrten Geldumlauf, die Kolonialisierung und die allgemeine Belebung der Produktion in weiteren Schichten zu Wohlstand gelangt war. Neben der oft beobachteten bürgerlichen Eigentümlichkeit zur Klassenflucht, abzulesen etwa an dem Wunsch, die Kinder in höherem Rang unterzubringen als man ihn selbst besessen hatte, scheint das Streben nach Amtserwerb nicht zuletzt begründet im Bedürfnis nach sozialer Sekurität, um das meist über Generationen erworbene Vermögen nicht wieder in Handel und Geschäften aufs Spiel zu setzen.

Es ist die Zeit, in der sich der Staatskredit mit festverzinslichen Rentenwerten zu entwickeln beginnt und der Typus des Rentiers erstmalig in Erscheinung tritt.[19]

Auf die politischen Funktionen der Ämtervergabe als Kampfinstrument der Krone gegen den frondierenden Adel hat vor allem Elias hingewiesen.[20] Dreimal scheitern, während der Religionskriege, unter der régence, unter der Fronde, die Versuche der Restauration eines aristokratischen Gouvernements. Henri IV und Richelieu brechen die politische Macht des Adels, Mazarin, Louis XIV, Colbert und Louvois vergeben alle administrativen Funktionen an Aufsteiger aus der *rôture*; die *commis*, wie Saint-Simon sie

18 Vgl. K. W. Swart: *Sale of Offices in the Seventeenth Century*. La Haye 1949. (Exzerpt Szondis: *The investment of a large part of the national income in offices stunted the growth of commerce an industry. . . . France compared badly in the economic field with England and Holland, countries in which bureaucracy was much less strongly developed*. Ebd., S. 14).

19 Erich Auerbach, *La Cour et la Ville*. In: E. A., *Vier Untersuchungen zur Geschichte der französischen Bildung* Bern 1951, S. 44.

20 Elias a.a.O., vgl. S. 256 ff.

verächtlich nennt, figurieren ihrer Funktion nach vor den *ducs*, *pairs* und *comtes*; selbst der Militärdienst gilt nicht länger als ausschließliche Apanage des Schwertadels: ein Fabert wie ein La Feuillade können *maréchals de France* werden. Mit dem Entzug der fiskalischen und administrativen Privilegien geht dem Adel à la longue auch die ständische Geschlossenheit verloren, da bürgerliche Kreise durch Ankauf adliger Herrschaften, königliche Nobilitierung oder bloße Usurpation in den Stand eindringen und die Grenzen nach unten schwankend werden.

Zum andern scheint die Ämtervergabe ein, wenn auch eher indirekt, prohibitives Instrument der Krone (das sich am Ende wider sie kehrt) gegen die wirtschaftlich mächtig gewordene Bourgeoisie, indem sie diese daran hindert, auch als politischer Faktor bedrohlich zu werden. Denn mit der Nobilitierung der bürgerlichen Aufsteiger gelten auch für diese die Schranken, die die beiden Adelsfraktionen der französischen Gesellschaft (des Schwertes und der Robe) von den anderen Schichten trennen: die weitere Ausübung des Gewerbes, Beteiligung an wirtschaftlichen Unternehmungen etc. kann die *dérogeance*, den Verlust von Amt und Titel zur Folge haben. Der Aufstieg in den Amtsadel, in einigen Fällen bis hinauf in den Schwertadel, verpflichtet auch den nobilitierten Bürger zu der aufwendigen, auf Repräsentation bedachten Lebensführung, zur Partizipation im System der symbolischen Prestigekonkurrenz und damit auf Dauer zur Verschleuderung des meist über Generationen angesammelten Vermögens. Durch die Erbeinteilungen in den meist kinderreichen Familien, Willkür der staatlichen Finanzverwaltung gegenüber den Rentiers beginnen, wie Elias gezeigt hat, manche dieser Häuser wieder zu »verarmen« und sei's nur im Sinne der Disproportion zwischen dem noch vorhandenen Vermögen und den Ansprüchen der adligen Lebensführung. Als *honnêtes gens* aber können sie an

Erwerbstätigkeit nicht mehr denken. Wie tief das Standesvorurteil gegen die Gewerbe noch ist, wie sehr die ostentative Muße, das distinktive Zeichen der *condition nobilaire* schlechthin, eine soziale Norm darstellt, die der äußerlichen Sanktionen kaum bedarf, zeigt vielleicht das Scheitern der Versuche Colberts, die Adligen in den großen Handel einzubeziehen, und zwar unter ausdrücklicher Versicherung der Beibehaltung von Rang und Titel. Die Alternative zum wirtschaftlichen Ruin, sei's über kurz oder lang, sind Pfründen, wie sie allein die Gunst des Königs und seiner Umgebung verschaffen kann, Ämter, Pensionen, Sinekuren.

Wie der *Avare* (Harpagons Wuchergeschäfte sind Anlagen eines Rentiers[21]) und der *Malade imaginaire* spielt der *Bourgeois gentilhomme* in den oberen Bezirken jener reich gewordenen Bourgeoisie, die von Handel und Gewerbe schon nicht mehr redet. So ist der Hinweis auf die Ursprünge des Reichtums, über die man in den anderen Stücken nichts erfährt, allein den Schelten der Bürgersfrau zu entnehmen; die Väter beider Jourdain waren noch Tuchhändler an der Porte Saint-Innocent. Wie Jourdain, der im Zuge seiner Nobilitierungsprätentionen schließlich die eigene Tochter in diese Pläne einbezieht und heilfroh ist, als der verkleidete Diener ihm weismacht, bereits der Vater sei *gentilhomme* gewesen und habe aus reiner Gefälligkeit Freunden gegen Bezahlung Tuche verschafft, ein spezifischer Vertreter der schon in zweiter Generation reichen *marchands*[22] scheint,

21 Auerbach a.a.O., S. 46.

22 Spezifisch freilich auch im Sinne der sozialen Vorurteile gegen dieses Metier: im Vorbehalt gegen die *marchands* sind die Krone, die sich ihrer bedient, der Adel, der sie fürchtet, die Jesuiten, die sie offen bekämpfen, sich einig. Colbert, seinerseits aus einer Tuchhändlerfamilie stammend, bezeugt ihnen, wie später Voltaire in seinen *Lettres philosophiques* und schließlich die Encyclopédie (obwohl ein Dokument des esprit bourgeois), nur Verachtung. In ihrem Abscheu gegen den Kaufmannsstand stimmen unter den Philosophen auch die Adligen (wie etwa Montesquieu und Mirabeau) überein. Am strengsten aber sind die Jesuiten: die *parvenus* gefährden die bestehende

dürfte auch sein Gegenspieler ein authentischer Vertreter seines Standes, nicht etwa ein Hochstapler sein, der den Titel nur usurpiert hätte[23]. Mag es auch zweifelhaft sein, ob es sich in seiner Gestalt noch um einen der alten *comtes* von Geblüt handelt oder um einen jener neueren Tituladligen, deren Zahl vom 16. Jahrhundert an stetig zunimmt, seit der König Adlige, die ihre Ländereien verlassen, für die Aufgabe ihrer Domänen durch Rangerhöhung entschädigt, unstrittig ist er Courtisan, allem Anschein nach ein verarmter. Folgt man den historischen Darstellungen, ist der Gang des Adels an den Hof nicht nur eine Folge seiner politischen Entmachtung im Siegeszug der Zentralgewalt, wie sie in Versailles ihren symbolischen Abschluß und Höhepunkt fin-

Ordnung, schaffen Verwirrung in den Ständen, dringen ein, wo es ihnen nicht zukommt, stiften Unruhe und wühlen den Staub ihrer Väter auf. Anders als im Geist der protestantischen Ethik ergeht daher im Geist der jesuitischen Morallehre das Gericht über sie: sein Heil im Handel erwirken zu wollen, wird die Strafe Gottes nach sich ziehen, weil der Profit, auf Kosten der anderen erwirkt, Produkt der Spekulation und Begierde (cupiditas), gegen sein Gesetz verstößt. So erscheint in den Predigten der Zeit der *marchand* als ein gottbeleidigender Sünder. Siehe Braudel-Labrousse, a.a.O., S. 610 ff. sowie: B. Groethuysen, *Origines de l'esprit bourgeois en France.* Tome I: *L'église et la bourgeoisie.* 4. Aufl., Paris 1956.

23 Von ihnen scheint es freilich gewimmelt zu haben. Die falschen Adligen, schreibt Lavisse, seien so zahlreich gewesen, daß man sagen könne, daß diese *noblesse* sich in erster Linie durch Usurpation rekrutiere. 1661, 1666 und 1668 ordnet der König Untersuchungen an, um diesen Mißbrauch *préjudiciable à l'honneur de la véritable noblesse, et à nos sujets contribuables aux tailles* zu beenden. Der Krone ging es freilich in erster Linie um die fiskalische Seite des Problems. Indessen verlaufen die Recherchen dieser zu wiederholten Malen ins Leben gerufenen Untersuchungskommissionen größtenteils im Sande, wie Lavisse meint, vor allem aufgrund von Bestechungen, bis sie schließlich ihre Arbeit ganz einstellen. (Vgl. Ernest Lavisse, *Histoire de France, depuis les Origines jusqu'à la Révolution*, tome 7, Paris 1905, S. 373 ff.)

Dennoch ist es unwahrscheinlich, daß Molière in der Gestalt Dorantes einen dieser *faux nobles* dargestellt hätte. Dagegen spricht u. a. schon seine Charakterisierung durch die anderen dramatis personae, etwa den *maître de musique*, der dem Adligen die Einführung ins Haus des Dukatenmanns verdankt *(. . . ce bourgeois ignorant, nous vaut mieux, comme vous voyez, que le grand seigneur éclairé qui nous a introduit ici.)* (I, 1).

det, sondern auch eine Folge der ökonomischen Erschütterung des Landes, seit das akkumulierende Handelskapital auf der Spur des Goldes in die Kolonien vordringt und die von dort zurückflutenden Edelmetalle die Bodenpreise verteuern, während die in früherer Zeit fixierten Grundrenten unbeweglich bleiben, die Lebenskosten aber unaufhörlich steigen.[24] Angesichts der Alternative, ein Leben auf dem Niveau von Bauern in Diskrepanz zu den Ansprüchen des Standes führen oder aber sich in die Gefangenschaft des absolutistischen Hofes begeben zu müssen, wählt der größte Teil des Adels die nunmehr unmittelbare Dependenz von der Gunst des Monarchen, der, seinerseits um die Aufrechterhaltung des Spannungsfeldes zwischen den Ständen bemüht, den Adel mehr denn je von der politischen Szene fernzuhalten, zugleich aber als sozialen Faktor, der königlichen Repräsentationsentfaltung dienenden und von den anderen Schichten wohl unterschiedenen *état* zu erhalten versucht. (Es ist diese spezifische Konstellation, die auch Molières *Misanthrope*, ohne sie freilich je zu benennen, voraussetzt.) Die Bande der Dependenz von der Krone schnüren sich enger in dem Maße wie der wirtschaftlich zum Teil schon pauperisierte Stand in der Entourage des Hofes unter der Peitsche der Moden im symbolischen Prestigewettbewerb mithalten muß.

In Betrachtung dieser Umstände mag einiges für die Überlegung sprechen, daß der politisch entmachtete, wirtschaftlich gefährdete, aber vor allem durch das Eindringen bürgerlicher Kreise in seiner sozialen Identität bedrohte Stand in einer Weise reagiert haben dürfte, die ihm als die beinahe einzige Möglichkeit noch verblieb: repulsiv, im Sinne der Forcierung seiner distinktiven Merkmale, der mehr oder minder ostentativen oder sublimen Beweisführung, daß

24 Vgl. Henri Sée, *Histoire économique de la France,* Paris 1948, Teil IV, *L'Ancien régime et la terre,* S. 144 ff., sowie Lavisse a.a.O., S. 375 ff.

zumindest das verfeinerte Spiel der symbolischen Formen, dessen Beherrschung die höfische Noblesse von jeher auszeichnete, ja als solche kennzeichnete, sich den grobschlächtigen Appropriationsgelüsten der reich gewordenen Händler entzieht. Denn die Bourgeoisie der *ville* beläßt es nicht dabei, sich nur der Amtspfründen und Sinekuren zu bemächtigen, sie beginnt sich im Zuge ihres Aufstiegs auch die distinktiven Merkmale, nach den Privilegien also auch die Prärogativen zu erobern, die dem Adel als eine Art symbolisches Monopol[25] noch verblieben waren.

Indem Molière den verarmten *gentilhomme* dem reichen *marchand* Lektionen in ›Lebensführung‹ und Etikette erteilen läßt, nicht freilich, um sie ihn zu lehren, sondern darüber zu belehren, daß zumindest er sie nicht zu lernen vermag, ihn gleichwohl aber auf das Geld des Bürgers spekulieren läßt, das allein letztlich auch dem Edelmann eine Lebensführung ermöglicht, wie sie der Bürger a priori nicht lernen können soll, scheint der Nerv des sozialen Konfliktes berührt.

Dennoch besagt dies nichts über das Spezifische der Stellungnahme, wie sie die Komödie zu ihm bezieht. Daß Molière Jourdain lächerlich macht, ist allerdings mehr als ein Hinweis, damit aber keineswegs schon gleichbedeutend mit der Konsequenz, die Parvenüs der realen historischen Szenerie seien angesichts ihrer Tolpatschigkeit im Umgang mit der Etikette, wenn sie denn eine solche in der Verfolgung ihrer Aspirationen an den Tag gelegt haben sollten,

25 Szondi hatte im Zusammenhang seiner Unterscheidung zwischen Privilegien und Prärogativen auf P. Bourdieus Aufsatz *Condition et Position de Classe* (in: Archives Européennes de Sociologie 7 [1966], S. 201-233, deutsch in: Zur Soziologie der symbolischen Formen (Theorie/Suhrk., 1970) verwiesen, dem der Begriff entlehnt ist.
Wie Lavisse berichtet, hat der König mehrfach Ordonnanzen zur Innehaltung der Kleidervorschriften erlassen, denen nicht mehr Erfolg beschieden war als den Untersuchungskommissionen. (Vgl. Anm. 23)

auch in der Wirklichkeit lächerlich und würden als solche vom Komödienautor abkonterfeit. So gab Szondi zu bedenken, ob das Lustspiel, statt ein Abbild der realen sozialen Szene zu geben, nicht vielmehr in einer gezielten Defiguration eine Art Gegenbild der Wirklichkeit entwerfe, indem er zur Einleitung seiner eigenen These die eines anderen zur Debatte stellte.

Jules Brody[26] hat im Zusammenhang einer Interpretation des Stücks auf einen kurzen Dialog hingewiesen, seiner Meinung nach die Schlüsselstelle der Komödie. Jourdain, eine närrische Figur schon in seinem Aufputz als *gentilhomme* in den früheren Szenen, nunmehr aber vollends grotesk, als Großtürke und *Mamamouchi* vermummt, führt ihn im Glauben an die Mystifikation, der er zum Opfer fallen wird, mit seiner Tochter Lucile.

LUCILE *Comment! mon père, comme vous voilà fait!*
*Est-ce que c'est une comédie que vous jouez?*
JOURDAIN *Non, non. Ce n'est pas une comédie,*
*c'est une affaire fort sérieuse ...* (V, 6)

Besser hätte es Jourdain, wie Brody meint, gar nicht sagen können, eben weil das Problem, das Molière behandelt, bzw. zu behandeln sich weigert, in der Tat eine der allerernstesten Angelegenheiten war. Ohne daß man offen auf der Bühne davon hätte reden müssen, wäre dem Publikum der Zeit, anders als dem heutigen, gegenwärtig gewesen, mit welcher Leichtigkeit man die Titel kaufen konnte, daß oft nur die Mesalliance die Familien des Adels vor dem Ruin rettete, ja daß die Jourdains sich fast des gesamten politischen und wirtschaftlichen Lebens in Frankreich bemächtigt hatten. Genaugenommen unternehme Molière nichts anderes als den Versuch, durch eine äußerst gewagte Vergröbe-

26 Jules Brody, *Esthétique et société chez Molière*. In: *Dramaturgie et Société*. Hrsg. und eingel. von Jean Jacqot. Paris 1968, S. 315.

rung ein Phänomen zu dementieren, das zu diesem Zeitpunkt keine drollige Ausnahme mehr, sondern die Regel war. Dementsprechend hätte das Gelächter, wie es das Stück hervorruft, eine Doppelfunktion, als Repression und Katharsis in eins: mit der Zeremonie des Schlusses den bereits tief ins soziale Gefüge der Aristokratie vorgestoßenen Eindringling rituell im Gelächter auszuschließen, so wie mit lässiger Hand Frustrationen zu zerstreuen, deren man auf anderem Wege schon nicht mehr Herr zu werden vermochte. Nichts von einem ärgerlichen Kompromiß, nichts von einer Konzession an den Publikumsgeschmack – vielmehr erfüllte diese Komödie eine der altehrwürdigen Intentionen der Literatur wie der Dramatik: auf ästhetischem Wege, im Rahmen der fiktiven und imaginären Welt der Bühne, Probleme zu lösen, die unterdes zu schwierig und komplex geworden waren, um sie im Leben selbst noch bewältigen zu können. Die Wirklichkeit, der Molière, um sie zu verleugnen, ein ganzes Stück widmet, stellt La Bruyère nach Brody mit einem einzigen Satz wieder her: *Ein reichlich unnützes Beginnen wäre es, einen äußerst dummen, aber reichen Mann lächerlich machen zu wollen. Er hat die Lacher auf seiner Seite.*

Szondi hatte der These des poetischen Dementis mit Zweifel, der These des repressiven aber kathartischen Gelächters zugestimmt mit dem Vorbehalt, daß es hier genauer zu bestimmen gelte, nicht nur, wer hier Anlaß, sondern vor allem auch Grund zum Lachen habe, insbesondere, wer am meisten und zuletzt. Brody übersehe eine Nuance, indem er offenlasse, aus welchem Geiste Molières Gericht über die Aufstiegsprätentionen des Bürgers ergeht. Daß es der der bedrohten Aristokratie sei, ist nicht ohne gewisse Evidenz, daß es damit auch in ihrem Interesse geschieht, legt Brodys Deutung zumindest nahe. Denn in dem Maße wie Jourdains Narreteien die soziale Wirklichkeit travestieren, scheinen sie nach Brody, gewissermaßen ex negativo und postulativ, jenes undefinierbare *Je ne sais quoi* einer idealen *noblesse* jenseits von Titeln und Pfründen restituieren zu wollen, die sich den Schlichen der Bürger für immer versperre. Indem diese Grenze, die die Aristokratie auf dem Wege ihres Abstiegs als eine allerletzte Schranke zwischen dem Eindringling und sich zu errichten sucht, auch in der Komödie gezogen wird, erscheint Molière als deren indirekter Fürsprecher, indem er die moralische Frage, die sich von der verhandelten Sache her stellt, in der Verhandlung des Lustspiels umgeht und anstelle dessen Monsieur Jourdain ästhetisch ins Unrecht setzt. Damit erhebt Brody – bewußt – seinerseits noch einmal den Einwand Rousseaus[27]: das moralische Problem des Stücks unter dem Gelächter über den Bürger begraben zu haben – um Rousseau zugleich mit Bossuet zu korrigieren: daß Molière, ein eher amoralischer als unmoralischer Autor, allzusehr mit der Lächerlichkeit der Welt beschäftigt sei, als daß er sich ihrer Korruption habe widmen wollen – und die Korrektur mit Voltaire zu ergänzen: daß er zugleich allzu tief vom Geist des ancien régime sei durchdrungen gewesen, um sich verbergen zu können, daß Eitelkeit und Ehrgeiz nicht die exklusive Apanage einer einzigen Klasse bilden, aber auch allzu tief darin mit ihm einig, daß diese Dummheit, vermag sie sich auch bei Hofe unter dem Habitus und der Sprache zu tarnen, als Lächerlichkeit erst zutage tritt im Kontrast der grobschläch-

27 *Il fait rire, il est vrai, et n'en devient que plus coupable, en forçant, par un charme invincible, les sages mêmes de se prêter à des railleries qui devroient attirer leur indignation,* schreibt Rousseau in seiner *Lettre à M. D'Alembert. J'entends dire qu'il attaque les vices; mais je voudrais bien que l'on comparât ceux qu'il attaque avec ceux qu'il favorise. Quel est le blâmable d'un bourgeois sans esprit et vain qui fait sottement le gentilhomme, ou du gentilhomme fripon qui le dupe? Dans la pièce dont je parle, ce dernier n'est-il pas l'honnête homme? n'a-t-il pas pour lui l'intérêt? et le public n'applaudit-il pas à tous les tours qu'il fait à l'autre?* Jean-Jacques Rousseau, *Lettre à M. D'Alembert.* In: J.-J. R., *Du Contrat Social.* Paris 1962, S. 149.

tigen Erziehung eines Bürgers zu dem feinen Getue, um das er sich so geflissentlich bemüht.

Reflektiert man indessen auf die Bedingungen der Rezeption des Stückes (die zweifellos, zumindest als Momente, auch seine Konzeption bestimmen), scheint es einigermaßen fraglich, ob Molière, hätte er es dreist gewollt, die moralische Frage als solche auch nur hätte stellen können.[28] Zudem – so Szondis weiterer Einwand – gehe Brody an der Tatsache vorüber, daß der Adelsstreberei der in zweiter Generation Reichen in der Gestalt des *honnête homme*, Cléonte, ein Musterexemplar des eigenen Standes entgegentritt. Mit dem Hinweis auf dieses petit fait suchte Szondi die eigene These zu begründen.

Auf die Frage Jourdains an Cléonte, ob er adligen Standes, ob er *gentilhomme* sei, unerläßliche Voraussetzung für den Fall seiner Verheiratung mit der Tochter Lucile, erfolgt in dem Stück eine fast programmatische Antwort:

*Monsieur, la plupart des gens sur cette question n'hésitent pas beaucoup. On tranche le mot aisément. Ce nom ne fait aucun scrupule à prendre, et l'usage aujourd'hui semble en autoriser le vol. Pour moi, je vous l'avoue, j'ai les sentiments sur cette matière un peu plus délicats: je trouve que toute imposture est indigne d'un honnête homme, et qu'il y a de la lâcheté à déguiser ce que le Ciel nous a fait naître, à se parer aux yeux du monde d'un titre dérobé, à se vouloir donner pour ce qu'on n'est pas. Je suis né de parents, sans*

28 *Il serait inconcevable,* heißt es in einer Bemerkung Bénichous, die Szondi zur Stützung seiner Kritik herangezogen hatte, *que Molière, qui s'adressait si souvent à l'auditoire de Versailles, ait songé à lui prêcher la philosophie de la place Maubert. Le ton et l'esprit bourgeois passaient pour désastreux chez un auteur. D'autres que Molière en ont subi le reproche, Boileau par exemple, et non sans raison: car il a vraiment introduit, en essayant de les rendre imposants, l'esprit et les maximes morales de la bourgeoisie dans la grande littérature. Aussi essuya-t-il pendant vingt ans les sarcasmes et les rappels humiliants des beaux esprits du monde.* Paul Bénichou, *Morales du grand siècle.* Paris 1948, S. 290.

*doute, qui ont tenu des charges honorables. Je me suis acquis dans les armes l'honneur de six ans de services, et je me trouve assez de bien pour tenir dans le monde un rang assez passable. Mais, avec tout cela, je ne veux point me donner un nom où d'autres en ma place croiroient pouvoir prétendre, et je vous dirai franchement que je ne suis point gentilhomme.* (III, 12)

Obwohl bürgerlichen Standes, ist Cléonte *honnête homme* dank einer besonderen Art Distinktion, die sich darin ausdrückt, sich in seinen Stand zu schicken, wenn auch nicht wie Madame Jourdain *terre à terre.* Wie Jourdain ist er Erbe, aus dem Erwerbsleben schon ausgeschieden, ein Mann der zweiten oder dritten Generation, die es bereits zu *charges honorables* gebracht hat. So ist dem Absolventen einer Militärlaufbahn im Dienst des Königs, der, wenn er wollte, nach den gängigen Kriterien die Voraussetzungen der Nobilitierung erfüllte, schon seine Zugehörigkeit zum dritten Stand, wie Acaste im *Misanthrope* der Adel, *un rang qu'on tient dans le monde.* Eine Darstellung der Soziogenese der *honnêté*, an der sich Szondi orientiert hatte[29], findet sich bei

29 Nicht ganz ohne Vorbehalt, mit dem Hinweis auf die in mancher Hinsicht doch rein geistesgeschichtliche Fragestellung dieser (unter dem Titel *Das französische Publikum des 17. Jahrhunderts* 1933 erstmals veröffentlichten) Untersuchung, die sich auch am Beispiel des Verständnisses der sozialen Funktionen der *honnêteté* zeigt. Da der Kodex der *honnêteté* sich im Zusammenhang der tiefgreifenden sozialen Machtverschiebungen innerhalb der Entwicklung zum Absolutismus ausbildet, dürfte er im 17. Jahrhundert vielleicht als Versuch einer Antwort auf die durch den (faktisch weder von der Aristokratie nach dem Scheitern der Fronde noch von der Bourgeoisie in Frage gestellten) politischen Machtkompromiß mit der absoluten Monarchie aufgeworfenen Probleme der Beziehungen der Stände zueinander gesehen werden: indem diese sich für eine politisch nahezu entmachtete, ökonomisch unproduktive Aristokratie und eine wirtschaftlich erstarkte bürgerliche Klasse unter verschiedenem Vorzeichen stellen, muß der Kompromiß auf der Ebene der symbolischen Convenancen, die Elaboration eines gemeinsamen, für beide Stände, wie es scheint, in gewisser Weise verbindlichen Kodex, nicht auch schon auf eine gemeinsame Antwort auf diese Probleme schließen lassen. In der Tat unterscheiden sich die Konzeptionen der *honnêteté*, je nachdem ob

Auerbach. Ausgebildet in den Cercles der Madame de Rambouillet in Reaktion auf den Fanatismus der Religionskriege wie den weitgehend eher noch durch die Umgangsformen des hugenottischen Vasallenadels als die spezifische Courtoisie bestimmten Hof des Henri IV, ist der Kodex der *honnêteté*, frei von dem zumal für die italienische Renaissance charakteristischen Verhältnis wirtschaftlicher Hörigkeit, kein im eigentlichen Sinne ständisches Ideal, weil nicht grundsätzlich an die Geburt und Lebensweise gebunden. Im Laufe des Jahrhunderts erweitert sich der Kreis derer, die der *honnêteté* für fähig erachtet werden, schließlich auf Bürger. Trotz der Ablösung von den Kriterien unmittelbarer Standeszugehörigkeit aber ist dieser Verhaltenskodex durch und durch ständisch geprägt, gekennzeichnet durch Kenntnis und Beachtung der Distanzen, eine Transzendierung der ständischen Schranken gerade durch ihre Wahrung im Verhalten, ein *se connaître*, wie es der Bürger besitzen muß, um seinerseits als *honnête homme* zu gelten: Schließlich trägt er

ihre Theoretiker wie Faret (Autor des 1633 erstmals publizierten *Traîté de l'honnête homme ou l'art de plaire à la Cour*) Bürger oder wie etwa St. Evremont Aristokraten sind. Bürgerlicherseits laufen sie, wie schließlich der soziale Funktionswandel der Salons zeigt, auf dem Wege der sozialen Assimilation aristokratischer Normen langfristig doch auf die Aushöhlung ihrer Funktionen, bzw. auf ihre ›Rationalisierung‹ hinaus. Zum andern scheint, seitens der Aristokratie, mit diesem Kodex auch eine Lösung der von der moralischen Seite dieses Machtkompromisses gestellten Fragen – in erster Linie gegenüber der Krone – intendiert, nämlich sozialen Erfolg im Herzen der Macht wie der Ohnmacht: des absolutistischen Hofes, mit der Aufrechterhaltung gewisser Auffassungen aus der feudalen Tradition des Standes zu verbinden und eine, wie immer auch prekäre, Demarkationslinie zwischen Offenherzigkeit, Vorsicht und Verstellung, Höflichkeit und Servilität zu ziehen. Erst im Zuge der Erkenntnis ihrer Unvereinbarkeit im Rahmen dieses Hofes stellen sich, wie etwa der *Misanthrope* zeigt, die tradierten und auch für die *honnêteté* verbindlich gebliebenen Formen der *courtoisie*, etwa die *complaisance* als Laster *(vices)*, als Hypokrisie, Verlogenheit, Schmeichelei, gewissenlose Wendigkeit etc. dar, insbesondere freilich in der Optik der bürgerlichen Schriftsteller des 18. Jahrhunderts (s. M. Magendie: *La Politesse mondaine et les théories de l'Honnêteté en France au XVII^e^ siècle, de 1600 à 1660*, Paris 1925).

das Signum der *noblesse* auch in der habituellen Erwerbs- und Berufsverachtung, insofern es als persönlicher Vorzug gilt, wenn es einem Menschen gelingt, nichts von seinem *métier* in seinem Benehmen spüren zu lassen.

Der Gegensatz der *honnêteté* zur Adelsstreberei zeigt sich in der Komödie nicht nur explizit in der Konfrontation beider Gestalten, sondern implizit auf der Skala dessen, was als schätzenswert dargestellt wird: denn was Jourdain im Rahmen seiner verspäteten Bildungsexerzitien sich anzueignen sucht, ist eine Fähigkeit, die den *honnête homme* schlechthin auszeichnet, den *gentilhomme* auszeichnen sollte: das *jugement*[30], Urteilsvermögen, zumal ästhetisches, nach den convenus der höfischen Konversation im Gegensatz zur *prévention aveugle*, zur *complaisance affectée*, zur *délicatesse ridicule*.[31] So wird Jourdains Kauderwelsch nicht nur von der Sprache des *gentilhomme*, sondern immer auch von der Urteilsfähigkeit des *honnête homme* abgesetzt, um so nachdrücklicher, als es ihm immer dann entfährt, wenn er sich im Besitz der Sprache des Urteils glaubt, nämlich meint, sie mit dem Erwerb (und das heißt für ihn: Kauf) auch schon erworben zu haben.

Die Einführung der Gestalt des *honnête homme*, die die Standesgegensätze des Bürgers und des Adligen in sich negiert, aufhebt und überschreitet, zeigt sich, deutlicher als in der Komödie, in ihrer Stoßrichtung vor allem im

30 An diesem Vermögen wird auch M. Jourdain gemessen, z. B. vom *maître à danser: C'est un homme, à la vérité, dont les lumières sont petites, qui parle à tort et à travers de toutes choses, et n'applaudit qu'à contre-sens; mais son argent redresse les jugements* (gesperrt von mir, W. F.) *de son esprit; il a du discernement dans sa bourse, ses louanges sont monnayées.* (I, 2)
M. Jourdain nimmt es auf seine Weise: in der Identifikation von blauem Blut und Urteilskraft, gegenüber der an seinem Verstande irre gewordenen Gattin für sich in Anspruch: *Lorsque je hante le noblesse, je fais paraître mon jugement* (gesp. von mir, W. F.); *et cela est plus beau que de hanter votre bourgeoisie.* (III, 3)

31 *La Critique de l'Ecole des Femmes*, Antwort Dorantes in dem Streitgespräch mit dem preziösen Marquis.

Lichte der *Critique de l'Ecole des Femmes*, deren Analyse Szondi der Untersuchung des *Bourgeois gentilhomme* vorangestellt hatte. Es ist aufschlußreich, daß der *honnête homme* demselben *Hôtel de Rambouillet* entstammt wie die Preziösen, denen er u. a. in der *Critique de l'Ecole des Femmes* als Gegner entgegentritt. Das erlaubt nicht nur Rückschlüsse auf den Funktionswandel des Hofes, sondern auch die Art der Parteinahme des Autors zu ihm. Offensichtlich scheint Molière bekräftigen zu wollen, daß nunmehr der Hof eines Louis XIV auch die ästhetischen Funktionen übernommen hat, wie sie vordem das Hôtel de Rambouillet und in seiner Folge die Ruelles der Preziösen in der Opposition zum Hofe der Vorgänger des absoluten Souveräns, auch nach Ludwig XIII., für sich in Anspruch nehmen mochten. Denn nunmehr ordnet Molière den Preziösen ihren von je perhorreszierten Gegner, die Pedanten[32] (regelbeflissene Literaten bürgerlicher Provenienz) als Komplizen, als Alliierte gleicher Güte zu. Wie in der Debatte deutlich wird, verachtet der bürgerliche Pedant den Hof in der gleichen Weise wie der adlige Preziöse das Parterre.[33] Indem Molières Sprecher, seines Zeichens zwar Marquis, dem bürgerlichen Pedanten gegenüber den Hof mit gleicher Verve wie gegenüber dem preziösen Marquis das Parterre verteidigt, aber spricht er im Kostüm des *gentilhomme* die Sprache des *honnête homme: bon sens* und *bon goût* finden sich bei Hofe und im Parterre gleichermaßen; beide erscheinen im Hinblick auf die Fähigkeit des

32 In der *Critique de l'Ecole des Femmes* vertreten in der Gestalt des Poeten Lysidas.

33 Der Gegensatz von *cour* und *parterre* ist praktisch gleichbedeutend mit dem von *cour* und *ville*. Nach Auerbachs Darstellung gab es eine bestimmte Gruppe Pariser Bürger, die nach Zeugnissen der Zeit besonders charakteristische Theaterbesucher sind: die *marchands de la rue St. Denis*, Inhaber der Mode- und Luxusgeschäfte, Spitzenklöppeleien, Juweliere, Besitzer der Geschäfte für Präzisionsoptik, Luxusgläser, Musikinstrumente etc., zum größten Teil also Hoflieferanten. Trotz ihres Wohlstandes leisten sich die

ästhetischen Urteils verbündet. Diese Gleichstellung aber hat in der *Critique...* (wie im *Bourgeois gentilhomme*) ein offizielles und ein inoffizielles Gesicht. Denn offiziell zumindest läßt Molière keinen Zweifel daran, daß der Hof der authentische und ursprüngliche Ort des Urteils ist, wenn man so will, die Bedingung seiner Möglichkeit, *ville* und *parterre* entsprechend sein Annex. Inoffiziell aber wird mit der Gleichstellung von Hof und Parterre vor dem *jugement*, der Hof dem *jugement*, schließlich der gentilhomme dem *honnête homme* untergeordnet. Nunmehr hat sich erst am Urteilsvermögen zu erweisen, wer legitimerweise zum Hofe gehört, beziehungsweise, was höfisch ist. Diese Konsequenz hat ihre eigene Dialektik. Denn einerseits ist der Maßstab, dem der Hof unterstellt wird, seinerseits ein höfischer, andererseits aber relativiert er den absolutistischen Anspruch des Hofes: wenn auch erst nach den Kriterien einer noch ästhetisch eingeschränkten Urteilskraft, die nichtsdestoweniger auf eine Rationalisierung der Herrschaft zielt. Aber schon diese Relativierung wäre, wagte sie sich offen hervor, in ihrer Konsequenz unabsehbar genug, bedenkt man, daß die absolutistische Macht, wie sie sich in der minuziösen Arithmetik der Etikette und dem gnadenlosen Zwang des Zeremoniells, dem sie alle unterwirft, darstellt, nicht nur ein ästhetisches Prinzip ihrer Manifestation, sondern auch Legitimation hat in dem Maße, wie sie sich diesem Zwang selbst unterwirft.

Angehörigen dieser Gruppe allenfalls für ihre Frauen eine Loge, um sie von Belästigungen fernzuhalten. Sie selbst aber besuchen das *parterre*, wo die Sicht auch gut ist, die Plätze aber billig sind. Der Besuch der oberen Ränge, der Logen, insbesondere aber der Bühnenplätze, gilt noch als Privileg des Hofes, also Standesprärogative des Adels und der höheren Robe. Die Schicht der Parterrebesucher aber gehört dem *peuple*, d. h. der großen Masse der Gewerbetreibenden, schon nicht mehr an. Als *ville*, Annex der Hofgesellschaft, gilt nur jene Gruppe der zumindest schon in zweiter Generation Reichen auf der Schwelle zu Amt und Titel: ein Publikum, das die Hierarchisierung der Hofgesellschaft respektiert und schon im Begriff ist, sich ihr zu assimilieren (s. Auerbach a.a.O., S. 29-33).

Was sich in dieser Konsequenz zeigt, die freilich als eine des Gedankens zu überschätzen man sich hüten sollte, solange sie sich nicht als eine szenische bzw. theatralische nachweisen läßt, aber ist nicht nur eine (in der *Critique de l'Ecole des Femmes* kaum noch verhohlene) Absage an Prätentionen auch der *noblesse*, als verfüge sie, qua Stand, auch schon über das »natürliche« Urteil, sondern zugleich auch eine Modifikation des point de vue, von dem her das Gericht über den reichen Bürger ergeht; als wären mit dem Kauf der Requisiten allein schon die Regeln zu erwerben, kraft deren diese erst Formen der Herrschaft sind. Einschränkend freilich: Molières »honnêtes hommes« (nicht honnêtes gens) stellen die Funktionen von Ästhetik und Etikette, wie sehr auch die Komödie diese als Formen sozialer Herrschaft zeigt (und verwendet) nicht selber schon in Frage. Erst ihre Nachfahren, aus dem Bürgertum stammende Schriftsteller und Künstler, vollziehen in den folgenden Generationen, nachdem der Hof seine zentrale Stellung verliert und sich in den Salons der *ville* mit den Trägern der Öffentlichkeit auch diese selber verändert, auf der Szene der Wirklichkeit jenen Schritt über die ästhetische Barriere, mit dem sich erst die im Geist der *honnêteté* noch befangene Konversation in Kritik, das Bonmot ins Argument verwandelt.[34]

Davon scheint der *honnête homme* der Molièreschen Komödie noch fern: dargestellt als »Ideal«, ist er der Mann *qui se connaît*, der, ohne die Standesunterschiede verwischen zu wollen, dem König dient.

Betrachtet man indessen seine dramaturgische Funktion innerhalb des *Bourgeois gentilhomme* im Sinne jener Bemerkung Hegels über die reflektierte Beziehung des Dramatikers zu den Gestalten, die er auf die Szene stellt, erscheint er gerade als die geometrisch zentrale, makellose

34 Jürgen Habermas, *Strukturwandel der Öffentlichkeit*, Neuwied 1962, S. 44.

aber zugleich farbloseste Gestalt, in deren Licht sich erst die sozialen Abschattungen aller anderen zeigen, wie sein Pendant in der *Critique de l'Ecole des Femmes* nicht ohne Doppeldeutigkeit. Zwar fungiert er, der eigentliche Sprecher Molières, wie man ihn hat sehen wollen, offiziell als ein loyaler Anwalt der Krone, aber ebendiese Loyalitätsadresse ist – und hier meinte Szondi den springenden Punkt der Sache zu sehen – die Bedingung der Möglichkeit dafür, ja sogar das *Alibi*, die Praxis des Ämterkaufes und -verkaufes, das soziale Durcheinander, das sie hervorruft, in ihren Folgen darstellen zu können, ohne diese Praxis selbst auch nur benennen zu müssen, vor allem aber die Figur aussparen zu können, die vor allen anderen und in letzter Instanz für sie haftbar ist: den absolutistischen Souverän, zu dessen *divertissement* das Lustspiel im Rahmen eines höfischen Festes auf dem Schloß Chambord aufgeführt wird. Dieser dramaturgischen List entspräche eine weitere: die Distribution der Aspekte der Lächerlichkeit, damit der Bedingungen des Gelächters auf der Ebene der verschiedenen Modi der Präsentation.

Es ist M. Jourdain, der lächerlich gemacht, betrogen wird. Ja, er erscheint doppelt lächerlich, im Urteil des eigenen wie des anderen Standes, einer Madame Jourdain und Nicole, eines Dorante wie einer Dorimène. Aber im Falle Madame Jourdains sind Standes- und Verstandesgrenzen schlichtweg eins: sie, die der Erwerbsinstinkt begreifen läßt, daß ihr Gemahl von dem Edelmann geplündert wird, bleibt ohne Sympathie, *terre à terre*. Zumindest ihr gegenüber wird der Bürger mit seinen Aspirationen nicht immer im Unrecht gelassen.[35] Auf Kosten des Bürgers hat die Sympathie des Publikums zwar der Adlige, der ihn foppt. Er selbst aber wird, zwielichtig in seiner Moral wie in seinen Prakti-

35 M. Jourdain (über Mme. J.): *Voilà bien les sentiments d'un petit esprit, de vouloir demeurer toujours dans la bassesse.* (III, 13)

ken, in der Geldnot seines Standes bloßgestellt, vor dem Ruin bewahrt nur durch Dorimène, die nur spielerisch mitmacht beim Betrug, sich nur widerwillig herabläßt. Keiner – so Szondis Resümee – hat zuletzt die Lacher auf seiner Seite, lachen kann über sie alle nur einer, der abwesend: weil allgegenwärtig, im Zentrum des Stückes wie des Konfliktes steht, gegen den adelssüchtigen Bürger, schonungslos gegen den verarmten höfischen Adel, teilnahmsvoll, sofern der Bürger, ohne die Standesunterschiede zu verwischen, der Krone dient: der König. Ihm, dem Verantwortlichen, wird in den komischen Tableaux der Szene zugleich die Konsequenz seiner Politik vor Augen geführt und von dem Komödienschreiber, der, indem er sich zum Komplizen seines Protektors macht, versteckt, weil gefährdet, als sein Kritiker agiert, Gelegenheit gegeben, im Gelächter über sie alle, kathartisch aber repressiv, zuletzt auch den aufkommenden Rochus wider jenen zu ersticken.

## *II*

Der Lektüre des *Bourgeois Gentilhomme* hatte Szondi im Zusammenhang jenes Seminars eine Betrachtung des *Misanthrope* mit dem Hinweis auf die Symmetrie angeschlossen, die beiden Komödien, am auffälligsten vielleicht im Kontrast ihrer Titelfiguren, gemein ist: Steht der Protagonist der einen noch diesseits der »Welt«, wenngleich schon auf der Schwelle, sie zu betreten, setzt der der anderen, den es um alles aus ihr fortzieht, zu dem Schritt an, sie zu verlassen. Dem Bürger unbegreiflich bis zuletzt und darum der alles beherrschende Fixpunkt seiner Wünsche, ist sie dem Adligen, der sie durchschaut, nur noch ein Gegenstand seines Abscheus. Sowenig wie der ungelenke Schritt des einen in die »Welt«, ist der zögernde des anderen beim Austritt aus ihr von Komik frei. Auch sind die Orte, auf die beide ihre Sehnsucht richten, auf die *monde* der Bürger, aufs *désert* der Aristokrat, dem einen wie dem anderen illusionär. Und wie der Bürger des Lustspiels wird der Edelmann jener »ernsten Komödie« am Ende dem Gelächter preisgegeben.

Zum Unterschied vom *Bourgeois Gentilhomme* freilich bringt Molière im *Misanthrope* den Standesunterschied nicht ins Spiel. Schon daraus ließe sich, wie Szondi gemeint hatte, zumal mit Blick auf die Jahreszahl, schließen, daß der Hof das »Milieu« der Szene ist, auch wenn, wie nicht anders im *Impromptu de Versailles* seine direkte Darstellung entfällt: 1666 ist die Assimilation der Aristokratie an den Hof eine beschlossene Sache. So dürfe dessen présence-absence im Verhalten der Akteure wie in ihren Beziehungen zueinander auch dort angenommen werden, wo er nicht bildlich aufgerufen werde. Dennoch hatte Szondi den Salon Célimènes, Schauplatz der Handlung, nicht nur als prismatische Verkleinerung des absolutistischen Hofes verstanden wissen wollen und aus diesem Grunde versucht, mit dem Hinweis auf eine am Beispiel von Elias' Analyse des *Königsmechanismus*[36] von Lepenies[37] getroffene Unterscheidung, die szenische Topographie soziologisch gegenüber dem Hofe abzugrenzen: wie der Königsmechanismus zeigt, ist der Triumph der Zentralgewalt über den frondierenden Adel in seinem Bestand an eine dauerhafte Balance zweier Gewichte geknüpft – auf der einen Seite das politische Entscheidungsmonopol des Souveräns, auf der anderen ein restringierter Bereich rein formaler Machtentfaltung des Adels (unter dem Vorzeichen seiner faktischen Entmachtung) in den Formen von Etikette und Zeremoniell – eine Balance, die nur gewahrt bleibt, solange der Souverän sich seinerseits den

36 Norbert Elias a.a.O., S. 41.

37 Wolf Lepenies, *Melancholie und Gesellschaft*, Frankfurt/Main 1969, S. 50 f.

Verbindlichkeiten der Etikette unterwirft und als primus inter pares auf diese Weise dem Adel innerhalb jenes restringierten Bezirks ein strikt hierarchisiertes Aktionsfeld symbolischer Kompetition schafft, das den realen Machtverlust des Standes kompensiert. Betrachtet man den Auftakt des Molièreschen Stücks, das Streitgespräch beider Edelleute (Philinte/Alceste) über die moralische Zweideutigkeit gewisser (höfischer wie höflicher) Umgangsformen, und d. h. der Sache nach, Verhaltensmustern im Distrikt jener eingeschränkten, weil formalisierten Selbstdarstellung und Machtentfaltung vor dem Hintergrund der Szene, ließe der Salon als Annex des Hofes sich von diesem selbst als eine Sphäre der Geselligkeit unterscheiden, innerhalb deren die Funktionen der Etikette in dem Maße wie sie in ihren Voraussetzungen wie Begleiterscheinungen bei Hofe von den Betroffenen als problematisch empfunden werden (ohne damit in ihrer Verbindlichkeit suspendiert zu sein) ins Bewußtsein[38] der Beteiligten oder doch an dessen Schwelle rücken.

Würde der *lieu de la scène* damit zumindest von einer Seite auf den Hof hin soziologisch transparent, zeigt er sich spätestens mit den Auftritten Célimènes oder Arsinoés von einer weiteren, wiederum auf den Hof bezogen, als eine Art Turnierfeld, auf dem Damen der Gesellschaft ihren Wettbewerb um Position und Anerkennung ausfechten, sowenig sich diese Konkurrenz als solche auch offen zu erkennen gibt. Dennoch zeichnen ihre Mechanismen sich hinter Formen des gesellschaftlichen Verkehrs ab, die primär ihrem Kritiker, Alceste, als *médisance, hypocrisie, méchanceté, insincérité*, bzw. allgemeiner, als Laster, *vices du temps* erscheinen, während sie sich einer Betrachtung, die, um ihre Bedingtheit aus dem Kontext ihres sozialen

38 A.a.O., S. 55 *(Hof und Salon)*.

Feldes zu begreifen, von deren moralischer Problematik absähe, zunächst eher als Verhaltensmuster darstellen würden, wie sie Elias unter dem Titel der *höfischen Rationalität*[39] beschrieben hat: gezielte Strategien, die darauf hinauslaufen, Rang und Ansehen der höfischen Dame durch Brillanz, Jugend, Erfolg, innerhalb einer Hierarchie zur Darstellung und Geltung zu bringen, in der die Reputation des Namens von nicht geringerem Gewicht ist als der Besitz von Mitgift und Vermögen innerhalb der berufsbürgerlichen, schließlich sogar konvertibel in dem Maße wie die Gefolgschaft einflußreicher Prätendenten – Zeichen der Überlegenheit einer Frau über ihre Rivalinnen – die Türen zu Macht und Einfluß öffnet und u. a. auch den Zugang zu den Subsidien verschafft, die der ökonomisch zwar ausgehaltenen, in Anbetracht ihrer gesellschaftlichen Position jedoch relativ selbständigen Frau die Partizipation im Spiel des höfischen, erotischen wie geistreichen, Wettbewerbs, den Tausch von symbolischer Gunst gegen symbolischen Kredit ermöglichen. So scheint bei näherer Vergegenwärtigung des sozialen Rahmens dieser Komödie einiges dafür zu sprechen, die Ratio des Verhaltens einer »Koketten« von der Kritik zu unterscheiden, wie sie der aufgebrachte Alceste an dieser, seiner Geliebten, übt: müssen doch die Briefe, die Célimène ihren Bewerbern schickt, um darin jeweils über den einen oder anderen von ihnen herzuziehen, nicht unbedingt nur augenfällige Dokumente von Unbeständigkeit oder Frivolität sein, sondern womöglich eher Ausdruck einer von diesem System sozialer Abhängigkeiten erheischten Geschicklichkeit, versprechen zu können, ohne gewähren zu müssen, gewähren zu können, ohne daß die Welt es merkt, viele in diesem Spiel mit dem Feuer in der möglichen Nähe und dem gebotenen Abstand zu halten etc. Und nicht

39 Norbert Elias a.a.O., S. 168 f.

minder fraglich wäre unter diesem Aspekt, ob es sich im Disput Arsinoés mit Célimène wirklich um die Auseinandersetzung zweier personifizierter – als typisch weiblich angesehener – Laster, falscher Prüderie und verleumderischer Klatschsucht, handelt oder nicht eher um den verbalen Eklat des Konfliktes zwischen der alternden Hofdame und ihrer jugendlichen Rivalin, wobei die erstere nach dem Schwinden von Glanz und Jugend gemäß den Maßstäben jener »Welt« bereits zur Resignation oder Insignifikanz verurteilt wäre, wüßte sie sich nicht in dem ungleich gewordenen Turnier mit dem Rapier einer geheuchelten Besorgnis um die gesellschaftliche Reputation der anderen eine jener Waffen zu verschaffen, die es auch ihr noch ermöglichen, die Kampagne wider die jugendlichere Konkurrentin anzutreten.

Beobachtungen wie diese[40] lassen es fast selbstverständlich erscheinen, daß der Hof, wie er sich im Spektrum seines sozialen Annexes reflektiert, indem er das »Milieu« der Szene wie des Stückes abgibt, zugleich dessen Gegenstand oder Thema bilde. Gegen diese Schlußfolgerung aber schien Szondi nach einem, zunächst eher hypothetischen Einwand, der Umstand zu sprechen, daß Molière einen in mehrfachem Sinne für den Hof und seine Gesellschaft atypischen Protagonisten in den Mittelpunkt dieser Komödie rückt, atypisch in seiner Misanthropie, in seinem moralischen Rigorismus, in der Unbedingtheit und Ausschließlichkeit seiner Leidenschaft, atypisch mithin in der Art seines Sozialcharakters.

Damit aber werde fraglich, inwieweit im Falle dieses Molièreschen Stücks, und zumal im Vergleich mit seinen anderen, ein Zusammenhang zwischen Charakter- und Gesellschaftskomödie überhaupt behauptet werden kann. Liegt er etwa

40 In der detaillierten Analyse des Stücks von E. Lop und A. Sauvage, in: *Le Misanthrope*, Paris 1963, sowie: Daniel Mornet, *Molière, l'homme et l'œuvre*. Paris 1943.

in den Gestalten des *Tartuffe*, am Beispiel der Implikation der Bigotterie und der Kritik am Klerus, oder des *Avare*, nämlich der Implikation des Geizes und der Persiflage eines bürgerlichen Prinzips: der Akkumulation, schließlich der Gestalt des *Malade Imaginaire*, mit der Hypochondrie und der Parodie der Krankheit wie der Heilung (bzw. des mit dieser Heilung beauftragten Standes) relativ offen zutage, scheint er im Falle des *Misanthrope* nicht weniger dunkel als schon der Zusammenhang der komplexen Momente, die den Charakter der Titelgestalt zu kennzeichnen scheinen. Solange die Art ihrer Verbindung sich nicht näher zu erkennen gibt, aber scheint es mehr denn problematisch, alle diese Momente, sei's in Form von Anleihen bei der Psychologie, sei's im Verweis auf die soziale Situation oder das moralische Bewußtsein dieser Gestalt wo nicht gar schließlich unter Berufung auf die dramatische Entwicklung des Stücks (deren Progression sich ironischerweise in einer Verhinderung dramatischer Aktion realisiert) aus einem einzigen abzuleiten, wie etwa in dem folgenden Beispiel die Misanthropie des Protagonisten aus seiner moralischen Intransingenz, der Forderung Alcestes nach Offenheit um jeden Preis:

*Die Absolutheit seiner Forderungen und das Bewußtsein, sie in der Gesellschaft nicht durchsetzen zu können, sind die Ursache seiner Misanthropie, deren Tiefe eine dreifache Steigerung ermessen läßt: er ist kein Freund des Menschengeschlechts, haßt alle Menschen, ja, er hegt einen »schrecklichen Haß« gegen die menschliche Natur.*[41]

Denn wo Interpretationen wie diese die Misanthropie der Titelgestalt als moralische Reaktion bzw. übertriebene Konsequenz gewisser Erfahrungen mit Menschen begreifen, setzen sie sich – so Szondis Einwand – darüber hinweg, daß

41 Heinrich Bihler, *Molière. Le Misanthrope*. In: *Das französische Theater*. Hg. Jürgen von Stackelberg. Düsseldorf 1968, S. 272.

Molière einen Charakter zeichne, dessen Menschenhaß sich vorab als konstitutionell bedingt zeigt und insofern jedweder anderen Bedingtheit schon zugrunde und voraus liegt. Das Bild dieser Konstitution aber verweise auf die alte Kodifikation eines Symptomkomplexes der Temperamentenlehre.

Ob Molière Shakespeares *Timon of Athens* gekannt hat, ist umstritten. Der Menschenfeind indessen, wie sein Urbild, Timon, der aus Furcht, daß mit dem physischen Ende auch sein Haß auf die Menschen verstummen könne, hinterläßt, ihn beizusetzen, abseits, wo die Meereswellen Lebenden den Zutritt zum Grab verwehren, und auf der Inschrift des Steines, der ihn deckt, mit Todesfluch zu bedrohen, wer nach seinem Namen frage, war, wie Quellenstudien[42] zeigen, dem 17ten Jahrhundert noch eine vertraute Gestalt. Seine Physiognomie in den literarischen Porträts dieser Epoche bleibt bestimmt von der langen Tradition der Humoralpathologie, die schließlich noch aus Dokumenten des aufgeklärten Geistes, wie dem Misanthropie-Artikel der Encyclopédie, spricht, auf den Szondi seine Beobachtungen zu stützen suchte:

*Misanthropie, ff. (Médecine) dégout & aversion pour les hommes et le commerce avec eux. La misanthropie est un symptome de mélancolie; car dans cette maladie il est ordinaire d'aimer les endroits écartés, le silence & la solitude, de même que de fuir la conversation & de rêver toujours au dedans de soi-même; il désigne une mélancolie parfaite. Voyez l'article Mélancolie.*

Daß die Zeichnung des Molièreschen Protagonisten dieser Tradition verpflichtet ist, schien Szondi unzweifelhaft. Entspricht er dem klassischen Bilde des Misanthropen schon

42 Vgl. René Jasinski, *Molière et le Misanthrope*. Paris (Nizet) o. J. – Kap. IV (Les sources), S. 68 f.

dadurch, daß sein Haß sich auf die Menschheit in toto[43] richtet, teilt er mit seinem Urbild des weiteren den Hang zu Weltflucht und Einsamkeit. Während ihn daneben die schwarzgallige Komplexion als Typus von melancholischem Geblüt[44] ausweist, konvergieren schließlich beide Charakterzüge, Menschenhaß und Melancholie in der Symptomkodifikation der *maladie*.[45] Von ihr ist in einer Entgegnung Philintes an Alceste ausdrücklich die Rede:

*Je vous dirai tout franc que cette maladie*
*Partout où vous allez, donne la comédie.* (I, 1, v. 105)

Freilich gleicht sich Molières Menschenfeind seinem Urbild nicht ohne Abweichung an. Während der Misanthrop die Welt flieht, redet Molières Akteur davon, daß er sie fliehen will, um sich dessenungeachtet in ihren Salons aufzuhalten. Statt, wie Timon, die Menschen zu hassen, läßt der Molièresche Misanthrop sich trotz deklarierter Menschenfeindschaft nicht nur nicht daran hindern, sich in einen Menschen zu verlieben, das Objekt, auf das der Blick der Liebe fällt, vereinigt zudem alle Züge einer Welt in sich, die ihr geschworener Feind zu verlassen gedenkt, und kann sich ein Dasein auch nur innerhalb ihrer vorstellen. Niemandem war deutlicher als Rousseau die Komik dieses Umstands aufge-

43 Vgl. den Dialog Philinte-Alceste, I, 1, vv. 110 f. Philinte: *Vous voulez un grand mal à la nature humaine!* Alceste: *Oui, j'ai conçu pour elle une effroyable haine.* Philinte: *Tous les pauvres mortels, sans nulle exception / Seront envellopés dans cette aversion? / Encore en est-il bien, dans le siècle où nous sommes ...* Alceste: *Non, elle est générale, et je hais tous les hommes, / ...*

44 In Szondis Notizen sind unter dem Stichwort: *Alcestes schwarze Galle* neben dem Hinweis auf den Untertitel des Stücks *L'Atrabilaire amoureux* die Verse 91 *(J'entre en une humeur noire ...)*, 98, 449, 672, 1171, 1584 unter dem Stichwort: *Die auf Célimène projizierte »noirceur«* die Verse 1274, 1420, 1494 vermerkt, in denen Alcestes Äußerungen als Symptome der Schwarzgalligkeit erscheinen.

45 Zur Demonstration des Zusammenhangs beider hatte Szondi auf die Untersuchung von Jean Starobinski verwiesen: *Histoire du traitement de la mélancolie des origines à 1900.* Thèse présentée à la Faculté de médecine de l'université de Lausanne. Basel 1960.

fallen: *Rendre le misanthrope amoureux n'était rien; le coup de génie était de le rendre amoureux d'une coquette.*[46]
Aus der Beobachtung, daß der Menschenhaß des Molièreschen Akteurs sich zunächst als konstitutionell bedingt zu erkennen gibt, hatte Szondi den –hypothetischen – Schluß gezogen, daß damit sowohl seine Anlässe wie Gegenstände sich zur Beliebigkeit verflüchtigen, kann er doch der *monde* wie dem Universum gelten, um sich schließlich, an Relevantem wie Beliebigem Anstoß nehmend, unterschiedslos gegen spezifische Mißstände des Zeitalters wie gegen die ganze menschliche Natur zu richten. Unter diesem Gesichtspunkt könne freilich von einer notwendigen Beziehung dieses Charakters zu dieser sozialen Szenerie keine Rede mehr sein. So wäre der Hof möglicherweise nur die äußerliche Kulisse eines Lustspiels, dessen dramatischer Gegenstand, bedenkt man, daß von Célimène über Eliante bis zu Arsioné eine jede der auftretenden Damen dem verschworenen Feind des menschlichen Geschlechtes auf ihre Weise gewogen ist, während er nur eine mit seiner Eifersucht und seinem Furor verfolgt, mit dem Untertitel des *atrabilaire amoureux*, wie es scheint, auf der Hand liegt: die Geschichte einer Eifersucht in Racineschen Versen vor höfischem Dekor. Zwar würde, wie Szondi gegen den eigenen Einwand eingewandt hatte, die Ableitbarkeit der Misanthropie aus der *maladie* für sich allein noch nicht die Annahme einer konstitutionellen Bedingtheit dieser Verfassung rechtfertigen, insofern die *maladie* ihrerseits als eine – pathologische – Reaktion auf die Bedingungen einer bestimmten, soziologisch dechiffrierbaren, Situation verstanden werden könne: gegen diesen Einwand und ein entsprechendes Verständnis der *maladie* aber spricht der Umstand, daß das Stück nicht den geringsten Hinweis auf die Möglichkeit ihrer Therapie

46 Jean-Jacques Rousseau, *Lettre à d'Alembert sur les spectacles* a.a.O., S. 156.

enthält, ja diese Möglichkeit, im Gegensatz etwa zum *Malade Imaginaire* nicht einmal persifliert: wohl weil die *maladie* in diesem Stück nicht wie im modernen Sinne als »klinisch«, sondern als »humoralpathologisch«, d. h. im Sinne der Temperamentenlehre verstanden ist. Zwar sei wie die *maladie* auch die *mélancolie* des historischen Adligen möglicherweise als Reaktion auf die Bedingungen verordneter Untätigkeit, allgemeiner, die höfische Domestikation des Standes zu begreifen; als solche aber wäre sie in der Wendung nicht nur gegen die, sondern diese Welt, aus deren Bedingungen sie entstünde, als deren Kritik wiederum nicht spezifisch: indem sie viel über den Zustand des Melancholischen besagt, wenig über die Zustände und Bedingungen, auf die sie reagiert.

Von allen Momenten indessen, die die Gestalt des Misanthropen im Rahmen der Hofgesellschaft schlechthin atypisch erscheinen lassen, dürften die gewichtigsten jene Äußerungen einer deklarierten Menschenfeindschaft sein, die sich bei jedweder Gelegenheit und ungeachtet der Position des sozialen Gegenübers in *grands courroux*, unverhohlener Direktheit, Singularität der Ausdrucks- wie Umgangsformen, Unnachsichtigkeit und moralischem Rigorismus kundgibt, und das im Kreise der *honnêtes gens* unter den Bedingungen eines sozialen Gefüges, das, wie Elias in seiner Phänomenologie der höfischen Rationalität an den Beispielen der Verwandlung von Fremd- in Selbstzwänge dargetan hat, *zu einer Bändigung der Affekte zugunsten einer genau berechneten und durchnuancierten Haltung im Verkehr mit den Menschen (zwingt).*[47]

Während unter dem Gesichtspunkt der konstitutionellen, damit auch ahistorischen Determination des Menschenhasses die Beziehung von Charakter und Gesellschaft so äußer-

47 Norbert Elias a.a.O., S. 169.

lich, letztlich zufällig bliebe wie die Relation des Ortes zum Gegenstand der dramatischen Auseinandersetzung, stellt sich die innere Zusammengehörigkeit beider in dem Maße her, wie sich dieser Charakter schließich dennoch von seiner sozialen Seite zu erkennen gibt, etwa in dem Streitgespräch mit dem *honnête homme*, Philinte, im Hinweis auf den leisen Anachronismus[48] des Mannes vergangener Zeit, als den ihn sein Gegenspieler apostrophiert. Erst dieser Aspekt der Gestalt würde es erlauben, die Misanthropie als Reaktion zu begreifen und aus ihr auf deren Gründe: die Verfassung der bestimmten Welt und ihrer Menschen zu schließen.

Wenn die Legende der Zeitgenossen Molières, der Autor habe in der Figur des Misanthropen den seiner rauhbeinigen Offenherzigkeit bei Hofe notorischen *duc de Montausier* gekonterfeit, der sich, auf das Gerücht hin aufgebracht, die Komödie sofort angesehen, darin aber über alle Maßen geschmeichelt gefunden hätte, nicht mehr oder weniger Beweiskraft haben mag als alle Legenden, scheint sie doch aufschlußreich dafür, daß das Publikum der Zeit in der Gestalt Alcestes nicht nur den spät an den Hof verschlagenen, hinter der Zeit zurückgebliebenen Provinzadligen, nicht nur den verstockten, unbeherrschten Polterer, sondern eher wohl die Haltung des aus Not und Tugend Unangepaßten gesehen haben dürfte: eine Kompromißlosigkeit, die, ist sie auch im Rahmen des vergoldeten Käfigs, innerhalb dessen dem Adel, nur um ihn um so wirkungsvoller zähmen zu können, die Entfaltung formaler Herrschaft konzediert ward, darauf beschränkt, an den Stäben dieses Gitters zu rütteln, dennoch einen ungetilgten Rest der feudalen Independenz des einstigen Standes unter den Bedingungen seiner höfischen Domestikation bewahrt, so heraus-

48 Philinte: *Cette grande raideur des vertus des vieux ages / Heurte trop notre siècle et les communs usages.* (I, 1 v. 153 ff.)

fordernd oder extravagant sich diese Reminiszenz auch gegenüber denjenigen ausnehmen mag, die sich dem Machtkompromiß fügten.

Unter diesem Gesichtspunkt freilich erschiene die Misanthropie als Resultat: der Diskrepanz zwischen einem altmodisch weil funktionslos gewordenen Ehrenkodex,[49] an dem der Protagonist nichtsdestoweniger festhält und den Convenancen eines Standes, der sich mit der Besiegelung seiner höfischen Transformation dessen nicht nur entledigte, sondern, wie es scheint, ihn auch schon kaum noch mehr kennt.

49 Vgl. den Dialog Philinte–Alceste, I, 1, insbesondere die Replik Alcestes, vv. 13 ff. *(Et tout homme d'honneur s'en doit scandaliser).* Für Alceste ist die *honnêteté* noch identisch mit *honneur,* der *honnête homme* daher eins mit dem *homme d'honneur* alter Zeit, wie sich etwa an der Ablehnung einer *vertu traitable* im Sinne jener Kompromißformen äußert, die den Begriff der *honnêteté* kennzeichnen, seit diese im Sinne der *courtoisie* von der *bienséance* her bestimmt wird. Entsprechend wahrt auch Alcestes *sincérité,* wie sie sich anderen dramatis personae, etwa Eliante, darstellt: *Et la sincérite dont son âme se pique / A quelque chose en soi de noble et d'héroique / C'est une vertu rare au siècle d'aujourd'hui / ...* (vv. 1165 ff.) ständische, genauer feudale Züge, wie sie sich auch einige historische Angehörige der älteren Generation der Fronde, die sich noch gegen den Strom zu stellen wagten, bewahrt zu haben scheinen. Feudalen Ursprungs scheinen die Motive der Kritik des Moralisten, wenn Alceste, auf die Devalorisierung der Ehrentitel zeigend, und zweifellos im Hinblick auf all die frischgebackenen Adligen vom Schlage der Jourdains, die sich jetzt bei Hofe drängen, bemerkt, daß heutzutage selbst sein *valet de chambre est mis dans la gazette* (vv. 1669 f.) und feudal, im Sinne der alten Heldenethik des Schwertadels, scheint schließlich seine, inzwischen anachronistisch wirkende Vorliebe der Einfachheit in der Liebe und, wie an dem Lied ersichtlich, das er dem petrarkistischen Sonett Orontes entgegenhält, auch in der Kunst.

Ob damit indessen alle Maximen, in deren Namen Alceste als Kritiker des Hofes auftritt, wie etwa der Berufung auf Verdienste, die bei Hofe nicht (mehr?) zählen, in der Tat feudalen Ursprungs sind, scheint dennoch zweifelhaft in dem Maße wie sich die dramaturgische Raffinesse in der Zeichnung dieses Charakters zu erkennen gibt: gerade weil die authentische Standeszugehörigkeit dieser Gestalt außer Zweifel steht, dürfte es Molière um so leichter gefallen sein, den Misanthropen als Moralisten Äußerungen tun zu lassen, in denen sich gelegentlich wohl eher Werthaltungen bürgerlicher Provenienz ausdrücken, am deutlichsten vielleicht in Alcestes strikter Scheidung von Freundschaft und Parteigängertum (vgl. etwa v. 651 *Allons, ferme, poussez, mes bons amis de cour!*)

Damit freilich wäre die Misanthropie des Charakters doppelt determiniert, und in dieser zwiefachen Determination hatte Szondi das eigentliche Problem des Stückes – wo nicht gar seinen Schlüssel – sehen wollen, um so mehr als es sich nicht einfach nur um die Konvergenz verschiedener Momente, sondern eher eine Widersprüchlichkeit der Gestalt innerhalb ihrer selber handle: während der konstitutionelle Misanthrop sich der soziologischen Bestimmung entzieht, scheint der reaktive sie zu erheischen.
Nimmt der konstitutionelle schon Anstoß an dem Erbübel, als Mensch unter Menschen geboren zu sein, um seinen Haß auf die Gattung in toto zu richten, so der reaktive an den Merkmalen einer spezifischen Verderbnis der bestehenden. Flieht der konstitutionelle Menschenhasser die Menschen, wo immer und bloß schon weil sie ihm begegnen, gleichgültig welchem Stande er oder sie angehören, so der standesspezifische nur diejenigen von *cour* und *ville*. Und während die Orte, wie sie der geborene Menschenfeind ersehnt, sich soziologischer Betrachtung indifferent erweisen, sofern es nur solche der Einsamkeit sind, ist die Idylle, von der der gewordene zugleich träumt und perhorresziert wird, allein auf die Welt des Hofes bezogen: ein *désert*, keine Wüstenei im buchstäblichen Sinne, sondern die Einöde der sozialen Insignifikanz.
Molières Misanthrop aber erscheint einmal als der eine, einmal als der andere, gelegentlich freilich auch als der eine und der andere zugleich. Was sich indessen keiner der beiden innerhalb dieses Charakters unterschiedenen Persönlichkeiten problemlos, und am ehesten der zweiten, zuordnen läßt, ist jener Charakterzug einer moralischen Intransingenz,[50] in der insbesondere eine den Anschauungen des

50 Eine genaue Bestimmung der Herkunft dieses *vertu*-Begriffes scheint (vgl. Anm. 14) mit einigen Schwierigkeiten verbunden. Man hat darin gelegentlich einen jansenistischen Wesenszug, als Gegensatz etwa zur jesuitischen

18. Jahrhunderts verpflichtete Lektüre eine Art Wendung des moralischen Bewußtseins gegen den Weltlauf hatte sehen wollen, um im Zusammenprall beider die geheime Tragik einer Gestalt zu entdecken, die am Kreuzweg der Notwendigkeit und der Unmöglichkeit stünde, das Spiel von Hof und Welt zu spielen: unter der Notwendigkeit, um Geburt und Rang aufrecht zu erhalten, eine Frau zu erobern, unter der Unmöglichkeit, weil sich dem Blick dieses Mannes, der zu seinen Überzeugungen steht, der Cultus der Convenancen als Hypokrisie entpuppte. Er, der Offenheit sucht und sie in der Freundschaft glaubt finden zu können, stößt auf glatte Weltläufigkeit, Liebe, ihm begegnet Unbeständigkeit und Koketterie, Geist, er trifft auf die Anmaßungen eines Preziösen, Gerechtigkeit, er verliert seinen Prozeß gegen einen Schurken, Ehrlichkeit, man schmeichelt ihm mit falscher Devotion, bis sich endlich, in dem Maße, wie sich die Kluft zwischen der »Welt« und der Tugend erweitert, dieses andere *Gehäuse der Hörigkeit* um seinen aufgebrachten Sklaven schließt... Indem eine solche Deutung den Konflikt zwischen *monde* und *vertu* wie selbstverständlich aus dem Blickwinkel der *vertu* betrachtet, entgeht ihr, wie fern – so Szondis Einwand – das offenkundig komische Fazit des Stückes von deren Apologetik sei, nicht etwa

Nachsicht des Hofes mit den Lastern und Schwächen der menschlichen Natur sehen wollen, wo nicht gar, wie am Beispiel der Äußerungen Alcestes über die Schlechtigkeit der Welt einen Ausdruck jenes extremen Augustinismus von Port Royal, der die Welt als grundsätzlich verwerflich und böse dem Reiche Gottes entgegenstellt. Dagegen spricht, daß im Verhalten Alcestes nichts von jansenistischer Konsequenz im Sinne etwa der von Pascal vertretenen Loslösung von der Welt innerhalb ihrer selbst, nämlich als Abwendung von ihren Begierden und Genüssen um einer um so größeren Anteilnahme an ihren Leiden willen zu spüren ist. Nicht glücklicher scheint es um den Versuch bestellt, die Herkunft der Alcesteschen *vertu* im Stoizismus zu suchen, der den französischen Moralisten zwar gegenwärtig war und an dem schließlich die Revolution sich in ihrer jakobinischen Phase orientierte, wenn man bedenkt, wie wenig im polternden Aufbegehren und der persönlichen Überempfindlichkeit dieser Gestalt von Ataraxie zu spüren ist.

nur, weil – was sich mit der Lesart geheimer Tragik durchaus vereinbaren ließe – auch dem Weltlauf sein relatives Recht konzediert würde, sondern weil sie verkenne, daß sie die Welt, wie sie sich unter dem Blick ihres melancholischen Kritikers in ihrer Schwärze malt, für diese selber nimmt: ohne zu bedenken, wie sehr Molière dessen Perspektive relativiere, nirgends deutlicher als wo er ihn als Misanthropen durch Lächerlichkeit ins Unrecht setzt. Damit indessen scheint der Autor augenscheinlich zum Problem zu erheben, wonach diese Leser schon nicht mehr fragten: was es heißt, in einem Gefüge wie dem des Hofes stets *à cœur ouvert* zu reden, Zuneigung kategorisch von Geschäftsklugheit, Freundschaft von Parteigängertum, Weltläufigkeit von Tugend, Höflichkeit von Offenheit zu trennen. Daß Alceste sich – und Molière ihn – in den Konsequenzen, wie den Inkonsequenzen dieser Scheidung lächerlich[51] macht, scheint unverkennbar. Misanthrop, der er ist, wettert er gegen banale Complaisancen mit derselben Verve wie gegen ausgemachte Perfidien[52], scheint er allzu einverstanden mit der Rolle des Verfolgten, der, für die Wahrheit und Gerechtigkeit leidend, nur um der Welt ihre Schlechtigkeit zu demonstrieren, seinen Prozeß verlieren möchte.[53] Niemals einiger mit sich selbst als wenn er sich mit aller Welt zerstritten weiß,[54] zeigt er sich gelegentlich in kindischem Trotz, indem er, um sich an Célimène zu rächen, Eliante's Liebe fordert.[55] Und mag die Disproportion großer Worte zu kleinen Anlässen schon für den konstitutionellen Misan-

51-58 Unter dem Stichwort *Alcestes Lächerlichkeit* sind in Szondis Notizen die folgenden Verse vermerkt: 52) v. 28 f. *(Et si par un malheur j'en avais fait autant, / Je m'irais, de regret, pendre tout à l'instant)*, v. 108. 53) v. 196 *(J'aurai le plaisir de perdre mon procès)*, v. 203-205 *(Tant pis pour qui rirait)*. 54) v. 675 f. Eliante über *Alcestes esprit contrariant qu'il a reçu des cieux*. 55) v. 1251, cf. v. 1412 f. 56) v. 352 f. *(Je ne dis pas cela)*. 57) v. 1311 *(Percé du coup mortel dont vous m'assassinez)*, cf. vv. 1317, 1789 f. sowie v. 404. 58) v. 514 *(Morbleu, faut-il que je vous aime!)*.

thropen typisch sein, so ist sie, gemäß dem dramaturgischen Prinzip der zwiefachen Determination dieser Gestalt, nicht minder charakteristisch für den standesspezifisch-reaktiven, als Ausdruck der sozialen Degradation dieses Mannes, der in der Gesellschaft problemlos akkommodierter Zeitgenossen vom Schlage Orontes oder Célimènes keine Gegenstände nach seinem Maße mehr findet, so daß die Insignien einstiger Macht sich nurmehr als Zeichen der Schwäche zeigen. Diese aber kehrt sich in der Komik wider ihn: Hat es zunächst auch den Anschein, als sei Alceste gegenüber seinem moderaten Antipoden im Recht, feiert Philinte allmählich lautlose Triumphe über die absoluten Maximen seines Gegenübers, indem er ihn zwingt, seine Prinzipien auf dem glatten Parkett der Convenancen unter Beweis zu stellen. Nicht genug damit, daß der Theoretiker der Offenheit um jeden Preis, von Oronte auf die Probe gestellt, zögert, seine in der vorangehenden Szene lautstark proklamierten Grundsätze zu applizieren,[56] um sich schließlich nur äußerst linkisch, in einer Weise zu ihnen zu bekennen, die ihn verurteilt, verfällt er, der Kritiker des preziösen Sonetts, seinerseits in die Sprache der Preziosität,[57] während er sich als Liebhaber darin auszeichnet, der Frau, die er begehrt, mit Grobheiten zu begegnen.[58]

Damit freilich stellt sich die Frage nach der dramaturgischen Funktion seines Gegenspielers. Molière hat den Gegensatz beider als den zweier Temperamente dargestellt. Indessen gewinnt auch die ebenfalls durch die Konstitution determinierte und schon vom Phlegma her zur Moderation neigende Gestalt des Antipoden Kontur als Sozialcharakter in der dramaturgischen Absetzung vom Typus jenes homo novus, wie ihn Molière in den Gestalten der Arrivierten, Orontes oder der petits marquis (die der Autor, wohl zum Zeichen ihrer Nicht-Identität, immer zu zweit auftreten läßt) vor Augen führt. Im Gegensatz zu diesen von Anmaßung wie Gespreiztheit wie Servilität gleichermaßen frei, erscheint er in der Ausgewogenheit des Urteils wie der Verbindlichkeit der Umgangsformen, in denen der gelegentliche Spott sich niemals zum Sarkasmus steigert, als die Mustergestalt eines Höflings, als der, wie man es hat sehen wollen, eigentliche *honnête homme* dieses Stücks. Daß die amitié, die er dem Freund entgegenbringt, durch dessen Brüskerie niemals in Frage gestellt, eher durch Besorgnis um die Folgen von dessen Unberechenbarkeit geprägt ist, zudem frei von jeglicher Spekulation auf den wechselseitigen Vorteil, wie sie aus den Adressen spricht, mit denen ein Oronte, im Hinweis etwa auf sein Ansehen beim König, Alceste seine amitié anträgt, hat es nahegelegt, in ihm das von Molière idealisierte Vorbild einer geglückten Anpassung an die Bedingungen des Hofes zu sehen, in der sich sozialer Erfolg und die Aufrechterhaltung von Würde zu paaren wüßten. Der Gegensatz beider Gestalten wäre zuletzt nicht weniger eindeutig als die Parteinahme des Komödienschreibers zu ihrem Disput, stellte sich nicht heraus, daß die *mœurs du siècle* im Urteil ihres moderaten Betrachters kaum gnädiger davonkommen als dem des polternden Freundes.[59] Indem auch der Gemäßigte nicht umhin kann, dessen Anschauungen von der menschlichen Natur sowohl wie spezifischen Verkehrsformen der näheren Umgebung beizupflichten, scheint sich der eigentliche Gegensatz beider nunmehr im Verhalten zu einer gemeinsam konstatierten Depravation ihrer Mitwelt zu erkennen zu geben. Denn wo der eine die Tugend entehrt und die Ehrlichkeit beleidigt sieht, handelt es sich für den anderen letztlich doch nur um die Verstöße gegen die Formen einer *juste complaisance* durch Übertreibung.[60] Und ihrer machen

59 Vor allem am Ende, vgl. v. 1555 f. *(Tout marche par cabale et par pur intérêt).*

60 Von Szondi unter dem Stichwort *Philintes Antworten* notiert die Verse

sich, in den Augen des Moderaten, diejenigen, die den Ingrimm des Polterers erregen, nicht weniger schuldig als dieser selbst, indem er seinerseits mit übertriebener Empfindlichkeit auf sie reagiert.

Wenn man das Zeugnis des Zeitgenossen Donneau de Visé[61] als repräsentativ ansehen darf, hätte das Publikum der Zeit angesichts der Lächerlichkeit Alcestes, zwar nicht ohne Sympathie für diesen, zuletzt doch für den *honnête homme de cour* Partei ergriffen. Daß Donneau de Visé damit dem sensus communis Ausdruck gegeben haben dürfte, scheint sich nicht zuletzt an der Rezeption des Stücks im Frankreich des folgenden Jahrhunderts zu bestätigen, u. a. dadurch, daß ein Fabre d'Eglantine[62], bemüht, Alceste endlich Gerechtigkeit widerfahren, ja den fälligen Triumph zuteil werden zu lassen, sich dem Urteil des 17. Jahrhunderts gerade in dem Maße tributpflichtig zeigt, wie er die Fronten nunmehr offen zu vertauschen sucht. Diese Möglichkeit, und ineins damit, die einer Lektüre wider den Strich, scheint indessen in einer Eigentümlichkeit dieser Komödie selbst angelegt: indem sie die Frage nach Recht und Unrecht im Streit beider gentilhommes zwar erhebt, aber nicht entscheidet und – zumal ihr Ende offen bleibt – durch die Lächerlichkeit Alcestes allenfalls eine indirekte, nämlich dramaturgische

73 f. (gegen die Ehrlichkeit à tout prix), v. 103 f., v. 145, v. 220 (Über Célimène als typische Verkörperung der *mœurs d'à présent)*.

61 Donneau de Visé, *Lettre écrite sur la comédie du Misanthrope* [1667]. In: Molière, Œuvres. Ed. E. Despois. T. 5. Paris 1924, S. 430 f.

62 Am 22. Februar 1790 wird im Théâtre Français dessen Bearbeitung unter dem Titel: *Le Philinte de Molière ou la Suite du »Misanthrope«, Comédie en cinq actes en vers,* mit Philinte in der Rolle eines nunmehr freilich anders, nämlich als Menschenverächter, verstandenen Misanthropen, der sich zum Verteidiger der bestehenden Ordnung aufwirft und die Armen unterdrückt, uraufgeführt. Ihm gegenüber erscheint Alceste als Gestalt mit Rousseauistischen Zügen, beseelt von einer tiefen Liebe zur Menschheit und befreit von der lethargischen Passivität des höfischen Protagonisten, der, Zeitgenosse der Revolution, am Ende mit Philinte und seiner Klasse bricht.

Antwort gibt. Gleichgültig wie die historischen Antworten[63] auf diese, von der Komödie selbst erhobene Frage, im einzelnen aussehen mögen, dürfte sich ihre Triftigkeit darum grundsätzlich daran bemessen, inwieweit sie auch im dramaturgischen Sinne beweiskräftig sind.

Wie aus dem dramatischen Konflikt dieses Stücks zu erschließen, hat sich die Akkomodation des Adels an die Bedingungen des absolutistischen Hofes auch in Anbetracht ihrer moralischen Begleiterscheinungen keineswegs problemlos vollzogen. Indem Molière einen Protagonisten, der durch Gesinnung wie Verhalten die höfische Transformation des Standes unter dem Aspekt ihrer moralischen Fragwürdigkeit zum Problem stellt, in den Mittelpunkt der Szene rückt, um ihn zuletzt doch nur lächerlich zu machen, scheint der Schluß, er habe sich damit – wider bessere Einsicht – zum Anwalt der absolutistischen Macht gemacht, um so naheliegender, als er einerseits nicht umhin kann, der Indignation des Moralisten in der Sache recht zu geben, dafür aber, wie der parti pris für den *honnête homme de cour* zu beweisen scheint, um so weniger in deren Konsequenz. Es sei denn, das Stück hätte, indem auch der perfekte *honnête homme* angesichts der Unvereinbarkeit von Moral und Wohlverhalten, wie sie im Gegensatz dieser beiden exemplarischen Charaktere in Erscheinung tritt, seinerseits keine andere Antwort als die des Wohlverhaltens im Sinne einer *complaisance* zu geben vermag, die sich dem Eingeständnis ihrer moralischen Zweideutigkeit von vornherein mit dem erledigenden Hinweis entzieht, es handle sich hier allenfalls um Divergenzen einer durchs jeweilige Tempera-

63 Bemerkenswerterweise hat vor der bürgerlichen Parteinahme Rousseaus für Alceste bereits Fénélon, aristokratischer Gegner des Absolutismus und des absolutistischen Hofes, seinerseits in der Rückorientierung an der feudalen Vorvergangenheit des Standes und seiner frugalen Sitten, gegen Molière (damit vermutlich den *sens publique*) die Partei Alcestes ergriffen. Vgl. Bénichou a.a.O., S. 360 f.

ment bedingten Ansicht, vielmehr in Frage gestellt, ob dieser nunmehr manifeste Konflikt innerhalb einer höfischen Kompromißform wie der *honnêteté* überhaupt noch zu schlichten ist.

Einer solchen Überlegung freilich hatte Szondi nur stattgeben wollen, sofern sie sich als eine des szenischen Kalküls und seiner Realisierung im Stück selbst aufzeigen läßt. Dabei schien ihm das Zeugnis Donneau de Visés besonders aufschlußreich. Denn offenkundig hat dieser Kritiker der Komödie als erster hinter der Wahl der Titelfigur eine dramaturgische Strategie gewittert, während es vornehmlich dem neunzehnten Jahrhundert vorbehalten blieb, in der Gestalt des Misanthropen (sofern sich die Frage seiner Identität nicht mit dem Hinweis auf Montausier zu erledigen schien) das mit Selbstironie gezeichnete Porträt eines Jean-Baptiste Poquelin cocu, in der Komödie entsprechend die dramatisierte Geschichte einer Konfession zu sehen, womit sich Überlegungen dieser Art gar nicht erst stellten.

Molière habe, heißt es in Donneaus *Lettre écrite sur la comédie du Misanthrope* keine *comédie pleine d'incidents* verfassen wollen, mais une pièce seulement *où il put parler contre les mœurs du siècle.*[64] Mit der Wahl eines Misanthropen sei er daher auf die denkbar beste Lösung verfallen: Wer könne schon besser gegen die Menschen sprechen als ihr Feind. Allein freilich habe dieser schwerlich gegen alle Menschen Stellung beziehen können. Indem der Autor ihm eine *médisante* an die Seite stelle, werde sein Haß auf die Menschen ergänzt durch ihre Angewohnheit, alles erdenklich Schlechte über sie zu verbreiten. Damit füge Molière den letzten Strich zum Porträt des Jahrhunderts. Indessen wird Donneaus Beobachtung durch eine Überlegung, die er daran knüpft und in ihrer Konsequenz halb erkannt, halb verkannt hat, eher eingeschränkt als bestätigt, wenn er

64 Donneau de Visé, *Lettre écrite* . . . a.a.O., S. 430.

schreibt: *Le Misanthrope, malgré sa folie, si l'on peut ainsi appeler son humeur, a le caractère d'un honnête homme*...[65] (Hervorh. von mir, W. F.) Denn die *folie*, Ausdruck der pathologischen, genauer wahnhaften, Verfassung dieser Gestalt – eine Anschauung, die, wie es scheint, für den Symptomkomplex der Melancholie kennzeichnend geblieben ist, seit eine kanonische Aristotelesstelle die Beziehung von Melancholie und Wahn herstellte – lasse diesen Misanthropen weit über sein Ziel hinausschießen. Nichts anderes aber sei Molières Absicht gewesen. Donneau, mit den Anschauungen der Temperamentenlehre durchaus noch vertraut, sieht indessen diese *folie* in der Komödie bereits im dramaturgischen Sinne verwandt, als ein Instrument der Übertreibung: um auch nur wenig zu erreichen, müsse man viel verlangen, um die Menschen zu zwingen, sich auch nur in wenigem zu ändern, ihnen ihre Fehler übergroß vor Augen halten. Während die Koketten erkennen müßten, was sie mit ihren losen Zungen anrichten, würde den falschen Prüden vor Augen geführt, daß man ihre Maskerade durchschaut. Donneau sieht die *mœurs du siècle* auf der Szene in Frage gestellt, nicht freilich die spezifische Konstellation, innerhalb deren die Formen der *courtoisie* unter den Bedingungen jener schlechthinnigen Dependenz des höfischen Adels von der Krone mit der Folge einer gnadenlosen Kompetition aller mit allen erst moralisch zweideutig werden – ein Aspekt, der, wie es scheint, diesem Betrachter in dem Maße verdeckt bleibt, wie diese Formen als Normen noch für die Anschauung ihrer problematischen Seiten verbindlich bleiben. So steht seine Quintessenz des Stücks ihrerseits unter dem Vorzeichen jener *complaisance*, wie sie von der Komödie mit der Darstellung ihrer Ambiguität zwischen rücksichtsvoller Verbindlichkeit und dezidierter Falschheit zum Problem gestellt wird: einer Parteinahme für

65 Ebd., S. 440.

Philinte, der kritisch sei, doch nicht zu sehr, gegen den Misanthrop, der allen, die ihm gleichen, den Wunsch einflößen müßte, sich zu ändern.
Aus Donneaus Überlegungen lassen sich indessen, wie Szondi es sehen wollte, genau die umgekehrten Folgerungen ziehen: Wäre die *folie*, als pathologische Verfassung dieser Gestalt, von Molière als szenisches Mittel einer dramatischen Übertreibung verwandt, hätte sie de facto eher den entgegengesetzten Effekt der Relativierung des unter den Bedingungen dieses Zustandes Gesagten, in der Reduzierbarkeit nämlich auf den Wahn, der sich in ihr kundgibt. Damit freilich würde die Polemik dieses Protagonisten gerade um ihre Spitze gebracht.
Diesen Einwand gegen Donneau de Visés Schlußfolgerungen hatte Szondi immanent gestellt, ohne freilich zu übersehen, daß dieses Argument eine Vorgeschichte hat: als Generaleinwand Rousseaus gegen die Komödie selbst.
Denn wie Donneau de Visé hat ein Jahrhundert später Rousseau in seiner berühmten Kritik des Stücks innerhalb der *Lettre à d'Alembert sur les Spectacles* die ingrimmigen Ausbrüche Alcestes, nunmehr freilich mit unverhohlener Parteinahme für diese Gestalt, als eine Wendung gegen die *mœurs du siècle*, und d. h., in der Konsequenz dieser Identifikation, die *méchanceté* des Zeitalters schlechthin, verstanden wissen wollen. Wie sehr Rousseau auch von vornherein bemüht scheint, sich die Perspektive Alcestes zu eigen zu machen, hat ihn dies doch nicht daran gehindert, in der Wahl dieses Charakters und der Charaktere, die Molière ihm konfrontiert – wie schon Donneau de Visé – eine dramaturgische Berechnung am Werke zu sehen, die sich freilich in dem Maße, wie sie sich in ihrem Kalkül[66] zu erkennen gibt, Rousseau als Perfidie darstellt.

66 Jean-Jacques Rousseau, *Lettre à d'Alembert sur les Spectacles: Ayant à plaire au public, il a consulté le goût le plus général de ceux qui le composent:*

Statt die Laster anzuprangern, mache Molière sich nur über sie lustig, ja benutze sie als Instrument, um eines Sinnes mit ihnen (und dem Geist der *hommes du monde*) den Aufstand der Tugend wider sie um so gründlicher lächerlich machen zu können.

Aus diesem Grund hatte Rousseau begonnen, die Person Alcestes, *sincère, estimable, un véritable homme du bien* von der Personifikation zu unterscheiden, die Molière dieser als *personnage ridicule* verliehen habe. Ist diese Unterscheidung auch an Voraussetzungen gebunden, die keineswegs allein im Gelesenen liegen, trifft sie dennoch eine Eigentümlichkeit dieses Charakters, die möglicherweise dramaturgische Funktion hat. Denn daß Alceste von einem Drang zu unbedingter Offenheit und Ehrlichkeit beseelt sei – und in ihm erblickt Rousseau eine *vertu*, die Molière, gewissermaßen in Bewährung seiner eigenen, nicht umhin könne, dieser Gestalt zu verleihen – wird immer wieder sowohl von Alceste über sich selbst wie den anderen dramatis personae über ihn gesagt. Damit aber fällt ein Licht auf die Quelle dieses Menschenhasses,[67] der, wenn er aus Tugend entspringt, der Menschheit nicht im allgemeinen, sondern nur im besonderen gelten kann: der bestehenden in ihrer Verderbtheit, aber im Namen einer Restitution der möglichen Menschheit, deren Spur auch im Zustand ihrer jetzigen Depravation nicht ganz getilgt ist. Aus diesem Gedanken heraus trifft Rousseau eine weitere Unterscheidung, die, sowenig ihre Prämissen wiederum allein im Gelesenen lie-

*sur ce goût il s'est formé un modèle, et sur ce modèle un tableau des défauts contraires, dans lequel il a pris ses caractères comiques, et dont il a distribué les divers traits dans ses pièces. Il n'a donc point prétendu former un honnête homme, mais un homme du monde, par conséquent, il n'a point voulu corriger les vices, mais les ridicules* . . . (a.a.O., S. 150).

67 *Une pareille haine*, schreibt Rousseau, *ne serait pas un défaut, mais une dépravation de la nature et le plus grand de tous les vices. Le vrai Misanthrope est un monstre. S'il pouvait exister, il ne ferait pas rire, il ferait horreur.*

gen, dennoch eine weitere Eigentümlichkeit der Reden Alcestes kennzeichnet. Während sich dessen Misanthropie einerseits in Äußerungen kundgibt, die dem menschlichen Geschlecht in seiner Gesamtheit gelten, richtet sie sich andererseits pointiert auf die Zustände der Menschen seiner Zeit.

Mit dieser Unterscheidung war es Rousseau möglich geworden, den Menschenhaß Alcestes in Frage zu stellen, sowenig er sich freilich zu verbergen vermochte, daß Molières Misanthrop erklärtermaßen eine *haine effroyable contre tout le genre humain* gefaßt hat. Wie Donneau de Visé einst in der *folie* sieht nunmehr auch Rousseau in dem Menschenhaß ein Symptom, nicht der Krankheit freilich, sondern einer Empörung, die er auf die Umstände der Situationen zurückzuführen sucht, welche den berechtigten Unmut dieses Menschenfeindes malgré lui erregen oder schließlich dem permanenten Anblick einer Gesellschaft zuschreibt, die ihren Kritiker in nicht unzulässiger Verallgemeinerung und ganz unter Absehung von sich selbst dazu treibe, seinen Ingrimm gegen das gesamte *genre humain* zu richten. So konnte Rousseau schließlich den Zweifel an der Berechtigung des Komödientitels selbst anmelden: Der erklärte Feind der Menschen und der auf die Menschen Zornige seien zweierlei Gestalten. Das hätte Molière Grund genug sein müssen, sie zu unterscheiden. Zwar habe dieser um den Unterschied sehr wohl gewußt, aber auf den Beifall des Parketts spekuliert und aus diesem Grunde einen integren Charakter durch die Züge einer grotesken Misanthropie um so lächerlicher gemacht. Das verhohlene Wissen um diese Differenz aber führt, wie Rousseau es sieht, zu einem Zwiespalt der Moral mit der Kunst, aus dem sich die Tugend des Poeten um so strahlender über dessen künstlerisches Geschick erhebt, als die Gestalt Alcestes zum Unterschied von fast allen anderen, in denen Lächerlichkeit und moralische Abscheulichkeit eins sind, noch in ihren komischen Zügen nicht an Achtung verliere, während Molière sich unter Aufbietung all seines Könnens vergeblich bemühe, sie zu degradieren.

Rousseaus Betrachtungen des *Misanthrope*, Resultate einer Lektüre wider den Strich in der Einsamkeit eines kleinen Lustschlosses bei Montmorency, in das sich ihr Verfasser dank der Gunst eines aristokratischen Mäzens während seines Genfer Aufenthaltes 1758 hatte zurückziehen können, niedergeschrieben aus aktuellem Anlaß, wenngleich aus dem zeitlichen Abstand fast eines Jahrhunderts zu dem dramatischen Gegenstand, ist freilich von politischen wie philosophischen und nicht zuletzt auch persönlichen Gründen bestimmt, deren Voraussetzungen sich im *Contrat Social* vielleicht deutlicher zu erkennen geben als in der *Lettre à d'Alembert*, worin Rousseau das Resümee seiner Lektüre zieht.

Erst Rousseau hat den Gegensatz zwischen der von Alceste erhobenen Forderung nach unbedingter Offenheit und Philintes Plädoyer für die Convenancen unter eindeutiger Parteinahme für die Gestalt des ersteren zu einem Entweder-Oder zugespitzt, mit der Konsequenz, daß die Personifikation der Tugend in der Figur Alcestes so eindeutig dominiert, daß Rousseau kaum noch nach dem Repräsentanten eines Standes fragt, dessen *vertu* als Standeseigenschaft sich etwa darin äußert, das soziale Überleben bei Hofe nicht mit der Preisgabe der Selbstachtung bezahlen zu wollen. Nunmehr erscheint Philinte als der wahre Misanthrop, der, die Menschen insgeheim verachtend, mit ihnen vorlieb nimmt, schlecht wie sie sind. Zwar stellt sich, wie die dramatische Transkription der Rousseauschen Alternative im Stück erkennen läßt, die Vereinbarkeit von *vertu* und höfischer Zivilität bereits den von Molière dargestellten Angehörigen des Standes als problematisch dar, ob sie damit schon definitiv für unmöglich gehalten wird, bleibt offen. Rousseaus rigoroser Alternative gemäß aber ist die Unvereinbarkeit beider wie entsprechend die strikte Scheidung des *honnête homme* vom *homme du monde* – und zweifellos mit Blick auf die Gegenwart – ein fait accompli. Nachdem die *honnêteté* von diesem Betrachter des Stücks ausschließlich an Kriterien der Moralität gemessen und nunmehr, am Vorabend der bürgerlichen Revolution, aus dem deklarierten Gegensatz zu den Formen einer dem Laster selbst gleichgesetzten Zivilität verstanden wird, scheinen die Spezifika, die die *vertu* als Standeseigenschaft kennzeichnen, ähnlich irrelevant wie die ungeschriebenen, gleichwohl ehernen Gesetze jenes höfischen Betriebes, innerhalb dessen der Molièresche Protagonist agiert: kein Hinweis Rousseaus auf den Unterschied der Sphäre königlicher Repräsentationsentfaltung unter Louis XIV gegenüber deren zu Rousseaus Zeiten von Louis XV nur noch mit Mühe aufrechterhaltenen Kulisse, auf den Unterschied der Salons in der Entourage des absolutistischen Hofes von jenen gleichnamigen Stätten einer schon literarisch gewordenen Geselligkeit der *ville*, schließlich auf die Bedeutungsnuance, in der sich ein abgelegener Landsitz der Provinz für den verbittert vom Hofe geschiedenen Courtisan von jener idyllischen Abgeschiedenheit des bürgerlichen Literaten im Lustschlößchen von Montlouis unterschieden haben dürfte, in dessen Umfriedung sich der Haß auf die bestehende mit um so größerer Liebe zur möglichen Menschheit verbinden sollte, als Verwandlung der Misanthropie in Kulturkritik.

Rousseau hat schließlich, wie der *Contrat Social* zeigt, in dem mit Hobbesschen Farben entworfenen Gemälde der bestehenden, durch Mißtrauen, Neid, Mißgunst und einen Kampf aller gegen alle gezeichneten Menschheit die dem Gesellschaftszustand vorausgehende Phase des Naturzustandes von der Darstellung des zeitgenössischen Frankreich und seiner Gesellschaft kaum abgegrenzt. Der Konzeption des *Contrat Social* gemäß ist die Verwandlung des verderbten Naturmenschen in einen friedlichem Miteinander aufgeschlossenen Citoyen bekanntlich an eine Konversion des Gemütes gebunden. Der Gedanke der moralischen Konversion bildet indessen in der *Lettre à d'Alembert sur les Spectacles* implizit bereits der Maßstab einer Kritik, der die Komödie qua genre im allgemeinen wie besonderen verfällt: im allgemeinen, da, wie an der Wendung gegen die *Spectacles* (der Stellungnahme gegen d'Alemberts Plädoyer für die Einrichtung eines Theaters in Genf in dessen von Voltaire inspiriertem Encyclopédie-Artikel *Genève*) ersichtlich, das Gefallen am Komischen auf einem Laster des menschlichen Herzens beruhe, so daß die Wirkung des komischen *spectacle* auf die *mœurs* um so verderblicher sein müsse, je gelungener die Komödie selber sei, im besonderen, da Molière, nachdem er schon so viele der Lächerlichkeit preisgegeben habe, sich zuletzt noch an der Tugend selber vergreife. Wie die Komödie (ungeachtet der Frage, ob sie eine solche geblieben wäre) hätte aussehen müssen, um dem Maßstab ihrer Kritik, der moralischen Konversion des Herzens gerecht zu werden, hat Rousseau, ehe Dantons Parteigänger Fabre d'Eglantine daraus die dramatische Konsequenz zog, nicht verschwiegen: der korrekt dargestellte Zürner, nicht Feind der Menschen, hätte stets nur gegen die *vices publics* gewütet, indessen zu allen Bosheiten, deren persönliches Opfer er wird, geschwiegen, sein philosophischer Gegenspieler hingegen alle *désordres de la société*[68] mit stoischem Phlegma angesehen, sich dafür aber über das kleinste Übel erregt, wo immer es ihn selber betraf. In diesem Falle freilich hätte das Parterre kaum über den Misanthropen gelacht. Sein Lachen aber habe Molière mit der Erniedrigung der Tugend erkauft.

68 Rousseau a.a.O., S. 155.

Wie sehr Rousseaus Schlußfolgerungen auch Voraussetzungen verpflichtet sind, die jenseits des Gelesenen liegen, behält seine Unterscheidung zweier, und, wie es scheint, in Molières Darstellung der Misanthropie kaum auf einen Nenner gebrachter Momente ihr Gewicht, wenn es gelingt, deren Stellenwert, von jenen Voraussetzungen befreit, anders zu begreifen. Damit würde sich der Modus ihrer Beurteilung ändern, auch der dramaturgische:

Daß die Äußerungen Alcestes in ihrer Wendung gegen die *mœurs du siècle* als Symptome eher seines Zustandes erscheinen als der Zustände, gegen die dieser aufbegehrt, war, wie die von Donneau hergestellte Beziehung zwischen der *folie* und der These der dramatischen Übertreibung zeigt, schon dem Zeitgenossen nicht ganz entgangen. Gegen die Schlußfolgerung Donneau de Visés hatte Szondi einwenden können, daß das Prinzip des *il faut demander beaucoup pour obtenir quelque chose* auf die komische Übertreibung gerade nicht anwendbar ist. Dieser Einwand aber hat eine Rousseauistische Konsequenz: die Indignation des Moralisten, die am Spezifischen Anstoß nimmt, wird dadurch, daß sie als Äußerung eines konstitutionell bedingten Menschenhasses erscheint, nicht dramaturgisch verstärkt, sondern relativiert. Da der Moralist sich in der Komödie als Misanthrop allzu oft durch das Mißverhältnis seines Ingrimms zu dessen Anlässen lächerlich macht, wird seiner Kritik gerade die Spitze gebrochen. Hatte Rousseau aus diesem Grunde begonnen, den schlechthinnigen Menschenhasser und den (en connaissance de cause) auf die Menschen Zornigen zu unterscheiden, so geschah dies doch um die Konsequenz, daß er mit den Symptomen der Misanthropie zuletzt auch diese selbst aus der Welt schaffen mußte. Entgangen war ihm das keineswegs. Und zu rechtfertigen suchte er sein Beginnen mit der Begründung, daß Molière nicht etwa einen Menschenfeind porträtiere, sondern vielmehr dessen Typus dramaturgisch verwende, um auf diese Weise den begründeten Zorn eines Tugendhaften um so nachhaltiger der Lächerlichkeit preisgeben zu können.

Der Rousseauschen Unterscheidung hatte Szondi Rechnung getragen, indem er, mit Rousseau gegen die Schlußfolgerungen Donneau de Visés, den Gegensatz der konstitutionellen zur reaktiven Misanthropie in einer Abgrenzung jener Äußerungen Alcestes, die sich gegen das *genre humain* in abstracto[69] richten von all den anderen, die sich auf die Zustände von *cour* und *ville*[70] beziehen, zu einer Alternative innerhalb des dramatischen Gegenstandes selber zuzuspitzen versuchte: Entweder sei Alceste Kritiker der Menschen schlechthin, oder, unter den Bedingungen der absoluten Monarchie, einer der Menschen und Zustände seiner Zeit – um nunmehr, mit Donneau de Visé gegen Rousseau, die Misanthropie dieser Gestalt nicht etwa zum Verschwinden

69) Unter dem Stichwort *Kritik am »Menschen« (»Misanthropie«)* sind die folgenden Verse vermerkt: vv. 64, 96, 111, 114, 118, 144, 687, 1523, 1548 f.

70 Unter dem Stichwort *Kritik an den gegenwärtigen Zuständen (am Hof etc.)* sind die Verse 42, 89, 129, 188 f. 289, 359, 389, 542, 651, 1049, 1057, 1061, 1075, 1089 f., 1485, 1522 f., 1543 ff. notiert.

Dabei dürften die Wendungen gegen die korrupte Justiz, wie sie Alceste im Zusammenhang seiner Prozeßangelegenheiten (vgl. insbesondere die Verse 188 f., 490 ff. sowie 1498) immer wieder von sich gibt, von einiger Aktualität gewesen sein. Auch die Korruption der Justiz scheint eine Folge der königlichen Ämtervergabe. *Il en naît quatre sortes de maux,* schreibt der Zeitgenosse Pussort, *multiplication des juges, contention entre eux, multiplication des procès, et vexation aux sujets de Sa Majesté.* Lavisse kommentiert: Multiplication des juges: Colbert comptait que la chicane nourissait 70 000 officiers de justice. Contention entre eux: du haut en bas, les juridictions mal définies empiètent les unes sur les autres, se disputant les épices du justiciables. Multiplication des procès: *L'on n'entend dans les places et les rues des grandes villes, et de la bouche de ceux qui passent, que les mots d'exploit, de saisie, d'interrogatoire . . .* écrit La Bruyère.

Et la chicane sévissait dans les petites villes comme dans les grandes, et dans les campagnes comme dans les villes Colbert estimait qu'elle mangeait plus d'un million d'hommes. Dans toutes les parties de son administration – domaine, tailles, gabelles, aides, commerce, réforme des lois et de la justice – il est préoccupé de *l'infinie quantité des procès.*

(Ernest Lavisse a.a.O., S. 301.)

zu bringen, sondern sie, mit Rousseau und Donneau, gegen die Schlußfolgerungen beider, aus dem Gedanken ihrer dramaturgischen Verwendung zu begreifen, nämlich in Rücksicht auf die Rücksichten, die zu nehmen hat, wer innerhalb dieses Gefüges schlechthinniger Abhängigkeiten vor Betroffenen und Beteiligten die Dinge beim Namen nennen will. Diesen Aspekt der Sache hatte Rousseau – von den genannten Voraussetzungen abgesehen – sich schon dadurch verstellt, daß er – wider die eigene Erkenntnis der dramaturgischen Verwendung der Misanthropie – die Perspektive des Menschenhassers auf die Welt allzu einfach für diese selber nahm. So hatte er eine bestimmte Frage gar nicht stellen können, der sich – so Szondis These – erst der dramaturgische Schlüssel und zugleich die Pointe des Stücks zu erkennen gibt: Wie wenn Molière, statt in der Verwechslung von Haß mit Zorn auf die Menschen beide Phänomene zu verfehlen, sich deren spezifischen Gegensatz zunutze machte, um hinter den Reden seiner Gestalt wider die Menschheit in toto Deckung nehmend, nämlich geschützt durch die Relativierung und Relativierbarkeit, wie sie solchen Äußerungen eigentümlich ist, aus dem Munde eines Menschenfeindes eine Kritik an den Institutionen seiner Zeit vorzubringen sucht, die, ohne Sanktionen gewärtigen zu müssen, auf der Bühne wie bei Hofe nur ein Misanthrop äußern darf?!

*Der Misanthrop als Sozialkritiker*, heißt es in einer Notiz Szondis, *ist dramaturgisch gesehen der geeignetste, politisch gesehen – unter dem Gesichtspunkt der Kritik und deren Wirkung – der ungeeignetste, gerade deshalb aber, wiederum politisch gesehen, nämlich als Ermöglichung der Behandlung eines so brisanten Themas, als Gewähr für den Erfolg des (freilich nicht mehr brisanten) Stücks darüber, dennoch der geeignetste Charakter.*

Die These, daß das Thema selbst politisch brisant, das Stück indessen durch die Art seiner Behandlung es nicht mehr sei, hatte Szondi im folgenden und nicht zuletzt wohl deshalb modifiziert, weil die Frage der politischen Brisanz daran geknüpft scheint, ob und inwieweit der dramaturgische Kalkül sich überhaupt zu erkennen gibt. Daß es dazu nicht unbedingt eines Abstandes dreier Jahrhunderte bedurft hätte, zeigen die Überlegungen Donneau de Visés, der aus einer keineswegs unrichtigen Beobachtung eine keineswegs zwingende Folgerung zog. Daß sich andererseits die von dem Bürger Rousseau am Abend des ancien régime getroffene Unterscheidung von deren philosophischen Voraussetzungen wie Folgerungen trennen läßt, findet sich auch historisch bestätigt durch die in Vers und Reim gesetzte Kritik eines Zeitgenossen aus dem Jahre 1666. Dort heißt es von Alceste:

*Et l'on connoît évidemment*
*Que, dans son noble emportement,*
*Le vice est l'objet de sa haine,*
*Et nullement la race humaine,*
*Comme elle était à ce Timon,*
*Dont l'histoire a gardé le nom*
*Comme d'un monstre de nature.*[71]

Zum andern aber dürfte die Frage, ob die Behandlung dieses Themas politisch heikel gewesen ist oder nicht, davon abhängen, inwieweit hinter den Verhaltensformen, die in der Optik des Stückes wie in der Anschauung der Zeitgenossen als *vices* erscheinen, sich zuletzt auch deren politische Voraussetzungen zu erkennen geben.

Zwar wird Alceste durch Lächerlichkeit ins Unrecht gesetzt, eher jedoch im Sinne einer dramaturgisch wie politisch gebotenen Kritik seiner Reaktionen als seiner Motive. Verstößt er auch gegen die von ihm selbst aufgestellten Gebote

71 Robinet, *Lettre en vers à Madame*, vom 12. Juli 1666. In: Molière, *Œuvres* a.a.O., S. 366.

unbedingter Offenheit, übernimmt die Komödie, wie sehr sie ihm in der subjektiven Konsequenz Unrecht gibt, auf der Ebene des modus praesentationis schließlich den Gesichtspunkt seiner Wahrhaftigkeit, indem sie die Gegenstände seines Vorbehaltes, unauffällig, dafür um so nachhaltiger im Verhalten jener Protagonisten vor Augen führt, die, wie Oronte, Célimène, Arsinoé, die petits marquis als authentische Exemplare der absolutistischen Szenerie erscheinen: ihre Mißachtung von Verdiensten, eine *complaisance*, die den *honnête homme* und den *fat* gleichermaßen behandelt, Ergebenheitsadressen, die mit der Verletzung der Dilettanteneitelkeit eines Höflings in Verleumdung umschlagen, eine Gefallsucht, die nicht einmal vor der Verlästerung des Geliebten halt macht etc. Was sich hinter den Beispielen dieser Unwahrhaftigkeit abzeichnet, aber ist, eher als die Depravation der menschlichen Natur schlechthin, die Maschinerie des höfischen Betriebes, von der Seite seiner moralischen Begleiterscheinungen, unter den Aspekten ihrer Negativität – ohne daß die Komödie auf der Schwelle der Moralkritik stehenbliebe: denn von der Darstellung der Begleiterscheinungen jener Transformation des Standes zu der Infragestellung ihrer politischen Voraussetzungen und Folgen scheint es nur ein ganz kleiner, freilich höchst prekärer Schritt, betrachtet man die Auseinandersetzung der *vertu* mit der Intriganz am Beispiel des Dialoges zwischen Alceste und Arsinoé: als Arsinoé, die sehr wohl versteht, daß ihr Gegenüber dem Hof mit dem – prinzipiellen – Vorbehalt entgegentritt, daß dieser sich über Verdienste hinwegsetzte, was sie wiederum als den Ausdruck einer seinerseits nur persönlich genommenen Zurücksetzung zu deuten weiß, um ihn mit der Kundgabe ihrer außerordentlichen Betrübnis über die Diskrepanz zwischen seinem *mérite sublime* und der Tatsache, daß der Hof daran gleichgültig vorübergehe, auf ihre Seite zu locken, während er mit dem Fingerzeig auf die Devalorisierung der Ehrentitel unwirsch abwehrt – er habe sich keine Meriten erworben, über deren Nicht-Beachtung er sich beklage – gibt sie all seinen Vorbehalten, und zwar jenseits der Ebene seiner wahnhaften Vermeinung, um so nachhaltiger recht, als sie nunmehr unter den Augen der Welt (von der Szene bis hinauf zu den Rängen) die Erfolgsmaßstäbe dieses Hofes vor Augen führt: auf Verdienste komme es ja gar nicht an, alles sei nur eine Frage der Gelegenheit und der Macht, bis sie schließlich, vorausgesetzt, er lasse nur die Neigung erkennen, mit der Offerte, eine Intrige für ihn zu inszenieren, demonstriert, nach welchen Kriterien sich die Kooptation in diesem Gehäuse vollzieht, wie die Stellen und Pfründen geschoben werden, und welcher Veranstaltungen es bedarf, sie zu kriegen:

*Pour moi, je voudrais bien que, pour vous montrer mieux,*
*Une charge à la cour vous pût frapper les yeux:*
*Pour peu que d'y songer vous nous fassiez les mines,*
*On peut, pour vous servir, remuer des machines,*
*Et j'ai des gens en main, que j'emploierai pour vous,*
*Qui vous feront à tout un chemin assez doux.* (III, 5, v. 1075–80)

An dieser Stelle jedoch, da die Dinge offenbar an dem Punkte angelangt scheinen, wo die Frage nach den (oder gar dem?) für diese durchgängige Korruption Verantwortlichen lautlos, dennoch unüberhörbar, im Raume schwebt, wird, wie aus Furcht, das Thema fortsetzen zu müssen, die Debatte abgebrochen und auf den Liebeshandel zurückgelenkt:

*Laissons, puisqu'il vous plaît, ce chapitre de cour;*
*Mais il faut que mon cœur vous plaigne en votre amour.* (III, 5, v. 1099–1100)

Bedenkt man, daß die Komik des Liebeskonfliktes und ineins damit die Lächerlichkeit Alcestes vornehmlich daraus resultiert, Ausschließlichkeit in der Liebe von einer Salondame zu verlangen, die, um ihren Platz im Herzen der Macht und ihrer Sukkursalen zu behaupten, eine kluge marchandage mit ihren Reizen treibt, zeigt sich spätestens an den dramaturgischen Übergängen, der Rückführung der Sozialkritik in die Liebesproblematik, daß die letztere, wie eine von Szondis Notizen vermerkt, *Alibifunktionen*[72] übernimmt und, indem sie die Lächerlichkeit Alcestes begründet, die Sozialkritik überhaupt erst dramaturgisch ermöglicht. Stutzig geworden, ohne indessen Rückschlüsse auf den dramaturgischen Kalkül zu ziehen, war in Betrachtung solcher Stellen bereits Michelet: *Si Alceste gronde*, lautet eine seiner Beobachtungen[73], *c'est sur la cour plus que sur Célimène, mais qu'est-ce que la cour sinon le monde du roi, arrangé pour lui et par lui? Ces mauvais choix pour les emplois publics qui révoltent Alceste qui donc les a fait sinon le roi? . . . Tous les visages étaient reconnaissables.*

Wolfgang Fietkau

72 *Jedes Mal,* heißt es in einer weiteren Anmerkung, *wenn Alcestes Kritik an den gegenwärtigen Zuständen zu weit geht, wechselt das Gespräch zu seiner Leidenschaft für Célimène über: nach v. 205; nach v. 1098.*

73 Von Szondi exzerpiert (aus Molière, *Œuvres* a.a.O., S. 358) und mit dem Kommentar versehen: *Die Bemerkung von Michelet ist ernst zu nehmen.*

# Bibliographie

## *A Primärtexte*


*Arden of Feversham* [1592]. Ed. by Hugh Macdonald and D. Nichol Smith. Repr. Oxford 1940. The Malone Society Reprints.

Aristoteles, *Poetik*. Übersetzung, Einleitung und Anmerkungen von Olof Gigon. Stuttgart 1969.

Baïf, Lazare de, *Dédication* zur Übersetzung von *Hecuba* [1544]. In: *Handbook of French Renaissance Dramatic Theory*. By H. W. Lawton. Manchester 1949.

Basewitz, H. A., *Der Kaufmann von London oder Begebenheiten Georg Barnwells. Ein bürgerliches Trauerspiel.* Aus dem Englischen des Herrn Tillo [sic] übersetzt durch H. A. B. Hamburg 1757.

Batteux, Charles, *Traité de la Poésie dramatique* [1747/48]. In: Ch. B., *Principes de la Littérature*. Repr. Genf 1967.

Beaumarchais, Pierre Augustin Caron de, *Essai sur le Genre dramatique sérieux* [1767]. In: B., *Théâtre complet*. Paris 1957. Bibliothèque de la Pléiade.

Beni, P., *In Aristotelis Poeticam commentarii; ... adjecta est Platonis Poetica ex ejus dialogis collecta*. Padua 1613.

Chassiron, M. D., *Réflexions sur le comique-larmoyant* [1749]. Vgl. Lessing.

Cibber, Theophilus, *The Lives of the Poets of Great Britain and Ireland*. London 1753.

Corneille, Pierre, *Discours de la tragédie et des moyens de la traiter selon le vraisemblable ou le nécessaire* [1660]. In: P. C., *Trois discours sur le Poème dramatique*. Ed. Louis Forestier. Paris 1963.

ders., *Epitre Dédicatoire* zu *Don Sanche d'Aragon* [1650]. In: P. C., *Théâtre complet*. Ed. M. Rat. Paris o. J., Vol. 2.

Dacier, André, *La Poétique d'Aristote*. Traduite en François, avec des remarques. Paris 1692.

Diderot, Denis, *Aux insurgents d'Amérique* [1782]. In: *Œuvres complètes*. Ed. J. Assézat. Paris 1875, t. 3. Und in: *Œuvres politiques*. Ed. P. Vernière. Paris 1963. Classiques Garnier.

ders., *Discours de la poésie dramatique* [1758]. In: *Œuvres esthétiques*. Ed. P. Vernière. Paris 1965. Classiques Garnier.

ders., *Eloge de Richardson* [1760] In: *Œuvres esthétiques*. Ed. P. Vernière. Paris 1965. Classiques Garnier.
ders., *Entretiens sur le fils naturel* [1757]. In: *Œuvres esthétiques*. Ed. P. Vernière. Paris 1965. Classiques Garnier.
ders., *Essai sur les règnes de Claude et de Néron* [1782]. In: *Diderot par lui-même*. Ed. Ch. Guyot. Paris 1953.
ders., *Le Père de famille* [1758]. In: *Œuvres complètes*. Ed. J. Assézat. Paris 1875, t. 7.
Diomedes, *Ars grammatica*. In: *Handbook of French Renaissance Dramatic Theory*. By H. W. Lawton. Manchester 1949.
Dryden, John, *A Discourse Concerning the Original and Progress of Satire, prefixed to »The Satires of Juvenalis, Translated«* [1693]. In: J. D., *Of Dramatic Poesy and other Critical Essays*. Ed. by George Watson. London/New York 1962, vol. II.
ders., *The Grounds of Criticism in Tragedy, prefixed to »Troilus and Cressida«* [1679]. In: J. D., *Of Dramatic Poesy and other Critical Essays*. Ed. by George Watson. London/New York 1962, vol. I.
Estienne, Charles, *Epistre du traducteur au lecteur*, Vorwort zu *Andrie* [1542]. In: *Handbook of French Renaissance Dramatic Theory*. By H. W. Lawton Manchester 1949.
Gellert, Chr. F., *Die Betschwester*. Hg. v. W. Martens. Komedia Bd. 2.
ders., *Pro Comoedia commovente* [1751]. Vgl. Lessing.
Gottsched, Johann Christoph, *Versuch einer Critischen Dichtkunst*. 4. Aufl. Leipzig 1751. Photomechanischer Nachdruck Darmstadt 1962.
Hegel, G. W. F., *Vorlesungen über die Geschichte der Philosophie*. Jubiläums-Ausgabe Bd 18.
Herder, J. G., *Shakespeare*. In: *Sturm und Drang. Kritische Schriften*. Heidelberg 1949.
Heywood, Thomas, *A Woman Killed with Kindness* [1603]. Ed. by R. van Fossen. London 1961. The Revels Plays.
Lenz, J. M. R., *Anmerkungen übers Theater* [1744]. In: J. M. R. L., *Werke und Schriften*. Darmstadt 1966, Bd. I.
Lessing, G. E., *Abhandlungen von dem weinerlichen oder rührenden Lustspiele. Theatralische Bibliothek*, Erstes Stück 1754. In: G. E. L.: *Sämtliche Schriften*. Hg. Karl Lachmann und Franz Muncker. Stuttgart 1890, Bd. 6. [enthält die Texte von Chassiron und Gellert deutsch.]
ders., Brief an Mendelssohn am 8. Dezember 1756; Brief an Nicolai

am 29. November 1756. In: *Lessings Briefwechsel mit Mendelssohn und Nicolai über das Trauerspiel.* Hg. R. Petsch. Leipzig 1910.

ders., *Hamburgische Dramaturgie* [1767-1769]. In: G. E. L., *Sämtliche Schriften.* Hg. Karl Lachmann und Franz Muncker. Stuttgart 1890, Bd. 10.

Lillo, George, *The London Merchant* [1731]. Ed. by William H. McBurney. Lincoln 1965. Regents Restoration Drama Series.

Martini, Christian Leberecht, *Rhynsolt und Sapphira. Ein prosaisches Trauerspiel in dreien Handlungen aus dem Jahre 1755.* In: *Die Anfänge des bürgerlichen Trauerspiels in den 50er Jahren.* Hg. Fritz Brüggemann. Leipzig 1934. Deutsche Literatur, Reihe Aufklärung, Bd. 8. Neudruck Darmstadt 1964.

Mercier, Louis-Sébastien, *Du Théatre, ou Nouvel Essai sur L'Art Dramatique.* Amsterdam 1773.

ders., *Jenneval ou le Barnevelt François.* Paris 1769.

Moore, Edward, *The Gamester* [1753]. Reprint Ann Arbor 1948.

Opitz, Martin, *Buch von der Deutschen Poeterey* [1624]. Nach der Edition von Wilhelm Braune neu hg. von Richard Alewyn. Tübingen 1963. Neudrucke Deutscher Literaturwerke N. F. 8.

ders., Vorwort zu *L. Annaei Senecae Trojannerinnen* [1625]. In: M. O., *Weltliche Poemata,* erster Teil [1644]. Neudruck Tübingen 1967.

Peletier du Mans, Jacques, *Art Poétique* [1555]. In: *Handbook of French Renaissance Dramatic Theory.* By H. W. Lawton. Manchester 1949.

Racine, Jean, *Préface* zu *Bérénice* [1670]. In: *Œuvres complètes.* Ed. R. Picard. Paris 1950, t. I. Bibliothèque de la Pléiade.

Rousseau, Jean-Jacques, *Lettre à d'Alembert* [1758].

Sidney, Sir Philip, *An Apologie for Poetry* [1583, gedruckt 1595]. In: *Elizabethan Critical Essays.* Ed. with an Introduction by G. Gregory Smith. London 1937.

*The Spectator* 69, 1711; 174, 1711; 428, 1712. In: *The Spectator.* Ed. by Donald F. Bond. Oxford 1965, vol. I, vol. II, vol. IV.

*Vom bürgerlichen Trauerspiele.* In: *Neue Erweiterungen der Erkenntnis und des Vergnügens,* 6. Bd. Leipzig 1755.

Wagner, Heinrich Leopold, *Merciers Neuer Versuch über die Schauspielkunst.* Aus dem Französischen. Mit einem Anhang aus Goethes Brieftasche. Leipzig 1776.

Ysenburg von Buri, Ernst Karl Ludwig, *Ludwig Capet, oder Der Königsmord. Ein bürgerliches Trauerspiel in vier Aufzügen.* Neuwied 1793. (Universitätsbibliothek Bonn).

## B Sekundärliteratur

Arntzen, Helmut, *Die ernste Komödie. Das deutsche Lustspiel von Lessing bis Kleist.* München 1968.

Bénichou, Paul, *Morales du Grand Siècle.* Paris 1948.

Benjamin, Walter, *Deutsche Menschen. Eine Folge von Briefen.* In: W. B., *Gesammelte Schriften* IV, 1. Frankfurt a. M. 1972.

ders., *Zum gegenwärtigen Standort des französischen Schriftstellers.* In: *Zeitschrift für Sozialforschung* 3 (1934).

Bernbaum, Ernest, *The Drama of Sensibility.* Boston 1915.

Ernst, Paul, *Die Möglichkeit der Klassischen Tragödie.* In: *Der Weg zur Form.* 3. Aufl. München 1928.

Freud, Sigmund, *Trauer und Melancholie* [1916]. In: S. F., *Werke.* Bd. 10. London 1946.

Fyfe, Hamilton, Hrsg. von: Aristotle, *The Poetics* / »Longinus«, *On the Sublime* / Demetrius, *On Style.* London 1932. The Loeb Classical Library.

Gauwerky, Ursula, *Bürgerliches Drama.* In: *Reallexikon der deutschen Literaturgeschichte.* Begr. von Paul Merker und Wolfgang Stammler. 2. Aufl. Berlin 1958, Bd. I.

Guthke, Karl S., *Der Stand der Lessing-Forschung. Ein Bericht über die Literatur von 1932-1962.* Stuttgart 1965.

Guyot, Ch., *Diderot par lui-même.* Paris 1953.

Habermas, Jürgen, *Strukturwandel der Öffentlichkeit. Untersuchungen zu einer Kategorie der bürgerlichen Gesellschaft.* Neuwied und Berlin 1962.

Hauser, Arnold, *Sozialgeschichte der Kunst und Literatur.* München 1969 (Sonderausgabe in einem Band der Auflage von 1953).

Kommerell, Max, *Lessing und Aristoteles. Untersuchungen über die Theorie der Tragödie* [1940]. 3. Aufl. Frankfurt am Main 1960.

Lukács, Georg, *Zur Soziologie des modernen Dramas.* In: *Archiv für Sozialwissenschaft und Sozialpolitik* 1914. Teilnachdruck in: G. L., *Schriften zur Literatursoziologie.* Ausgewählt und eingeleitet von Peter Ludz. Neuwied 1961. Soziologische Texte 9.

McBurney, William, vgl. Lillo.

Mortier, Roland, *Diderot in Deutschland 1750-1850.* Stuttgart 1967.

Pikulik, Lothar, *»Bürgerliches Trauerspiel« und Empfindsamkeit.* Köln/Graz 1966. Literatur und Leben 9.

Price, Lawrence Marsden, *Die Aufnahme englischer Literatur in Deutschland (1500-1960).* Bern und München 1961.

Schadewaldt, Wolfgang, *Furcht und Mitleid?* [1955]. In: *Hellas und Hesperien. Gesammelte Schriften zur Antike und neueren Literatur.* Zürich und Stuttgart 1960.

Schaer, Wolfgang, *Die Gesellschaft im bürgerlichen Drama des 18. Jahrhunderts.* Bonn 1963.

Spoerri, Theophil, *Dante und die europäische Literatur,* Stuttgart 1963. Sprache und Literatur 6.

Trevelyan, G. M., *Illustrated English Social History.* 4 vols., Watford 1964. – Dt.: *Kultur- und Sittengeschichte Englands.* Hamburg 1948.

Walzel, Oskar, *Vom Geistesleben alter und neuer Zeit.* Leipzig 1922.

Weber, Max, *Die protestantische Ethik und der Geist des Kapitalismus* [1904]. In: M. W., *Die protestantische Ethik. Eine Aufsatzsammlung.* Hg. Johannes Winckelmann. München und Hamburg 1965.

ders., *Die protestantische Ethik II. Kritiken und Antikritiken.* Hg. Johannes Winckelmann. München und Hamburg 1968.

Winkler, E., *Zur Geschichte des Begriffs »comédie« in Frankreich.* Heidelberg 1937.

# Register zu den Vorlesungen

## *Sachregister*

## *Personenregister*

*Alphabetisches Verzeichnis der suhrkamp taschenbücher wissenschaft*

Adorno, Ästhetische Theorie 2
– Drei Studien zu Hegel 110
– Einleitung in die Musiksoziologie 142
– Kierkegaard 74
– Negative Dialektik 113
– Noten zur Literatur 355
– Philosophie der neuen Musik 239
– Philosophische Terminologie Bd. 1 23
– Philosophische Terminologie Bd. 2 50
– Prismen 178
– Soziologische Schriften I 306
Materialien zur ästhetischen Theorie Th. W. Adornos 122
Alexy, Theorie der juristischen Argumentation 436
– Theorie der Grundrechte 582
Apel, Der Denkweg des Charles S. Peirce 141
– (Hg.), Sprachpragmatik und Philosophie 375
– Transformation der Philosophie Bd. 1 164
– Transformation der Philosophie Bd. 2 165
Arnaszus, Spieltheorie und Nutzenbegriff 51
Ashby, Einführung in die Kybernetik 34
Auwärter/Kirsch/Schröter (Hg.), Kommunikation, Interaktion, Identität 156
Avineri, Hegels Theorie des modernen Staates 146
Bachelard, Die Philosophie des Nein 325
Bachofen, Das Mutterrecht 135
Badura (Hg.), Angewandte Sozialforschung 153
Barth, Wahrheit und Ideologie 68
Barthes, Sade-Fourier-Loyola 585
Bateson, Ökologie des Geistes 571
Bateson u. a., Schizophrenie und Familie 485
Batscha/Garber (Hg.), Von der ständischen zur bürgerlichen Gesellschaft 363
Batscha/Saage (Hg.), Friedensutopien. Kant-Fichte-Schlegel-Görres 267
Baumgartner/Rüsen (Hg.), Geschichte und Theorie 98
Bauriedl, Beziehungsanalyse 474
Baxandall, Die Wirklichkeit der Bilder 442
Becker, Grundlagen der Mathematik 114
Beckermann (Hg.), Analytische Handlungstheorie Bd. 1 489
Bendix, Freiheit und historisches Schicksal 390
– Könige oder Volk. 2 Bde. 338
Benjamin, Charles Baudelaire 47
– Der Begriff der Kunstkritik 4
– Ursprung des deutschen Trauerspiels 225
Materialien zu Benjamins Thesen ›Über den Begriff der Geschichte‹ (hg. v. Bulthaup) 121
Berkeley, Schriften über die Grundlagen der Mathematik 496
Bernfeld, Sisyphos 37
Bertram (Hg.), Gesellschaftlicher Zwang und moralische Autonomie 450
Bilz, Studien über Angst und Schmerz 44
– Wie frei ist der Mensch? 17

Bloch, Werkausgabe 550-566
– Bd. 1 Spuren 550
– Bd. 2 Thomas Münzer 551
– Bd. 3 Geist der Utopie. Zweite Fassung 552
– Bd. 4 Erbschaft dieser Zeit 553
– Bd. 5 Prinzip Hoffnung. 3 Bde. 554
– Bd. 6 Naturrecht und menschliche Würde 555
– Bd. 7 Materialismusproblem 556
– Bd. 8 Subjekt-Objekt 557
– Bd. 9 Literarische Aufsätze 558
– Bd. 10 Philosophische Aufsätze 559
– Bd. 11 Politische Messungen 560
– Bd. 12 Zwischenwelten in der Philosophiegeschichte 561
– Bd. 13 Tübinger Einleitung in die Philosophie 562
– Bd. 14 Atheismus im Christentum 563
– Bd. 15 Experimentum Mundi 564
– Bd. 16 Geist der Utopie. Erste Fassung 565
– Bd. 17 Tendenz-Latenz-Utopie 566
– Leipziger Vorlesungen zur Geschichte der Philosophie 567-570
– Bd. 1 Antike Philosophie 567
– Bd. 2 Philosophie des Mittelalters und der Renaissance 568
– Bd. 3 Neuzeitliche Philosophie 1 569
– Bd. 4 Neuzeitliche Philosophie 2 570
Materialien zu Blochs ›Prinzip Hoffnung‹ 111
Blumenberg, Die Legitimität der Neuzeit. Erweiterte und überarbeitete Neuausgabe. 24/79/174 in Kassette
– Säkularisierung und Selbstbehauptung (1. u. 2. Teil von »Legitimität«) 79
– Der Prozeß der theoretischen Neugierde (3. Teil von »Legitimität«) 24
– Aspekte der Epochenschwelle (4. Teil von »Legitimität«) 174
– Die Genesis der kopernikanischen Welt. 3 Bde. 352
– Schiffbruch mit Zuschauer 289
Böckenförde, Staat, Gesellschaft, Freiheit 163
Böhme, Alternativen der Wissenschaft 334
Böhme/Böhme, Das Andere der Vernunft 542
Böhme/van den Daele/Krohn, Experimentelle Philosophie 205
Böhme/v. Engelhardt (Hg.), Entfremdete Wissenschaft 278
Bonß/Honneth (Hg.), Sozialforschung als Kritik 400
Bourdieu, Entwurf einer Theorie der Praxis 291
– Zur Soziologie der symbolischen Formen 107
Bourdieu u. a., Eine illegtime Kunst 441
Briegleb, Opfer Heine? 497
Broué/Témime, Revolution und Krieg in Spanien. 2 Bde. 118

Christine Walker

# Freie Tage in der Chefetage

Christine Walker

# Freie Tage in der Chefetage

## Wie Führungskräfte in kürzerer Zeit mehr erreichen

REDLINE | VERLAG

**Bibliografische Information der Deutschen Nationalbibliothek:**
Die Deutsche Nationalbibliothek verzeichnet diese Publikation in der Deutschen Nationalbibliografie; detaillierte bibliografische Daten sind im Internet über **http://d-nb.de** abrufbar.

**Für Fragen und Anregungen:**
lektorat@redline-verlag.de

1. Auflage 2016


Nymphenburger Straße 86
D-80636 München
Tel.: 089 651285-0
Fax: 089 652096



Redaktion: Ulrike Kroneck, Melle-Buer
Umschlaggestaltung: Karen Schmidt, München
Umschlagabbildung: veronchick84/shutterstock.com
Satz: Carsten Klein, München
Druck: GGP Media GmbH, Pößneck
Printed in Germany

ISBN Print 978-3-86881-645-7
ISBN E-Book (PDF) 978-3-86414-917-7
ISBN E-Book (EPUB, Mobi) 978-3-86414-916-0

Weitere Informationen zum Verlag finden Sie unter

**www.redline-verlag.de**

# Inhalt

# Plädoyer für mehr Zeit – Warm-up-Runde

Dieses Buch ist ein Versprechen. Nach der Lektüre verspreche ich Ihnen nicht nur mehr Zeit, sondern auch wie Sie mehr persönliche Freizeit und damit mehr Freiheit gewinnen. Das tun viele andere Ratgeber auch. Aber ich beweise es. Und zwar nicht nur durch die nachfolgenden Seiten, sondern jeden Tag. Denn Ihr Zeitgewinn ist mein Geschäftsmodell. Also weiß ich, wovon ich rede. Doch das lesen Sie später in diesem Buch.

Und die Lektüre hat einen weiteren positiven Effekt. Ihre Motivation und die Zufriedenheit im Beruf steigt. Doch wie immer gilt: ohne Fleiß keinen Preis. Darum müssen Sie zunächst Zeit investieren, um zu lesen und zu lernen. Lesen Sie, wie Sie aus der Zeitfalle kommen und lernen Sie, mehr Zeit für das Wesentliche zur Verfügung zu haben.

In den Kapiteln »Warm-up für mehr Erfolg«, »Spitzenteams für Bestleistung« und »Leistungsreserven mobilisieren« wird dargelegt, warum viele Führungskräfte überhaupt erst in die Zeitfalle geraten konnten. Dort wird auch aufgezeigt, dass Ihr Team nur so gut ist wie der Pilot und dass eine Analyse im Kapitel »Diagnose und ihre Folgen« in ihrer Organisation Fehler im System aufdeckt. Und dass oft die Lösung schon immer vor der eigenen Tür »sitzt« – und zwar in ihrem Vorzimmer.

Das Buch beschreibt ebenso in einem Kapitel die »Kunst des Loslassens« und dass manchmal nur eine Neuverteilung von Aufgaben und das richtige System (die 5-S-Methode) einen großen Zeitgewinn bringt. Dadurch können Sie schon einen Arbeitstag pro Woche einsparen. In umfassenden Frage- und Checklisten in den verschiedenen Kapiteln bekommen Sie einen Überblick über die Leistungspotenziale, die Sie steigern können. Und wenn es nur die Abgabe des E-Mailkontos, der Reiseorganisation oder des Terminkalenders an ihre Mitarbeiter ist. Sie lesen aber auch, wie Sie Zeit durch eine gute Vorbereitung eines Meetings sparen, wie Sie perfekt präsentieren und ihre Mitarbeiter und Gäste richtig ansprechen.

Es wird zudem erklärt, wie Sie sich mit Hilfe eines Topteams und einer »normalen« Arbeitszeit ganz oben auf der Karriereleiter halten können. Und wie Sie das Topteam mit einem gründlichen Anforderungsprofil finden. Sie erfahren außerdem in den nachfolgenden Kapiteln, dass Sie mit weniger Arbeit und der Hilfe einer Topassistenz mehr Ergebnisse erzielen und dass eine Auszeit dem Unternehmen mehr bringt als das oft praktizierte »Always on«.

Lernen Sie aber auch, wie Sie als Pilot ein Topteam lenken, wie Sie motivieren und so »vom Einzelkämpfer zum Top-Teamleader« werden.

Brechen Sie also aus dem Heer der gehetzten und gefrusteten Manager aus. Am Ende jedes Kapitels erfahren Sie in Interviews mit Topmanagern aus Wirtschaft und Sport, wie sie es geschafft haben, aus der Zeitfalle zu kommen.

Und um jetzt endlich Gas zu geben, benutzen wir im Buch immer wieder Bilder aus einer Sportart, die wie keine andere für Vorteile durch Zeitgewinn steht – der Motorsport.

Also fahren Sie nun in die Startaufstellung, um am Ziel nicht nur mehr Zeit, sondern auch mehr Erfolg und Zufriedenheit einzufahren.

# Warm-up für mehr Erfolg

Jeder Verfasser, der ein Buch schreibt, hat einen Hintergedanken. Ihn treibt das Motiv, dass der Leser von der Lektüre profitiert, dass er den Inhalt in der Kaffeeküche mit Kollegen und Mitarbeitern debattiert und dann selbst seine Schlüsse zieht. Natürlich möchte auch jeder Verfasser, der ehrlich ist, dass dies möglichst viele Menschen tun. Diese Wünsche ermuntern den Buchschreiber nicht nur informativ, sondern auch kurzweilig durch die folgenden Kapitel zu führen. Das ist bei mir nicht anders. Ich möchte Sie, liebe Leser, dazu bewegen, während und nach der Lektüre davon zu profitieren und am Ende des Buches einen Prozess anzustoßen. Mit dem Ziel, sehr viel effizienter Ihr Unternehmen mit Hilfe eines Spitzenteams durch den beruflichen Alltag steuern zu können. Dazu instrumentalisiere ich den Motorsport – im metaphorischen Sinn. Kein anderes Beispiel eignet sich aus meiner Sicht besser, um den Beweis zu erbringen, dass nur Spitzenteams Hochleistungen vollbringen.

# Warm-up für mehr Zeit

Wann haben Sie sich das letzte Mal die Zeit genommen – abseits von alltäglichen Dingen – neue Ideen zu spinnen, über mögliche Projekte nachzudenken oder strategische Entscheidungen zu reflektieren? Wann war das noch, als Sie das Büro am späten Nachmittag verlassen haben, mit dem Gedanken: Ab jetzt habe ich Familienzeit? Geht nicht, sagen Sie? Zu viel zu tun? Noch mindestens zehn Mails vor der Brust und noch vier Telefonate zu führen? Noch Reiseunterlagen checken oder die wöchentlichen Termine prüfen? Da läuft ganz gehörig was schief! Sie werden jetzt in Gedanken kontern: »Ehe ich das meiner Assistentin erklärt habe, habe ich es schneller selbst gemacht.«

So würde jedoch ein Spitzenfahrer in der Königsklasse des Motorsports, der Formel 1, niemals denken und schon gar nicht handeln. Er macht zwar die Ansagen nach Beendigung der Trainingsrunden, was die Feinabstimmung seines Monocoque betrifft. Doch nur damit die technische Crew die Richtung kennt. Er vertraut darauf, dass alle in seinem Team ihre Aufgaben kennen und präzise erledigen. Genauso sollten Sie idealerweise als Führungskraft agieren. Denn in Ihrem Unternehmen sitzen Sie im Cockpit, weil man Ihnen das Lenken zutraut und nicht, um alle Schrauben selbst zu drehen. Voraussetzung dafür ist allerdings: Sie müssen wie der Pilot auf die Fähigkeiten Ihres Teams bauen. Wenn Sie sich nicht sicher sind, ob das schon heute der Status quo in ihrem Unternehmen oder Zuständigkeitsbereich ist, gibt es nur eines zu tun: alles auf den Prüfstand!

Achtung! Ab hier startet die erste Trainingssitzung. Glauben Sie nicht, das wird einfach. Es ist harte Arbeit, sich von alten Prozessen und Verhaltensweisen zu lösen und Ihren bisherigen Kurs auf die Ideallinie zu lenken. Ziel der ersten Trainingsetappe ist es, Ihre Personalentscheidungen zu prüfen. Beantworten Sie sich bei jedem Teammitglied folgende Fragen: Was hat Sie bei der Einstellung dazu bewogen, diese/n Mitarbeiter/in fürs Backoffice einzustellen? Hatten Sie nicht damals das Gefühl: »Die oder der ist auf meiner Wellenlänge, ergänzt die Teamkompetenz und trägt meine Entscheidungen mit?«

Was hat sich an und seit der Einstellung geändert, dass Sie die Möglichkeiten, die sich durch die Mitarbeiterin oder den Mitarbeiter bieten, nicht nutzen? Das Problem liegt bei Ihnen: Sie haben zwar neue Mitarbeiter eingestellt, es aber bei alten Abläufen belassen.

Dazu muss man erst mal herausfinden, was die optimalen Abläufe sind. Um die zu definieren, müssen Sie nun Gas geben und sich aus

Ihrem eigenen Windschatten lösen. Sie müssen bereit sein, sich auf sachlich fundierte Meinungen und Urteile anderer einzulassen. Das bedeutet – mitunter auch mit externer Unterstützung – die bisherigen Prozesse infrage zu stellen.

Und noch eins: Wie Sie aus Ihrem Alltag wissen, beruhen Höchstleistungen meist auf spezialisiertem Wissen. Sie würden auch keinem Amateur Ihren Supersportwagen anvertrauen, um das gute Stück warten zu lassen oder einen auftretenden Leistungsverlust zu beheben. Das gilt auch für ein Formel-1-Team: Um zuverlässige Diagnosen zu stellen, muss auch ein Spitzenmechaniker im Rennsport eine Vielzahl von Symptomen, möglichen Vorstufen, Ursachen, Verläufen und Konsequenzen kennen und wissen, was dementsprechend zu tun ist. Dazu braucht er Praxis und Theorie gleichermaßen sowie die Fähigkeit, auch in Stresssituationen einen analytischen Kopf zu bewahren. Erst die Summe des Ganzen qualifiziert den Profi, die passende Diagnose zu stellen und die daraus resultierenden Maßnahmen abzuleiten. Das sollte – übertragen auf Ihren Verantwortungsbereich – auch Ihr Team können.

Oft sind ist es nur 1 µm (Umdrehung), um die die Schraube bewegt werden muss. Und meist ist es die nächstliegende Lösung, die die größte Wirkung zeigt. Und die ist gleich vor Ihrer Tür, das sogenannte »Vorzimmer«. Gerade hier ist eine Analyse in puncto Qualität und Inhalt wichtig.

Warum? Fehler oder Verzerrungen im System treten in vorhersehbarer Weise unter bestimmten Umständen auf, die man aber manchmal vor lauter Routine nicht mehr sieht. Wenn ein selbstbewusster Teamleiter das erkennt und dem Team zu einem Neustart verhilft, wird sich das nicht nur in Zeitgewinn und damit auch auf mehr wirtschaftlichen Gewinn für Sie und das Unternehmen auszahlen. Es erwartet Sie noch ein zusätzlicher Bonus: Ein Team, das optimal zusammenspielt, das Ihnen den Rücken freihält und Sie dadurch auf das Siegertreppchen bringt. Darüber hinaus bekommen Sie auch noch mehr Freizeit. Am Ende unseres Tuningprogramms – das verspreche ich Ihnen – werden wir Ihre Zeit um 20 Prozent verbessert haben. Das ist doch ein starkes Motiv, dieses Buch zu lesen. So wie es das Motiv des Autors ist, dass der Leser profitiert, in der Kaffeeküche über den Inhalt debattiert und so womöglich mit dem Buch einen Erfolg landet – mindestens in Ihrem Büro.

**Christine Walker**

## Einfach machen

Im Sport gelten die gleichen Regeln wie im Management. Und sie haben noch eine Gemeinsamkeit. Am Ende wollen alle siegen. Mein Rezept ist nicht neu, aber nach wie vor aktuell. Schon Helmuth Karl Bernhard Graf von Moltke, preußischer Generalfeldmarschall (auch als der »große Schweiger« bekannt), wusste: »Fester Entschluss und beharrliche Durchführung eines einfachen Gedankens führen am sichersten zum Ziel.« Nach dem Motto habe ich gehandelt und erkämpfte siebzehn Mal den Weltmeisterschafstitel im Federgewicht.

Mich an die Spitze zu boxen, hieß Disziplin, Verzicht und permanentes Training. Wichtiger als die physische Seite war allerdings die mentale. Deshalb riet mein Coach, das Ziel immer vor Augen zu haben. Das Bild war eine nie versiegende Motivationsquelle und half mir vor allem dranzubleiben – auch nach Niederlagen. Das Ziel fest im Blick zu haben, macht eben den Sieger aus.

Doch grundsätzlich gilt: Denken bestimmt unser Handeln. Gut gedacht, aber schlecht gemacht hilft nämlich niemandem – beim sportlichen Wettkampf ebenso wenig wie beim Führen eines Unternehmens. Meist liegt es nicht daran, dass der Plan schlecht ist. Die Ausführung scheitert vielmehr, weil man sich nicht wirklich auf das Ziel konzentriert hat.

Noch etwas habe ich während meiner Profiboxzeit gelernt. Bevor ich in den Ring stieg, habe ich den Gegner studiert und eine Strategie entwickelt. Doch manches Mal hat all das nichts genutzt. Das Festhalten am vermeintlich gut vorbereiteten Plan hätte mir sicher eine Niederlage eingebracht. In solchen Fällen halfen ungewöhnliche Lösungen und neue Ideen. Auch das über die Grenzen hinausgehen ist im Ring gefragt. Diese Flexibilität ist im Backoffice genauso wie im Wettkampf eine Währung für Erfolg oder Misserfolg. Also ruhig auch mal das Risiko suchen und eben einfach machen!

Das schnelle Denken ist somit elementarer Bestandteil des Erfolgs. Dass ich mich darauf konzentrieren konnte, wurde mir in meiner sportlich aktiven Zeit ermöglicht, weil mich ein gutes Team begleitete, das die Routinedinge für mich zuverlässig erledigte. Die Kunst ist allerdings, die richtigen Leute zur richtigen Zeit zu finden. Sie können als Kriterium für die Wahl Ihrer Teammitglieder beispielsweise eine Topausbildung der Kandidaten ansetzen. Doch das bedeutet nicht automatisch einen Vorteil. Das wichtigste bei der Auswahl der Menschen, die Sie begleiten, lautet: Die Chemie muss stimmen! Ich gebe Ihnen darum den Rat: Hören Sie mehr auf Ihr Bauchgefühl als auf Referenzen und Sie haben ein Team, dass dasselbe Ziel hat wie Sie: den Sieg.

Sie denken, das ist doch selbstverständlich? Nein, ist es nicht. Darum ist es gut, wenn man von Zeit zu Zeit alles überprüft. Darum ist dieses Buch ein wichtiger Leitfaden auf dem Weg, Ihre Strategie, sich selbst und Ihre Mannschaft auf Siegfähigkeit zu überprüfen. Und der erste Schritt ist: einfach machen!

**Ina Menzer**

## Wann hatten Sie zuletzt Zeit wofür?

»Zeit ist Geld« ist keine bloße Volksweisheit, sondern ein Lehrsatz von Benjamin Franklin aus seinem Werk *Ratschläge für junge Kaufleute*. Damit will Franklin sagen, dass Zeit wirtschaftlich messbar ist. Bevor Sie nun aber sagen, meine Zeit ist gut investiert, nehmen Sie sich ein wenig davon und ziehen, wie jeder gute Geschäftsmann, eine Bilanz. Doch die ökonomische Sicht ist nur die eine Seite. Zeit bedeutet auch mehr Lebensqualität – sie ist ein kostbares Gut, aber kein Luxus. Denn Luxus gönnt man sich, aber Zeit braucht man. Man braucht Zeit, um einen Ausgleich zum Berufsleben zu schaffen und um Kraft zu schöpfen für neue Dinge. Das ist nicht nur eine Binsenweisheit, sondern auch eine Notwendigkeit. Das zeigen auch die steigenden Erkrankungen, die auf Überlastungen im Arbeitsleben zurückzuführen sind.

Die Bertelsmann Stiftung veröffentlichte in Zusammenarbeit mit der Barmer GEK eine Studie zum Stress am Arbeitsplatz. Das Ergebnis wird Sie jetzt nicht überraschen: Überarbeitung, so die Autoren, führt oft zu überlasteten Mitarbeitern und ausgebrannten Managern. »Immer weiterwachsende Anforderungen beeinträchtigen nicht nur das Wohlbefinden der Beschäftigten, sondern fördern auch selbstgefährdendes Verhalten«, heißt es unter anderem in der Untersuchung.

Der steigende Ziel- und Ergebnisdruck in Unternehmen, so die Experten, verleitet Beschäftigte in Deutschland dazu, mehr zu arbeiten, als ihnen guttut. Rund 1.000 Erwerbstätige wurden zu dem Themenkomplex befragt. Die Auswertung ergab, dass knapp ein Viertel der Vollzeit-Beschäftigten in Deutschland ein Tempo vorlegt, von dem sie glauben, dass sie es langfristig nicht durchhalten werden. 18 Prozent der Befragten erreichen regelmäßig die Grenze ihrer Leistungsfähigkeit und 23 Prozent verzichten gänzlich auf Pausen. Jeder Achte kommt zur Arbeit, obwohl er krank ist.

Und jetzt sollten Sie sich fragen, ob ein weiteres Ergebnis auch auf Sie zutrifft: 42 Prozent der Befragten gaben bei der Umfrage an, dass ihr Arbeitsumfeld durch steigende Leistungs- und Ertragsziele geprägt ist. Jeder Dritte weiß nicht mehr, wie er die wachsenden Ansprüche im Betrieb bewältigen soll. Dadurch komme es leicht zu einer Überforderung.

Also fast die Hälfte aller untersuchten Personen sind überfordert. Das ist doch bedenklich. Diese Ergebnisse zeigen einen steigenden Trend, wie auch eine andere Expertise zeigt. In einer Zusammenfassung aller Langzeitstudien berichtet der iga-Report (Initiative für Gesundheit und Arbeit) zum Thema Überlastung im Beruf. Nach der Auswertung kam man unter anderem zu dem Fazit, »dass eine hohe Arbeitsbelastung kombiniert mit geringem Handlungsspielraum sowie mangelnde Anerkennung kombiniert mit hoher Verausgabung (Gratifikationskrise) die Wahrscheinlichkeit einer Depression erhöht.« Das Quotenverhältnis liegt durchschnittlich bei 1,8. Das bedeutet in der Interpretation, dass das Risiko einer Depression auf fast das Doppelte ansteigt. »Auch wenn die Ursachen gefühlsbetonter Störungen multifaktorieller Natur sind, kann man davon ausgehen, dass psychische Fehlbelastungen bei der Arbeit das Risiko für Depressionen erhöhen.« (IGA Report 29) Wahnsinnssatz – nicht wahr? Aber im Grunde steht darin: Kommen Sie runter von dem Pferd, alles selbst machen, beziehungsweise, alles kontrollieren zu müssen, um den vermeintlichen Anforderungsansprüchen Ihres Unternehmens gerecht zu werden. Meist sind es sogar nicht die Ansprüche des Unternehmens, sondern die Ihrigen. Wenn Sie es selber machen, so glauben Sie, haben Sie auch die totale Kontrolle. Doch ich schwöre Ihnen, das führt zu gar nichts. Langfristig gesehen ist sogar das Gegenteil der Fall und endet möglicherweise auch mit einer Berufsunfähigkeit, weil Sie einfach nicht mehr können.

Dass sich eine rechtzeitige Korrektur des eigenen Kurses nicht nur für sich selbst, sondern auch für das Team und im Endeffekt für das Unternehmen lohnt, zeigt auch folgendes Ergebnis des Reports. Als Ergebnisse von Wohlbefinden werteten die Autoren:

- Wertschätzendes und unterstützendes Führungsverhalten geht mit einem höheren Wohlbefinden der Beschäftigten einher.
- Hohe Arbeitsanforderungen, geringer Handlungsspielraum und geringe soziale Unterstützung führen zu einem schlechteren Wohlbefinden der Beschäftigten.
- Hinsichtlich des allgemeinen Wohlbefindens kann von einem kausalen Zusammenhang mit dem Anforderungs-Kontroll-Modell ausgegangen werden.

Das sind nur drei der Ergebnisse, die Sie zum Nachdenken und Überprüfen der eigenen Situation animieren sollten. Diese Einsicht, dass Zeitknappheit der Beginn von Überlastung ist und auf lange Sicht ein Burn-out nach sich ziehen kann, scheint in den Chefetagen noch nicht wirklich eingekehrt zu sein. Aber die Zahlen sagen, es ist Realität.

Die Krankenkassen in Deutschland schlagen in diesem Punkt zu Recht Alarm. Bei einer relativ gleichbleibenden Anzahl von Krankschreibungen stieg der Anteil der Arbeitsunfähigkeitsfälle aufgrund psychischer Erkrankungen in den vergangenen zehn Jahren um etwa 40 Prozent. »Wir haben es mit einem Verdrängungswettbewerb der Erkrankungen zu tun«, referierte Ursula Marschall, leitende Medizinerin der Barmer GEK auf einer Veranstaltung der Zeitung »Die Welt« in Zusammenarbeit mit der Barmer GEK in Berlin im Jahr 2014.

Der aktuelle Gesundheitsreport der Bundesregierung, der im vergangenen Jahr veröffentlicht wurde, lässt ebenso aufhorchen. Das Ministerium für Gesundheit veröffentlicht darin, dass in einer modernen Industrie-, Dienstleistungs- und Wissensgesellschaft körperliche Kraft und Ausdauer in den Hintergrund treten, während mentale Leistungen immer wichtiger werden. »Soziale und kommunikative Kompetenzen gewinnen eine zunehmend größere Bedeutung.« Vor diesem Hintergrund verwundert es nicht, dass psychische Störungen und Beeinträchtigungen in der Gesamtheit der Gesundheitsbelange bedeutender werden und immer häufiger einen Krankheitswert haben, der die Arbeitsfähigkeit beeinträchtigt. »Psychische Störungen sind somit heute nicht nur individuelles Schicksal, sondern rücken zunehmend als gesamtgesellschaftliches Thema in den Mittelpunkt«, schreiben die Experten in dem Report.

»In Deutschland erhöhten sich die Fehlzeiten am Arbeitsplatz wegen psychischer Störungen in den vergangenen Jahren stark: Personen mit der Diagnose einer psychischen Störung haben deutlich mehr Ausfalltage als Personen mit anderen Diagnosen. Auch die Krankenkassen in Deutschland berichten von einer deutlichen Zunahme der Krankschreibungen wegen psychischer Störungen in den letzten zehn Jahren. Hinsichtlich der Frühberentungen steigen seit den 1980er-Jahren die Zahlen aufgrund von Psychischen und Verhaltensstörungen an, obwohl die Zahl der Frühberentungen insgesamt sogar rückläufig ist. Bei den Krankheitskosten liegt die Gruppe der Psychischen und Verhaltensstörungen nach den Krankheiten des Kreislaufsystems und den Krankheiten des Verdauungssystems in Deutschland an dritter Stelle.«

Das ist doch erschreckend, nicht wahr? Also bremsen Sie Ihr Tempo runter und fahren Sie mal in die Box. Lassen Sie es nicht aus falsch verstandenem Ehrgeiz so weit kommen, dass auch Sie in der obigen Statistik auftauchen. Doch manchmal dauert es, bis man zu der Einsicht gelangt, dass man selbst auf dem besten Weg zum Burn-out ist. Offensichtlich muss man wohl selbst erst einmal an die eigenen Grenzen kommen.

In meinem Fall musste das anscheinend so passieren, ehe ich innehielt. Ich war arbeitstechnisch nach meiner Existenzgründung in dem, was man im Volksmund Hamsterrad nennt. Und ich lief ständig auf vollen Touren. Klar habe ich die Ziele erfüllt. Aber um welchen Preis: Es ging immer noch besser, noch schneller, noch effizienter. Jede Minute musste ausgefüllt sein. Leerlaufzeiten belasteten mich. Schon ungeplante Wartezeiten vor Terminen machten mich nervös. In der Zeit wurde telefoniert, ich schrieb SMS oder machte mir To-do-Listen.

Die offensichtlichen Erfolge meines Unternehmens schienen mich in meiner Arbeitswut zu bestätigen. Doch irgendwie habe ich mich wohl selbst überholt und kriegte nicht mit, dass mein eigenes Tempo nicht mehr zu halten war. Die Arbeit, die ich im Gegenzug für meinen Aktionismus an Land zog, war allein nicht mehr zu schaffen. Aber das habe ich damals nicht begriffen.

Wer, bitteschön, außer mir, hätte das sonst alles machen sollen? So ging es noch eine Weile, bis zu dem Moment, als mich ein Trauerfall zum Halten zwang. Und ich merkte, als ich wieder anlaufen wollte, dass ich durch, fertig, erschöpft und kaputt war. Erst nach diesem Ereignis holte ich mir Mitarbeiter ins Haus und dachte, dass jetzt alles besser läuft. Denkste! Es hat noch einmal eine Krise gebraucht, bis ich kapiert habe: Jetzt hast du zwar Mitarbeiter, aber die ständige Kontrolle, ob die auch alles so machen, dass es meinem Qualitätsmaßstab entspricht, hat mir genauso viel Kraft geraubt, als hätte ich es selber gemacht. Aus Unternehmenssicht war das kontraproduktiv. Ein geregeltes Privatleben hatte ich zudem nach wie vor nicht. Noch schlimmer war, ich hatte permanent ein schlechtes Gewissen, wenn ich die knappe Freizeit mal für mich genutzt habe. Und zahlenmäßig ging es mir eher noch schlechter als zuvor. Ich hatte ja jetzt noch Personalkosten zu stemmen. Das belastete mich noch zusätzlich. Nicht einmal wegen des Geldes, sondern wegen des Drucks, jeden Monat das Geld auftreiben zu müssen.

Da stimmte also immer noch etwas nicht. Was macht man in einem solchen Fall? Man besinnt sich auf das gute alte Modell: »nachdenken«. Also habe ich mich von der Alltagswelt eine Weile verabschiedet und bin mit mir selbst in Klausur gegangen. Das Ergebnis der Überlegungen im stillen Kämmerlein? Ich hatte nach eingehender Bilanz folgende Möglichkeiten: In zwei Jahren in eine Burn-out-Klinik eingewiesen zu werden, am Herzinfarkt zu sterben, die Firma aufzugeben und einen Angestelltenjob suchen oder, um im Motorsportbild zu bleiben, den Restart-Knopf zu drücken. Sie ahnen es: Ich habe mich für letzteres entschieden und klar analysiert: Was von all meinen bisherigen Tätigkeiten muss ich machen, was kann ich machen und was will ich machen?

## Lernen sich auf andere zu verlassen

Wenn Sie also überhaupt das Buch lesen, dann sind Sie in einer ähnlichen Situation wie ich damals und überlegen sich auch, was machen Sie heute selbst und was davon bringt dem Unternehmen Gewinne? Denken Sie darüber nach, ob die Aufgaben, die Sie erledigen, Ihrem Gehalt entsprechen und ab wann eine Assistenz besser dafür eingesetzt wäre.

Und sollte das Arbeitspensum steigen, weil Sie Ihre Zeit ja im Sinne der Weiterentwicklung des Geschäfts widmen (und das mit Erfolg), brauchen Sie zur Unterstützung vielleicht nicht nur eine Superassistenz, sondern möglicherweise ein Winning-Team.

Zunächst aber alles auf Anfang: Um dahin zu kommen, fängt alles bei Ihnen selbst an. Nehmen Sie sich Zeit, denken Sie darüber nach, wo Sie aktuell stehen. Dabei hilft Ihnen eine gründliche Bestandsaufnahme, wie Sie ihre Arbeitszeit aktuell gestalten. Schätzen Sie erst einmal die Arbeitsanteile nach den unten aufgeführten Punkten. Danach gehen Sie ins Detail.

## Eigenanalyse – eine Checkliste:

1. Wie viel Zeit pro Woche widme ich der Entwicklung neuer Geschäftsideen?
2. Wie viel Zeit widme ich in der Woche meiner konkreten Aufgabenstellung?
3. Welchen Anteil an einer 40-Stunden-Woche nehmen Verwaltungsaufgaben ein?
4. Wie viel Zeit würde ich durch Delegation von Aufgaben (wie der Filterung und Verteilung von E-Mails) gewinnen?
5. Wie könnte mich eine Assistenz oder möglicherweise ein Team unterstützen?
6. Welche neuen Prozesse in meinem Büro können mir mehr Zeit bringen?
7. Welche Unterstützung (Etat/Personal) kann ich vom Unternehmen anfordern?

Wenn Sie diese Fragen beantworten, gehen Sie ins Detail und füllen untenstehende Liste aus. So merken Sie, was Sie wirklich so den lieben, jetzt noch viel zu kurzen Arbeitstag machen.

| Aufgaben | Mache ich | Macht die Assistenz | Delegierbar ja/nein |
|---|---|---|---|
| Mailpostfach ordnen in Dringlichkeitskategorien | | | |
| Mails löschen | | | |
| Rundmails versenden | | | |
| Wichtige Mails sammeln und im Kalender mit Wiedervorlagetermin eingeben | | | |
| Mails beantworten | | | |
| Mails archivieren | | | |
| Termine eintragen | | | |

| Aufgaben | Mache ich | Macht die Assistenz | Delegierbar ja/nein |
|---|---|---|---|
| Termine abrufen | | | |
| Termine löschen | | | |
| Termine vereinbaren | | | |
| Termine abstimmen | | | |
| Terminanfragen beantworten | | | |
| Reisedaten eintragen | | | |
| Reise planen | | | |
| Zug/Flug/Mietwagen buchen | | | |
| Hotel reservieren | | | |
| Reisedokumente zusammenstellen | | | |
| Präsentation planen | | | |
| Inhalte/Fakten sammeln | | | |
| Präsentation entwerfen | | | |
| Präsentationen ausdrucken/versenden | | | |
| Meeting planen | | | |
| Tagesordnung entwerfen und abstimmen | | | |
| Personenkreis einladen und Teilnehmerliste erstellen | | | |
| Raum buchen/Videoleitungen | | | |
| Arbeitsmittel beschaffen | | | |
| Catering festlegen | | | |
| Vertragsunterlagen zusammenstellen/Recherche | | | |
| Protokoll schreiben | | | |
| Protokoll versenden | | | |

| Aufgaben | Mache ich | Macht die Assistenz | Delegierbar ja/nein |
|---|---|---|---|
| Wochen-/Monats-/Jahreseventplanung erstellen | | | |
| Events planen | | | |
| Wiedervorlage prüfen | | | |
| Urlaubsplanung für mich/Mitarbeiter | | | |
| Fuhrparkmanagement für mich/Mitarbeiter | | | |

Die Aufzählung können Sie natürlich auf Ihre tägliche Praxis zuschneiden. Wenn Sie also nur in der ersten Spalte ankreuzen, wird es allerhöchste Zeit, nicht nur Ihren Schreibtisch, sondern auch mit Ihrer Aufgabenzuteilung aufzuräumen. Sehen Sie zu, dass die Mehrheit der Aufgaben weiterwandern, und zwar nicht nur unreflektiert in die nächste Spalte, sondern zu Mitarbeitern, die das genauso gut können wie Sie.

Die Fleißaufgabe hilft Ihnen noch in einem weiteren Punkt: Nach der Auswertung wissen Sie nämlich auch, in welchem Umfang die Aufgaben, die Sie abgeben können, einer Assistenz anvertraut werden können. Auf jeden Fall sind Bürotätigkeiten Sache der Mitarbeiterschaft. Und die meisten Bürotätigkeiten fallen im Management an. Zumindest gibt es einen Pool für Backoffice-Arbeiten. Oder Sie stellen fest, ob Sie Personalbedarf haben, oder ob das Personal, das Sie aktuell nutzen können, das richtige ist.

## Das Mini-Max-Prinzip

Beim Schaffen von Freiräumen helfen manchmal Weisheiten, die zwar wie ein Klischee anmuten, aber trotzdem stimmen. Eine davon ist das Mini-Max-Prinzip.

Ökonomen kennen das Prinzip auch als Waldregel und meinen damit die Entscheidungsregel bei Unsicherheit (Entscheidungsregeln). Dabei steht die Bewertung jeder Möglichkeit und ihr schlechtestes Ergebnis. Die jedoch meine ich nicht. Ich habe eine andere Mini-Max-Regel, die lautet: minimaler Aufwand – maximaler Effekt.

Der Handlungsleitfaden ist doch sehr einfach:

- Prioritäten festlegen (also was ist so wichtig, dass nur ich es machen kann)
- Delegation von Aufgaben, die Sie nicht selbst machen müssen
- Abschalten und chillen

## Richtig viel Zeit mit schnell umgesetzten Maßnahmen

Hört sich gut an, denken Sie, aber wie soll das gehen? Ich muss doch ... Nein, eben nicht. Wenn Sie so weiterdenken, landen Sie im Krankenstand oder kündigen, weil Sie ausgebrannt sind. Dabei ist es doch wirklich einfach, das Prinzip umzusetzen. Ich beweise Ihnen das an einer Ihrer täglichen Tätigkeiten: die Bearbeitung Ihres E-Mail-Kontos. Ich verspreche Ihnen: zwei Stunden mehr Zeit pro Tag mit dem 4-D-Prinzip!

Schon wieder ein Klischee? Nein. Aber eine gute Richtschnur. Bei mir war es ein Befreiungsschlag, eingehende Nachrichten nicht mehr direkt bearbeiten zu müssen. Warum? Das Lesen und Bearbeiten unzähliger E-Mails kostet enorm viel Zeit. Und die wollte ich nicht mehr investieren. Denn ich kam darauf, dass die von mir eingestellte Assistentin das genauso gut machen konnte wie ich. Die Zeit habe ich lieber für andere Dinge, wie Kundenakquise genutzt. Delegieren Sie also so wie ich Ihr komplettes E-Mail-Konto an eine Assistenz und nutzen Sie dabei das 4-D-Prinzip:

D – Do
D – Delegate
D – Delete
D – Done

Halten Sie sich an das 4-D-Prinzip, das ja nichts anderes bedeutet, als weiterleiten, löschen, erledigen oder auf Wiedervorlage stellen. Damit haben Sie die tägliche Kommunikationsflut im Griff. Doch das ist gar nicht durch Sie notwendig. Dafür haben Sie eine Assistenz, die das nach Ihren Regeln handhabt.

Ihre Aufgabe ist es lediglich, einmalig die Regeln zu erstellen, nach denen die Abarbeitung ablaufen soll. Sie legen demnach fest, wie es läuft. Das Abwickeln machen andere. Um die Ruhe noch mehr zu nutzen, hier noch ein Tipp: Stellen Sie die Nachrichtenfunktion ab, dass in Ihrem Postfach eine neue E-Mail-Nachricht eingegangen ist.

Auch das heute gern aus Absicherungsgründen gesetzte CC: bloß weg damit. Teilen Sie den Mitarbeitern mit, dass dies nicht erwünscht ist. Nur eine Person unterrichtet Sie über eingehende Mails, die für Sie unverzichtbar sind – und das ist in der Regel Ihre Assistenz. Wenn Ihre Mitarbeiterin oder Ihr Mitarbeiter die Mail vorlegt, weiß sie beziehungsweise er anhand der Regeln, dass der Inhalt eine Information ist, die Sie benötigen oder eine zu erledigende Aufgabe, die nur Sie etwas angeht. Und das einmal am Tag an einem festgelegten Termin. Läuft das richtig, ist Ihre Inbox leer – et voilà, zwei Stunden mehr Zeit. Und die wenigen E-Mails, die jetzt für Sie wichtig sind und bearbeitet werden, hat Ihre Assistenz schon im Vorfeld vorbereitet, sodass Sie eigentlich nur noch kurz durchlesen müssen, ob alles in Ihrem Sinne formuliert wurde. Der Rest wurde nicht von Zauberhand erledigt, sondern von Ihren Mitarbeitern. Die können das nämlich und freuen sich, dass Sie Aufgaben von Ihnen übernehmen dürfen. Das ist ein nicht zu unterschätzender Motivationsfaktor, weil es vermittelt: Ich traue meinem Team das zu.

Das ist mehr wert als eine Gehaltserhöhung. Warum? Weil sich Ihr Verhalten auch auf das Team auswirkt. Der Zusammenhang zwischen Führungsverhalten und Gesundheit der Mitarbeiter rückt in den Fokus der Forschung. Allerdings gab es dazu bislang keine einheitlichen Ergebnisse. Grund für die Berufsgenossenschaft, eine Analyse zu veröffentlichen (Quelle: Gregersen et al. 2011 [a], Kuoppala et al. 2008, Skakon et al. 2010).

Es wurden 42 Studien, Reviews und Metaanalysen eines Zeitraums von zehn Jahren recherchiert und gesichtet. Danach kamen die Autoren zu dem Schluss, dass tatsächlich Zusammenhänge zwischen verschiedenen Aspekten von Führung und der Gesundheit von Mitarbeitern existieren.

Aus den gesichteten Publikationen lassen sich laut der Autoren folgende Erkenntnisse ableiten, die ich gern im Original zitieren möchte:

1. Führungsverhalten wirkt als Ressource beziehungsweise Stressor auf die Gesundheit und das Wohlbefinden der Mitarbeiter.
2. Es gibt bestimmte Führungsstile, wie ein transformationales oder ein mitarbeiterorientiertes Führungsverhalten, das gesundheitsbeeinträchtigend beziehungsweise -förderlich wirkt. Bezüglich anderer Führungsstile sind die Ergebnisse zum Teil jedoch weniger eindeutig.
3. Der Zusammenhang zwischen Führung und Gesundheit wird durch weitere Faktoren beeinflusst. Hierzu gehören beispielsweise die Persönlichkeitseigenschaften der Geführten.

Zudem scheint Führung nicht ausschließlich direkt auf die Gesundheit zu wirken, sondern auch mittelbar auf die Themen Arbeitsbedingungen oder die Arbeitszufriedenheit.

Sie sind demnach aus meiner Sicht geradezu verpflichtet, sich darum zu kümmern, dass das Team Ihnen Aufgaben abnimmt. Das ist auch keine Kunst und Ihr größtes Potenzial. Darüber hinaus verspreche ich Ihnen noch einmal zwei Stunden täglich mehr Freiraum mit einem Prinzip aus der Formel 1. Und wie das geht, das können Sie bei jeder Übertragung der Läufe im Fernsehen beim Boxenstopp beobachten. Die Teams arbeiten hier jeden der Stopps nach folgender Ablaufmatrix ab:

- strukturierte Vorbereitung
- effiziente Durchführung
- wirksame Nachbereitung

Das ist natürlich nur ein grober Leitfaden. Aber trotzdem können Sie daraus jede Menge ziehen: zum Beispiel für effiziente Meeting-Kultur.

Einen genauen Fahrplan für ein effizientes Meeting-Management haben ich Ihnen natürlich in den nachfolgenden Kapiteln aufbereitet. Noch ein positiver Effekt dieses Prinzips: Bereits nach wenigen Wochen werden Ihre Besprechungsaktivitäten weniger Zeit beanspruchen, der Output wird hingegen signifikant steigen. Machen Sie es richtig, reduzieren Sie Ihre Meeting-Zeiten um 50 Prozent.

Das allerdings nur dann, wenn Sie die gesamte Koordination auf Ihre Mitarbeiter übertragen. Denn sonst sind die anderen zwar glücklicher, aber sie gewinnen nichts. Also, Delegation, Delegation, Delegation! »Delegation is a two way street« – Vertrauen und wirksame Delegation sind der Schlüssel zu mehr Zeit für die wirklichen wichtigen Dinge: mehr Erfolg und mehr Lebensqualität. Mein Tipp, den ich auch bei meiner Beratungsarbeit immer wieder anmahne, ist: wenn Sie es machen, machen sie es richtig:

- Übertragen Sie einen Teil der Verantwortung.
- Fördern Sie die Potenziale Ihrer Mitarbeiter.
- Fördern Sie eigenständiges Arbeiten.
- Kommunizieren Sie klar und strukturiert mit dem Team.
- Geben Sie regelmäßig Feedback.
- Halten Sie sich fern von operativen Aufgaben.
- Konzentrieren Sie sich auf das Lenken und Denken.

Wie gesagt, Delegation ist keine Einbahnstraße. Und lassen Sie sich nicht zu den Gedanken verführen: Sie sind unentbehrlich und immer erreichbar. Solche Denke ist nicht nur eine Gefahr für Sie, sondern auch für die Mitarbeiter und das Unternehmen. Ich bin heute überzeugt: Manager, die alles selber machen, haben ihren Arbeitsbereich nicht organisiert. Und das kann durch ungeplante Abwesenheitszeiten zum Crash einer Abteilung führen.

Wenn Mitarbeiter zu wenig zu tun haben, weil ihnen keine Aufgaben überlassen werden, führt das zur Unterforderung bei den Mitarbeitern. Was eine ungeheure Ressourcenverschwendung ist. Von jedem Einzelnen rufen Chefs, die alles selber machen, nur einen Bruchteil der Fähigkeiten der Mitarbeiter ab. Damit das endlich anders wird, muss ein guter Manager sich auch für eine gute Strukturierung des Arbeitsablaufs zuständig fühlen. Die Fertigkeiten jedes Einzelnen müssen und sollen dabei eingesetzt werden. Und wenn man Mitarbeitern etwas zutraut, wird Ihr Team Sie tragen und unterstützen. Nur wenn Mitarbeiter die Möglichkeit haben, ihre Arbeit zu gestalten, können sie sich auch mit ihrer Arbeit identifizieren. Damit ist es doch logisch: Motivation und Produktivität wird dadurch gesteigert.

Es gibt aber noch andere Überlegungen, die ich Ihnen nahelegen will: Durch Delegation von Aufgaben erreichen Mitarbeiter eine größere Transparenz der Arbeitsabläufe und Ziele eines Unternehmens. Der Mitarbeiter wird verständiger für Entscheidungen und Abläufe, die der Chef verordnet und kann seine Sicht der Dinge einbringen (die ja vielleicht ganz gut ist). Fühlt er sich verantwortlich, haben Sie einen selbstbewussten Mitarbeiter. Das fördert in der Folge die Kreativität. Das Teammitglied ist viel zielorientierter, weil es die Bedeutung seiner Arbeit erkennt und weiterentwickelt. Merke: Nur ein informierter und ambitionierter Mitarbeiter ist ein wertvoller Mitarbeiter.

Hier für alle, die vielleicht etwas überlesen haben (was ich natürlich nicht annehme), noch einmal die Vorteile zusammengefasst:

1. Zeitgewinn: Der Vorgesetzte kann sich seinen eigentlichen Aufgaben widmen, ist auch noch ein ausgeglichener Zeitgenosse und überzeugt durch eine positive Ausstrahlung.
2. Kompetenzgewinn: Das Wissen von Mitarbeitern wird besser für das Unternehmen genutzt. Das Ideenpotenzial der Teammitglieder kann ausgewertet werden.
3. Zufriedenheitsgewinn: Abgeben von Verantwortung an kompetente Mitarbeiter fördert die Gesundheit und das Wohlbefinden in Ihrem Team und damit letztendlich auch den Erfolg für Sie und Ihre Mannschaft.

Ergo: Es kann nur besser werden. Weniger für Sie ist in dem Fall mehr. Und schon durch Kleinigkeiten arbeiten Sie wirklich acht Stunden intensiv an Ihrem persönlichen Erfolg. Profitieren Sie von meinen persönlichen Erfahrungen. Ich habe aus meiner Überlastung eine Entlastung gemacht. Nachdem ich endlich kapiert hatte, dass ich nicht alles kann und muss, trat eine Art Heilungsprozess ein. Ich strukturierte mein Leben und mein Unternehmen um, übertrug meine administrativen Tätigkeiten auf mein Team, nahm mir einmal in der Woche einen Arbeitstag frei von Terminen, lernte tanzen und ging regelmäßig meinem Hobby Reiten nach. Dadurch wurde ich fröhlicher und offen für Neues, die Bewegung machte mich wendiger und alles in allem lief es danach positiver.

Das Ziel eines Neuanfangs in dieser Richtung ist, mit welchem Prinzip auch immer, auch bei Ihnen neue Zeiträume zu suchen. Packen Sie es an, in der Konsequenz bauen nicht nur Sie Stress und Druck ab, sondern auch Ihre Mitarbeiter. Glauben Sie mir, Sie werden auf diese Weise erfolgreicher sein und auf die Erfolgsspur einbiegen. Dabei hilft auch, dass Sie einen komplett neuen Zeitplan für sich, Ihre Abteilung und Ihr Privatleben erstellen.

Doch machen Sie sich bewusst, Ihr Zeitmanagement ist in aller erster Linie ein Selbstmanagement. Das fängt damit an, dass Sie sich überlegen, welche Tätigkeiten Sie von Ihrer eigentlichen Aufgabe abhalten? Nachdem Sie den Ballast identifiziert haben, befreien Sie sich durch Delegation der Tätigkeiten. Sie können sie zunächst an die Assistenz abtreten oder Sie verteilen die Aufgaben an Ihre Teammitglieder. Damit schaffen Sie sich Freiräume, die Sie nutzen, um entweder mehr Gas zu geben oder auch um eine bessere Balance zwischen Privat- und Berufsleben zu finden. Auch das ist ein Gewinn. Denn ein ausgeglichener Mensch hat mehr Erfolg, schon allein, weil er viel positiver ankommt. Übrigens auch innerhalb des Teams. Wie Sie das zur gewinnbringenden Perfektion treiben können, lesen Sie in den nächsten Kapiteln.

# Jörg Schrott: Das Team spielt eine tragende Rolle

Eine gut zusammengestellte Mannschaft ist ein Erfolgsfaktor. Darum macht Opel-Motorsportdirektor Jörg Schrott die Wichtigkeit eines gut funktionierenden Teams klar.

**Herr Schrott: Wie wichtig sind die Mitarbeiter, die einem Rennsportpiloten zuarbeiten?**
**Jörg Schrott**: Der Motorsport ist durch hohe Dynamik und Emotionen geprägt. Um in diesem Umfeld Erfolg zu haben, spielt das Team eine tragende Rolle.

**Wie rekrutiert man für ein Topteam im Motorsport die passenden Mitarbeiter?**
**Schrott:** Das funktioniert über verschiedene Kanäle. Zum einen verlassen wir uns bei der Rekrutierung auf spezialisierte Personalagenturen, die über die notwendigen Kenntnisse verfügen und genau wissen, welche Voraussetzung ein Bewerber für die jeweilige Position im Team mitbringen muss. Zudem verfügen diese Spezialisten auch über ein entsprechendes Netzwerk und können so eine Vorauswahl an geeigneten Kandidaten vorschlagen. Zum anderen gibt es den »Boxenfunk«: Über diesen Kanal spricht es sich schnell herum, dass Opel oder auch ein anderes Motorsport-Team Mitarbeiter sucht. Wir haben darum auch nie einen Mangel an Bewerbern.

**Haben da auch Nachwuchskräfte eine Chance?**
**Schrott:** Für Schlüsselpositionen im Team wie zum Beispiel den Teammanager suchen wir in erster Linie Erfahrung und Kompe-

tenz, aber das bedeutet nicht, dass wir Einsteiger ausschließen. Stoßen junge Leute zu uns, erhalten diese erst mal Zeit als »normales« Teammitglied Erfahrung zu sammeln. Sie werden dann sukzessive integriert. Wichtig ist in diesem Zusammenhang auch die Konstanz im Team – zu viel Fluktuation drückt automatisch auf die Performance.

**Wie weit spielt es bei der endgültigen Selektion eine Rolle, ob der Mitarbeiter auch menschlich ins Team passt?**
**Schrott:** Für mich eine große. Die Mitglieder des Teams sind ja wie eine Familie. Die Mannschaft ist in der Saison ständig zusammen. All das setzt Respekt untereinander und eine gute Kameradschaft voraus.

**Wie wichtig ist im täglichen Zusammenspiel zwischen Chef und Team das Vertrauen?**
**Schrott:** Vertrauen ist ein essenzieller Punkt. Wie gesagt, der Motorsport ist einer hohen Dynamik unterworfen. Da muss ich jedem in meinem Team jederzeit vertrauen können, dass er auch unter enormem Zeitdruck die richtige Entscheidung trifft.

**Jeder Einzelne muss wissen, was er unter Druck während eines Rennens tun muss. Wie wichtig ist hier Training/Weiterbildung?**
**Schrott:** Das findet ja nicht nur zu Hause in der Werkstatt, sondern permanent bei jedem Einsatz statt. Prozesse werden immer und immer wieder trainiert. Es muss ja so funktionieren, dass der Mechaniker oder Ingenieur im Moment das Wissen abrufen kann, ohne zu überlegen und ohne dass man sich untereinander erst mal großartig absprechen muss.

**Optimieren Sie die Prozesse?**
**Schrott:** Natürlich, und zwar permanent. Wenn wir sehen, dass es an der einen oder anderen Stelle nicht optimal läuft, und wir unsere Aufgaben vielleicht noch schneller und effizienter umsetzen könn-

ten, stellen wir den bisherigen Prozess vor, während und nach der Saison auf den Prüfstand.

**Von der Teamarbeit hängt ja auch der Erfolg ab. Ist das Motivation genug?**
**Schrott:** Die Motivation ist nicht nur über die Emotionalität gegeben. Alle Teammitglieder werden von einer Leidenschaft getrieben: dem Willen, immer und jederzeit die bestmögliche Qualität und Leistung abliefern zu wollen, dem Willen, zu gewinnen.

**Wie wichtig ist in einem Motorsportteam Hierarchie?**
**Schrott:** Die spielt in einer eingespielten, effizient arbeitenden Mannschaft eine untergeordnete Rolle. In der Regel wird sie flach gehalten. Und wie bereits erwähnt, ist das Vertrauen in die Teammitglieder ein Schlüsselfaktor. Wenn das Team gut zusammenspielt und in den Schlüsselpositionen entsprechend geleitet wird, spielt Hierarchie nur in spezifischen Fällen eine Rolle.

**Was passiert, wenn einer einen Fehler macht?**
**Schrott:** Ein Fehler ist meist für denjenigen, der ihn verursacht hat, am ärgsten. Im Nachgang wird dann ein offenes Gespräch geführt und gemeinsam überlegt, wie man das künftig vermeiden kann. Übrigens funktioniert ein gutes Team so, dass die anderen sofort einspringen, wenn erkannt wird, dass etwas nicht optimal läuft.

**Und wenn über längere Zeit die Leistung eines Einzelnen nicht funktioniert?**
**Schrott:** Dann reden wir über die Ursachen. Aber dadurch, dass das Team über die Saison viel Zeit miteinander verbringt, weiß man meist, wo es hakt. Häufig hat das private Ursachen. Wenn jemand einfach nur ausgepowert ist, ist es die Aufgabe des Teamchefs, auf entsprechende Ruhephasen zu achten. Das ist bei unseren Teams eine Selbstverständlichkeit.

**Bild: Opel AG**

# Start your engines!

## Spitzenteams für Bestleistung

»Christine, wir haben beschlossen, dass jeder von uns einmal im Monat einen ›Nix-Tag‹ einlegt«, teilten mir meine Mitarbeiter kürzlich beim regelmäßigen Team-Meeting mit. »So ist das also«, dachte ich, »wenn man von seiner eigenen Strategie eingeholt wird.« Da beschließen am Ende offensichtlich deine Mitarbeiter, wie es hier im Büro läuft. Christine, dachte ich bei mir, jetzt bloß nicht die Contenance verlieren. Halt dich an das, was du deinen Kunden ständig empfiehlst. Vertrauen Sie Ihrem Team!

Meine Mannschaft will also beim täglichen Geschäft eine Atempause einlegen. Mir soll es recht sein, solange nichts Substanzielles vernachlässigt wird. Davon gehe ich aber getrost aus, da ich im eigenen Unternehmen, der PLU GmbH, das lebe, was ich in anderen Unternehmen predige. Ich suche meine Mannschaft wohlüberlegt aus, setze sie entsprechend ihrer Begabung und ihrer Neigungen ein, fordere sie zur Weiterentwicklung auf und nehme sie mit auf dem Weg ins Ziel, dem langfristigen unternehmerischen Erfolg. Liest sich gut, nicht wahr? Stimmt aber, denn das Konzept ist die Basis meines Business-Plans.

Natürlich gibt es auch manchmal bei uns kleine Aussetzer. Läuft einmal etwas aus der Spur (und nirgendwo läuft alles reibungslos), traue ich meinen Mitarbeitern jedoch die Kompetenz zu, den Kurs ganz schnell zu korrigieren (ich will gar nicht wissen, was bereits ohne mein Wissen korrigiert wurde). Darum verfalle ich bei solchen Vorschlägen nicht schnell in Panik, sondern das Gegenteil ist der

Fall: Ich bin stolz darauf, dass die Mitarbeiter das tägliche »To-do« offensichtlich so im Griff haben, dass Zeit übrigbleibt. Zeit, die die Teammitglieder nutzen, um abseits der Routine weiter zu denken und Neues zu entwickeln.

Mit dieser Denke befinden wir uns in absolut guter Gesellschaft, nämlich der eines professionellen Rennteams. In der Königsklasse des Motorsports, der Formel 1, hängt nämlich der Platz auf dem Treppchen von drei Dingen ab: dem Auto, dem Piloten und dem Team. Übertragen auf Ihre Position bedeutet das: Sie, Ihre »Backoffice«-Struktur und Ihre Mitarbeiter, an deren Spitze, die Assistenz fungiert.

Ich finde die Arbeitsteilung in diesen Spitzenteams ist (und es gibt ja nicht besonders viele auf dem Globus, die es in die Königsklasse schaffen) ein perfektes Beispiel für den optimalen Ablauf Ihrer Organisation. Der folgt einer gewissen Hierarchie, an die sich jeder hält. Die Choreographie der Abläufe innerhalb der Organisation ist das Ergebnis eines langen Trainingsprozesses. In den Teams wird permanent gelernt, sodass am Ende die Effizienz des großen Ganzen garantiert ist. Doch dazu bedarf es erst eines Status quo.

Fangen wir mit der Galionsfigur des Teams an: dem Piloten. Einem Topfahrer würde es nie einfallen, während des Boxenstopps aus dem Boliden auszusteigen und den Schnellschrauber anzusetzen, um die Reifen zu wechseln. Überträgt man das auf den Unternehmensalltag, muss ich immer wieder feststellen, dass viele Chefs glauben, sie müssen auch das unbedingt selbst machen. Warum bloß? Weil nur Chefs das können? Oder etwa, weil der ein oder andere ein Kontrollfreak ist?

Nehmen Sie sich ein Beispiel am Formel-1-Piloten. Der hat nur einen Job, und zwar den Rennboliden steuern. Dazu gehört jedoch nicht nur lenken und schalten, sondern vor, während und nach dem Rennen das permanente Briefing ans Team. Die müssen nämlich wissen, wohin die Reise, pardon, die Abstimmung der Formel-1-Maschine hingeht. Zwar gibt es die Messgeräte, aber die Ansagen des Fahrers sind das Zünglein an der Erfolgswaage. Ein Spitzenfahrer zeichnet sich dadurch aus, dass er spürt, wo noch Potenzial im Zusammenspiel von Mensch und Maschine zu nutzen ist. Je besser der Pilot das beherrscht und seine Eindrücke und Erkenntnisse an seine Mannschaft vermitteln kann, desto aussichtsreicher ist die Chance auf Erfolg, genauer gesagt die Pole-Position.

Die Umsetzung der Ansagen ist dann Sache des Teams, und zwar nur des Teams. Doch was genau ist ein Team? Die aus meiner Sicht beste Definition ist: eine Gruppe von Personen, deren Fähigkeiten sich ergänzen und deren Mitglieder sich für eine gemeinsame Sache, gemeinsame Leistungsziele und einen gemeinsamen Arbeitseinsatz engagieren und deren Mitglieder sich gegenseitig in die Verantwortung nehmen. Das Team wird oft mit einer Gruppe verwechselt. Der Sozialpsychologe Henri Taifel lieferte hier eine Definition, die es für mich trifft. Er sagt: »Die Gruppe ist eine Ansammlung von Individuen – und dass zunächst mal ohne Synergien [ ... ]« Als Führungskraft ist es Ihre Aufgabe, aus einer Gruppe ein Team zu formen – und zwar mit dem größtmöglichen Synergieeffekt.

Bevor Sie also als Winning-Team im Wettbewerb durchstarten können, bedarf es einiger mentalen Trainingsrunden, um zunächst den Status quo Ihres Teams zu untersuchen.

**Hier zur Hilfestellung eine kleine Checkliste:**

- Was sind die zentralen Anforderungen, die sich aus der konkreten Aufgabenstellung ableiten?
- Wie soll das Team aussehen?/Welche Kenntnisse sind notwendig?

- Wie sollen die Kompetenzen geregelt sein?
- Welche Arbeitsumgebung (Werkzeuge/Softwaretools/Einrichtung) wird benötigt?
- Wie kann die Gruppe im Gruppenentwicklungsprozess unterstützt werden?
- Welche Prozesse sind notwendig?
- Welche Prozessunterstützung kann vom Unternehmen gewährt werden?
- Wie können Selbstlernprozesse begünstigt werden?
- Wie kann das Team ständige Anpassungsarbeit leisten, und wie kann ich unterstützen?

Sie denken, Sie haben das ja schon beantwortet, weil das alles schon so eingerichtet ist? Falsch! Es schadet nie, in gewissen Abständen alles auf den Prüfstand zu stellen. Bedingungen in und außerhalb des Unternehmens ändern sich täglich. Das bedeutet die Notwendigkeit einer flexiblen und wendigen Organisation.

Aber von eingefahrenen Linien auf die Ideallinie zu steuern ist nicht profan. Veränderungen kosten nämlich zunächst viel Kraft. Ein Formel-1-Fahrer hat es deshalb in die Elite geschafft, weil er sich in jeder Trainings- und Rennrunde in Frage stellt, um das Optimum aus sich und dem Team zu ziehen.

Kommen Sie also nach der Abarbeitung der obigen Checkliste zu dem Schluss, dass das Team neu aufgestellt oder modifiziert werden muss, wird das Ihre bisherigen Mitarbeiter in Unsicherheit versetzen.

Jetzt brauchen Sie viel Energie und Geduld. Was jetzt kommt, folgt laut Arbeitspsychologe J. R. Hackman einem festen Muster: Die sogenannte Storming-Phase oder – mit meinen Worten – ein unvermeidlicher, aber wichtiger Konfliktzustand. Diese Zeit ist sehr emotional, die Beschlüsse und das Verhalten der Führungskraft werden abgelehnt und es entstehen Konflikte zwischen den Kollegen.

Im nächsten Schritt, der Normierungsphase, werden die Wogen geglättet, ein Austausch von Meinungen und auch Gefühlen wird zugelassen. Es entsteht ein Dialog und eine Kooperation zwischen Ihren Mitarbeitern, die das künftige Team darstellen.

Die Performingphase, die Arbeitsphase, ist die weichenstellende Zeit für die Aufgabenlösung hin zu einem effizienten Team. Wenn Ihre Mitarbeiter hier angelangt sind, werden gemeinsam effiziente Problemlösungen gesucht. Eine klare Teamstruktur in Aufbruchstimmung, die bei allen herrscht, ermöglicht ein konstruktives, gemeinsames Arbeiten. Sie haben Ihr Ziel erreicht.

Ist die Basis geschaffen, können Sie sich wie der Spitzenfahrer auf Ihre Kernaufgabe – das Lenken – konzentrieren. Können Sie zudem noch selbst los- und zulassen, passiert Ihnen das, was mir mit meinem Team passiert ist. Das Team hält mir den Rücken frei und denkt unternehmerisch. Das funktioniert nur dann, wenn ein gemeinsames Interesse besteht, wenn analog zum Rennverlauf Boxenstopps in Bestzeit absolviert werden und das Fahrzeug (sprich: Ihr Unternehmen oder Ihre Abteilung) auf Hochleistung getunt ist.

Das funktioniert aber nur, wenn jedes Teammitglied seinen Platz kennt und dort eingesetzt ist, wo es die eigenen Fähigkeiten optimal entfalten kann. Eine Schlüsselposition in Ihrem Team nimmt dabei Ihre Assistentin oder Ihr Assistent ein – sei es bei einer Neuorganisation, einem laufenden Projekt oder als zentrales Relais aller Vorgänge. Ich möchte an dieser Stelle nicht die Lanze für Frauen brechen – obwohl ich natürlich für eine Gleichstellung der Geschlechter bin –, aber in Ihrem Team befindet sich mit Ihrer meist weiblichen Assistenz eine Kraft, die eine Schlüsselposition für Ihren Erfolg ist. Warum? Sie wurde zunächst unter den Bewerberinnen und Bewerbern für diesen Posten ausgesucht, weil sie das notwendige Rüstzeug – also die Kompetenz und die Ausbildung für den Job – mitbringt. Dazu kommt, dass Frauen eine großartige Fähigkeit haben: Sie können sehr gut organisieren. Warum also lassen viele Chefs das nicht zu?

Die Antwort: Ehrlich, ich weiß es nicht. Meine persönliche Vermutung ist, dass es damit zu tun haben könnte, dass eine gewisse Spezies ihre Reviere gerne verteidigt und glaubt, keiner mache es besser als er selbst. Doch das ist die falsche Spur. Ich kann es nicht oft genug betonen: Es gibt Dinge, die gehören nicht zu Ihrem Job. Sie als Führungskraft sind einzig dazu da, dass Sie und Ihr Team als erstes die Zielflagge sehen. Sie sind nicht eingestellt worden, um E-Mails zu verfassen, Termine anzunehmen, zu Meetings einzuladen oder Reisen zu buchen. Sie haben jemanden in Ihrem Team, der das besser kann – nämlich Ihre Assistenz.

Sie verfügt über das notwendige Potenzial und die Ressourcen, um Ihnen den Rücken frei zu halten. Sie ist in der Lage, bei vielen Dingen Hilfestellung zu geben, die weit über die bisherigen Standardaufgaben hinausgehen. Kurz gesagt: Sie ist nicht dumm! Eine gute Assistenz kann die Boxenstopps so organisieren, dass Ihr Team alle notwendigen Arbeiten konkurrenzlos schnell erledigt, damit Sie selbst schnellstmöglich in das laufende Rennen zurückkehren. Und sie kann sogar noch viel mehr. Sie sorgt dafür, dass alles da ist, was man zu einem erfolgreichen Einsatz in der Rennsaison braucht. Und um das Bild weiter zu bemühen: Sie müssen nicht die Vollständigkeit von Werkzeugcontainern kontrollieren oder die Reifenanzahl checken. Das macht die Kollegin, die sich bislang in Ihrem Unternehmen möglicherweise gelangweilt hat, weil sie nicht zeigen konnte, was ihr Job ist.

Also schauen Sie genau hin, welche Person in Ihrem Vorzimmer sitzt. Und fordern Sie sie, indem Sie Ihr Dinge überlassen, die Sie nicht unbedingt selbst erledigen müssen. Das fängt bei der Terminplanpflege an und hört bei einer Präsentationsvorlage für die Vorstandssitzung auf. Und Sie? Was machen Sie nun mit dem Zeitgewinn? Sie können endlich das Steuer in die Hand nehmen, um das Team zum Sieg zu fahren. Mit einer gut ausgebildeten Assistenz können die Führungskräfte viel Zeit sparen. Das behaupte ich nicht einfach nur, sondern ich kann es beweisen. Mein Unternehmen PLU führt regelmäßig eine breit angelegte Befragung durch, die letzte ist von 2015. Die Studien belegen immer wieder aufs Neue, dass durchschnittlich 20 Prozent Zeitgewinn im Management möglich sind. Zeitgewinn ist dann möglich, wenn viele Aufgaben, insbesondere Projekte und inhaltliche Themen an Top-Assistenten delegiert werden. Das ist doch verblüffend – oder? Ein Fünftel mehr Freiraum. Nur 25 Prozent der Unternehmen haben dieses Potenzial erkannt und ebenso wenige Führungskräfte wissen dieses Potenzial zu nutzen.

## Leistungsreserven mobilisieren

Welches Potenzial schlummert in Ihrem Vorzimmer?! Sie brauchen ganz bestimmt keine Befürchtung zu hegen, dass die Dame, wenn Sie ihr jetzt Aufgaben übertragen, nach einigen Wochen zusammenbricht. Im Gegenteil: Sie freut sich, dass Sie verstanden haben, was alles in ihr steckt. Im Normalfall, wenn Sie (und davon gehe ich aus) mit der Mitarbeiterin eine gute Wahl getroffen haben, wird die Assistenz schon nach kurzer Zeit nicht mehr nur für Sie arbeiten, sondern mit Ihnen arbeiten.

Das setzt allerdings voraus, dass Sie sie bei allen Vorgängen mitnehmen müssen. Übertragen auf ein Formel-1-Rennen: Der wohl erfolgreichste deutsche Pilot Michael Schumacher ging am Abend der Rennwochenenden die Strecke ab, um sich jede Kurve, jede Schwierigkeit, aber auch Möglichkeit besonders einzuprägen, damit das Team eine optimale Informationsbasis hat. Übertragen auf Sie bedeutet das: Nehmen Sie Ihre Assistentin dahin ebenfalls mit, erklären Sie ihr, warum Sie wie und was entscheiden. Das gepaart mit der Relaisfunktion, die Ihre Mitarbeiterin hat (damit meine ich für die Chef-Mitarbeiter-Chef-Kommunikation, Chef-Kunde-Chef-Kommunikation et cetera), wird sich Ihre Assistentin zum absoluten Unternehmenskenner katapultieren. Dadurch können Sie sie nach einiger Zeit nicht nur als Reisebucherin oder »Texterfasserin« einsetzen, sondern durchaus mit ihr zusammen eine dynamische Formation bilden.

Nutzen Sie die Fähigkeiten der Mitarbeiterin aus und profitieren Sie von den drei Cs der Mitarbeiterin, die Professor Rosabeth Moss Kanter von der Harvard Business School formulierte:

Das erste C ist gleich Concepts. Übertragen sagt Kanter: Das Zusammenspiel zwischen den Abteilungen ist eine große Chance und der richtige Schlüssel für die, die es nutzen können. Dabei ist eine vorsichtige Unternehmensbürokratie eher schwach, denn Versager suchen immer die Mitte.

Fazit: Hier liefert die Assistenz wertvolle Hilfestellung. Denn sie kann das meiste koordinieren und auf Missstände aufmerksam machen, um diese gemeinsam abzustellen.

Das zweite C steht für Competence (Kompetenz) und beinhaltet mehr als Geschicklichkeit und Kenntnis. Es erstreckt sich auf die organisatorischen Routinen, die Menschen erlauben, ihre Fähigkeiten für einen sehr hohen Betriebsstandard einzusetzen.

Fazit: Ist Ihre Assistenz eine Top-Performerin, wird sie die Qualität Ihrer Office-Organisation auf das höchst mögliche Niveau heben.

Das dritte der drei Cs bedeutet Connections und bezieht sich auf die Art und Weise des weitsichtigen Managements, das die strategische

Bedeutung der Beziehungen versteht. In einigen Unternehmen sind Führungskräfte und ganze Abteilungen mit der Verwaltung der Allianzen und Partnerschaften beschäftigt.

Fazit: Das kann Ihre Assistenz extrem unterstützen. Wenn Sie gemeinsam mit ihr die Personen in eine Prioritätenliste einordnen, weiß sie genau, wann sie auf welche Weise die Kommunikation managt.

Die Befragten der PLU-Studie zeigten jedoch, dass die meisten Führungskräfte das Ihrer Assistenz nicht zutrauen. Die Befragten attestierten in der Anforderungsliste eher die klassischen Aufgaben einer Assistenz, als ein intelligentes Management des beruflichen Alltags. In meiner alltäglichen Beratungspraxis kann ich das nur bestätigen. Die, die das allerdings nutzen, beschreiben unisono die Vorteile einer Assistentin mit diesen Eigenschaften. Und an der Stelle komme ich mit meiner eigenen Biografie ins Spiel. Mein erster Chef Robert Kreuzer von Accenture förderte diese Merkmale. Und schauen Sie, wo ich heute bin.

In der Realität ist das leider anders, wie eine der Erkenntnisse der PLU-Studie zeigt: »Zwar realisieren Top-Assistenzen einen Zeitgewinn von drei Stunden und mehr pro Tag für ihren Chef. Bei optimaler Zusammenarbeit liegt die Zeitersparnis für den Vorgesetzten sogar bei über sechs Stunden pro Tag. Alarmierend ist, dass nur 25 Prozent der Führungskräfte überhaupt das Potenzial einer Top-Assistenz nutzen und nur drei Prozent die volle Entlastung von über acht Stunden pro Tag realisieren. Glaubt man dem Bericht der Zeitung »Die Welt« verschleudern die Manager Millionen.

Der Grund ist ganz einfach: Laut den Autoren der Studie »Managing Your Scarcest Resource« vom August 2014 (siehe auch Kapitel 3, Der Pilot ist nur so gut wie sein Team) verbringen Topmanager Tausende von Stunden in Besprechungen, »zugleich müssen Fluten von E-Mails bewältigt werden«. Kommt Ihnen das nicht bekannt vor? Und Zeit ist bekanntermaßen Geld: »Jedes Jahr gehen Unternehmen Millionen verloren, weil die Arbeitszeit vom Topmanagement nicht so effizient gemanagt wird wie Kapital oder andere knappe Ressourcen«, bemängeln die Experten von Bain & Company. Zu der Erkenntnis kamen sie, als sie das Zeitmanagement von 17 Konzernen untersuchten.

»Die wenigsten Firmen haben Strukturen, mit denen sich quantifizieren lässt, womit Topmanagement und Mitarbeiter ihre Zeit verbringen. Die aktuelle Bain-Studie ergibt, dass Führungskräfte heute 30.000 E-Mails pro Jahr erhalten. In den 1970er-Jahren mussten sie sich mit gerade mal 1.000 Anfragen und Mitteilungen befassen.«

Setzt sich diese Entwicklung fort, werden Topmanager bald mehr als einen kompletten Arbeitstag in der Woche für elektronische Kommunikation aufwenden, befürchten die Autoren.

»Darüber hinaus verbringt die gesamte Belegschaft der untersuchten Unternehmen jährlich rund 15 Prozent ihrer Arbeitszeit in Besprechungen – ein Wert, der seit 2008 stetig steigt.

»Speziell in Konzernen hat die Verschwendung von Arbeitszeit durch Besprechungen und E-Mails ihre Ursache in der Unternehmenskultur, sie ist aber auch systemisch bedingt. So prägen sich im Zeitverlauf in großen Organisationen komplexe Mechanismen aus, die einer ständigen »Wartung« bedürfen, um reibungslos zu funktionieren. Die dadurch entstehenden Prozesse binden intern Ressourcen und verringern das Zeitkontingent, das für Kundendienst und Kundenpflege benötigt wird«, sagt Dr. Imeyen Ebong, Leiter der deutschen Praxisgruppe Organisation bei Bain & Company.

Der systemische Zeitverlust wird zwar bei den Unternehmenslenkern registriert und mit der Handlungsempfehlung an die

Mitarbeiter dekoriert, Besprechungen sinnvoll auszuwählen und E-Mails auf das Notwendigste zu beschränken. »Doch viele Unternehmenskulturen funktionieren heute anders. Wer E-Mails oder Einladungen zu Besprechungen ignoriert beziehungsweise nicht zeitnah beantwortet, riskiert es, Kollegen und Vorgesetzte zu verärgern«, informiert die Studie. »Einzig innovative Unternehmen pflegen eine Kultur, in der Zeit als ebenso knappe Ressource betrachtet wird wie Kapital – und auch ebenso umsichtig investiert wird.«

»Wäre Zeit tatsächlich Geld und würde sie auch so behandelt, hätten viele Unternehmen mit riesigen Verlusten zu kämpfen«, sagt Bain-Partner Ebong. »Nur, wenn der Zeitaufwand gemessen und strengere Kontrollen eingeführt werden, ist die Verschwendung dieser wertvollen Ressource künftig vermeidbar.«

Erschreckend, nicht wahr? Das alles könnte eine Top-Assistenz auf das Mindestmaß reduzieren, würde die Führungskraft das zulassen. Sehr viele Unternehmensverantwortliche jedoch glauben beim »Posten« Assistenz sogar noch vermeintliches Sparpotenzial auszumachen. Ich höre häufiger zu Beginn des Beratungsmandats: »Man kann sich doch eine Assistenz teilen oder das kann doch auch der Herr Meier aus der Buchhaltung erledigen.« Falsch. Das nenne ich am falschen Ende gespart. Denn das, was andere mal eben so miterledigen sollen, kostet einen nichtspezialisierten Mitarbeiter wie Herrn Meier, der plötzlich Reisen buchen soll, nicht nur viel Zeit, sondern auch Ihrer Firma viel Geld. Denn Herr Meier bucht zwar billig, aber nicht so, dass Sie optimale Bedingungen haben, um effizient Ihre Termine auf der Geschäftsreise abarbeiten zu können.

Bitteschön! Versuchen Sie es. Wir sprechen uns wieder, nachdem Sie das Buch noch einmal gelesen haben. Denn nach Ihrem Zusammenbruch oder wie man heute so gerne sagt »Burn-out« haben Sie eine

Menge Zeit. Doch soweit werden Sie es als kluge Führungskraft natürlich nicht kommen lassen.

## Der Pilot ist nur so gut wie sein Team

Wenn man als Chef nie Zeit hat, muss man an Schrauben drehen. Das kleine Einmaleins der Selbsterkenntnis (Situationsbeschreibungen aus dem Alltag):

»Hallo Chef, nur ganz kurz …« »Ich bräuchte einen Termin, dauert auch nur zehn Minuten.« Wie oft hören Sie das am Tag? Würde man dafür jedes Mal einen Euro in die Kaffeekasse einzahlen, würde am Ende des Jahres locker der Kaffee für Ihren täglichen Bedarf finanziert sein und wahrscheinlich auch noch das tägliche Mittagessen in der Kantine. Oder haben Sie gar keine Zeit mehr zum Essen? Wundert mich nicht. Wenn es nicht die ständigen Rückfragen der Mitarbeiter sind, sind es garantiert die E-Mails, die Sie ja alle lesen müssen (auch die, in denen Sie im cc stehen). Das dauert seine Zeit. Denn man will ja für die Mitarbeiter immer ansprechbar sein, für jedes Problem eine Ad-hoc-Lösung bieten.

Merken Sie was? Sie sind in die Falle gegangen. Nicht nur, dass die Mitarbeiter zu allem und jedem bei Ihnen vorstellig werden, sondern auch dass die, die sie unterstützen sollen, Ihren Tagesablauf voll im Griff haben und Ihnen für alles und jedes die Verantwortung übertragen. Auch für das, wofür sie eigentlich eingestellt wurden. Wenn Sie das gut finden und so den Eindruck gewinnen, es geht nicht ohne Sie, sparen sie sich die Zeit, den Rest des Buchs zu lesen.

Wenn aber Sie selbst das Gefühl haben: »Hoppla, ich bin doch nicht jedermanns Punchingball«, dann treten Sie einfach mal vor Ihre Tür und fragen Ihre Assistenz, ob Sie mal mit ihr über Prozesse reden können. Die weiß nämlich, was zu tun ist. Das hat sie nämlich gelernt. Wenn das nicht der Fall ist, suchen Sie sich eine, die ihren Job beherrscht oder bringen Sie Ihre dahin, das zu können.

Wie frappant der Unterschied von einer »Nine-to-five«-Assistenz und einer Top-Assistenz ist, zeigt sich oft beim Wechsel auf dieser Position. Ich kann das garantieren, denn damit verdiene ich mein tägliches Brot. Mich überrascht es daher nicht, wenn mich nach ein paar Wochen ein Kunde oder eine Kundin anruft und mir mitteilt, dass sie oder er erstmals seit zwei Jahren um 17.00 Uhr das Büro verlässt und sich seit langer Zeit einmal wieder der Familie oder dem Hobby widmen kann, und das ohne schlechtes Gewissen. Diesem neuartigen Gefühl wird am Anfang erst einmal mit Misstrauen begegnet. Keine Angst, es unterwandert Ihre Position in keiner Weise, ganz im Gegenteil. Indem Sie überlegten, was muss ich selbst tun, was kann die Assistenz mir abnehmen, haben Sie am Ende des Analyseprozesses eine wichtige Stellschraube gedreht, um das Leistungsverhalten Ihrer Organisation zu tunen. Dabei haben Sie nichts anderes getan als Aufgaben an Ihre Mitarbeiter zu delegieren, damit Effizienz Ihre Office-Organisation prägt.

Das in die Tat umzusetzen und bisher selbst Erledigtes an die Assistenz weiterzugeben, ist ein großer Schritt in Richtung Freiraum. Allein das Filtern Ihres E-Mail-Accounts ist ein großer Hebel für mehr Zeitgewinn. Das sage nicht nur ich, sondern auch die Klienten unseres Unternehmens. Natürlich fühlt sich das komisch an, dass alle Mails zuerst von der Assistenz gesichtet werden. Aber sie sichtet nicht ohne Sinn. Sie filtert nach den mit Ihnen abgesprochen Kriterien und so beschränkt sich das, was zu Ihnen durchdringt, auf das Wesentliche.

Das Loslassen von administrativen Dingen scheint aber ein besonders schwieriger Prozess zu sein. Aus Berichten von Assistenzen, die zu uns in die Ausbildung kommen, hören wir immer wieder, dass der »Chef« offensichtlich den Fähigkeiten seiner Mitarbeiter misstraut. Eine Assistentin eines mittelständischen Automobilzulieferers belegte das mit einem krassen Beispiel: Ihr Chef sucht vor Geschäftsreisen seine Flüge immer selbst heraus, schickt ihr dann Screenshots der zu buchenden Flüge, um sich dann im Laufe des Tages noch dreimal zu versichern, ob sie diese Verbindung denn auch wirklich gebucht habe. Außerdem wird im Kalender noch mehrmals nachgeprüft, ob auch alles richtig eingetragen ist. Alles klar?

Dem hier beschriebenen Typus »unabhängiger und offensichtlich wichtiger Chef« fällt es schwer, die kleinsten Dinge abzugeben. Ein weiterer Klassiker ist das Verwalten des Kalenders, so hackt der unabhängige Boss seine Termine im Zweifinger-System in den Terminplaner und bringt dadurch seine Assistenz zur Verzweiflung.

Liebe Führungskräfte, Sie haben eine gute Ausbildung zum Führen, Sie könnten Großes leisten, warum tun Sie es nicht? Dieses Verhalten ist für alle enorm nervenaufreibend und bremst die Karriere ungeheuer! Delegieren Sie, informieren Sie und vertrauen Sie dann denen, deren Ausbildung darin besteht, solche Alltagsdinge bestmöglich zu erledigen.

Übertragen auf den Formel-1-Fahrer: Der Misstrauische ist schwach. Er hält seinem Team wichtige Informationen vor, weil er unsicher ist. Nichts anderes steckt dahinter. So blockiert er die reibungslose Zusammenarbeit und statt sich aufs Führen des Fahrzeuges zu konzentrieren, kontrolliert er seine Schrauber.

Auf das Arbeitsleben im Büro übertragen, vergeudet ein solcher Manager Ressourcen und damit Werte des Unternehmens. Dass ein solches Verhalten eine vertrauensvolle und eigenverantwortliche Arbeit so gut wie unmöglich macht, ist leider selbsterklärend.

Es schwächt damit auf jeden Fall die interne Position, denn hinter vorgehaltener Hand sprechen Assistenzen über diese seltsamen Angewohnheiten ihrer Chefs. Gegenüber ihren Vorgesetzten jedoch schweigen die meisten, weil solche Chefs mit Vertrauen nicht umgehen können. Was passiert? Die Assistenzen akzeptieren die Situation, dass sie nicht effektiv arbeiten können, weil ihnen zu wenig zugetraut wird. Das führt zur inneren Kündigung und ambitionierte Assistenzen suchen sich einen neuen Job in der Hoffnung, dass es beim nächsten Chef besser wird. Die Meinung über ihren Ex-Chef bleibt und kann sich mitunter auch über die Grenzen des Unternehmens hinaus verbreiten. Das kommt einem Totalschaden gleich.

Doch noch ist es nicht zu spät für einen Neustart. Einer der es gewagt hat ist Dr. Peter Hamberger, Geschäftsführer der Hamberger Industriewerke GmbH in Stephanskirchen. Er hat seit einem Office-Coaching durch die PLU ein perfekt organisiertes Backoffice. »Ich habe jetzt viel mehr Zeit für die wesentlichen Aufgaben wie strategische Planung, Produktweiterentwicklung und Produktpositionierung am Markt«, sagt Hamberger, der sich auf die Führung des Unternehmens konzentriert. Die Hamberger Industriewerke GmbH in Stephanskirchen bei Rosenheim hat sich mit ihrer Bodenbelagsmarke HARO im Bereich Parkett zum Marktführer in Deutschland entwickelt und kann inzwischen auf eine über 60-jährige Erfahrung in der Parkettherstellung zurückblicken. Das im Jahre 1866 gegründete Unternehmen wird heute in der vierten und fünften Generation von Peter Hamberger und Dr. Peter M. Hamberger geführt. Die Hamberger Firmengruppe mit Sitz in Stephanskirchen bei Rosenheim ist international tätig und erwirtschaftet mit über 2.000 Mitarbeitern rund 300 Millionen Euro Umsatz bei 40 Prozent Exportanteil. In den Bereichen Flooring und Sanitary entwickelt, fertigt und vertreibt das Unternehmen ein breites Spektrum an Fußböden und WC-Sitzen. Die Sägewerke in Rosenheim und Kleinostheim (bei Aschaffenburg) produzieren Schnittholz aus den heimischen Holzarten Buche, Eiche und Esche. Als Franchisenehmer betreiben sie drei Baumärkte in der Region Rosenheim. Im Bereich Land- und Forstwirtschaft werden Produkte für den lokalen Markt erzeugt.

## Wie Assistenzen und Chefs ihre Ideallinie finden

Wie die aktuelle PLU-Studie »Erfolgsfaktoren eines ›Winning-Teams‹ – Chefs und ihre Assistenzen« ergeben hat, sind 80 Prozent der Assistenzen unzufrieden mit dem Führungsverhalten ihres Chefs und fühlen sich unterfordert – während die Chefs sich überlastet fühlen. Sind Sie nicht auch der Meinung, da stimmt was nicht?

Wie werden nun aber Chefs zu Rennfahrern und Assistentinnen zu Chefmechanikern, um gemeinsam ein Winning-Team zu bilden? Aus unserer Studie ergeben sich folgende Ansätze. Ich darf daraus zitieren: »Die Lösungen, um aus Assistenz und Chef ein Winning-Team zu bilden, scheinen simpel zu sein: Vertrauen, Kommunikation und Mut zum Delegieren. Der Chef muss beruhigt in seinem Rennwagen sitzen bleiben, sich auf seine Stärken und das Wesentliche konzentrieren sowie seiner Assistenzkraft vertrauen und ihr beim Boxenstopp freie Hand lassen.

Für eine gelungene Zusammenarbeit zwischen Chef und Top-Assistenz heißt dies, dass Aufgaben- und Verantwortungsbereiche klar abgesprochen werden müssen und mehr an Assistenzen delegiert werden muss. Die Assistenzen müssen ermutigt werden, selbstständig zu arbeiten und vor allem brauchen sie den Freiraum, um Entscheidungen treffen zu können. Es geht um ein Delegieren ohne zu kontrollieren, um Vertrauen statt Misstrauen. Und am Schluss profitieren dann beide: Die Chefs, weil sie mehr Zeit für die wesentlichen Aufgaben haben und die Assistenzen, weil sie mehr Verantwortung übernehmen können. Die Basis hierfür ist eine gute, vertrauensvolle und vor allem regelmäßige Kommunikation sowie ein umfangreiches Spektrum an persönlichen und fachlichen Kompetenzen bei der Assistenz.

Chefs müssen lernen, mit der Assistenz zu arbeiten, ihr Entscheidungsfreiräume geben und sie ermutigen, Fragen zu stellen, falls etwas unklar ist. Und dann gilt: Ein effizientes Team leistet entsprechend effiziente Arbeit. Sportler werden für effektives, zielorientiertes Training mit Siegen und Medaillen belohnt, im Büro heißen die Früchte Zeitgewinn, Entlastung des Vorgesetzten und Anerkennung als Top-Assistenz. Wird das von beiden Seiten erfüllt, garantiere ich künftig für ein Spitzen-Team, das alle Herausforderungen meistern wird. Und dann freuen sich auch die Führungskräfte über Freiraum, um sich auf das nächste Rennen vorbereiten zu können. Denn nach dem Rennen ist vor dem Rennen.

# Dr. Marc Spielberger über die Notwendigkeit einer Top-Assistenz

Der international tätige Rechtsanwalt Dr. Marc Spielberger deckt mit seinem Team alle Bereiche des kollektiven und individuellen Arbeitsrechts ab und ist insbesondere auch Experte für arbeitsrechtliche Restrukturierungen. Für seine Arbeit ist er häufig auf Dienstreisen und somit nicht in seinem Büro. Darum ist es umso wichtiger, dass er in der Kanzlei auf seine Assistenz bauen kann. Zudem legt er auf eine motivierte Mitarbeiterin sehr großen Wert und dafür tut er einiges.

**Warum ist die Unterstützung durch eine Top-Assistenz für Ihre Tätigkeit so wichtig?**
**Marc Spielberger:** Ich bin im beruflichen Alltag sehr viel unterwegs. Meine Assistenz ist darum eine sehr wichtige und ständige Ansprechpartnerin für mich, meine Mandanten und damit auch die Verbindung zu meinem Team. Ich kann mich so darauf verlassen, dass auch in meiner Abwesenheit alles Notwendige angestoßen und reibungslos abgewickelt wird. Wenn etwas meine besondere Aufmerksamkeit benötigen soll, informiert mich meine Assistenz darüber.

**Wie wird Ihrer Erfahrung nach aus einer Top-Assistenz und Ihrem Vorgesetzten ein Winning-Team im Unternehmen?**
**Spielberger:** Aus meiner Sicht ist das A und O eine perfekte und ständige Abstimmung zwischen Führungskraft und Assistenz. Für ein optimales Zusammenspiel und ein perfektes Miteinander ist ein offenes gegenseitiges Feedback zwischen Vorgesetzten und Mitarbeitern ebenso wichtig. Und letztlich: »Kommunikation ist alles.«

Eine regelmäßige gute Kommunikation im Team ist eine ganz wichtige Voraussetzung.

**Welche Aufgaben haben Sie an Ihre Mitarbeiterin delegiert?**
**Spielberger:** Meine Assistenz ist die Schnittstelle zwischen mir und meinem Team. Sie managt unter anderem meine Reisen und viele Schriftlichkeiten. Zudem organisiert sie Events und hält Kontakt mit den Mandanten. Eben alles, was zu meiner zeitlichen Entlastung beiträgt.

**Woher weiß eine Assistenz denn, wie ihr Chef tickt?**
**Spielberger:** In meinen Fall ganz einfach: Ich sage es ihr und sie bemerkt das im Verlauf der Zeit auch.

**Welche Motivationsinstrumente gibt es aus Ihrer Sicht, um eine Top-Assistenz zu halten?**
**Spielberger:** Zunächst einmal denke ich, dass ein freundlicher und respektvoller Umgang unabdingbar ist. Darüber hinaus sollte eine gute Führungskraft seiner Assistenz unbedingt Freiräume lassen. Eine engagierte Assistenz möchte auch eigenständige Aufgabengebiete. Ein Beispiel aus meinem beruflichen Alltag ist das Organisieren von Events. Die Möglichkeit, eigenverantwortlich zu handeln, ist für ambitionierte Mitarbeiterinnen immer ein hoher Motivationsfaktor. Kleine Aufmerksamkeiten fördern natürlich auch das gute Miteinander. Aber das Allerwichtigste ist, das man gemeinsam lachen kann. Ich habe zudem immer ein offenes Ohr für ihre Anliegen und freue mich, wenn eigene Ideen in die Arbeit eingebracht werden. Es ist letztlich ein Geben und Nehmen, das gut austariert sein muss.

**Vita**
Dr. Marc Spielberger ist seit 2014 Partner im Münchener Büro und Mitglied der internationalen Labor & Employment Practice Group von Reed Smith. Er berät seit vielen Jahren nationale und internationale Unternehmen quer durch alle Branchen und Größen, von global

tätigen Konzernen und Großunternehmen über Mittelstandsunternehmen bis hin zu Start-ups sowie Investoren und Finanzdienstleister. Neben der laufenden Mandatsbetreuung in allen individual- und kollektivarbeitsrechtlichen Fragestellungen ist Dr. Spielberger insbesondere bei der Planung, Gestaltung und Abwicklung von Restrukturierungen/Sanierungen/Massenentlassungen und in der insolvenzarbeitsrechtlichen Beratung (zum Beispiel Personalabbau in der Insolvenz) tätig. Zuvor war Dr. Marc Spielberger Partner im Arbeitsrecht bei Beiten Burkhardt in München.

# Parc fermé

## Diagnose und ihre Folgen

Glauben Sie bei mir läuft im beruflichen Alltag alles reibungslos? Dann können Sie sich jetzt entspannen. Das ist nämlich bei niemandem so. Auch nicht in einem Unternehmen, wie dem meinigen, das tagtäglich Unternehmen auf Effizienz trimmt. Fehler zu machen, ist normal, menschlich und manchmal auch hilfreich. Es sollte jedoch nicht so sein, dass kleine Pannen und Hindernisse im Alltag das große Ganze gefährden.

Das ist natürlich bei Ihnen nicht so, denn das Kerngeschäft läuft ja gut. Um im Bild des Rennsports zu bleiben, solange das Fahrzeug noch die Zielflagge sieht, hat man doch die Aufgabe erfüllt. Denken Sie! Schön für Sie, da Sie ja mit Ihrem Kerngeschäft Geld verdienen. Aber als gute Führungskraft wissen Sie, dass vielleicht noch mehr Ertrag am Ende des Jahres in den Büchern stehen könnte, wenn man auf dem Weg nicht unnötig Zeit und Geld verschenkt. Vor allem in den Verwaltungsbereichen, also dem Sekretariat, der Buchhaltung oder im Personalbüro. Bei einem Rennteam wäre das so, als würde das Auto zwar die Distanz des Rennens schaffen, aber leider viele andere auf der Zielgeraden an sich vorbeiziehen lassen. Das will doch niemand. Mit einem Tuning im Backoffice-Bereich könnte es dann sogar für einen vorderen Platz reichen.

Diese Bereiche, die das Backoffice darstellen, agieren oft unbemerkt. Darum laufen dort häufig ineffiziente Dinge ab, die sich genauso unbemerkt eingeschlichen haben. Der Grund: Eingefahrene Prozesse, die funktionieren, werden viel zu wenig auf ihre Effizienz überprüft und angepasst. »Warum sollten Sie auch?«, werden Sie sich nun fragen. Es läuft doch. Das ist aber nicht die Einstellung eines Hochleistungsteams im Rennsport, das gewinnen will. Nicht nur vor, auch während der Saison überprüft die Mannschaft alles rund um den Einsatz beim Rennen und damit auch die Abläufe. Oft stößt die eingespielte Mannschaft an ihre Grenzen. In dem Fall werden Spezialisten hinzugezogen.

Diesen Weg sollten Sie auch gehen. Schaden kann auch in Ihrem Unternehmen eine Prozessanalyse von außen auf keinen Fall. Zwar müssen Sie zunächst investieren, doch wer mit Abstand auf die Abläufe Ihres Unternehmens schaut, hat auch eine andere Perspektive. Denn im eigenen Wald, sprich in ihrem Backoffice, sieht man oft die Bäume nicht mehr. Und ganz unbemerkt werden Ressourcen verschwendet. Die einzelnen Vorgänge dauern zu lange in der Abwicklung oder es wird zu wenig beziehungsweise zu viel oder möglicherweise das falsche Personal mit einem Projekt betraut. Ein Grund kann auch sein, dass die einzelnen Teilaufgaben nicht ineinander greifen, sondern gegeneinander.

Eine neutrale Person, die Unternehmensprozesse untersucht, ist zudem viel eher in der Lage, Schwachstellen in der Ablaufkette zu definieren und Optimierungspotenziale auszumachen als jemand, der in diese »To-dos« seit längerem integriert ist und es sich in den geübten Abläufen – und das ohne bösen Willen – bequem eingerichtet hat. Seien Sie sich sicher, es ist eine gute Investition. Wie groß der Effekt sein kann, können Sie zunächst in einer kleinen Einheit mit großem Hebel ausprobieren – in Ihrem Vorzimmer.

Sie haben sich also zu einem Check Ihres Büros entschlossen? Gut! Damit ist die größte Hürde genommen. Der Prozess kann nämlich nur dann erfolgreich sein, wenn Sie und Ihre Assistentin wirklich dazu bereit sind, Veränderungen zuzulassen, zu erproben und zu akzeptieren. Ist das nicht der Fall, verprassen Sie das Geld lieber für eine Beratung. Wollen Sie aber wissen, ob es besser geht, steht einem Neuanfang nichts mehr im Wege.

Was passiert nun, wenn ein professioneller Berater ins Haus kommt? Grundsätzlich gilt, jeder Prozess hat immer einen Anfang und ein Ende. Das trifft auch auf ein Projekt zu, das ja zeitlich begrenzt ist (somit auch eine Beratung). Große und somit in der Regel langfristige Projekte teilt man in verschiedene Prozesse ein. Bei allen Prozessen stellt sich bei der Analyse die Frage: Welche Arbeitsschritte bauen aufeinander auf? Dabei werden Abläufe theoretisch zerlegt und alle einzelnen Schritte angeschaut. So kann sowohl der Analyst als auch der Teilnehmer seitens des Unternehmens eine genaue Kenntnis über den Prozess bekommen. Denn läuft ein Prozess augenscheinlich gut, überprüft man ja als Teamchef oder Unternehmenslenker nicht, ob im Laufe der Zeit von den Mitarbeitern unbeabsichtigt unnötige Kontrollschleifen oder bürokratische Stufen eingezogen wurden.

Wie ermittelt nun ein professioneller Berater in der Praxis die im vorherigen Absatz so schön geschilderte Theorie? Hier gibt es einen klaren Ablauf, der von William Edwards Deming und Walter A. Shewart, amerikanische Qualitätspioniere, als sogenannter PDCA-Zyklus entwickelt wurde. Sie definierten für den klassischen kontinuierlichen Verbesserungsprozess (KVP) vier Phasen, die sich aber auch auf die Beratung im Backoffice-Bereich im Großen und Ganzen übertragen lassen. Die vier Phasen leiten sich ab von plan (planen), do (umsetzen), check (überprüfen/bewerten) und act (handeln/anwenden). Oder um mal wieder das Rennsportbild zu bemühen, diese Schritte sind gleichzusetzen mit dem Hochschalten der Gänge, um auf Touren zu kommen.

**1. Gang: »plan«.** Diese Phase umfasst das Vorhaben von Verbesserungen, die Analyse des aktuellen Zustands sowie das Entwickeln eines neuen Konzeptes (unter intensiver Einbindung der beteiligten Mitarbeiter).

**2. Gang: »do«.** Do ist der Testlauf für die mögliche Umsetzung, die Schaffung der Basis, um das praktische Optimieren des Konzeptes mit einfachen Mitteln am Arbeitsplatz schnell und unkompliziert umzusetzen.

**3. Gang: »check«.** Neue Abläufe und die Resultate werden überprüft, mögliche Ergänzungen wie Schulungsmaßnahmen durchgeführt und bei Realisierbarkeit als Richtlinie definiert.

**4. Gang: »act«.** Die neuen Abläufe und Maßnahmen werden implementiert und am besten regelmäßig überprüft.

Spielen wir das am Beispiel Chef/Assistenz einmal durch. Die Berater meines Unternehmens verabreden mit beiden Protagonisten jeweils ein Interview. Natürlich hat sich der Berater zuvor genau informiert, mit wem er das Gespräch führt. Dieses Gespräch, das natürlich nur unter vier Augen stattfindet, dient dazu, ein Stellenprofil (und glauben Sie mir, das gibt es in den seltensten Fällen), in unserem Beispiel der Assistenz aber auch des Chefs zu erstellen.

Allein indem die Beteiligten den Arbeitsalltag formulieren und die Berater mit der nötigen Sensibilität zuhören und hinterfragen, werden schon im Zuge des Interview-Termins erste Schwachstellen identifiziert. Allen Beteiligten wird somit sehr schnell klar, wo man zu viel oder zu wenig Kraft einsetzt und welche Aufgaben man unnötigerweise schultert. Die Gesprächsführung bedarf einiger Erfahrung und viel Einfühlungsvermögen. Susanna Castillo, seit siebeneinhalb Jahren in unserem Beratungsteam, stellt immer wieder in den Gesprächen fest, dass die Bereitschaft in der Phase sehr hoch ist, das Bestehende zum Besseren zu wandeln. Damit ist das Gespräch die Basis für die Unternehmensanalyse. Castillo weiß wovon sie redet. Sie arbeitete bereits erfolgreich unter anderem bei Allianz, VW, BMW, Adidas, Deutsche Börse und Media Saturn.

Mit der Gesprächsbasis ist der Ist-Zustand geklärt. Dann passiert etwas zunächst Merkwürdiges. Der Berater klärt nach der Feststellung des Status quo mit dem Auftraggeber und der Assistenz, welche Aufgaben denn eigentlich am Ende wer ausführt. Sie werden nun sagen, das verstehe sich doch von selbst. Nein, nicht immer.

Schon durch das Identifizieren von Doppelarbeiten oder das Definieren, wer denn für was idealerweise zuständig ist, wird klar, wie der Mitarbeiter oder die Mitarbeiterin die Führungskraft optimal unterstützen kann, damit der Chef das Unternehmen auf die Überholspur lenken kann. Und da hilft zu wissen, wer macht was und möglicherweise doppelt. Sie werden erstaunt sein, wie viele Prozesse in Ihrem Backoffice ein und dasselbe Ziel verfolgen. Ein Beispiel: Ausschreibungen im Unternehmen werden von verschiedenen Abteilungen versandt. Mitunter werden damit dieselben Leistungen erfragt. Die Marketingabteilung sucht einen Dienstleister für Webdesign, die Personal- und Presseabteilung ebenso. Doch wie Sie selbst gut wissen: ein größerer Auftragsumfang ergibt größere Verhandlungsmasse.

Um hier wirklich in die Tiefe zu gehen, »fährt« der Berater einige Tage als Beifahrer in Ihrem Backoffice mit. Dabei überprüft er durch zuhören, zusehen und zuordnen in ihrem Backoffice, ob der bislang praktizierte Prozess den Anforderungen genügt oder modifiziert werden muss. Susanna Castillo weiß um den Effekt, den eine Anpassung durch eine Optimierung der Strukturen hervorruft. Bis zu 30 Prozent weniger Aufwand bei höherem und qualitativerem Erfüllungsgrad ist durchaus erreichbar, weiß die Expertin. Dafür bedarf es aber eben einer gründlichen Analyse des Status quo im Unternehmen.

Fallbeispiel eines Office-Coaching. Zeiten des Chefs von 72 Stunden auf 42 Stunden reduzieren bei gleichzeitig mehr Umsatzstärke und Produktivität.

**Der Boxencheck, Phase 1: die Schwachstellenanalyse:**
Wie ermittelt ein Berater die Defizite? Er zeichnet auf und vergleicht. Die Instrumente dazu sind unter anderem eine Prozesskostenrechnung oder das Heranziehen von Benchmarking-Werten und der Simulation sowie die Begleitung von Prozessen. Der Berater merkt so schnell, dass eine Aufgabe überdurchschnittlich viel Arbeitskraft bindet und durch die hohen Personalkosten nicht mehr kostendeckend ist. Die Gründe für diesen Missstand liegen meist in mangelnder Kommunikation. Beispiel gefällig? In einem Fall aus der Praxis fiel auf, dass die erfasste Arbeitszeit des Managers überproportional durch Teilnahme an Meetings gebunden war. Im Anschluss lief über den Inhalt der Zusammenkünfte ein reger und umfangreicher E-Mail-Verkehr. Da fragt sich doch ein Berater, was haben die die ganze Zeit im Meeting gemacht? Und warum muss das in dem Ausmaß noch mal nachbesprochen werden? Da ist der Informationsfluss über die Ufer getreten.

Das Gegenteil ist genauso hinderlich. Vor allem im Beispiel Chef/Assistenz. Ist die Mitarbeiterin nicht inhaltlich eingebunden, wird es für sie schwierig zu entscheiden, was wichtig ist und was nicht. Dadurch wird für die Mitarbeiterin Mehrarbeit und Zeitverschwendung aufgebaut.

**Der Boxencheck, Phase 2: die Bewertung**
Nach der Analyse bewertet der Berater und beurteilt die Analyseergebnisse. Die Ergebnisse fasst man in visueller Form zusammen. Daraufhin besprechen alle Beteiligten gemeinsam, welche Auswirkungen das Fazit des Beraters auf die Zusammenarbeit zwischen Chef und Assistenz haben könnte. Sind alle der Meinung, das können wir besser, müssen die Prozesse geplant und neu aufgesetzt werden.

Dabei steht im Vordergrund, wie die Mitarbeiterin dank ihrer Kenntnisse noch besser eingesetzt werden kann. Ist es erforderlich, die Kompetenzen der Assistenz zu erweitern, wird ein Trainingsplan erstellt. Praktische Maßnahmen werden eingeführt (zum Beispiel eine neue Ablagestruktur), um Abläufe zu verbessern. Der rote Faden bei der Optimierung des Backoffices ist eine Verbesserung der Kommunikation. In dieser Phase werden erste Änderungen wie ein Informationsaustausch durch ein tägliches kurzes Zusammentreffen, der Aufbau einer aktuellen Informationsdatenbank oder das Abgeben des Terminkalenders der Führungskraft an die Assistenz verabredet.

**Die Erfolgspyramide**

In der darauffolgenden Feinplanung bestimmen Sie, wie diese anvisierten Umstellungen im Detail realisiert werden. Anschließend wird die Umsetzung getestet und »fein«-getunt.

Eine wesentliche Maßnahme für Einsparungen sowohl bei der Zeit als auch bei den finanziellen Aufwendungen kann man zum Beispiel erzielen, wenn man Standards einzieht und diese für alle Beteiligten dokumentiert. Unnötige Arbeitsschleifen und Mehrarbeit aufgrund fehlender oder überbordender Informationen werden eliminiert.

Bei allem heißt es das gewünschte Ergebnis nicht aus den Augen zu verlieren, was heißt, mehr Zeit für neue Dinge, bei weniger Kosten und höchstmöglicher Qualität. Das ist auch gut für die Stakeholder-Seite. Also sowohl bei den internen als auch bei den externen Nutzern und Investoren.

Wichtig ist, dass effektive Maßnahmen einen dauerhaften Nutzen haben. Was aber auch bedeutet, dass sie nicht immer wieder angepasst werden müssen. Sich darauf zu verlassen, dass es mit einer einmaligen Optimierung getan ist, wäre fahrlässig. Die Anforderungen verändern sich stetig, was zwangsläufig dazu führt, dass Projektabläufe kontinuierlich analysiert und verbessert werden sollten, um gute Ergebnisse für alle Beteiligten zu erzielen. Genauso wie dies ein Top-Team im Rennsport macht.

Das ist nicht nur ein Prinzip im Hochleistungssport, sondern auch eine ökonomische Selbstverständlichkeit. In der Welt der Wirtschaft wird dieser kontinuierliche Verbesserungsprozess immer mehr zum Wettbewerbsfaktor. Darum sollte die ständige Suche nach innerbetrieblichen Verbesserungen ein Standard sein. Das bedeutet auch, die Mitarbeiter in einen permanenten Informationsfluss mit einzubauen und sie über Entwicklungen, Erkenntnisse und Vorgehensweisen kontinuierlich in Kenntnis zu setzen.

**Der Boxencheck, Phase 3: die Umsetzung**

Die Japaner lieferten für die meisten Effizienzprozesse das Layout. Unter dem Begriff Kaizen versteht man zum einen die Philosophie, das ständige Streben und die Veränderung zum Besseren zu leben. Zum anderen rekrutieren sich daraus praktische Anleitungen.

Hier noch einmal zur Auffrischung die Kaizen-Prinzipien im Sportmodus:

Grundsatz: »Alles, was das Leben ausmacht, verdient es, verbessert zu werden.« Übertragen auf den Unternehmensalltag ist das die Überzeugung, dass ständige Verbesserungen überall möglich sind, und alle am Arbeitsprozess Beteiligte dazu permanent beitragen können.

Innerhalb der kontinuierlichen Verbesserung wird zwischen gravierenden und kleinen Veränderungen unterschieden. Das alles bedarf aber eines Wollens und Willens von oben. Mit oben ist der Teamchef gemeint. Dessen Aufgabe ist es, der Mannschaft klarzumachen, dass alle an der Wertschöpfung Beteiligte Kaizen als Teil ihrer Arbeit verstehen. Bei einem Rennteam ist das einfach. Da kennt jeder das Ziel: von der Trainingsphase bis zur Zielflagge ein optimales Fahrzeug hinzustellen, damit der Pilot nach dem Rennen auf dem Treppchen steht. Übertragen auf Sie ist Ihr Ziel, am Ende mit Ihrem Team vorn zu sein.

Die Verbesserungskultur steht am Ende des Analyseprozesses. Sie bedeutet, alle Beschäftigten daran zu beiteiligen, das Verbessern als Teil der täglichen Arbeit zu begreifen. Der positive Nebeneffekt ist, dass der konstruktive Umgang mit Fehlern in den Alltag integriert wird.

# Teamchef denkt, Team lenkt

## Trainingsrunden: Die Umsetzung durch den Piloten

Gut, nun wissen also alle, wo es unrund läuft (und erste Maßnahmen sind verabredet und gehen in die Umsetzung). Doch jetzt steht die nachhaltige Integration an. Diese ist so ähnlich wie der Motorenprüfstand beim Bau eines Rennwagens. Dort wird das Auto zwar schon mal durchgetestet, aber ob alles passt, zeigt sich erst auf der Strecke.

Nun ist es an Ihnen als Pilot eines hoffentlich künftigen Winning-Teams Ihren eigenen Siegeswillen unter Beweis zu stellen. Das bedeutet in Ihrer Denkweise vielleicht auch, dass eine Neuordnung möglicherweise als Machtverlust wahrgenommen wird. Die Grundvoraussetzung für die Neuordnung ist es, loslassen zu können und Vertrauen in das eigene Team zu haben. Wenn Sie bislang autoritär gehandelt haben, ist das nicht einfach. Aber wagen Sie es, dann heißt es, sich über die neuen Freiheiten zu freuen.

Freiräume sind da, um den Kopf frei zu bekommen und dann anderes und Neues zuzulassen. Sie sind hier im Lead, genauso wie der Pilot während des Rennens. Wenn dann Ihr Team das Gefühl hat, Sie sind ein Siegertyp, werden sich alle hinter Ihre Ziele stellen und alles für deren Umsetzung tun. Und das wiederum wird auch für Ihre Karriere eine Initialzündung sein.

Die Protagonisten des Motorsports wissen warum. Auf der Presseclub-Seite von BMW erfährt man über die Denke der Verantwortlichen. Jens Marquardt, Motorsportdirektor von BMW, wurde nach dem Sieg der Markenmeisterschaft nach einer bis zum Schluss offenen und dramatischen Rennsaison der Deutschen Tourenwagen Masters gefragt:

## »Was war der Schlüssel zum Erfolg?«

**Jens Marquardt:** »Das waren eindeutig unsere Geschlossenheit und unsere Effizienz. Wenn sich uns die Chance geboten hat, an einem Rennwochenende Top-Ergebnisse einzufahren, dann haben wir sie eiskalt genutzt – und das nicht nur mit einem oder zwei Fahrern, sondern als gesamte Mannschaft. Nur so war es möglich, einen historischen Erfolg wie den Siebenfachsieg in Zandvoort zu feiern.«

In diesem Sinne sollten Sie über Ihre Mannschaft auch einmal reden können. Aber den Anfang müssen Sie machen. Überlegen Sie, und gehen Sie mit Hilfe des Beraters durch, ob das, was Sie machen, durch Sie gemacht werden muss.

Ich will Ihnen wirklich keine Beratung aufschwatzen, aber der Effekt einer Begleitung in Form einer Prozessanalyse und das Ändern von Abläufen und Zuständigkeiten von Anfang an ist hoch. Es bedeutet für Sie mindestens ein Fünftel Zeitgewinn. Und das sollten Sie ruhig in Anspruch nehmen. Denn das hat nicht nur Vorteile für Ihr Unternehmen, sondern auch für Sie. Beweis gefällig?

Im Jahr 2014 ist die Zahl der Überstunden laut der Bundesagentur für Arbeit deutschlandweit um 1,5 Prozent auf 58,5 Milliarden Stunden gestiegen. Nach Angaben der Online-Plattform »Gehalt.de« arbeiten zwei Drittel der deutschen Beschäftigten mehr als vertraglich vereinbart. Rund 40 Prozent kommt auf fünf zusätzliche Stunden pro Woche, heißt es in der Studie. Jeder Siebte verbringt bis zu zehn

Stunden mehr am Arbeitsplatz. Vier Prozent arbeiten sogar 15 Stunden mehr pro Woche als vereinbart.

Eine weitere aktuelle Studie der renommierten Harvard Business School und Stanford University hat herausgefunden, dass hohe Arbeitsbelastung und damit verbundener Stress die Lebenserwartung von Menschen je nach Geschlecht und Ausbildungsgrad um bis zu drei Jahre verkürzen kann. 73 Prozent der Befragten gaben an, dass sie derzeit an mindestens einer Form von arbeitsbedingtem Stress leiden würden. Zeitdruck sei der häufigste Grund, gefolgt von Veränderungen im Unternehmen, über die man nicht informiert würde. Rund 60 Prozent empfinden die Organisation von Arbeit und Privatleben als schwierig, 36 Prozent gaben an, mehr als 40 Stunden pro Woche zu arbeiten.

Dass es so ist, liegt oft an den Gestressten selbst. 50 Prozent der Befragten erklärten, dass es möglich sei, die Arbeit halbwegs flexibel einzuteilen, die Hälfte könnte sogar aus dem Homeoffice arbeiten. Der Schlüssel für ein Mehr an Effizienz bei geregelter Arbeitszeit ist aber genau die Flexibilität. Den hätten wir also, aber den Startknopf müssen Sie als Pilot drücken.

Machen wir gemeinsam eine kleine Rechnung auf und sehen Sie, wie günstig eine Beratung letztendlich ist. Was also kosten Sie das Unternehmen pro Tag? Keine Angst, Sie müssen jetzt nicht Ihre Vergütung verraten. Darum setzen wir mal den Preis eines Interims-Managers an, der sich gut mit einer Beratung vergleichen lässt. Nach Angaben des Dachverbandes der deutschen Interims-Manager haben sich im professionellen Interim-Management Tagessätze zwischen 1.000 und 2.500 Euro als marktfähige Preise herausgebildet. Das würde bei einem 10-Stunden-Tag 125 Euro im Schnitt bedeuten. Davon sparen Sie nach der Beratung täglich zwei Stunden, also 250 Euro am Tag, 1.250 in der Woche, 5.000 im Monat und so weiter. Ihre Assistenz hat nicht den gleichen Zeitgewinn wie Sie, aber immerhin auch noch im Schnitt zehn Prozent. Rechnen wir das zusammen, hat sich eine Beratung, die in der Regel einen kleinen fünfstelligen Betrag ausmacht, schnell amortisiert. Oder?

## Tuning fürs Backoffice mit der 5-S-Methode

»Das haben wir immer schon so gemacht!« Prozesse und Abläufe, die vermeintlich seit Jahren funktionieren, führen oft zu Blindheit und verkommen zur unbeachteten Routine. Das würde jeden von uns nachlässig machen. Ab und zu sollte man also den Kurs überprüfen, damit aus dem funktionierenden Team ein Top-Team wird, das wieder auf der Ideallinie fährt.

Haben Sie mal die Chance in eine Box oder den Renntruck einer Motorsportmannschaft zu schauen? Was Sie da vorfinden sollten, ist ein Idealzustand. Alles hängt so an seinem Platz, dass jeder weiß, wo er was im richtigen Moment am schnellsten findet. Und das was oft gebraucht wird, wird nach vorne geräumt. Das ist keine Erfindung von Rennteams. Doch diese haben noch mehr Zeitdruck als wir im beruflichen Büroalltag. Darum sind sie mehr als andere auf ein effektives Arbeiten angewiesen. Aus diesem Grund greifen Sie auf die 5-S-Methode zurück. Und wer hat's erfunden? Mal wieder die Japaner, in diesem Fall: Taiichi Ohno und Shiego Shingo. Die fünf S stehen für Seiri, Seiton, Seiso, Seiketsu, Shitsuke. (Übertragen auf Ihr Büro: sortieren, Selbstdisziplin und ständiges Verbessern, standardisieren, säubern, systematisieren).

Ziel der 5-S-Methode ist es, effektive und attraktive Arbeitsplätze zu schaffen. Sie unterstützt die Sichtkontrolle, erleichtert die Kommunikation und fördert die ständige Verbesserung. Das Interessante bei der Anwendung der fünf S ist der indirekte Effekt. Höhere Prozesssicherheit und insgesamt eine Verbesserung der Abläufe, schnellere Umsetzung, Reduzierung von Kosten und höhere Qualität sowie nachhaltige Verbesserung und Steigerung der Mitarbeiterzufriedenheit.

Das hört sich doch toll an. Aber warum wenden das die Unternehmen in den seltensten Fällen an? Vielleicht übertragen sie es nur falsch. Darum noch einmal ein kleines Briefing auf Basis des Fachbeitrages von Citation: Netland, T. H. (2015) 5 S – we are doing it wrong, *Lean Management Journal*, Vol 5, Iss. 9/10, pp. 9-11/18-20.

Das erste und das zweite S (Seiri und Seiton gehören für die Japaner unauflöslich zusammen) stehen in der japanischen Schrift beide für das Symbol »Auftrag«. Die anderen Symbole beider Zeichen stehen für Logik, Gesetz und Gründe und bei Seiton für Wurzeln, Arrangement und Beständigkeit. Seiri übersetzen wir mit Ordnung. Das bedeutet, zu entscheiden, was brauche ich, um einen Job zu erledigen und was nicht. Seiton steht in unserer Arbeitswelt dafür, dass alles für jeden auffindbar aufgeräumt an seinem Platz ist. Also keine Zeitverluste durch ständiges Suchen. Ein gutes Beispiel sind die fahrbaren Werkzeugschränke eines Rennteams. Dort herrscht generalstabsmäßige Ordnung, die immer und immer wieder kontrolliert wird. Stellen Sie sich vor, was los wäre, wenn während eines Boxenstopps ein Schraubenschlüssel gesucht werden müsste.

Das dritte und vierte S: Seiso und Seiketsu

Auch die nächsten zwei teilen sich ebenfalls den ersten Buchstaben. Diese stehen im Japanischen für Klarheit, Reinheit und Frische und werden mit Wasser in Verbindung gebracht. Der Rest hat die Bedeutung von erneuern und ausfegen oder – wie wir Deutschen sagen würden – »das Abschneiden von alten Zöpfen«. Der zweite Begriff Seiketsu bedeutet frei von Staub. Also stehen beide S für Reinheit, Klarheit und Säubern. Auf das Rennteam übertragen bedeutet das, dass nach jedem Einsatz erst einmal aufgeräumt und ausgefegt wird. Und bewährt sich das, wird, im Sinne des japanischen Seiketso, dieser Ablauf zum Standard erhoben. Grundsätzlich aber liegt den beiden Begriffen die Philosophie zu Grunde: Staub zieht Staub an und Müll erzeugt noch mehr Müll.

Das fünfte S: Shitsuke unterscheidet sich von den anderen fünf und kann übersetzt werden mit »Disziplin, Bildung oder folge den Gesetzen«. Es rät dazu, die ersten vier S zu beachten. Das impliziert auch einen Trainingsprozess, der am Ende in mehr Kultur und Kreativität münden soll.

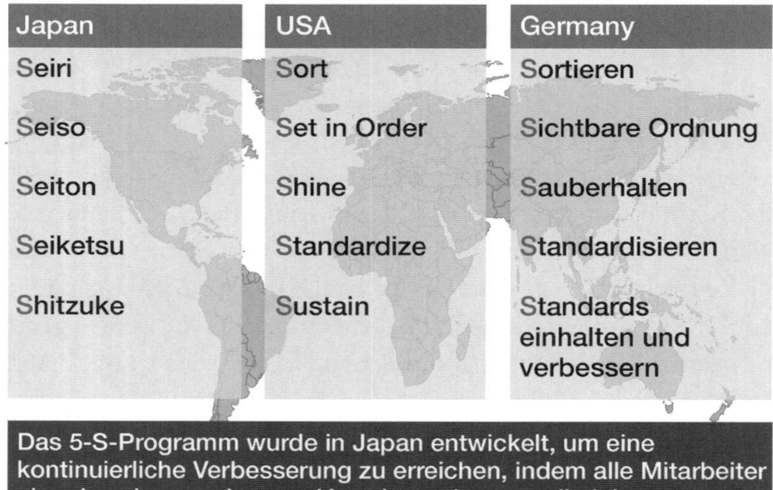

Japan
Seiri
Seiso
Seiton
Seiketsu
Shitzuke
USA
Sort
Set in Order
Shine
Standardize
Sustain
Germany
Sortieren
Sichtbare Ordnung
Sauberhalten
Standardisieren
Standards einhalten und verbessern
Das 5-S-Programm wurde in Japan entwickelt, um eine kontinuierliche Verbesserung zu erreichen, indem alle Mitarbeiter eingebunden werden, um Verschwendung zu eliminieren.


**Das 5-S-Prinzip**

Das Konzept wird oft fälschlich übersetzt. Aber die Erfahrung zeigt, dass es sich in dem Falle nie in Unternehmen wirklich nachhaltig durchsetzt. Darum erinnern Sie sich immer der ursprünglichen Bedeutung der japanischen Worte. Das hilft, das Konzept zu verstehen und damit die dahinterstehenden Ideen für sich zu nutzen:

**Seiri** – Sort items to retain, return and rid
**Seiton** – Organize items in the workplace
**Seiso** – Clean the workplace
**Seiketsu** – Maintain Seiri, Seiton and Seiso
**Shitsuke** – Discipline the organization

Die Auslegung des 5-S-Prinzips lässt natürlich Spielraum zu und kann individuell auf jeden Arbeitsplatz angepasst werden.

## Überprüfen Sie den Werkzeugkasten

Wie gestaltet sich der Ablauf einer »5-S«-Neuordnung im Vorzimmer und was bewirken Sie damit für das Miteinander im Team? »Natürlich ist jeder Auftrag individuell und dadurch sind die Maßnahmen ebenfalls unterschiedlich zu treffen. Aber dabei hilft als Orientierung das 5-S-Prinzip«, sagt Castillo. Darum hier aber eine kleine Einführung für Nachwuchspiloten und Boxenneulinge! Stellen Sie sich Ihren Berufsalltag vor und beantworten Sie gemeinsam mit dem Berater folgende Fragen:

**1. Konzentration auf das Wesentliche**
Was muss passieren, um mehr Übersicht und Platzgewinn zu erreichen? Und wie schätze ich die einzelnen Arbeiten und deren Ergebnis in puncto Wertigkeit ein?

**2. Ordnung schaffen**
Ist alles sichtbar auffindbar (zum Beispiel Ablage/sonstige Dokumentationen) und in ausreichender Menge vorhanden (Büromaterial, Ersatzgeräte et cetera), sodass ich alles sofort finde, ohne Zeit mit Suchen zu verplempern und so durch die Straffung von Abläufen Zeit- und Geldaufwand minimieren kann – ohne dabei die Qualität zu vernachlässigen?

**3. Saubermachen**
Ist alles in einem guten Zustand und sauber? Fühle ich mich in meiner Umgebung wohl (fehlt mir Persönliches), damit ich mehr Freude an meiner Arbeit habe?

**4. Standardisierung des erreichten Zustandes**
Sind jedem alle Vorteile klar, die nach den gemeinsam erarbeiteten Maßnahmen bestehen oder muss nachgeschult werden?

**5. Selbstdisziplin**
Sind die Beteiligten bereit, auch nach der Beratungsphase das Neue zu leben?

## Das Gebetbuch

Das ist – um in diesem Fall das Bild des Rallye-Sports zu gebrauchen – die Erstellung des Gebetbuchs. Die Rennsportler sagen dazu auch Aufschrieb, im englischen Pacenote. Das ist eine Kladde mit Aufzeichnungen über die Wertungsprüfungen. Sie werden durch Erkundungsfahrten vor dem eigentlichen Wettbewerb erstellt. Und meint nichts anderes als das bei uns so genannte »Chef Manual«. »Was bitteschön ist das denn nun schon wieder?«, fragen Sie sich. Das ist ein Nachschlagewerk, das über die Telefon- und Kontaktlisten hinausgeht.

Dieses Handbuch erfasst letztendlich die Regeln und Anforderungen sowie die gewünschte Art und Weise des Miteinanders im Unternehmen. Regeln und Anforderungen sind schnell erklärt. Wo und wann trifft der Chef gerne Verabredungen außerhalb der Büroräume? Ab wann können Meetings angesetzt werden? In welcher Form sollen Präsentationen aufbereitet werden? Wie ist die Bewirtung während eines Termins zu gestalten? Wie hat eine Signatur in den E-Mails auszusehen? Zu welchen Meetings möchte der Chef gehen oder nicht? Welche Hotels dürfen/sollen gebucht werden? Gang oder Fenster im Flugzeug? Und so weiter und so fort. Fast noch wichtiger ist der Teil der weichen Fakten für einen reibungslosen Arbeitsablauf.

Ein Beispieleintrag ist die Priorisierung der Gesprächspartner (wer wird immer und wann auch immer durchgestellt), hat der Chef Allergien oder Unverträglichkeiten? Das können genauso gut auch die Geburtstage der Familie sein.

Die Inhalte des Manuals sind nach der Beratungsphase klar und werden im Fall Chef und Assistenz festgelegt.

Eins ist sicher, Chef und Assistenz werden es zu schätzen wissen, und es ist ganz nebenbei ein Grund, immer wieder Abläufe auf ihre Aktualität zu überprüfen. Das Manual ist im Grunde eine Gebrauchsanleitung für die Anforderungen im Büro und für den Umgang mit dem Chef. Und eins noch: Sollte die Assistenz kurzfristig ausfallen, so hilft dieser Leitfaden der Vertretung ungemein.

## Navigation aus der Box

Dieser Abschnitt ist allen Assistentinnen und natürlich auch den Assistenten gewidmet. Sie wurden zur Unterstützung einer Führungskraft eingestellt. Werden Sie der Aufgabe, Ihren Chef zu unterstützen, auf Basis Ihrer heutigen Tätigkeit gerecht? Vielleicht nicht? Dann ist es Zeit zur Ursachensuche. Fixieren Sie Ihre Aufgaben neu und überdenken Sie, was momentan fehlt, damit Sie Ihren Job machen können. Das Manko lässt sich oft ausgleichen, denn nicht nur der Chef hat die Möglichkeit sich weiter zu entwickeln, sondern auch Sie. Oft hilft es eben, wie oben geschildert, einfach mal die Anforderungen und Ziele laut zu formulieren und sich darüber Gedanken zu machen, was denn genau Ihre Aufgabe ist.

Mein Beraterteam und ich sind der Meinung, dass eine der Hauptaufgaben einer Assistenz ist, den Chef so optimal wie möglich durch seinen Tag zu steuern. Das hört sich selbstverständlich an, ist aber eine anspruchsvolle Tätigkeit. Ziehen wir mal wieder den Rennsport als Bild heran – Sie sind in der Position des Chefmechanikers. Der trägt dafür Sorge, dass alles zur rechten Zeit am rechten Ort ist und das gilt auch für Ihren Chef.

Ich verdeutliche das mal an einem Boxenstopp. Der Fahrer kommt während des Rennens zum Reifenwechsel in die Box. Routine denken Sie? Falsch. Kein Boxenstopp ist gleich. Die Aufgabe Ihres Chefs ist es, den Rennwagen an der richtigen Stelle in der Boxenstraße zum Halten zu bringen. Damit ist der schon komplett beschäftigt. Ihre Aufgabe ist es, den Millimeter, um den er die ideale Position beim Einbremsen verpasst, auszugleichen. Wenn Sie mal genau bei einer TV-Übertragung hinschauen, sehen Sie, dass das Team sich mit dem Wagen auf den letzten Zentimeter bewegt und so die Idealposition für den Reifenwechsel justiert. Doch das klappt deshalb so gut, weil der Chefmechaniker alles perfekt vorbereitet hat. Erkennen Sie die Analogie?

Übertragen wir das mal auf Ihren Job. Ein Beispiel: Die Führungskraft plant eine Dienstreise, die Sie organisieren. Die Versuchung, dem Boss das günstige Schnäppchen-Ticket zu buchen, ist aufgrund der Kosten natürlich hoch. Doch haben Sie nicht gesehen, dass er dann einmal umsteigen muss. Das ist für einen Chef oder eine Chefin nicht angenehm, wenn er beziehungsweise sie sich auf ein wichtiges Meeting vorbereiten muss. Diesen Maßstab setzen Sie am besten auch bei der Übernachtung an. Überlegen Sie gut, wie sich Ihr Chef bettet. Wie das alte Sprichwort richtig sagt, »wie man sich bettet, so liegt man« (also so ist er dann drauf). Was ich damit zum Ausdruck bringen möchte: Ist Ihr Vorgesetzter auf Dienstreise, sparen Sie nicht am falschen Ende, damit er durch eine optimale Reiseplanung bei seinen Terminen unterstützt wird. Das gilt auch für die

Zeitplanung. Lassen Sie Luft zum Atmen und für notwendige Pausen. Der Vorteil: Im Notfall haben Sie eine Reserve, wenn der Vorgesetzte unerwartet eine unaufschiebbare Angelegenheit regeln muss. Achten Sie auch auf Freiräume für Ihren Chef, was die Umgebung anbetrifft. Susanna Castillo berichtet von einer Beratung in einem Unternehmen, wo Chef und Mitarbeiter im Großraumbüro saßen. Das animierte die Mitarbeiter dazu, den Vorgesetzten jederzeit anzusprechen. Nach der Beratung wurde das modifiziert. Meetings am Morgen im Besprechungszimmer, danach blieb der Vorgesetzte dort und erledigte Aufgaben, auf die er sich in Ruhe konzentrieren konnte. Zeigen nicht solche Beispiele, wie verantwortungsvoll Ihr Job ist? Sie sind der Steuermann des Kapitäns oder eben der Chefmechaniker für den Fahrer. Bei aller Planung für Ihren Chef, planen Sie aber auch richtig für sich.

# Robert Kreuzer, Accenture: Leidenschaft für das, was man tut

Der Leitsatz ist für Robert Kreuzer der Schlüssel zum Erfolg. Diese Motivation setzt er auch bei seinen Assistenzen voraus. Robert Kreuzer glaubt an seine Assistenzen. Ich selbst war eine von seinen Mitarbeiterinnen und der Glaube an mich hat dazu beigetragen, dass ich meinen Weg gemacht habe.

**Was macht die Assistenz unverzichtbar?**
**Robert Kreuzer:** Sie schafft eine wesentliche Voraussetzung für einen reibungslosen Arbeitsablauf, indem sie mich in allen relevanten Belangen unterstützt – und das ist sehr wichtig – auch proaktiv. Sie fängt Dinge ab, sie filtert und erledigt eigenständig Routineaufgaben.

**Welche Aufgaben kann man an die Assistenz delegieren?**
**Kreuzer:** Das sind unterschiedliche Tätigkeiten, zum Beispiel die Korrespondenz, also E-Mails und Briefe, die Archivierung von Dokumenten und Arbeitsergebnissen sowie regelmäßige Funktionen des Controllings. Auf der Grundlage definierter Kennzahlen ermittelt die Assistenz Abweichungen und Trends in der Geschäfts- und Projektentwicklung, sodass ich mich effizient auf entstehende Ausnahmen fokussieren kann. Dann die Terminierung von Meetings, bei der man die Verfügbarkeit eines größeren Personenkreises prüfen muss, um letztendlich einen geeigneten Termin zu finden. Dies ist ein wesentlicher Aspekt. Hinzu kommt noch das ganze Thema der Reiseplanung.

**Wie weiß denn eine Assistenz, was der Chef möchte?**
**Kreuzer:** Wesentlich ist es, die Assistenz in die eigenen Aufgaben einzubinden. Sie muss meinen Verantwortungsbereich kennen. Sie

muss wissen, für welche Kunden ich arbeite und welche Tätigkeiten dabei anfallen. Das sind Dinge, die wir regelmäßig besprechen. Das heißt, dass sie weiß, wie mein Tagesablauf ist. Sie muss wissen, welcher Personenkreis für mich wichtig ist – sowohl intern als auch extern. Das dient auch dazu, dass sie auf alle Mail- oder Telefonanfragen effizient reagieren kann. Das bedeutet, sie weiß auf wen ich sofort, später oder auch gar nicht reagierten muss.

**Wie oft kommuniziert man mit der Assistenz?**
**Kreuzer:** Bezüglich langfristiger Themen einmal im Monat und bei Routinedingen mindestens einmal täglich.

**Funktioniert das auch, wenn man viel unterwegs ist?**
**Kreuzer:** In der Regel telefoniere ich mit meiner Assistenz morgens oder abends, um die Themen abzustimmen, die relevant sind für meine Planung in den nächsten ein bis zwei Wochen. Dafür hat sie schon eine Liste vorbereitet, auf die ich dann reagieren kann.

**Sie steuert also durch den Tag?**
**Kreuzer:** Sie steuert mich durch den Tag, die Woche und die Folgewochen. Und das, indem sie aktiv Fragen stellt und Interesse und Passion an dem zeigt, was ich tue und plane. Denn sie kann nicht alle Dinge wissen, die beim Kunden passieren. Das bedeutet, sie agiert proaktiv und gestaltet so meinen Ablauf.

**Wie hoch ist der Zeitaufwand für die Kommunikation zwischen Assistenz/Chef?**
**Kreuzer**: Das tägliche Telefonat mit meiner Assistenz dauert meist nicht länger als zehn Minuten. Das liegt eben an der Liste, die sie mit mir durchgeht. Da ergänze ich unter Umständen noch den einen oder anderen Punkt. Der Rest läuft dann über automatisierte Office-Tools, zum Beispiel über Outlook, mit dem wir gemeinsam auf meinen Kalender zugreifen. Kalendereinträge, die entweder von mir oder meiner Assistenz modifiziert werden, sind ein weiteres ef-

fizientes Mittel der gemeinsamen Kommunikation und Kollaboration. Wenn das alles nicht hilft, tauschen wir uns über E-Mail, SMS oder WhatsApp aus.

**Ist sie auch in private Themen involviert?**
**Kreuzer:** Nein, das behandele ich grundsätzlich separat. Diese Dinge möchte ich nicht vermischen. Sie fragt aber meine Urlaubsplanung ab oder ob ich Homeoffice mache. So gesehen kennt sie gewisse Grundroutinen.

**Wie motiviert man die Assistenz?**
**Kreuzer:** Ich denke, für die Assistenz ist es interessant, in das eingebunden zu sein, was ich tagtäglich mache. Das heißt, sie weiß, für wen ich arbeite und was ich dort arbeite und wird Teil eines größeren Ganzen, Teil des gesamten Teams. Sie kennt dadurch die Zusammenhänge und ich glaube, es motiviert die Assistenz auch, zu wissen, was in Summe daraus entsteht beziehungsweise welchen Einfluss das auf das Unternehmen hat, das wir beraten. Darüber hinaus ist es motivierend, wenn man regelmäßig über die Karriereentwicklung spricht, Zielvereinbarungen trifft, regelmäßig Feedback gibt und die Themen teilt, die einem persönlich wichtig sind. Und dann gibt es immer noch die Regel: Kleine Geschenke erhalten die Freundschaft.

**Sind Weiterbildungsmöglichkeiten ein Erfolgsfaktor?**
**Kreuzer:** Das ist doch auch eine wichtige Aufgabe, die man als Vorgesetzter wahrnehmen muss. Man ist doch als Vorgesetzter abhängig davon, dass man ein gutes Team von Mitarbeitern hat. Du kannst Dinge nicht alleine erledigen, du kannst sie immer nur im Team erledigen. Wenn du dann dein Team nicht förderst und weiterentwickelst, bleibst du am Ende des Tages stehen. Dann kannst du auch deine eigenen Aufgaben nicht erfüllen. Zusammengefasst: Mitarbeiterentwicklung ist eine zentrale Aufgabe des Vorgesetzten. Das nennt man bei der Bundeswehr auch Fürsorgepflicht. Das bedeu-

tet, dass man sich als Vorgesetzter um die Belange seiner Mitarbeiter kümmern muss.

**Wie schafft man es auch beim Wechsel im Backoffice konsistent zu sein?**
**Kreuzer:** Zum einen hatte ich Glück oder es lag auch an der Professionalität der Assistenz, dass es vernünftige Übergaben gab. Wir haben dafür auch mal einen Transitionsplan gemeinsam entwickelt, so eine Art Inventar- und Checkliste. Da drin steht zu lesen: Was sind die Themen und Aufgaben, die wichtig sind zu wissen. Welches sind die Tätigkeiten, die wichtig sind, übergeben zu werden. Die Liste haben wir vor circa fünf bis sechs Jahren angefangen zu entwickeln. Die hat bisher drei oder vier Wechsel überdauert. Die Liste wird selbstständig von den jeweiligen Assistenzen gepflegt, erweitert und modifiziert. Und dann gilt, was ich vorher gesagt habe, die neue Mitarbeiterin einzubinden in das, was ich tue und wie ich es tue und zu erklären, warum es für das Unternehmen wichtig ist. So wird sie ein Teil des Ganzen und kann sich effizient integrieren. Meine Erfahrungen mit dieser Vorgehensweise sind durchweg positiv und haben reibungslose Wechsel und die kontinuierliche persönliche Weiterentwicklung ermöglicht.

**Also ein persönliches User-Manual?**
**Kreuzer:** Ja, da steht zum Beispiel drin: Wer sind die wichtigen Leute? Wer sind Leute, die ich gar nicht sehen will? Bei uns ist es so, dass das Backoffice separiert vom regulären Geschäft läuft. Das ist sogar eine eigene GmbH, deren Mitarbeiter ja auch eigene Arbeitsverträge haben, insofern auch einen eigenen Karriereplan haben. Ich bin sozusagen der Kunde dieses Backoffice-Service. Das führt dazu, dass ich zwar Bewertungen abgeben kann, dort aber standardisierte Verfahren laufen, in die ich nicht eingebunden bin. Trotzdem ist es mir wichtig, dass die Mitarbeiterin in meine Aufgabenfelder effektiv einbezogen ist und dass sie weiß, wie sie zum Erfolg des Ganzen beiträgt.

**Wechsel laufen also problemlos?**
**Kreuzer:** Formal ist das so, aber letztendlich ist das immer ein Verlust, eine gut eingearbeitete Assistenz zu verlieren. Das macht mich persönlich natürlich betroffen und nicht immer glücklich. Das bringt eine Arbeitsteilung und Shared-Service-Modelle im Backoffice Bereich mit sich, die leider nur begrenzte Entwicklungsmöglichkeit für die Assistenz zulassen. Das ärgert mich in der Regel schon.

**Hat man durch diese Organisationsform eine eigene Assistenz?**
**Kreuzer:** Nein, ich teile mir die Person mit maximal vier Partnern. Dazu kommt ja noch eine Mitarbeiterin für das Projekt. Das heißt, das läuft dann über ein entsprechendes Management.

**Was erlebt man denn als Chef so auf der Suche nach der idealen Assistenz?**
**Kreuzer:** Das lustigste was ich je erlebt habe, war bei der Einarbeitung einer neuen, sehr jungen Assistenz. Als ich ihr erklärte, wie alles zusammenhängt, kommentierte sie das mit den Worten: »Das ist alles so ein Männerkram.« Sie war übrigens nicht sehr lange bei uns. Was ich damit jedoch ausdrücken will: Es ist wichtig, dass sich die Assistenz bereits im Vorfeld überlegt: Was mache ich da eigentlich und dass sie Interesse und Neugier für ihren Job, den Aufgabenbereich und für das ganze Umfeld mitbringt. Egal auf welchem Level, du brauchst für alles was du tust eine Leidenschaft. Wenn dem nicht so ist, sollte man sich überlegen, ob man sich nicht besser etwas anderes sucht. Das kann man übrigens auf alles im Leben übertragen.

**Es muss also Spaß machen?**
**Kreuzer:** Ja, sonst wirst du nie gut darin, was du tust. Dann wird man auch erfolgreich. Wenn solche Leute aber nur administrieren, wird das nichts mit dem Erfolg.

**Vita**

Robert Kreuzer ist seit 1987 bei Accenture und seit dem Jahr 2000 als Managing Director Teil der Geschäftsleitung. Kreuzer ist Dipl. Wirtschaftsingenieur und Wirtschaftsinformatiker sowie ausgebildeter Refa-Ingenieur. Studiert hat er unter anderem in Deutschland und den USA.

# Zeitnahme

## Timing ist alles

Warum wird die Beratungsleistung von meinem Team und mir in Anspruch genommen? Das meist genannte Motiv der Mandanten ist unser Versprechen, dass die Führungskraft am Ende der Betreuung durch uns mindestens 20 Prozent Zeit gewinnt. Und immer wieder höre ich: »Das ist doch nicht möglich!« Doch ist es. Bislang ist es uns noch immer gelungen, und in den meisten Fällen sogar mehr.

Wie das geht? Ganz einfach. Wir nutzen alle vorhandenen Potenziale im Büro der Führungskraft. In unserem Fall setzen wir bei der Assistenz an, mit deren Unterstützung Ihre enorme Aufgabenfülle besser bewältigt werden kann. Sie werden jetzt einwenden: »Aber die Assistentin oder der Assistent ist doch schon länger da. Wie soll denn das jetzt anders laufen?« Die Frage ist berechtigt. Die Antwort darauf erstaunlich simpel: Durch eine Neuverteilung der Aufgaben zwischen Ihnen und der Assistenz werden für die Führungskraft neue Freiräume geschaffen.

Der größte Effekt ist erfahrungsgemäß die Abgabe des E-Mail-Postfachs vom Chef an die Assistenz. Um einmal mehr das Bild des Motorsports zu bemühen: Das ist die erste und größte von vielen Stellschrauben, die ihre Office-Maschine auf Tempo tunt.

Doch das ist erst der Anfang einer Reihe von Maßnahmen, die die Assistenz an ihre Position versetzen, und zwar ins Vorzimmer. BeVOR man zum Chef kommt, muss man zuerst am Vorzimmer – also der Assistenz – vorbei.

Den Vorteil haben Sie bisher kaum oder gar nicht genutzt. Wie äußerte sich das? Es läutete und Sie gingen noch eben schnell ans Telefon, auch wenn Sie schon auf dem Sprung zur wichtigen Präsentation waren. Eigentlich wollten Sie sich doch vorher noch einen Moment sammeln und in Ruhe noch einmal die wesentlichen Punkte durchgehen, nicht wahr? Aber nein, das Telefon lockte und Sie gaben dem Impuls nach, das Gespräch anzunehmen. Das hat ab sofort ein Ende, weil Ihr Telefon jetzt nur noch läutet, nachdem die Assistenz geprüft hat, ob das Telefonat wirklich unaufschiebbar ist.

Vorgesetzte, die glauben, immer ansprechbar sein zu müssen, sowohl für Externe als auch Interne, die alle Mails selbst beantworten und auch noch brav alle CC-Botschaften inhalieren, werden nie »Licht am Ende des Tunnels sehen«. Die Liste der zu erledigenden Dinge wird nie abgearbeitet sein. Und die persönlichen Bedürfnisse sind hintenangestellt. Würden Sie so als Rennfahrer agieren? Dann würde das komplette Fahrerfeld an Ihnen vorbeiziehen.

Führungskräfte, die so handeln, sehen die Kantine so gut wie nie, geschweige denn die eigenen Kinder vor dem zu Bett gehen. Sport fällt aus, weil man abends und am Wochenende platt ist und so weiter und so weiter. Die Folgen brauche ich Ihnen nicht auszumalen. Sie haben selbst genug Realitätssinn. Finden Sie sich damit ab, Sie haben bei allem Einsatz und Ehrgeiz auch nur gewisse Ressourcen. Und Ihre – wie jedermanns – Konzentrationsfähigkeit und Zeit sind begrenzt. Und die sollten Sie für das Rennen reservieren und nicht für das Aufräumen Ihrer Box.

Sie glauben mir nicht? Der Versuch, trotzdem alles zu schaffen, ist vergebliche Liebesmüh. Das kann nur Supermann und der ist bekanntermaßen eine Phantasiefigur. Wenn Sie schon nicht ein ausgeglichenes Leben als Argument gelten lassen, denken Sie mal an die ökonomische Seite. Sie bekommen (davon gehe ich aus) das höchste Gehalt in der von Ihnen verantworteten Abteilung oder dem Ressort. Nutzen Sie Ihre Arbeitszeit nicht für Routine, sondern für kreatives und innovatives Denken, das dem Unternehmen mehr dient. Planen Sie zudem unbedingt auch Zeit für Privates. Wie oft höre ich nach der Beratung: »Frau Walker, Sie werden es nicht glauben, ich schaffe es jetzt immer häufiger nach acht Stunden Feierabend zu machen.« Das, was man heute als Life-Work-Balance bezeichnet, ist die Basis für eine gesunde Dynamik.

## Die Kunst des Loslassens

Wie kommen Sie dahin? Wie ich bereits gesagt habe, trennen Sie sich von der Idee, alles selbst machen zu wollen und eliminieren Sie zeitaufwendige Routinedinge aus Ihrem Tagesablauf. Lernen Sie die Kunst des Loslassens. Überlegen Sie genau, welche Aufgaben nur von Ihnen erledigt werden können und welche auch genauso gut delegierbar sind! Oder anders: Nehmen Sie das Steuer in die Hand. Glauben Sie mir, das Auslagern von Arbeiten, die andere machen können, ist keine Wertung, sondern Notwendigkeit. Sie sind dafür engagiert worden, die Firma voranzubringen, Gas zu geben, aber das in einem konkurrenzfähigen Zeitrahmen.

Wenn Ihre Zeit gut geplant ist, erzielen Sie großartige Fortschritte. Denn Sie haben die Zeit dazu, die strategische Richtung vorzugeben, vorhandene Schwachstellen auszumerzen und die Abläufe zu straffen. Wieder einmal ist die Arbeit im Motorsport wegweisend: Einige Tage im Jahr fahren die Teams auf Rennstrecken zum Testen. Da das ein großer Kostenfaktor ist (Transport, Miete der Strecke, Reisekosten), konzentriert sich die Mannschaft auf das Wesentliche. Oder nehmen Sie die freien Trainingssitzungen am Rennwochenende. Diese Zeiten, in denen man den Rennboliden auf die Strecke abstimmen kann, sind begrenzt. Darum fokussiert sich das Team in der Zeit darauf, das Auto optimal vorzubereiten und nicht die große Inspektion durchzuführen. Alles auf einmal zu checken, ist eben in beschränkter Zeit nicht zu schaffen. Solch einen Druck hält niemand, nicht einmal ein Hochleistungssportler, auf Dauer aus. Merken Sie denn nicht auch, dass Sie manchmal nervös und gereizt sind? Kein Wunder, bei der langen Aufgabenliste, die Sie sich bisher aufgebrummt haben.

Sie werden sehen. Wenn Sie sich auf die Aufgaben konzentrieren, die nur Sie machen können, werfen Sie viel Ballast ab. Ein Rennauto fährt ja auch dann schneller, wenn unnötiger Ballast entfernt wurde. Ignorieren Sie also die Arbeiten, die es nicht erforderlich machen, dass Sie selbst in Aktion treten. Für die Routinedinge haben Sie, wie schon oft gesagt, im Vorzimmer eine Assistenz sitzen. Sie haben ab sofort keine Zeit mehr dafür.

Das hat nichts mit Abschieben von unangenehmen Tätigkeiten wie dem Beantworten von Mails zu tun. Es ist richtig: Ohne E-Mails geht es nicht. Sie benutzen die elektronische Post als Kommunikationsinstrument und erledigen fast alles via E-Mail. Doch folgen Sie nicht dem Rat und überlassen Ihrer Mitarbeiterin nicht die Filterfunktion, bleibt Ihr Postfach ständig voll. Und zwar so voll, dass Sie nicht mehr richtig entscheiden können, was wichtig und dringend ist. Geben Sie das ab. Ein volles Postfach hat nichts mit Erfolg zu tun, sondern darüber entscheidet ein Postfach mit wichtigen Mails!

Ein weiterer Tipp gefällig? Hilfreich ist auch, sich Zettel abzugewöhnen. Das Ende des »Ich notiere mir das mal eben, sonst vergesse ich das« führt zur Ordnung, nicht nur auf dem Schreibtisch, sondern auch in Ihrem Arbeitsablauf. Kommunizieren Sie die Dinge an die Assistenz. Die Dame erinnert Sie schon rechtzeitig. Spickzettel sind also auch nicht mehr nötig.

## Weg mit dem Terminkalender

Ein äußerst wichtiger Schritt beim Aufsetzen eines effektiven Zeitmanagements ist die Verabschiedung vom Terminkalender. Sie denken jetzt: »Die spinnt doch!« Damit meine ich aber nicht, dass Sie keinen Kalender mehr haben, aber Sie führen ihn nicht mehr. Geben Sie auch das vor Ihrer Bürotür ab. Lassen Sie sich auch keine Termine durch Einladungen zu Besprechungen direkt von den Mitarbeitern aufdrängen. Sperren Sie Ihren Kalender für den Zugriff, nur die Assistenz sagt zu oder ab (natürlich in Absprache). Ihre Assistentin oder Ihr Assistent hat die Aufgabe, Sie durch den Tag zu leiten.

Robert Kreuzer von Accenture weiß um die Vorteile, sich von der Assistenz durch den Tag steuern zu lassen und das mit einem geringen Aufwand, indem er sich einmal pro Tag kurz mit ihr bespricht: »Das tägliche Telefonat mit meiner Assistenz dauert meist nicht länger als zehn Minuten. Das liegt eben an dem Plan, den sie mit mir durchgeht. Da ergänze ich unter Umständen noch den einen oder anderen Punkt. Der Rest läuft dann über automatisierte Office-Tools wie beispielsweise über Outlook, das den Kalender beinhaltet. Hier kann sie Einträge gegebenenfalls modifizieren oder ich nutze es, um mit ihr zu kommunizieren. Wenn das nicht hilft, besprechen wir uns auch noch über E-Mail.«

Outlook ist eben eine Allround-Software, mit der Sie nicht nur E-Mails senden, empfangen und verwalten können, sondern über die auch der Kalender gepflegt wird. Doch überlegen Sie, wem Sie Ihren Kalender zugänglich machen. Wir raten dazu, nur der Assistenz. Denn die filtert, welche Termine in Ihrem Kalender stehen und welche nicht. Nicht verplante Zeiten sollten auch nur Ihnen gehören und nicht Ihren Mitarbeitern.

Und noch einmal, keine unnötigen Telefonate mehr. Legen Sie auch hier eine Liste an, für wen Sie jederzeit ansprechbar sind, wo Sie bei

Gelegenheit oder gar nicht zurückrufen. Den Filter anzusetzen ist Sache ihrer Assistenz und nicht Ihre. Sie werden sehen, so erzielen Sie relativ schnell störungsfreie Tagesabläufe. Ihre Rennmaschine läuft wie geschmiert.

Doch ich gebe offen zu. Auch hier gilt die Weisheit unserer Mütter »Aller Anfang ist schwer!«. Antrainierte Angewohnheiten zu ignorieren ist sehr anstrengend. Sie hatten sich doch vorgenommen, »always on« für die Kunden und Mitarbeiter zu sein. Doch das bringt letztendlich keinem was, weil es zu viel ist.

Ich prophezeie Ihnen, nach einigen Trainingsrunden werden Sie verblüfft sein, wie viel mehr Sie durch Verzicht auf solche Dinge leisten können. Sobald Sie diesen Impuls des ständig für alle da sein im Griff haben und somit den Tagesablauf unter Kontrolle haben, steht dem Gas geben nichts mehr im Wege. Diese Maßnahmen, vielleicht sogar mit dem kombiniert, was Ihnen guttut und Spaß macht (ich zum Beispiel tanze), lädt Ihren Turbo auf.

## Time-Tuning tut not

Vielleicht hilft auch beim Trainieren der Gedanke: Sie sind nicht allein von dem Thema betroffen. Das ermittelte eine Studie »Managing Your Scarcest Resource« der internationalen Managementberatung Bain & Company. Die Experten kamen nach Auswertung zu einem erschütternden Fazit: »Im Topmanagement werden jedes Jahr Tausende Stunden an Arbeitszeit vergeudet. Der Grund: Besprechungen haben überhandgenommen, zugleich müssen Fluten von E-Mails bewältigt werden.« Die Autoren untersuchten das Zeitmanagement von 17 Konzernen. Das Verspielen von Zeit kostet nicht nur Sie, sondern auch ihre Firma. »Jedes Jahr gehen Unternehmen Millionen verloren, weil die Arbeitszeit vom Topmanagement nicht so effizient gemanagt wird wie Kapital oder andere knappe Ressourcen.«

Hier eine kurze Zusammenfassung der Untersuchung von Bain & Company:

- E-Mails und Besprechungen kosten Zeit und die Unternehmen Millionen.
- Führungskräfte erhalten im Schnitt 30.000 E-Mails pro Jahr.
- Rund 15 Prozent der Arbeitszeit der gesamten Belegschaft entfallen auf Meetings.
- Man bespricht sich zu oft und zu viel.

»Darüber hinaus verbringt die gesamte Belegschaft der untersuchten Unternehmen jährlich rund 15 Prozent ihrer Arbeitszeit in Besprechungen – ein Wert, der seit 2008 stetig steigt. Die Sitzungen des Topmanagements summieren sich zum Teil auf 7.000 Stunden pro Jahr. Werden die vorbereitenden Besprechungen mit den Teams und die Folgemeetings hinzuaddiert, fallen insgesamt 300.000 Stunden an. Zudem halten sich Führungskräfte durchschnittlich gut zwei Tage pro Woche in Sitzungen mit mehr als drei Teilnehmern auf.« Dabei finden laut Bain-Studie viele Meetings häufig nur aus reiner Gewohnheit statt. Rechnen Sie sich mal Ihre Stunden aus und multiplizieren Sie die mit dem Stundensatz, den Sie inklusive aller Zusatzboni bekommen. Ganz schön teuer.

Diese Studie ermittelte aber noch mehr Missstände. So nimmt kontraproduktives Konferenzverhalten zu, heißt es. »Beginnt eine Sitzung nur fünf Minuten zu spät, entspricht dies etwa acht Prozent der Kosten, die für dieses Meeting anfallen.« So etwas kann sich ein Winning-Team nicht leisten. Das ist ja, als würde der Rennwagen zu spät an den Start rollen. Passiert das, heißt es letzte Startreihe.

Das ist immer noch nicht alles. Die Bain-Untersuchung ermittelte zudem, dass in einem der untersuchten Unternehmen 20 Prozent der Konferenzteilnehmer während der Sitzung im Schnitt alle 30 Minuten drei oder mehr E-Mails verschickt haben. »Bei

10.000 Mitarbeitern gehen auf diese Weise rund 60 Millionen US-Dollar verloren. Dies sind 20 Prozent der Gesamtkosten aller Meetings.« Das ist nicht nur unhöflich, sondern unterbricht auch die Konzentration auf das Wesentliche. Kennen Sie die Situation nicht auch?

»Speziell in Konzernen hat die Verschwendung von Arbeitszeit durch Besprechungen und E-Mails seine Ursache in der Unternehmenskultur, die Verschwendung von Arbeitszeit ist aber auch systemisch bedingt. So prägen sich im Zeitverlauf in großen Organisationen komplexe Mechanismen aus, die einer ständigen »Wartung« bedürfen, um reibungslos zu funktionieren. Die dadurch entstehenden Prozesse binden intern Ressourcen und verringern das Zeitkontingent, das für Kundendienst und Kundenpflege benötigt wird, so die Experten.

»Die meisten Zeitmanagementsysteme sind auf einzelne Handlungen fokussiert«, erklärt Dr. Imeyen Ebong, Leiter der deutschen Praxisgruppe Organisation bei Bain & Company. »Sie empfehlen Mitarbeitern beispielsweise, Besprechungen sinnvoll auszuwählen und E-Mails auf das Notwendigste zu beschränken. Innovative Unternehmen pflegen eine Kultur, in der Zeit als ebenso knappe Ressource betrachtet wird wie Kapital. Zeit wird auch ebenso umsichtig investiert und damit ziehen die Autoren das richtige Fazit.

Die Studienautoren erarbeiteten als Zusammenfassung eine hilfreiche Liste, die ich Ihnen nicht vorenthalten will:

**Die acht »Todsünden« im Zeitmanagement oder anders gesagt, »Leistungsfresser«**

- Unklare Terminplanung: Eindeutig festlegen, wen welche Themen betreffen und für wen welche Aufgaben Priorität haben.
- Zeit kostet nichts: Für jedes Projekt Zeitbudgets schaffen, die es so konsequent zu managen gilt wie Finanzetats.

- Aus jeder Idee ein Projekt machen: Jedem neuen Projekt einen Businessplan zugrunde legen.
- Komplexe Organisation: Strukturen vereinfachen. Zu viele Führungskräfte und -ebenen kosten Zeit und schaffen Mehrarbeit für die gesamte Organisation.
- Jeder kann ein Meeting einberufen: Klar bestimmen, wer befugt ist, Sitzungen anzusetzen.
- Entscheidungen treffen oder verhindern: Standardisierte Prozesse zur Entscheidungsfindung im Unternehmen sind unverzichtbar.
- Konferenzzeit ist Freizeit: Sitzungsdisziplin mit klarer Tagesordnung, guter Vorbereitung und pünktlichem Beginn konsequent einfordern. Meetings – wann immer möglich – vorzeitig beenden.
- Sinnlose Zeitinvestitionen: Die für Konferenzen aufgewendete Zeit festhalten, ebenso wie die Teilnehmer und das E-Mail-Volumen während der Sitzung. Nur so lässt sich Effektivität sicherstellen. Denn was nicht überwacht wird, kann auch nicht gemessen werden.

Merken Sie, dass alle oben aufgeführten Punkte einen roten Faden haben? Alles hängt irgendwie mit Kommunikation zusammen. Nach dem Motto: Reden ist Silber, Schweigen ist Gold, werden Sie knapp, aber verbindlich. Bei einem unserer Beratungen fiel uns in einem Fall genau das auf. Über die Angelegenheiten, die in Meetings besprochen wurden, wurde im Anschluss noch einmal in langen Dokumenten schriftlich Stellung genommen. Entschieden hat dann doch der Chef. Wofür also die Besprechung?

Kurze und zielgeführte Besprechungen – und die regelmäßig – reichen in der Regel, vor allem mit Ihrer Assistenz. Das bedeutet aber, dass sie auch inhaltlich auf dem Laufenden sein muss. Das erleichtert der Mitarbeiterin beziehungsweise dem Mitarbeiter das Filtern der Themen, bei denen Sie in Aktion treten müssen. Und sie weiß, was delegiert werden kann. Das Kommunikationsmuster können Sie natürlich auch auf Ihr Team ausweiten. Die sich ständig im Kreis drehenden Meetings sind nun nicht mehr notwendig, weil durch ein kurzes tägliches »Stand-up« alle auf dem gleichen Stand sind. Alle wissen, was zu tun ist und was für Sie als Chef noch zu tun bleibt.

Das ist notwendiger denn je. Die Psychologin Prof. Dr. Christiane Eichenberg sagt: »Die Informationsflut verdoppelt sich etwa alle zwanzig Monate!« Unisono sagen die Experten auch, dass Zeitmanagement in erster Linie Selbstmanagement ist. Der bekannte Management-Experte Peter Drucker schreibt im Artikel »Oneself«, erschienen in der Harvard Business Review, Jan. 2005, Seite 2, dass in der heutigen sogenannten Wissensgesellschaft jeder Einzelne noch nie dagewesene Möglichkeiten hat, sowohl in privater als auch in professioneller Hinsicht. Das bedeutet jedoch auch, dass die Eigenverantwortung viel mehr wahrgenommen werden muss. Peter Drucker: »Knowledge workers must, effectively, be their own chief executive officers. It's up to you to carve out your place, to know when to change course, and to keep yourself engaged and productive during a work life [...]. To do these things well, you'll need to cultivate a deep understanding of yourself [...] how you learn, how you work with others, what your values are, and where you can make the greatest contribution.«

## Zeit ist Geld

Und noch ein wichtiger Aspekt: Die Administration kann in den Unternehmen ein riesiger Geldverschwender sein, wenn man sich da nicht auf dem Laufenden hält. Diese Behauptung wurde in einer Untersuchung belegt. Die Ergebnisse sprechen für sich.

Fast 30 Prozent Verschwendung der Arbeitszeit in der Administration hat die Studie »Lean Office 2010« der Fraunhofer Austria und des Stuttgarter Fraunhofer-Instituts für Produktionstechnik und Automatisierung (IPA) bei Produktions- und Dienstleistungsunternehmen aufgedeckt. Warum und wie dieses Defizit als Chance zur Produktivitätssteigerung verstanden werden kann, erklärten die Wissenschaftler 2010 bei Vorlage der Studie.

In der Medieninformation steht zu lesen: »Über 350 Unternehmen aus Österreich, Deutschland, der Schweiz und den angrenzenden CEE-Staaten haben sich an der Studie mit beeindruckenden Ergebnissen beteiligt: Nicht nur ihre eigene Einschätzung der Produktivität und Effizienz, auch die daraus ableitbaren Chancen zu Einsparungen und Produktivitätssteigerung in der Administration zeigen hohen Handlungsbedarf.« Die Befragten kamen aus allen Branchen. 27 Prozent der reinen Arbeitszeit – so schätzen die Unternehmen – beträgt der durchschnittliche Anteil an Verschwendung. Die Auswertung ist sehr aufschlussreich und bestätigt meinen Appell: alles auf den Prüfstand.

Die Kernergebnisse der Studie zeigen, dass das größte Optimierungspotenzial mit einem Anteil von 55 Prozent in der Verbesserung von schlecht abgestimmten Prozessen erzielt wird. Vergleicht man Lean-Management-Ansätze, dann stellt sich heraus, dass in den vergangenen drei Jahren in der Verwaltung Produktivitätssteigerungen von im Schnitt neun Prozent erreicht wurden, »in der Produktion hingegen waren es 15 Prozent«.

»Mehr als die Hälfte der teilnehmenden Unternehmen sind Nachzügler und befassen sich noch nicht beziehungsweise seit weniger als einem Jahr mit einer systematischen Verbesserung ihrer Administration; mit signifikanten Auswirkungen. Ihre durchschnittliche Produktivitätssteigerung von sechs Prozent ist nicht einmal halb so hoch, wie die der befragten Top-Unternehmen« so die Pressemitteilung zur Studie. »Erfolgreiche Unternehmen machen es doch vor: Produktivitätssteigerungen in der Administration von mehr als fünfzehn Prozent innerhalb von drei Jahren sind gut machbar«, kommentiert Felix Meizer, Leiter Prozessoptimierung bei Fraunhofer Austria dieses Ergebnis. »Das bedeutet, fünfzehn Prozent freie Kapazitäten für produktive Tätigkeiten, für Verbesserung im Kundenservice, für Weiterentwicklung oder Innovationen.« Eine interessante Quote vor dem Hintergrund aktuell harter Wettbewerbsbedingungen, ist das Resümee der Fraunhofer-Experten.

»Grau ist zwar alle Theorie« und meist liegt das Problem nicht in der Erkenntnis, sondern im Umsetzen. Die Automobilindustrie macht es vor. Das war Notwendigkeit, da diese Branche schon seit Jahrzehnten mit einem enormen Wettbewerbsdruck kämpft. Ein Ansatz eines Lean-Managements im Vorzimmer und der Verwaltung muss schon nach einigen Wochen sichtbare Verbesserungen und somit auch Kosteneinsparungen ergeben. Das Ergebnis, welches am Ende einer Überarbeitung der Backoffice-Strukturen stehen sollte, lautet mehr Effizienz, weniger Verschwendung von Arbeitszeit und mehr Qualität. Das bedeutet nicht Stellenabbau, sondern die kreativen Möglichkeiten Ihrer Mitarbeiter ausschöpfen. Glauben Sie mir, die sind vorhanden und einfach umzusetzen. So bleibt der Aufwand für alle Seiten überschaubar.

Die Unternehmensberatung Roland Berger vermittelt in einem Lean-Management-Projekt mit Banken noch eine wichtige Erkenntnis, die ich Ihnen nicht vorenthalten möchte. Zitat: »Damit wirkt sich Lean-Management nicht nur auf die Kosten aus, sondern auch auf die Veränderungsbereitschaft, die Qualität der Dienstleistungen und das künftige Wachstum der Organisation.«

Oftmals sind es Kleinigkeiten, mit denen im Backoffice Zeit verloren wird. Doppelarbeiten, unnötige Wege oder unproduktive Wartezeiten, die nicht nur für die Organisation eine Belastung sind, sondern oft auch für die Mitarbeiter selbst. Auch wenn sie nur einige Minuten einer überflüssigen Tätigkeit nachgehen, kann das in der Summe einen großen Effekt haben.

Das Abgeben an Mitarbeiter hat im Ergebnis zu einem Motivationsfaktor geführt: »Bottom-Up-Ansätze machen Spaß. Sie helfen besonders viele verschiedene Verbesserungsvorschläge zu sammeln, sie sorgen auch für höhere Identifikation mit dem Projekt. [...]« Und die ersten Verbesserungen zeigten beim Projekt bei der Lean-Offices noch einen weiteren Aspekt: »Quick-Wins steigern die Motivation. Einige Verbesserungsvorschläge, wie die Abschaffung überflüssiger Kopien, der Mehrfachablage können sofort umgesetzt werden. [...] Die schnelle Umsetzung dieser Projekte zeigte den Teams schon nach kurzer Zeit, dass ihre Bemühungen Erfolg hatten. Konkrete Auswirkungen auf die Produktivität erster Bereiche waren bereits nach wenigen Monaten messbar.«

Zeitmanagement ist hier nur ein Instrument der Verschlankung von Ressourcen. Bei Dr. Michael Kleer, Chief Operating Officer bei Rodenstock, ist es eine Selbstverständlichkeit, dass ihn seine Assistenz durch den Tag steuert und ihm darüber hinaus Terminwünsche organisiert. Dadurch kann er andere Aufgaben übernehmen.

## Steuerinstrumente

Wie wir alle wissen, ist das Zeitmanagement ein beliebtes Ratgeberthema. Von vielen Tipps oder Strategien haben sich jedoch einige bewährt. Der Ansatz von Bestsellerautor David Allen ist eine davon. Nach dem Prinzip Getting Things Done, kurz GTD, ordnet der Anwender seine To-dos nach dem definierten Prinzip von Allen in zwei Stränge: Termine und Aufgaben. Termine werden in einem Kalender festgehalten und Aufgaben auf Listen aufgeführt. Allen empfiehlt die Beispiele »Telefon« oder »Internet«. Bei einem wöchentlichen Check werden die Listen aktualisiert.

Am Anfang von GTD steht das Erfassen aller »losen Enden«. Darunter verstehen die Anhänger der Strategie »To-dos«, Ziele, Projekte und Verpflichtungen, die noch unerledigt sind. Dann werden diese Listen im Terminkalender und in den Prozess eingebunden.

## GTD – fünf Phasen der Projektplanung

Alle Elemente des Eingangs, deren Bewältigung aus mehr als einer Tätigkeit bestehen, werden als Projekte bezeichnet. Ein Beispiel für ein GTD-Management ist die »Terminvereinbarung mit Kunden zum Mittagessen«. Das erfordert mehrere Aktionen, nämlich »Kunden anrufen und sich auf einen Termin einigen« und »Tischreservierung im Restaurant«. Wegen des Telefonierens geht dieses »Projekt« auf die Telefonliste. Für jedes Projekt muss danach immer der jeweils nächste Schritt festgelegt werden und auf der Liste erscheinen. Dies garantiert, dass kein unbemerkter Stillstand für ein Projekt im System entsteht.

Allen rät zudem dazu, kleinere Aufgaben, die man schnell abschließen kann (»2-Minuten-Regel«), »umgehend zu erledigen«. Projekte, bei denen erst in Zukunft eine Stufe abgearbeitet werden kann, werden in einem Wiedervorlage-System zwischengespeichert. Projekte oder Tätigkeiten, die man in ferner Zukunft plant, kommen auf die Liste »Irgendwann«.

Der Experte rät dazu, die Listen mindestens einmal wöchentlich zu prüfen. Anstehende Aufgaben sollten mit Terminen abgeglichen, Erinnerungen in den Kalender eingetragen und neue notwendige To-dos auf Listen geschrieben werden.

**Eisenhower-Matrix**
Das Grundprinzip nach der Eisenhower-Matrix ist einfach. Aber die Kritiker bemängeln, dass Prioritätensetzung nicht mehr »State

of the art« ist. Das Schema besteht aus vier Feldern, in welche die jeweiligen Aufgaben eingeteilt werden: dringend und wichtig, dringend, aber nicht wichtig, wichtig, aber nicht dringend. Die nicht dringende Gruppe »weder wichtig noch dringend« kann eigentlich per se wegdelegiert oder ganz gelöscht werden. Die zu tuenden Dinge im Feld »dringend und wichtig« müssen möglichst sofort erledigt werden. Die Dinge im Feld »dringend, aber nicht wichtig« sollten möglichst delegiert werden, die beiden anderen Felder können delegiert werden.

Doch nach welchen Kriterien unterteilt man die Aufgaben in den einzelnen Feldern? Wichtig ist, dass man es permanent macht. Laut Fachleuten geht es im Endeffekt bei der Eisenhower-Matrix darum, klar zu sehen, was ansteht, was delegiert und was warten kann. Und so ein wichtiger Rat aus Expertenkreisen zum Zeitmanagement soll auch nicht mehr Arbeit machen als die Arbeit selbst.

Welchen Systems Sie sich bedienen, ist eine Mentalitätsfrage. Aber beginnen Sie, Ihre Zeit diszipliniert wie Vermögen zu behandeln. Elizabeth Grace Saunders, Expertin und Autorin für das Thema, rät in ihrem Buch »How to invest your time like money«, genau darauf zu achten, wofür Sie Ihre Zeit hergeben. Natürlich gibt es Ausnahmen wie Jahresversammlungen, Geschäftsberichte et cetera, in denen ein »normaler« Arbeitstag nicht möglich ist. Aber wenn Sie sich ständig am Ende der Woche fragen, wo die Zeit geblieben ist, dann läuft etwas schief.

Wenn Sie also der Meinung sind, Ihre Zeit ist schlecht investiert, rät die Expertin zur selben Methode, die wir auch in der Beratung anwenden: Wir führen Buch! Und erfassen Ihre Aktivitäten und die Zeit, die Sie dafür aufwenden. Saunders warnt ebenso davor, sich von Mitmenschen in der Zeitplanung beeinflussen zulassen. »Zeiträuber«, nennt Saunders diese Menschen. Die gibt es auch in Ihrer Nähe. Durch die Abgabe Ihrer Zeit im Vorzimmer werden diese externen Zeitfresser eliminiert. Nein zu sagen, fällt Ihrer Assistenz leichter als Ihnen.

Lassen Sie Zeit für Privates. Trotz aller Anforderungen, die Familie und das private Umfeld darf nicht zu kurz kommen. Auch wenn sie nichts mit Karriere und Erfolg zu tun haben, sind sie dennoch sehr wichtig. Denn es bereichert Sie. Dasselbe gilt für Hobbys und vor allem für Urlaub.

Regelmäßige Auszeiten sind notwendig. Wissenschaftliche Untersuchungen zeigen, dass Menschen, die Stress haben und nie entspannen, ein deutlich höheres Risiko für Herzerkrankungen oder einen Herzinfarkt haben. Autorin Saunders beruft sich auf eine neunjährige Studie, bei der 12.000 Männer mit hohem Risiko für eine koronare Herzkrankheit untersucht wurden. Die Untersuchung ergab, dass die Probanden um 32 Prozent häufiger an einem Herzinfarkt starben, wenn sie sich nicht einmal pro Jahr Urlaub gönnten (und zudem ein um 21 Prozent höheres Risiko für andere Todesursachen hatten). Also planen Sie Urlaube und Auszeiten genauso ein, wie geschäftliche Termine.

Natürlich ist Ihnen klar, wer ausreichend schläft, sich gesund ernährt und regelmäßig bewegt, ist im Leben entspannter und kann auf Dauer mehr leisten. Wichtig ist zudem: Gönnen Sie sich ab und zu auch außerhalb der Ferien Auszeiten. Bei uns sind das Nix-Tage, die mein Team, aber auch ich dazu nutzen, einen freien Kopf für neue Ideen zu bekommen.

Diese persönlichen Inseln fordert auch Stephan Lessenich, Soziologe an der Ludwig-Maximilians-Universität München (LMU) in einem Beitrag in der »Süddeutschen Zeitung«, basierend auf seinem Buch *Das Recht auf Faulheit* (ISBN: 978-3-942281-54-6). Der Artikel informiert darüber, dass die Forderung nach Auszeiten nicht neu ist. Paul Lafargue, französischer Sozialist und Schwiegersohn von Karl Marx, formulierte diesen Anspruch schon zu seiner aktiven Zeit in einer Streitschrift. Drei Stunden Arbeit am Tag seien genug, meinte Lafargue. Professor Lessenich propagiert in seinem Beitrag ebenfalls die Idee einer »radikalen Arbeitszeitverkürzung«. Das kriegen Sie als Führungskraft vermutlich nicht ganz hin. Ein Arbeitstag von acht Stunden wäre jedoch schon mal ein guter Anfang.

Folgt man dem Wissenschaftler, wirkt Faulheit wie ein Motor. »Man kann nicht nur, man muss, und zwar gerade jetzt eine Forderung stellen, die gegen den Zug der Zeit geht«, sagt er in der »Süddeutschen Zeitung«. Seit zehn bis fünfzehn Jahren erlebe die Gesellschaft einen »starken Produktivismus«. Alles ziele darauf ab, die Ressourcen aller möglichst umfassend abzuschöpfen, sagt Soziologe Lessenich im Jargon des Soziologen. Selbst die »jungen Älteren« würden als »Ressource entdeckt, die noch etwas leisten kann« und deren Leistungen gesellschaftlich ausgenutzt werden sollten, zumal sie vielleicht zu weiterem Wachstum beitragen könnten. In einer Gesellschaft, »die so gepolt ist auf Leistung, Ertrag und Wertschöpfung«, sei die plakative Forderung Lafargues nach einem Recht auf Faulheit besonders wichtig«, betont Lessenich in dem Beitrag der »Süddeutschen«.

Auf lange Sicht lohnt es sich also auch für Sie und das Unternehmen gleichermaßen »Zeiträume« und damit kreative Möglichkeiten zu schaffen. Wenn Sie sich damit wohlfühlen, überträgt sich das auf Ihre Mannschaft und sie werden zum Winning-Team. Ist doch erstaunlich, was so eine gute Terminplanung alles nach sich ziehen kann.

# Stephan Reinartz, Deutsche Börse: Bis zu einem Drittel mehr Zeit durch effizientes Backoffice

Stephan Reinartz, Führungskraft der Deutschen Börse in Frankfurt, spart durch sein effizientes Backoffice circa ein Drittel der Zeit. Zudem glaubt er an die Weiterentwicklungsmöglichkeit eines jeden Mitarbeiters. Reinartz fördert seine Mitarbeiter und dadurch haben auch Assistenzen die Möglichkeit, in der Organisation Karriere zu machen.

**Herr Reinartz, warum ist eine Assistenz unverzichtbar?**
**Stephan Reinartz:** Das ist einfach zu beantworten. Ich habe die Erfahrung gemacht, dass eine gute Assistenz 30 Prozent Ersparnis bringt. 30 Prozent Zeitersparnis in der heutigen Zeit ist nicht nur viel Geld wert, sondern erzeugt auch eine wesentlich höhere Lebensqualität.

**30 Prozent ist eine ganze Menge …**
**Reinartz:** Der Grund für die 30 Prozent liegt für mich in erster Linie in der Unterstützung bei der Bewältigung der Informationsflut. Informationsaustausch im Arbeitsleben ist heutzutage zu einem wesentlichen Teil durch E-Mails geprägt. Damit meine ich nicht nur Spam-E-Mails, sondern E-Mails mit Inhalt. Das liegt daran, dass Unternehmen heute E-Mails als Kommunikationsplattform einsetzen und fälschlicherweise damit die Unterhaltung ersetzen. Um diese Flut einzudämmen – und es muss ja auch nicht alles auf meinem Tisch landen – delegiert meine Assistenz bestimmte Themen sofort, mit der Folge, dass ich selbst mehr Zeit habe.

**Welche Handlungsempfehlung ergibt sich daraus für andere Unternehmen?**
**Reinartz:** Zunächst gilt es zu erkennen, dass die Flut von E-Mails ein wesentlicher Zeitfresser ist. Nicht nur für Manager, sondern für das gesamte Unternehmen. Ich kenne Unternehmen, die deswegen ein Verbot von E-Mails als internes Kommunikationsinstrument testen. Dies erfordert, dass man zum Hörer greift und beispielsweise vernünftige Vorlagen für die Planung von Besprechungen erstellt. Für mich hieß das meinen Mitarbeitern eine simple Regel an die Hand zu geben: »walk, talk, write«. Dies ist bei Teams, die an mehreren Lokationen und in unterschiedlichen Zeitzonen verteilt sind zwar nicht immer praktikabel, für mich zumindest erledigt diese Bewertung meine Assistenz durch ihre Filterfunktion. Der Erfolg durch eine koordinierte Delegation und eine effektive Filterfunktion brachte bei mir 30 Prozent Zeitersparnis. Dies ist nicht nur einfach eine Zahl, sondern wurde durch Messung ermittelt.

**Was sollte eine Assistenz noch darüber hinaus erledigen?**
**Reinartz:** Eine Standardfunktion ist seit Jahrzehnten das »Filtern« von Telefonaten. Die Herausforderung lag eher in der Transition von meiner alten Backoffice-Organisation zum heutigen Vorgehen mit einer Assistenz. Hier war viel Erklärungsarbeit für jeden Anrufer erforderlich. Das Argument, dass man nur durch eine zentrale Schnittstelle die geordnete Abarbeitung und Nachverfolgung einer Anfrage sicherstellen kann, war aber der überwiegenden Mehrheit vermittelbar. Ferner ergibt sich daraus noch ein wesentlicher Vorteil: Durch diese Professionalisierung steigt die Qualität der Kommunikation, intern wie extern, und erzeugt eine höhere Zufriedenheit bei allen Beteiligten.

**Wie kommt man dahin?**
**Reinartz:** Man muss allen Partnern verdeutlichen, dass ein zentralisierter Prozess in der Kommunikation zwingend eingehalten werden muss. Dieser ist so wichtig, weil er eine hohe Qualität erzeugt

und wesentlich effizienter ist. Meiner Ansicht nach hat ein hartnäckiger Kritiker dieses Verfahrens es noch nie selbst erlebt.

**Also ist die Assistenz eine Schnittstelle?**
**Reinartz:** Ja genau. In meinem Fall ist meine Assistenz insbesondere auch Schnittstelle zu den Führungskräften der einzelnen Teams. Insofern ist sie deshalb auch erster Anlaufpunkt für eine Delegation. Zum Beispiel werden Terminanfragen nicht einfach angenommen, sondern meine Assistenz prüft zunächst den Inhalt des Termins, erwägt eine Delegation an einen meiner Führungskräfte und erst wenn meine Teilnahme wirklich sinnvoll ist, plant sie diesen Termin ein. Darüber hinaus stellt sie die Verfügbarkeit einer Agenda und erforderlicher Unterlagen sicher und stimmt die Ergebnisse mit mir in regelmäßigen Besprechungen ab.

**Aber ist es nicht wichtig, bei den Terminen in der Organisation dabei zu sein?**
**Reinartz:** Nein, häufig stellt sich bei genauer Betrachtung heraus, dass meine Anwesenheit nicht erforderlich ist. Ein technischer Experte zum Beispiel wäre wichtiger, der hätte bei ungenauer Planung gegebenenfalls gefehlt. Für viele Manager mit jahrelanger (Assistenz-)Erfahrung mag das banal klingen, aber insbesondere das mittlere Management nutzt meiner Erfahrung nach die Assistenz viel zu wenig und vergeudet wertvolle Zeit durch eine ineffiziente Filterung von Themen.

**Woher weiß aber die Assistenz, welche Themen anstehen?**
**Reinartz:** Eine Assistenz muss in alle Themen zumindest rudimentär involviert sein. Nur wenn sie den Überblick und die Zusammenhänge der Themen versteht, kann sie das volle Potenzial entfalten. Das heißt nicht, dass sie Expertin in allen Themen sein muss. Vielmehr erfordert es einiges an Zeit, diesen Überblick zu erlangen und Verantwortlichkeiten festzulegen. Vor allem in Bezug auf die Delegation von Themen.

**Das ist ja schon eine große Herausforderung …**
**Reinartz:** Sicher, nur mein Ziel ist es, möglichst jedes Thema zu delegieren, wobei die Verantwortung selbstverständlich bei mir bleibt. Ein Ziel, das zwar nie erreichbar ist, aber das ich auch zur Führung und Weiterentwicklung meiner Mitarbeiter nutze. In diesem Sinne stelle ich mir bei jedem Thema die Frage: Wäre das etwas gewesen, was ich hätte delegieren können? Wenn ja, was muss ich tun, damit ich es künftig delegieren kann? Was ich beispielsweise momentan nicht delegiere, sind Eskalationen mit Kunden. Meiner Ansicht nach haben es unsere Kunden verdient, dass sie meine Zeit in Anspruch nehmen. Was ebenfalls nicht delegierbar ist, sind Themen der Mitarbeiterführung, zum Beispiel Zielvereinbarungen, Gehälter sowie Budgets. Ferner zählt dazu die eine oder andere Vorstandsvorlage.

**Warum?**
**Reinartz:** Personen, die wie ich einen sehr hohen Qualitätsanspruch haben, neigen dazu, Dinge selber zu tun, da eine Delegation gefühlt länger dauert und mehr Aufwand darstellt. Was kurzfristig richtig zu sein scheint, ist langfristig natürlich falsch. Wird mein Anspruch nicht erfüllt, muss ich mich als Manager fragen, was ich ändern sollte, damit meine Mitarbeiter diesen Standard erfüllen können. Für Antworten auf diese Frage und abgeleitete Maßnahmen zur Mitarbeiterentwicklung nutze ich die freigewordene Zeit. Langfristig denke ich, dass mit einer Assistenz, wie ich sie derzeit habe, noch wesentlich mehr Delegation möglich ist. Die Folge wäre eine höhere Mitarbeiterzufriedenheit durch Job Enrichment.

**Ein hoher Anspruch an die Person.**
**Reinartz:** Sicher, aber es geht nicht um die Frage »was delegiere ich noch an die Assistenz«, sondern wie nutze ich die gesamte Organisation effizient. Der Assistenz kommt dabei zunehmend die Aufgabe der Organisation der Delegation zu. Ist sie in der Lage Themen zu bewerten, Verantwortlichkeiten zuzuweisen und effektiv nachzuhal-

ten, stellen sich schon nach kurzer Zeit Erfolge ein. Und die sind ein Ansporn an Chef und Assistenz dies weiter auszubauen.

**Wie wird man zu einem Winning-Team?**
**Reinartz:** Im Endeffekt muss eine Assistenz Zugang zu vielfältigen Informationen bekommen. Das gilt sowohl für fachliche und organisatorische Belange inklusive Personalthemen, bis hin zu privaten Angelegenheiten. Ich versuche zwar Beruf und Privates zu trennen, weil ich finde, dass man ein paar Dinge schon selbst erledigen sollte. Die Trennung ist jedoch nicht immer möglich, da zur Terminkoordination auch mein Privatleben gehört. Das funktioniert nur bei gegenseitigem Vertrauen. Am Anfang sollte man ohne Vorurteile in eine Konversation mit Menschen gehen, dann baut sich das Vertrauen sukzessive auf. Man muss ein Gefühl dafür entwickeln, ob man mit dieser Person arbeiten kann oder nicht. Dies gilt insbesondere für eine Assistenz. Schließlich muss ich herausfinden, ob ich mich mit ihr irgendwann zu vertraulichen, internen Angelegenheiten austauschen will. Dies ist eine Grundvoraussetzung für ein Winning-Team.

**Aber wenn eine neue Person kommt, ist das ja alles eine Black Box …**
**Reinartz:** Stimmt, man muss auch zu einem Vertrauensvorschuss bereit sein. Dies bedeutet auch Fehler zuzulassen. Sofern man erwartet, dass das von Tag eins an alles funktioniert, werden beide Seiten enttäuscht sein, und man wird das Vertrauen nie erlangen. Ich gehe davon aus, dass man zwei bis drei Monate braucht, um das Vertrauen herzustellen und um wesentliche Dinge abzustimmen. Die Zusammenarbeit vertieft sich dann nach und nach. Zusammenfassend lässt sich sagen, die »Chemie« zwischen Assistenz und Chef ist ein wesentlicher Baustein, wenn das langfristig funktionieren soll.

**Aber das heißt auch Ehrlichkeit.**
**Reinartz:** Selbstverständlich und dazu gehört auch ein offenes gegenseitiges Feedback. Dies ist für mich Teil einer stimmigen »Chemie«.

**Wie erfährt eine Assistenz, wie der Chef »tickt«?**
**Reinartz:** Die Assistenz muss den Chef nicht nur in der Führungsrolle, sondern auch als Person kennenlernen. Neben allen Aufgaben, die sie managt, sollte sie auf Basis des gegenseitigen Vertrauens Motivatoren des Chefs erkennen, Entscheidungen verstehen und Teil seines Netzwerks sein. Über die Zeit kann sich hier ein enges Verhältnis bilden. Auch wenn es sich hierbei um eine berufliche Bindung handelt, ist ein hohes Maß an Selbstreflektion bei Führungskraft und Assistenz erforderlich, wie es sonst gegebenenfalls nur im Freundeskreis zu finden ist.

**Das heißt, auch eine Assistenz sollte den Chef kritisieren?**
**Reinartz:** Aus meiner Sicht unbedingt. Der Spiegel, den einem die Assistenz vorhalten kann, dient dazu, sich selbst weiterzuentwickeln. Denn je nachdem wie hoch man in der Hierarchie steht, sagt einem nicht jeder, was man von der Führungskraft hält. Eine Assistenz kann das tun und weiß, wie ihre Führungskraft darauf reagiert. Außerdem hat sie in der Regel sehr viele Kontakte in die Organisation und ist damit ein wichtiges »Stimmungsbarometer«.

**Das heißt, sie weiß auch, mit wem man reden will?**
**Reinartz:** Ja, aber dabei ist klar, dass ich meine Assistenz nicht zum Lügen verführen will, indem sie sagt: »Er ist nicht da«, obwohl ich ihr gegenübersitze. Wir haben das zum Anlass genommen, eine Sprachregelung für diesen Fall zu finden. Übrigens ein weiteres Indiz für Vertrauen und ein offenes Verhältnis.

**Wie werden solche Regeln dokumentiert?**
**Reinartz:** Meiner Ansicht nach macht es Sinn, Prozesse und Regeln aufzuschreiben. In meinem Bereich haben wir das als Teil des Organisationskonzepts in einem Handbuch dokumentiert und abgestimmt. So werden Missverständnisse vermieden und jeder kann sich in bestimmten Situationen sicher darauf verlassen.

**Wie zeigt sich das in der Praxis?**
**Reinartz:** Ein profanes Beispiel sind Hotelbuchungen. Es gibt Hotels in denen ich nicht gerne übernachte. Die Assistenz weiß das und sorgt dafür, dass ich dort nicht gebucht werde. Mir erleichtert dies das Leben und ich muss mich nicht ärgern. Darüber hinaus macht die schriftliche Niederlegung die Einarbeitung einer neuen Assistenz wesentlich einfacher.

**Aber die Fluktuation bei einem guten Team ist doch eher selten …**
**Reinartz:** Auch wenn das Verhältnis gut ist, muss man immer davon ausgehen, dass sich jeder Mensch weiterentwickelt und irgendwann neue Wege gehen will. Die Wahrscheinlichkeit, dass meine Assistenz mich die nächsten zwanzig Jahre meines Berufslebens begleiten wird, ist eher gering.

**Aber wie moviert man die Assistenz, sodass sie möglichst lange bleibt?**
**Reinartz:** Grundsätzlich gelten auch hier die Basisregeln einer guten Mitarbeiterführung. Für eine Assistenz gehört dazu die Zuteilung von herausfordernden Aufgaben, die über den Standard wie Telefonate annehmen oder Termine vereinbaren hinausgehen. Außerdem muss es auch für sie die Möglichkeit geben, neue Themengebiete zu lernen und Know-how aufzubauen. Wenn sie dann noch ein hohes Maß an Eigenmotivation mitbringt und einen hohen Qualitätsanspruch an sich selbst hat, steht der persönlichen Entwicklung nichts im Wege. Prinzipiell gilt dies zwar für alle Mitarbeiter, allerdings kommt dem zu Unrecht vereinzelt belächeltem Berufsstand der Assistenz hier eine besondere Bedeutung zu. Die Chance der Weiterentwicklung ist einer der Erfolgsfaktoren für eine lange Verweilzeit.

**Das heißt aber, die Assistenz muss das Arbeitsthema mögen …**
**Reinartz:** Natürlich, aber auch dies gilt für alle Mitarbeiter. Wie traurig, wenn ein Mensch den Großteil seines Daseins mit Arbeiten

verbringt und dies ohne Spaß daran. Wenn jemand beispielsweise wie bei mir Interesse an Börsensystemen zeigt, muss ich dieses auch bedienen. So habe ich doppelt gewonnen, denn auf der einen Seite habe ich eine zufriedene Assistenz, die weiß, hier kann ich mich weiterentwickeln und auf der anderen Seite kann sie ihre Arbeit wesentlich besser umsetzen, wenn sie beispielsweise E-Mails inhaltlich versteht.

**Gibt es auch für die Assistenz Aufstiegschancen?**
**Reinartz:** Wenn sie nach ein paar Jahren nach der Übernahme einer Projektleitung fragt oder gerne mehr mit Kunden arbeiten würde, werte ich das als Erfolg. Denn es heißt, der Mitarbeiter hat sich entwickelt, und ich konnte ihn langfristig ans Unternehmen binden, mit all den Aufstiegschancen, die ein DAX-Konzern zu bieten hat. Und sollte mich meine Assistenz verlassen, übergibt sie ein Backoffice, das optimal organisiert ist und auf welches sie zu Recht stolz sein kann.

**Damit sind Wechsel also kein Thema?**
**Reinartz:** Nein, sollte dieser Fall eintreten, hat sich dank einer guten Assistenz der Organisationsgrad in meinem Backoffice so entwickelt, dass die Aufgaben relativ einfach übergeben werden können. Die persönliche Eignung des nachfolgenden Mitarbeiters natürlich vorausgesetzt. Mein Anspruch an meine Arbeit ist neben allen fachlichen Themen die Weiterentwicklung der Mitarbeiter. Es ist meine Überzeugung, dass nur Mitarbeiter mit Chancen die Ziele des Unternehmens verfolgen werden und somit einen nachhaltigen Wertbeitrag liefern. Dies bedeutet für mich Spaß an der Arbeit!

**Vita**
Stephan Reinartz ist seit 2001 in verschiedenen Funktionen der Deutschen Börse AG tätig, davon acht Jahre als Geschäftsführer einer Tochtergesellschaft des Konzerns in den USA. Seit 2014 ver-

antwortet er als Executive Vice President der Deutsche Börse AG in Frankfurt unter anderem den globalen technischen Support des Konzerns. Stephan Reinartz ist Diplom-Wirtschaftsingenieur (FH).

# Teamcheck

## Warm-up-Tests für Chefs

Was für ein Typ von Führungskraft sind Sie denn eigentlich? Geben Sie zu, Sie haben schon einen der zahlreichen Tests gemacht. Darum wissen Sie genau, wie der »mediale auflagenbringende Psychologietest« Sie einordnet. Die Ernsthaftigkeit solcher Checks beurteilen Sie und es steht Ihnen frei, diese jederzeit durchzuführen. Ich beschreibe darum in diesem Kapitel nur einige signifikante und anerkannte Erkenntnisse und kann mir einen Test trotzdem nicht verkneifen. Lesen Sie im Hinblick auf meine Botschaft: Sie sind wie Sie sind und das ist sicher gut so. Darum ist es allerdings umso wichtiger, dass zwischen Ihnen und Ihren Mitarbeiterinnen und Mitarbeitern die »Chemie stimmt«.

Eine kleine »Bibel« (Anmerkung der Red. Bibel sagen die Rally-Fahrer zur ausführlichen Schaltanleitung nach vorherigem Abfahren der jeweiligen Etappe) hilft beim Navigieren, um Ihre Persönlichkeit im Hinblick auf Ihren Charakter als Chef eines Teams zu definieren. Fangen wir zunächst einmal mit der Einordnung Ihres Charakters an. Methoden, um die eigene Persönlichkeit herauszufinden, gibt es bereits seit einigen hundert Jahren und wurde in jeder Psychologen-Generation weiterentwickelt und angepasst.

Die heute anerkannte Einordnungsmethode fußt auf dem Amerikaner William Moulton Marston und bildet die Basis des DISG®-Modells (Dominanz, Initiative, Stetigkeit und Gewissenhaftigkeit). Der Ansatz des Psychologen ist, dass die Wahrnehmung eines jeden Einzelnen dessen individuelle Kommunikation prägt. Marston teilt zunächst in zwei Kriterien ein: a) die Person nimmt die Umgebung stärker oder schwächer wahr und reagiert darauf, b) freundlich oder feindlich. Das führt dazu, dass die Person ein Verhaltensmuster an den Tag legt, das folgende Charakteristika erfüllt:

1. Dominierend (D), 2. Sanguinisch (I), 3. Verlässlich (S), 4. Analytisch (G). Der Psychologe John G. Geier entwickelte daraus einen Persönlichkeitstest, der folgende Typologien beschreibt:

### 1. Der Dominante (D)

Der Dominante ist gerne cholerisch, aber auch ein Macher. Darunter stellt man sich eigentlich eine Cheffigur vor. Dieser Typ macht immer den Eindruck, als würde seine Energie nie nachlassen, er hat einen schnellen Verstand, viel Disziplin, ist ordnungsliebend und geht keiner Herausforderung aus dem Weg. Er gilt als guter Organisator. Er kämpft mit Leidenschaft für sein Ziel und stellt das über alles und jeden. Also eine Führerpersönlichkeit (oder auch Alfa-Tier)! So weit so gut oder auch nicht gut. Denn er nervt durch verbissenen Ehrgeiz, verträgt ganz schlecht Kritik, vergisst nie eine Demütigung und kann nicht verzeihen.

### 2. Der Initiative (I)

Die Initiative ist immer positiv, verbreitet gute Laune und dass mit viel Power. Er hat Stil und gute Manieren. Er ist eher der Schöngeist und wäre auch ein guter Diplomat. Dieser Typus Führungskraft kann sich leider nicht lange für eine Sache begeistern. Er ist dafür aber kommunikativ, also der Entertainer oder auch die »Rampensau«. Die Bühne ist sein Leben. Dabei ist es ihm gleich, ob das im Konferenzraum oder in seinem Vorzimmer ist. Er ist witzig und wortgewandt. Doch nur kein Neid. Er übernimmt sich gerne, verliert sich im Chaos und ist oft oberflächlich.

### 3. Der Stetige (S)

Der Verlässliche ist im Unternehmen der Fels in der Brandung. Anscheinend ist der Mensch aber auch emotionslos. Doch man schätzt seine Tüchtigkeit und Ausdauer. Man kann ihn so gut wie nie aus der Reserve locken, aber auch kaum mit etwas beeindrucken. Er wird nie laut und darum beruhigt sich seine Umgebung in überbordenden Situationen sehr schnell wieder. In seiner Abteilung herrscht Harmonie. Jedoch liegen diesem Typus Chef Veränderungen gar nicht.

### 4. Der Gewissenhafte (G)

Der hintergründige, gewissenhafte Charakter analysiert gründlich und mit Brillanz. Doch er wirkt immer etwas grüblerisch. Er zieht sich gerne zurück und sucht die Tiefe. Meist sind Führungstypen wie dieser auch Perfektionisten – mitunter sogar Pedanten. Merkmal: Sie haben immer aufgeräumte Schreibtische. Alles andere würde sie irritieren. Menschen, die dort einzuordnen sind, glänzen oft durch pessimistische Einschätzungen und verbreiten nie gute Laune. Doch sind sie sehr sensibel, lassen sich das aber nicht anmerken. Diese Führungskraft ist mehr an Wissensvermittlung als an Karriere interessiert.

Wo ordnen Sie sich ein? Hoffentlich nicht in eine einzige Kategorie. Das Optimale ist eine Mischung. Hier ein erster grober Einschätzungstest nach DISG®, nach dem Sie sich überprüfen können.

| | Merkmal | eher | weniger | | Merkmal | eher | weniger |
|---|---|---|---|---|---|---|---|
| I | Ich lasse mich begeistern | | | D | Ich suche den Wettbewerb | | |
| D | Ich bin entschlossen | | | S | Ich bin ausgleichend | | |

| | | | | | | | |
|---|---|---|---|---|---|---|---|
| G | Ich bin gewissenhaft | | | I | Ich bin gesellig | | |
| S | Ich bin gesellig | | | G | Ich bin gründlich | | |

| | Merkmal | eher | weniger | | Merkmal | eher | weniger |
|---|---|---|---|---|---|---|---|
| G | Ich bin reserviert | | | I | Ich bin freundlich | | |
| I | Ich wirke gewinnend | | | D | Ich neige zur Aggression | | |
| S | Ich bin sehr gutmütig | | | G | Ich denke logisch | | |
| D | Ich bin oft ruhelos | | | S | Ich bin grundentspannt | | |

| | Merkmal | eher | weniger | | Merkmal | eher | weniger |
|---|---|---|---|---|---|---|---|
| S | Ich sehe was ein | | | G | Ich kann mich beherrschen | | |
| I | Ich bin kontaktfreudig | | | I | Ich bin nett | | |
| D | Ich stelle Ansprüche | | | S | Ich bin sehr aufmerksam | | |
| G | Ich agiere mit Vorsicht | | | D | Ich soll stur sein | | |

| | Merkmal | eher | weniger | | Merkmal | eher | weniger |
|---|---|---|---|---|---|---|---|
| D | Ich habe einen starken Willen | | | I | Ich inspiriere | | |
| G | Ich versuche taktvoll zu sein | | | S | Ich glänze durch Beständigkeit | | |
| S | Ich fühle immer mit | | | D | Ich kann hartnäckig sein | | |
| I | Ich bin verspielt | | | G | Ich bin akkurat | | |

| | Merkmal | eher | weniger | | Merkmal | eher | weniger |
|---|---|---|---|---|---|---|---|
| S | Ich bin verbindlich | | | D | Ich bin direkt | | |
| G | Ich bin einsichtig | | | I | Ich bin immer fröhlich | | |

| | | | | | | | |
|---|---|---|---|---|---|---|---|
| I | Ich liebe Gespräche | | | G | Ich versuche immer diplomatisch vorzugehen | | |
| D | Ich fordere gerne heraus | | | S | Ich nehme Rücksicht | | |

Wie werten Sie das aus? Tragen Sie jeweils in den vier Tabellenfeldern ein, welche der dort aufgeführten Aussagen auf Sie am ehesten (bringt vier Punkte) und welche Beschreibung am wenigsten (hier gibt es einen Punkt) auf Sie zutrifft. Das Ganze noch einmal mit der zweitwichtigsten Kategorisierung. Das macht dann noch einmal drei Punkte, und für die zweit weniger zutreffende zwei Punkte. Die Auflösung ist klar. Die höchste und die niedrigste Punktzahl, die der entsprechende Buchstabe erhält, sind die am aussagekräftigsten, stärksten respektive schwachen Charaktermerkmale.

## Lenkungsverhalten

Nun wissen Sie also, welcher Führungscharakter Sie auszeichnet. Auf der Basis dieser Erkenntnis drehen wir noch eine Runde. Dieses Mal testen Sie sich in punkto Charaktereigenschaften und Führungsstil. Doch vorab ein wenig Know-how aus der Wissenschaft, was die gute Führungskraft ausmacht (zumindest in der Theorie):

Der Vollständigkeit halber hier einer von zwei aktuellen Führungsstilen, genannt transaktional: Dieser Führungsstil ist dadurch gekennzeichnet, dass der Führende die Erwartung des Geführten stabilisiert und dass Anstrengung zur Leistung führt. Ebenso fördert der Chef den Grundsatz, dass Leistung auch belohnt wird und dadurch auch persönliche Ziele erreicht werden. Der Führungskraft fällt die Aufgabe zu, das Ziel zu formulieren und den Weg dahin zu ermöglichen.

Die transformationale Führung (der Begriff taucht seit den 1980er-Jahren in der Fachliteratur auf) konzentriert sich nicht auf die Bedürfnisse der Geführten, sondern die Geführten sollten Vertrauen, Respekt, Loyalität und Bewunderung gegenüber der Führungskraft empfinden und dadurch überdurchschnittliche Leistungen erbringen.

Personalexperten glauben heute daran, dass sich der transaktionale Führungsstil in Zeiten der unglaublichen Wandlungen sowohl in technischer Hinsicht (Digitalisierung, Industrie 4.0, Smart Factory) als auch bei gesellschaftlichen Änderungen (Flüchtlingsproblematik, Demografie et cetera) am besten eignet.

Eine Führungskräftestudie der Technischen Hochschule Mittelhessen hat ermittelt, welche Merkmale gute Chefs kennzeichnen. Die Gründe erläutert der Initiator Waldemar Pelz, Professor für »Management und Marketing« in einem Interview in den VDI-Nachrichten. Hier ein Auszug: »**VDI Nachrichten:** Sie haben das Führungsverhalten von über 4000 Führungskräften untersucht. Was unterscheidet die guten von den schlechten?«

**Waldemar Pelz:** »Die guten Führungskräfte beherrschen den Führungsstil des Transformational Leadership. Dadurch machen sie ihr Unternehmen erfolgreicher und steigen selbst deutlich schneller die Karriereleiter auf. Weniger erfolgreiche Führungskräfte hingegen verlassen sich auf theoretische Führungsmodelle, die ohne Bezug zum operativen Geschäft und ohne empirische Fundierung verwendet werden.«

Dazu passt noch eine weitere akademische Betrachtung: Der Pionier und Psychologe, Professor Mihaly Csikszentmihalyi von der University of Chicago, erforschte die Werte von erfolgreichen Unternehmern. Die folgende Beschreibung wird Sie nicht überraschen: Die typischen Eigenschaften sind Ehrgeiz, Integrität, Optimismus und Energie. Bei der Auswertung der gesammelten Daten kam heraus, dass »gesunder« Ehrgeiz eine Motivationsquelle ist: »Ehrgeizige Menschen sehen in ihrer Arbeit mehr als nur Spaß und zwar eine Quelle der Anerkennung, des Einkommens oder des sozialen Status; sie wollen sich auch nach guten Leistungen weiter steigern. Integre Menschen glauben an die Aufrichtigkeit anderer – ohne naiv zu sein – und genießen deren volle Wertschätzung. Die Quelle ihrer Tatkraft und Energie stammt vermutlich aus der Erziehung in Entwicklungsphasen, die einen besonders großen Einfluss auf die Werte des Menschen haben (neun bis elf Jahre). Im Laufe der weiteren Entwicklung müssen aber noch Beharrlichkeit und Ausdauer hinzukommen, sonst wird aus Energie reiner Aktionismus. Ihre optimistische Haltung ist eine Sache der Überzeugung; sie glauben einfach daran, dass die Zukunft mehr Chancen und Möglichkeiten als Gefahren und Risiken mit sich bringen wird. Um diese Chancen wahrzunehmen, verschaffen sie sich die notwendigen Freiräume.«

Merken Sie was? Wenn nein, lesen Sie noch einmal die vorderen Kapitel. Da steht zu lesen: Freiräume sind notwendig, um vorne zu sein. Was ist der Lohn? Der Wissenschaftler wies in einer Faktoranalyse nach, dass die richtige Einstellung der Spitzenverdiener die Berechtigung zum Gas geben bei der Karriere mit sich bringt.

### Hier die Checkliste für den beruflichen Erfolg:

- klare Ziele formulieren, die nachhaltig sind
- ständige Suche nach Verbesserungsmöglichkeiten und neuen Ideen, die getestet werden
- Stärkung des Verantwortungsbewusstseins Ihrer Mitarbeiter, indem Sie sie bei der Entwicklung ihrer Fähigkeiten und Perspektiven unterstützen.

Verhält sich die Führungskraft so, führt das zum ökonomischen Erfolg. Denn diese Führungskultur, tranformationale Führungskompetenz genannt, so bestätigt die Befragung von Professor Dr. Waldemar Pelz, funktioniert. Aber Professor Pelz gibt zu bedenken, dass das sehr viele Manager wissen, aber die wenigsten können es umsetzen (Stichwort: Wissensriesen aber Umsetzungszwerge). Das zeigt sich, wenn man das Selbstbild aus einer Online-Befragung mit dem Fremdbild aus einer Mitarbeiterbefragung oder aus einem 360-Grad-Feedback vergleicht. »Nur in etwa 30 Prozent der Fälle stimmen beide Bilder überein«, so die Auswertung des Experten Pelz.

Ob eine Führungskraft ganz oben in der Hierarchie steht oder nicht, macht im Umgang mit den Mitarbeitern keinen Unterschied. Ganz im Gegenteil, sie sind damit ein Vorbild für alle Führungskräfte des Unternehmens. Beweis gefällig? In der Studie: »Getting Respect from a Boss You Respect: How Different Types of Respect Interact to Explain Subordinates' Job Satisfaction as Mediated by Self-Determination« von Niels van Quaquebeke, Professor für Leadership and Organizational Behavior an der Kühne Logistics University in Hamburg belegt: »Verhalten sich die Top-Führungskräfte respektvoll, sind Mitarbeiter stärker motiviert, verhalten sie sich respektlos, löst das bei den Mitarbeitern Widerstände aus. Sie sind weniger motiviert und tragen sich öfter mit dem Gedanken, das Unternehmen zu verlassen.« Die Studie zeigt aber auch, dass durchschnittliche Führungskräfte bei weitem nicht solche Wirkungen erzielen. »Die Top-Performer tragen eine ganz besondere Verantwortung. Sie entscheiden mit ihrem Verhalten darüber, wie das Arbeitsklima im Unternehmen und die Arbeitszufriedenheit sind«, sagt Niels van Quaquebeke.

Der Wissenschaftler macht noch auf einen weiteren wichtigen Umstand aufmerksam, um eine gute Führungskultur zu pflegen. In der Zusammenfassung heißt es: Es gibt zwei Möglichkeiten, wie sich Menschen untereinander Respekt bezeugen: Auf der horizontalen Ebene, unter Gleichgestellten, ist das vor allem ein achtungsvoller Umgang miteinander. Auf der vertikalen Ebene zwischen Führungskräften und Belegschaft ist es oft die Hochachtung, die Führungskräften für spezielle Verdienste und Leistungen entgegengebracht wird. Daraus folgt aber keineswegs, dass Top-Führungskräfte sich gegenüber ihren Mitarbeiterinnen und Mitarbeitern alles erlauben dürften. Im Gegenteil: »Gerade den Top-Performern darf man zwischenmenschlich nichts durchgehen lassen, da Mitarbeiter deren Worte stärker auf die Goldwaage legen«, stellt der Verhaltensexperte nach seiner Untersuchung fest. Die Empfehlung von Niels van Quaquebeke ist daher eindeutig: »Eine Kompensationslogik der Art – der Chef ist so gut, der darf sich zwischenmenschlich mal einen Ausrutscher erlauben –, ist die falsche Logik. Genau er darf das nicht.«

## Was ein Team vom Piloten erwartet

Wenn Sie Ihr Team so ernst nehmen, wie der Formel-1-Pilot sein Team, sollten Sie sich die Mühe machen, herauszufinden, wie Ihre Teammitglieder ticken. Das war Gegenstand einer weiteren Chef-/Mitarbeiter-Analyse der Hay Group von Mai 2015. Einige Ergebnisse überraschen. Die Studie ermittelte als ein Fazit, dass sich alle Befragten einig sind, was eine gute Führungskraft ausmacht: »Sie soll einen Fokus setzen auf Kunden und externe Stakeholder, stark in der Umsetzung sein, Teamwork fördern, schnell und effektiv entscheiden sowie ein guter Planer und Organisator sein.« Übertragen wir das doch einmal auf das Bild des Motorsports. Ihr Team ist der Auffassung, dass Sie als Pilot lenken sollen, für die Aufgabe des Schraubens sieht sich das Team verantwortlich.

Bei der Frage, welche Eigenschaften die Führungskräfte der Zukunft prägen sollten, ergaben sich jedoch in der Auswertung deutliche Differenzen zwischen den Altersgruppen:

Während die Generation X (Anmerkung der Autorin: die in den frühen 1960er- bis in die 1980er-Jahre Geborenen) und die vorherige

Generation der Babyboomer angaben, dass künftig Innovationsstärke, globale Führung und Zusammenarbeit gefordert sind, sieht die Generation Z (die Generation der von 1995 bis 2010 Geborenen) Technikkompetenz, Entschlossenheit und Führungsstärke als wichtigste Eigenschaften der Manager von morgen an. Führungsstärke, Entschlossenheit und Technikkompetenz signalisieren, dass die Mitarbeiter einen Vorgesetzten wollen, der die Richtung klar vorgibt und sich nicht in Details verliert.

Die Analyse der Personalexperten von Hay war noch in einem weiteren Punkt aufschlussreich: Die jüngere Generation fordert von ihren Führungskräften nicht – wie oft geschrieben – in erster Linie Sinnerfüllung in der Arbeit. Das tun nämlich in Wirklichkeit die Befragten der Altersgruppe 55 plus, also diejenigen, die bereits lange Jahre im Berufsleben stehen. Gute Botschaft: Sie müssen Ihre Zeit nicht dafür opfern, um den aktuellen Jugend-Slang zu lernen. Die Untersuchung ergab, dass Führungskräfte keine andere Ansprache benötigen, um junge Menschen anzusprechen.

Alle Altersgruppen wollen aber unisono »eine spannende und herausfordernde Tätigkeit, Möglichkeiten zur Weiterentwicklung sowie Eigenverantwortung und Freiräume«. Also, ziehen Sie ruhig den Controller-Blazer beziehungsweise das Sakko aus und steigen Sie endlich in den Rennoverall. Und lassen Sie Ihr Team die Arbeit machen, für die die Teammitglieder engagiert wurden. Diese Strategie wird sehr schnell positive Effekte haben. Das sind laut Hay-Studie die ausschlaggebenden Faktoren für die Treue der Mitarbeiter zum Unternehmen.

Das bestätigt auch Chris Lieber, CEO bei der Schweizer Kantonalbank, der auf eine gemeinsame Mission und ein gemeinsames Ziel für die Organisation setzt und dabei seiner Mitarbeiterschaft sehr viele Freiräume lässt. Liebers Handlungsweise entspricht nach der Auswertung der Hay Group den Wünschen der Mitarbeiter.

Noch eine Erkenntnis gefällig? Es lassen sich zwar bestimmte Muster bei den Erwartungen der verschiedenen Altersgruppen erkennen, doch bei einer weiteren Frage, was diese von ihren Führungskräften erwarten, gibt es noch eine Gemeinsamkeit. Laut Studie ist es für Unternehmen wichtig, ein offenes Umfeld zu schaffen. »Denn erst, wenn Mitarbeiter das Gefühl haben, in ihrem Arbeitsumfeld offen über ihre Bedürfnisse sprechen zu können, fühlen sie sich geschätzt. Das erhöht die Motivation des Einzelnen und fördert die Zusammengehörigkeit zwischen den Mitarbeitern«, sagt Dr. Michael Träm, Geschäftsführer der Hay Group zur Studie.

Doch was tun, wenn Sie diese Kultur bisher nicht gelebt haben? Ein offener Austausch mit den Mitarbeitern liegt nicht jedem. Doch wer Mut zum Wechsel über die bisherige Kommunikationsgrenze hat, der hat Erfolg. Dialog kann man lernen.

Das Thema war unter anderem auch Gegenstand einer Diskussion des Roman Herzog Instituts, das die wesentlichen Punkte im Papier »Führungsstile und gesellschaftliche Megatrends im 21. Jahrhundert, Führung im Wandel« dokumentiert hat. Darin steht zu lesen, dass als erste Abwehrreaktion gegenüber neuen Systemen und Prozessen vordergründig meist ähnliche Begründungen genannt werden, welche jedoch auf tiefersitzende psychologische Mechanismen zurückzuführen sind. »So sei der Unternehmenswandel zum Beispiel ›nicht benötigt‹, ›nicht durchführbar‹ oder ›nicht wirtschaftlich‹.«

Weiter heißt es in dem Papier: »Wahre Hintergründe sind bei diesen Aussagen jedoch eher das Erkennen eines persönlichen Nachteils durch veränderte Machtverhältnisse oder das Misstrauen gegenüber der Führungskraft (Yukl, 2006). Mitarbeiter zeigen in diesem Zusammenhang drei besonders ausgeprägte Verhaltensweisen (Peus et al., 2009): – Unsicherheit. Unsicherheit gegenüber Neuem und Unbekanntem ist ein natürliches Verhalten des

Menschen, welches hilfreich sein kann, solange es eine gesunde Vorsicht impliziert (Samuelson/Zeckhauser, 1988). Gerade mit Blick auf die eigene Arbeitsplatzsicherheit und auf zukünftige Verantwortlichkeiten ergibt sich aber oftmals das Festhalten am Status quo als Abwehrreaktion auf organisatorischen Wandel, wenn die Folgen des Wandels schwer vorherzusehen sind (Martin, 2005, 818). Zur Änderung des (bequemen) Status quo müssen die Geführten emotional involviert und angesprochen werden (Mossholder et al., 2000). – Kontrollverlust. Die Verlustaversion ist grundsätzlich eine der verbreitetsten Heuristiken des alltäglichen Lebens (Tversky/Kahneman, 1991). Die Angst, etwas zu verlieren, wiegt schwerer als der Wert neuer Errungenschaften und beeinflusst so Präferenzen und Handeln. Die Verlustangst bei Veränderungen im Unternehmen kann sich zum Beispiel als Kontrollverlust äußern (Conner, 1992). Die Mitarbeiter können neue Prozesse, Machtverhältnisse oder externe Einflüsse anfangs nicht einschätzen. Diese von außen determinierte Kontrolle über ihre Lebenssituation kann in Hilflosigkeit und letztlich Widerstand münden (Fischer/Wiswede, 2009, 77 ff.; Oreg, 2003). – Versagensangst. Wandel impliziert kurzfristig gesehen auch immer ein Mehr an Arbeit. Das Erlernen von neuen Methoden oder das Anpassen der eigenen Arbeitsgewohnheiten kann, obwohl vorher von den Mitarbeitern selbst eingefordert, auch in Frustration und Sorge enden (Liu/Perrewé, 2005). Diese Reaktion tritt vor allem dann auf, wenn der Mitarbeiter aus unterschiedlichen Gründen das Gefühl hat, nicht mit der Veränderung umgehen zu können (Lazarus/Folkman, 1984). Diese Verhaltensweisen und Ängste zu kontrollieren und zu reduzieren, ist ebenfalls ein wachsender Führungsanspruch. Denn je größer die Sorge der Geführten ist, den Wandel nicht zu verstehen und für zukünftige Aufgaben nicht gerüstet zu sein, desto wahrscheinlicher ist eine Abwehrreaktion auf Veränderungen (Paterson/Härtel, 2002).«

Also alles schon erkannt und erklärt. Doch in der Praxis sind Sie genauso wie Ihre Mitarbeiter in erster Linie Mensch. Doch Sie haben als Chef einen großen Vorteil: Sie bestimmen darüber, wie und wie schnell der »Kulturschock« eines neuen Führungsstils, der durch Transparenz, Vertrauen und Delegation gekennzeichnet ist, umgesetzt wird. Spätestens dann, wenn Sie eine Vorher-/Nachher-Zeitanalyse durchführen, sehen Sie den Gewinn, den ein offenes und vertrauensvolles Betriebsklima bringt.

Wie leben Sie das in Ihrem Unternehmen? Vertrauen Sie auf die Fähigkeiten und respektieren Sie die Kompetenzen Ihrer Mitarbeiter, besonders die Ihrer engsten Mitarbeiterin, Ihrer Assistenz? Wenn Sie den kleinen Test am Beispiel des Zusammenspiels zwischen Ihnen und Ihrem Büro beantworten, wissen Sie es.

| Aufgabe | Mache ich | Macht die Assistenz | Delegierbar ja/nein |
|---|---|---|---|
| Mailpostfach ordnen in Dringlichkeitskategorien | | | |
| Mails löschen | | | |
| Rundmails versenden | | | |
| Wichtige Mails sammeln und vorlegen | | | |
| Mails beantworten | | | |
| Mails archivieren | | | |
| Termine eintragen | | | |
| Termine abrufen | | | |
| Termine löschen | | | |
| Termine vereinbaren | | | |
| Termine abstimmen | | | |
| Terminanfragen beantworten | | | |
| Reisedaten eintragen | | | |

| Aufgabe | Mache ich | Macht die Assistenz | Delegierbar ja/nein |
|---|---|---|---|
| Reise planen | | | |
| Zug/Flug/Mietwagen buchen | | | |
| Hotel reservieren | | | |
| Reisedokumente zusammenstellen | | | |
| Präsentation planen | | | |
| Inhalte/Fakten sammeln | | | |
| Präsentation entwerfen | | | |
| Präsentationen ausdrucken/versenden | | | |
| Meeting planen | | | |
| Tagesordnung entwerfen und abstimmen | | | |
| Personenkreis einladen und Teilnehmerliste erstellen | | | |
| Raum buchen/Videoleitungen | | | |
| Arbeitsmittel beschaffen | | | |
| Catering festlegen | | | |
| Vertragsunterlagen zusammenstellen/Recherche | | | |
| Protokoll schreiben | | | |
| Protokoll versenden | | | |
| Wochen-/Monats-/Jahreseventplanung erstellen | | | |
| Events planen | | | |
| Wiedervorlage prüfen | | | |
| Urlaubsplanung | | | |
| Fuhrparkmanagement | | | |

Und so weiter, und so weiter … Klar, wenn Sie nur in der ersten Spalte ankreuzen, wird es Zeit, auf den Reset-Knopf zu drücken. Mit anderen Worten, steuern Sie mit diesen Erkenntnissen das Rennauto wieder auf die Piste und beweisen Sie Ihre Fähigkeit, Tätigkeiten abzugeben, indem Sie Ihre Ansprechpartner im Team (die Assistenz) einbeziehen. Vertrauen Sie den Mitarbeitern alles an, was nicht mit dem Lenken des Rennwagens zu tun hat. Nebensächlichkeiten waren gestern, ab heute konzentrieren Sie sich auf das Wesentliche, damit Sie am Ende auf dem Siegertreppchen stehen. Dazu noch ein Tipp der Experten: Was Sie versprechen, müssen Sie halten. Darum überlegen Sie sich die Zusagen nach dem Motto: Kann ich das auch leisten? Und noch ein weiterer Rat: Bleiben Sie dran. Nichts bleibt, wie es heute ist, suchen Sie immer nach dem Neuen und Besseren. Beachten Sie das, sind Sie Vorbild für alle, die mit Ihnen arbeiten.

## Warm-up-Tests für Assistenzen

Sie haben sich bei Ihrer Tätigkeit sicher nicht vorgestellt, Briefe nach Diktat zu schreiben, Kaffee zu kochen oder das Telefon zu bewachen? Wenn es aber so ist, was bitte tun Sie dann noch auf dieser Position? Die heutige Assistenz ist nach den Kriterien der Industrie- und Handelskammer für anspruchsvolle Aufgaben zuständig, und zwar: Assistenz in Führungsaufgaben; Unterstützung bei der Mitarbeiterführung; Mitarbeit bei der Personalplanung und -beschaffung; Assistenz bei der Organisation; Entlastung des Vorgesetzten durch optimales Zeitmanagement; Pflege der Wiedervorlage; Dokumentation und natürlich auch Kaffee kochen, Briefe oder E-Mails verfassen sowie Präsentationen kreieren. Ein guter und eingespielter Umgang miteinander und die Repräsentation Ihrer Firma ist ein Muss. Erfüllen Sie diese Voraussetzungen und leben Sie die?

Ist das nicht der Fall, stellen Sie sich die Frage: Wie macht man seinem Chef, der davon wohl noch nichts gehört hat, klar, dass Sie mehr können, als für den morgendlichen Kaffee zu sorgen? Das Hauptargument ist die Entlastung seiner Person.

Das setzt allerdings voraus, dass Sie über eine gute berufliche Qualifikation verfügen, eine Persönlichkeit darstellen und mit Kompetenz und Souveränität die Führungskraft überzeugen. Diese Eigenschaften benötigen Sie auch, weil Sie Mittler zwischen Boss, Kunde oder Mitarbeiter sind. Also sind starke Nerven gefragt, um mit Stress und Konflikten umgehen zu können. Darüber hinaus brauchen Sie in der immer globaleren Geschäftswelt Erfahrung im Umgang mit »anderen Kulturen« – Sprachkenntnisse sind sowieso Voraussetzung. Können Sie? Wenn ja, bitten Sie um ein klärendes Gespräch, um in aller Ruhe Ihrem Chef die Vorteile darlegen zu können, die die Nutzung Ihrer Kenntnisse für ihn bedeuten können.

## Qualifying für Assistenten

Wie bereitet man solch einen Termin vor? Sicher nicht, indem Sie zuvor sich nachts unruhig durchs Bett wälzen und dann übermüdet den Termin wahrnehmen. Sie wissen doch, Vorbereitung ist alles. Verhandlungen gewinnt man, wenn man gut vorbereitet ist und die Argumente der anderen Seite durch gute Gegenargumente erwidert. Kopieren darf hier erlaubt sein. Also beobachten Sie, wie die Verkäufer Ihres Unternehmens die Kunden überzeugen und schreiben Sie eine Präsentation, wie Sie Ihre Stelle sehen, also ein Stellenprofil.

Wie das aussieht? Zunächst einmal einige Basics: Sie sollen in allen Bereichen eigenverantwortlich handeln können. Sie handeln selbstständig und vorausschauend. Natürlich nach Abstimmung mit Ihrem Chef und im Interesse des Unternehmens.

Eine Assistentenstelle ist unabdingbar für den reibungslosen Ablauf im Team und für den Chef. Und damit auch ein entscheidender Vorteil für das Unternehmen. Was qualifiziert Sie, um diese verantwortungsvolle Aufgabe zu erledigen?

**Machen Sie den Test:**

- Sie interessieren sich für das Unternehmen beziehungsweise für das Ressort
- Sie kennen die Branche
- Sie haben Fach- und Methoden-Kompetenz
- Sie beherrschen die Werkzeuge (wie Office) für eine optimale Büroorganisation
- Sie können mit sozialen Medien umgehen
- Sie haben einen hohen Qualitätsanspruch an sich selbst
- Sie formulieren fehlerfrei
- Sie haben Sozialkompetenz
- Sie bilden sich fort
- Sie beherrschen Fremdsprachen
- Sie interessieren sich für andere Kulturen
- Sie haben eine gute Allgemeinbildung
- Sie sind teamfähig
- Sie sind lösungsorientiert
- Sie sind kommunikationsorientiert
- Ihr Arbeitsplatz ist funktional organisiert und geordnet
- Ihre Dokumentation ist klar gegliedert und jederzeit zugriffsbereit
- Sie beherrschen alle Tools, die das Unternehmen zur Verfügung stellt
- Sie bleiben auch in hektischen Momenten ruhig
- Sie sind ein geschätzter Ansprechpartner für Angestellte und Externe.
- Sie agieren vorausschauend
- Sie bereiten Entscheidungsgrundlagen vor
- Sie wissen, was Ihr Chef erwartet

Haben Sie überwiegend oder gar überall einen Haken gemacht? Wenn nicht, tief durchatmen. Alles lässt sich lernen. Denken Sie über ein individuelles Bildungsprogramm nach. Das müssen nicht unbedingt Kurse in Texterfassung oder Softwaretraining sein. Gehen Sie ruhig über die Grenzen und überlegen Sie, wo Sie Ihre Schwächen sehen und ausgleichen wollen. Ein Seminar in Krisenkommunikation, eine Auffrischung in Business-Etikette, eine spezielle BWL-Ausbildung, das Deuten von Körpersprache und vieles mehr helfen oft, den nötigen Kickstart zu erleben.

Denken Sie noch über folgendes nach: Wie stehen Sie denn zu Ihrem derzeitigen Arbeitgeber? Identifizieren Sie sich mit den Zielen und Aufgaben des Unternehmens und arbeiten Sie ziel- und ergebnisorientiert auf die Unternehmensziele hin? Und vor allem: Bietet der Arbeitgeber Möglichkeiten zur Weiterentwicklung?

All das bieten Sie also, aber gibt Ihnen der Chef auch die Chance, Ihre Fähigkeiten einzusetzen? Wenn nicht, suchen Sie – wie gesagt – das Gespräch. Das ist hart, ich weiß. Frauen (und auf der Position sitzen meist Frauen), fällt das besonders schwer. Ich will mich jetzt nicht in allgemein bekannten Tipps der Frauenzeitschriften verlieren. Aber oft kann ich aus meiner Praxis heraus bestätigen, dass Frauen, was das Selbstbewusstsein anbetrifft, von Männern lernen können. Oft wollen weibliche Mitarbeiter nicht betteln.

Wenn Ihr Vorgesetzter bisher nicht kapiert hat, welches Leistungsmodell er vor seiner Tür sitzen hat, wird er es nicht plötzlich von selbst begreifen. Er braucht also eine kleine Starthilfe. Sie müssen aktiv werden, sie müssen Ihre Leistungen, Fähigkeiten und Talente ins rechte Licht stellen, diese also sichtbar machen.

Nutzen Sie auch im Umfeld jede Gelegenheit, bei den Entscheidern Ihre Pluspunkte zu kommunizieren. Schön wäre es, wenn Sie dabei auch mit Witz und Charme punkten.

**Aktiv werden und sich gut vorbereiten**

Wie bereitet man aber so ein Gespräch vor? Zunächst: sehr gut. Aber als kleine Hilfestellung hier eine kleine Navigation, wie Sie über den kniffligen Kurs steuern.

1. Gang: Inhalt überlegen: Worüber genau möchte ich reden? Tipp: Bei einem solchen Termin immer zukunftsorientiert sein, nie problemorientiert
2. Gang: Die ersten Sätze vorformulieren und ruhig proben. Das gibt Sicherheit.
3. Gang: Was ist die Story, an der ich jetzt mein Anliegen deutlich machen kann? Beispiel: »Sie suchen immer selbst die günstigsten Flüge aus. Das kann ich Ihnen abnehmen.«
4. Gang: Auswirkungen beschreiben. Ich fühle mich in meiner Arbeit nicht anerkannt, nicht ausgelastet, nicht zufrieden. Ich denke, ich kann mehr leisten. Ich kann Sie mehr entlasten …
5. Gang: Ein konkretes Anliegen äußern. Damit meine ich, Ihre Erwartungen, Ihre Wünsche, Ihre Bitten. Ich möchte, dass Sie mir ein Projekt übertragen, mir Ihren Terminkalender übertragen, mich ihre E-Mails selektieren lassen …

Wenn Ihr Boss dem Wunsch nicht nachkommt, dieses Gespräch zu führen, müssen Sie überlegen, ob ein neuer Arbeitgeber Ihnen mehr Verantwortung bietet oder im selben Unternehmen eine andere Abteilung der bessere Platz wäre. Doch wenn Ihr Chef begreift, dass Sie sich wie der Chefmechaniker um das Feintuning seines Arbeitstages kümmern und dass sich so die Umdrehungszahl erhöhen lässt, wird er dafür sorgen, dass Sie ihm »treu« bleiben.

Stephan Reinartz, seit 2014 Executive Vice President der Deutsche Börse AG in Frankfurt, ist sich bewusst, wie wertvoll eine gute Assistenz ist. Er sieht auch, dass die Eigenständigkeit seiner Assistenz eine gute Motivation ist. Machen Sie also auch Ihrem Chef klar, dass Sie die Power eines Supersportwagens haben, wenn er glaubt, einen Kleinwagen zu sehen. Sie wollen doch nicht weiter unzufrieden an Ihrem Schreibtisch hocken. Dabei könnten Sie so viel bewegen. Wenn Ihr Vorgesetzter sich davon überzeugt hat, machen Sie den nächsten Schritt. Denken Sie langfristig. Mit Ihrer Voraussetzung ist vielleicht sogar noch mehr drin als Ihre jetzige Position. Setzen Sie sich ein Ziel. Vielleicht ist eine Projektleitung ein Anfang, um zu beweisen, was in Ihnen steckt.

## Christoph Lieber: Schweizer Kantonalbank motiviert durch kreative Freiräume

Ein Vertrauensverhältnis und kreative Freiräume sind nicht nur Motivation für die Mitarbeiter, sondern wirken sich auch auf den unternehmerischen Erfolg aus. Wie man diese Voraussetzungen schafft, erklärt Christoph Lieber, Vorstandsvorsitzender des Vermögensverwalters Schweizer Kantonalbank.

**Was zeichnet eine Top-Assistenz aus?**
**Christoph Lieber:** Sie hält mir den Rücken frei. Zudem ist sie Bindeglied zwischen mir und den Mitarbeitern. Während ich viel unterwegs bin, ist sie jederzeit ansprechbar. Zugleich filtert sie die Anliegen, die an mich herangetragen werden. So gelangen zielgerichtete Anfragen oder Kontakte erst gar nicht zu mir und das schützt vor Zeitverlust.

**Was empfehlen Sie Managern, damit sie und die Assistenzen ein Winning-Team werden?**
**Lieber:** Vertrauen ist wichtig. Das muss so sein, dass man über alle Vorgänge miteinander reden kann. Das setzt voraus, dass man die Assistenzen einbindet und über alles informiert. Eine weitere Voraussetzung ist, dass man auch private Dinge nicht komplett aus dem beruflichen Alltag fernhält. Meine Assistenz hat einen gewissen Einblick in private Themen. Sie ist mitunter eingebunden und das unterstützt mich, den Alltag effizienter zu gestalten. Durch diese Kenntnisse versteht sie zudem viel schneller, wie ich ticke.

**Wann ist es sinnvoll, eine Aufgabe zu delegieren?**
**Lieber:** In der heutigen Kommunikationsumgebung ist das Handling von E-Mails ein Schlüssel, den ich meiner Assistenz übergebe. Dabei gebe ich drei Einordnungsmerkmale vor: Eine E-Mail ist entweder eine Information, eine Terminanfrage oder ein To-do. Nun muss die Assistenz entscheiden: Ist das eine Information, die ich wissen oder nicht wissen muss? Im Fall von Terminanfragen muss sie entscheiden, welche ich wahrnehmen möchte, aber auch, welche sie ablehnen kann und welche von Anderen wahrgenommen werden können. Die wichtigste und logischerweise die kleinste Gruppe – also die Essenz – ist die Gruppe der To-dos. Das sind die Dinge, die im ersten Schritt von mir bearbeitet werden müssen.

**Aber reizt es nicht, bei direkter Ansprache das mal eben schnell selbst zu erledigen?**
**Lieber:** Ich habe das Prinzip des »Monkey Managements« verinnerlicht, das sagt, nicht von unten nach oben delegieren lassen, sondern von oben nach unten. Das bedeutet für meinen beruflichen Alltag: Wenn die selektierende Funktion der Unterteilung und Weiterleitung delegiert ist, verfolgen meine Assistenzen die Vorgänge nach und stellen sicher, dass alles termingerecht erledigt wird. Und ich beschäftige mich – wie gesagt – mit der Essenz.

**Wie oft kommuniziert man optimal mit Assistenzen?**
**Lieber:** Typischerweise bespreche ich mit meiner Assistentin zweimal am Tag die To-do-E-Mails oder Terminanfragen, bei denen sie sich nicht ganz sicher ist, ob ich diesen oder jenen Termin wahrnehmen will. In seltenen Fällen gibt sie Informationen weiter, die ich ihrer Meinung nach wissen muss. Für das Gespräch hat sie schon Vorschläge vorbereitet, was aus ihrer Sicht zu tun ist und das Wichtigste aus den E-Mails hat sie schon aufbereitet. So dauern diese Gespräche meist nicht länger als dreißig Minuten.

**Was ist ein sichtbares Zeichen einer erfolgreichen Assistenz?**
**Lieber:** Es bleibt nichts auf meinem Tisch liegen. Meine Ablage ist komplett leer. Es wird alles sofort bearbeitet und geht danach zurück an die Assistenz. Um auf das Level zu kommen, ist es notwendig, sich darauf zu verlassen, dass die Assistenz die Aufgaben gewissenhaft übernimmt und ausführt.

**Wie schafft man es, von Aufgaben loszulassen?**
**Lieber:** Bei mir war es ein Selbsterkenntnisprozess und Lernfaktor. Als ich meinen jetzigen Job vor sechs Jahren angetreten habe, bin ich relativ schnell in Arbeit erstickt. Nachdem ich gemerkt habe, dass es so nicht geht, habe ich meine E-Mail-Kriterien der Assistenz erklärt, ihr meine E-Mails zugänglich gemacht und Transparenz geschaffen. Da ist zwar ab und zu was Privates zu lesen, aber das muss man hinnehmen.

**Und die Vorteile des Loslassens?**
**Lieber:** Dass ich meinen komplexen Tagesablauf ganz entspannt meistere, dass ich so gut wie nie gestresst bin, sehr viel Zeit für strategische und visionäre Dinge habe. Das schafft Raum für die Beantwortung von strategischen Fragen. Zum Beispiel: Wie entwickelt sich das Bankengeschäft weiter? Wie können wir den Kunden noch mehr Service anbieten? Die strategischen Dinge sind die entscheidende Aufgabe der Unternehmensführung.

**Die Investition in ein gutes Team und dessen Selbstständigkeit wirkt sich wie aus?**
**Lieber:** Die Selbstständigkeit der Mitarbeiter hat nur Vorteile. Das Team wächst über sich hinaus und erledigt die Dinge nach kurzer Zeit selbstständig. Man ist als Chef zwar im Hintergrund da, wenn es mal wirklich ein Problem gibt. Aber 90 Prozent der Fälle werden aufgrund sinnvollen Delegierens vom Team erledigt.

**Ist es auch eine Führungsaufgabe, dass die Mitarbeiter glänzen?**
**Lieber:** Um mal einen Fachbegriff zu verwenden, wir haben eine sogenannte transformationale Führung im Gegensatz zu einer transaktionalen Führung. Das Modell steht für ein Führungsmodell, bei dem die Geführten Vertrauen, Respekt, Loyalität und Bewunderung gegenüber der Führungskraft empfinden. Dadurch erbringen sie überdurchschnittliche Leistungen. Im Gegensatz zu »Zuckerbrot und Peitsche«, also auch das Gegenteil zu meinem Führungsstil.

**Wie zeigt sich der im Alltag?**
**Lieber:** Ich versuche immer eine gemeinsame Mission, ein Ziel für die gesamte Organisation zu entwickeln und dabei sehr viele Freiräume zu lassen. Also die Leitplanken sind sehr weit. Und wenn Probleme entstehen, sind wir sehr lösungsorientiert. Dazu kommt: Ich sage nie, wie es geht, sondern erwarte, dass Vorschläge präsentiert werden. Dabei haben die Mitarbeiter viel Gestaltungsfreiraum.

**Warum ist Freiraum wichtig?**
**Lieber:** Menschen lieben es, wenn sie das Gefühl haben, etwas beeinflussen zu können. Bei uns wird das gelebt. Wenn neue Geschäftsfelder oder Prozesse installiert werden, sind die Mitarbeiter immer eingebunden, haben die Möglichkeit, Prozesse zu gestalten und sie auch ein Stück weit zu beeinflussen. Das ist für die Mitarbeiter eine unglaubliche Motivation, wenn Sie etwas gemeinsam mit der Geschäftsführung entwickeln. Aber wichtig ist auch, dass man immer »den Regenschirm« über das Team hält.

**Auch wenn beispielsweise die Assistenz einen Fehler macht?**
**Lieber:** Das kommt glücklicherweise extrem selten vor. Meine Assistenz ist so etabliert, dass sie ihre Fehler selber beheben kann. Das bekomme ich dann kaum mit. Nicht, weil sie die Fehler verheimlicht, sondern weil sie die Probleme selbst löst.

**Vita**

Christoph Lieber begann seine Karriere bei der UBS AG im internationalen Wealth Management. Von 2000 bis 2006 war er für die UBS als »Director« an sechs verschiedenen Standorten international tätig. Während dieser Zeit lagen seine Hauptverantwortlichkeiten im Bereich Marktentwicklung sowie in der Leitung von Kundenberatungseinheiten mit dem Schwerpunkt auf Deutschland und Europa. 2008 übernahm er die Koordination bei der UBS Deutschland AG für das Produkt- und Dienstleistungsangebot für deutsche Kunden. 2009 wechselte Lieber als Vorstand zur St. Galler Kantonalbank Deutschland AG. Im September 2013 wurde er zum Vorstandsvorsitzenden/CEO des Vermögensverwalters ernannt.

# Windschatten zieht an

## Von Siegern siegen lernen

Zeitgewinn durch das Tuning in Ihrer Unternehmensstruktur ist ein bewährtes Mittel, um zu mehr Effizienz zu kommen. Das ist nicht neu und im Rennsport sowie bei einem profitablen Wirtschaftsbetrieb Grundvoraussetzung. Darum bin ich beileibe nicht die Einzige in der Beraterbranche, die das propagiert. Allerdings beziehen sich die großen Studien, die das generell belegen, nicht auf die verwaltenden Abteilungen einer Firma. Im Bereich Backoffice gibt es wohl relativ wenig Spezialisten. Warum ist das so? Das Backoffice ist ein schwer zu fassender Begriff, der sich in den einzelnen Firmen oft unterschiedlich definiert, nebenbei läuft oder übergreifend agiert. Daher sind konkrete Zahlen, die die dazu zählenden Abteilungen zum Unternehmensergebnis beitragen, schwer zu erfassen. Neben Buchhaltungen, Poststellen, Personalabteilungen et cetera gehören dazu auch die Assistenzen. Das ist eine nicht zu unterschätzende Schlüsselfunktion. Auf dem Gebiet kenne ich mich aus. Um mal wieder den Motorsport zu bemühen: Diesen Kurs fahre ich »blind«.

In unzähligen großen, mittelständischen und kleinen Unternehmen konnte ich den Kurs korrigieren und diese Bereiche auf Ideallinie lenken. Das geht auch bei Ihnen besser. Und denken Sie an das Rennfahrzeug (pardon, das Ressort oder gar die ganze Firma), mit dem Sie im Wettbewerb vorne liegen wollen. Vergleicht man Ihr Unternehmen mit einem Motor im Auto, sorgen nicht nur die produzierenden Abteilungen, sondern auch die Assistenzen dafür, dass es rund läuft. Deren (theoretische) Aufgabe ist es, die Personen, die sie betreuen, ohne Pannen und optimal durch den Berufsalltag zu steuern.

Geschieht das nicht, verschleudern die Unternehmen damit nicht nur menschliche Ressourcen, sondern auch bares Geld. Das habe ich ja bereits auf den vorherigen Seiten klargemacht. Doch wie ist es, wenn die Firmen sich zu einer Inspektion durch uns entschlossen haben? Einige dieser Beispiele finden Sie in den Interviews zum Abschluss der einzelnen Kapitel. Unisono kann man aus den Interviews folgendes Fazit ziehen: Diejenigen, die den Schritt wagen, Ihren bisherigen Büroalltag auf den Prüfstand zu stellen, sind per se Siegertypen.

Diese sollen Ihnen als Anregung dienen, aus Ihrem Backoffice und Ihnen eine Mannschaft zu formen, die ein Siegerteam wird. In einer Umfrage durch mein Unternehmen PLU kam heraus: Zu viele Führungskräfte nutzen ihr Backoffice nicht in dem Maße, wie es möglich und sinnvoll wäre. 75 Prozent aller Führungskräfte erkennen nicht das Potenzial ihrer Assistenz und geben zu wenig Aufgaben und Verantwortung an sie ab. Chefs widmen sich noch zu häufig Aufgaben, die nicht zu ihrem Profil gehören, statt ihre Assistenzen damit zu betrauen. Viele Chefs erstellen Präsentationen, Dokumente und Tabellen selbst und beantworten E-Mails persönlich. Assistenzen wiederum wird meist zu wenig zugetraut, obwohl sie sich mehr Verantwortungsübernahme wünschen. Hier schlummern ungenutzte Zeitreserven. Mit relativ kleinem Aufwand und Budget können Managementpotenziale wieder ausgeschöpft werden.

Auch das haben wir in den vorherigen Seiten oft genug wiederholt. Doch die Praxis und ein Projekt von der Unternehmensberatung Roland Berger mit der Deutschen Bank bestätigt, dass noch unglaublich viel Geld für die Unternehmen zu holen wäre. Am Ende der gemeinsamen Arbeit kam heraus: »80 Prozent der gesparten Zeit wirkten sich direkt positiv auf das Budget aus.«

Täglich erreichen uns Berichte in der PLU, die jedoch davon künden, dass sich das nicht in der gesamten Wirtschaft herumgesprochen hat. So lassen einige Ausschnitte der Berichte von Assistenten aus der Praxis die einen ungläubig lauschen, während die anderen sich sicherlich an der einen oder anderen Stelle wiedererkennen. »Wenn ich nur mal fünf Minuten Feedback bekommen würde, könnte ich wieder zwei Tage durcharbeiten.«; »Die meisten E-Mails vom Chef könnte ich sofort beantworten, weiterleiten oder löschen, aber er muss ja alles selber machen.«; »Heute habe ich wieder einen Screenshot von dem Flug bekommen, den er möchte, dafür hat er bestimmt eine Stunde recherchiert, bei mir wäre das Thema in fünf Minuten erledigt gewesen.«; »Bitte erinnern Sie mich daran, dass ich meinen Laptop mitnehmen muss ins Meeting.«; »Staubwolke? Die Kanzlerin kann nicht fliegen? Egal, chartern Sie mir einen Privat-Jet, ich habe wichtige Termine, ich muss fliegen.« All diese Sätze hören sich zwar an wie Anekdoten, sie sind jedoch ein Ausschnitt aus dem Leben einer Assistenz. Und kein Ruhmesblatt für deren Vorgesetzte.

Ein immer wiederkehrender »Problemfall« beim Chef scheint insbesondere das Loslassen von administrativen und organisatorischen Themen und vor allem dem eigenen Terminkalender zu sein. Dem hier beschriebenen Typus »unabhängiger Chef« fällt es schwer, die kleinsten Dinge abzugeben.

Um sicherzugehen, dass alles richtig ist, bastelt der Geschäftsführer dann selbst an der Power-Point-Präsentation und beantwortet seine E-Mails direkt. Er hat gerne die Rufumleitung ausgeschaltet und nimmt die Anrufe doch lieber selbst entgegen. Ein weiterer Klassiker ist das Verwalten des Kalenders, so hackt der unabhängige Boss seine Termine im Zweifinger-System in den Terminplaner und bringt dadurch seine Assistenz zur Verzweiflung.

Überaus nervenaufreibend ist auch die Zusammenarbeit mit dem misstrauischen Chef. Der Misstrauische enthält seiner Assistenz wichtige Informationen vor und verhindert so eine reibungslose Zusammenarbeit. Außerdem kontrolliert er seine Assistenz und überprüft deren Arbeitsweise. Dass ein solches Verhalten eine vertrauensvolle und eigenverantwortliche Arbeit so gut wie unmöglich macht, ist ja wohl selbsterklärend.

Hinter vorgehaltener Hand sprechen Assistenzen über diese Begebenheiten mit ihren Chefs. So verbreiten sich die Geschichten von lustigen über traurige bis hin zu merkwürdigen und seltsamen Angewohnheiten der Führungskräfte. Gegenüber ihren Vorgesetzten jedoch schweigen die meisten Assistenten und akzeptieren, dass sie nicht effektiv arbeiten können, weil ihnen zu wenig zugetraut wird. Versuche, dem Chef mitzuteilen, dass Sie ihn nicht in dem Umfang entlasten können, weil er weder klar kommuniziert noch Verantwortung überträgt und nicht einmal bei einer Tischreservierung die Assistenz selbst entscheiden lässt, scheitern. Assistenzen resignieren irgendwann oder wechseln regelmäßig den Job, in der Hoffnung, dass es beim nächsten Chef besser wird. Doch vielfach kommen sie vom Regen in die Traufe, so vergeudet auch der nächste Chef wertvolle Zeit mit seiner E-Mail-Bearbeitung, der Terminkoordination, dem Nachhalten von To-dos, Meeting-Marathons und der Erstellung von Präsentationen bis spät in die Nacht – anstatt dies der Assistenz zu übertragen.

Egal womit der Chef die Assistenz bremst, der Effekt ist immer der gleiche. Die Assistenz kann weder ihr Potenzial zeigen, noch sich weiterentwickeln, sie langweilt sich, resigniert mit der Zeit und wird letztendlich unmotiviert und lustlos. Wie die PLU-Studie von 2013 (»Erfolgsfaktoren eines ‚Winning-Teams' – Chefs und ihre Assistenzen«) ergeben hat, sind 80 Prozent der Assistenzen unzufrieden mit dem Führungsverhalten ihres Chefs und fühlen sich unterfordert, während die Chefs Überlastung als Grund angeben. Viele Chefs müssen lernen, sich nicht mehr Aufgaben zu widmen, die nicht Chefsache sind und anfangen, ihre Assistenzen damit zu betrauen. Manager erledigen heutzutage noch zu oft Organisatorisches selber, weshalb die wirklich wichtigen Aufgaben wie Strategie, Produktentwicklung, Mitarbeiterführung oft nur schwer zusätzlich zu bewältigen sind. Die mangelnde Führungskompetenz und der Respekt gegenüber der Assistenz bleibt nicht ohne Folgen. Die innere oder gar äußere Kündigung ist garantiert.

Laut der aktuellen PLU-Studie schöpfen nur drei Prozent der Vorgesetzten und Projektleiter die Ressourcen ihrer Top-Assistenzen voll aus. Assistenzen wird meist zu wenig zugetraut, obwohl sie sich mehr Verantwortung, Anerkennung und Freiräume wünschen. Die Demotivation der rechten Hand des Chefs und die unproduktive Zusammenarbeit führen dazu, dass die Aufgaben von der Assistenzkraft mehr schlecht als recht erfüllt werden, während der Chef – statt das eigene Führungsverhalten zu reflektieren – unnötige Aufgaben übernimmt.

Zu denen, die durch ihr Verhalten einen Bremseffekt erzeugen, gehören Sie doch nicht! Aber prüfen Sie, ob die Zusammensetzung – Sie und Ihre Assistenz – ein effizientes Team sein kann. Selbst, wenn Sie zur Delegation, Information und Einbindung bereit sind, darf man eines nicht außer Acht lassen: Die Chemie des Tandems Chef/Assistenz muss stimmen.

Eine geeignete Kandidatin zu finden ist schwierig, da die Assistenzvermittlung nicht im Fokus der üblichen Personalberater stehen. Diese glauben, ihr Glück eher im Finden entsprechender Kandidaten in höheren Managementpositionen zu finden und überlassen das Feld völlig der Personalabteilung oder dem Manager selbst.

Nimmt sich die Personalabteilung der Besetzung von Assistenz-Stellen an, wird verständlicherweise ein Filter angewendet. Das ist schade. Denn äußere Faktoren wie Alter, Bildung und sorry, liebe Personalabteilungen, auch das Aussehen, sagen nichts darüber aus, ob die Kandidatin oder der Kandidat auch »menschlich« zum Chef passt.

Wie wird im Unternehmen beurteilt, ob eine Assistenz das Talent und Engagement mitbringt, was zur echten Entlastung ihres Chefs führt? Zweifellos kann man von den in der Vergangenheit erbrachten Leistungen, der Ausbildung und den Stärken auf die Befähigung schließen. Das aussagekräftigere Bild ergibt sich jedoch aus dem Abklopfen des Potenzials der Dame (oder des Herrn).

Das Wichtigste für die Menschen, die über eine Einstellung entscheiden, ist das Bauchgefühl. Und das können nur die vielleicht künftigen Mitglieder des Teams entscheiden. Leider ist dieses Entscheidungskriterium in den heutigen stressigen Zeiten ein wenig unter die Räder gekommen. Man hat zum Schluss maximal zwei Kandidatinnen, die die Personalabteilung ausgewählt hat. Es ist nun mal so. In großen Personalabteilungen (und das bitte ich nicht als Vorwurf zu verstehen, denn auch diese Damen und Herren arbeiten unter hohem Zeitdruck) wird die erste Welle erst einmal vom Gedanken des Aussortierens und weniger vom Gedanken des Findens der richtigen Person bestimmt. Das ist nicht verwunderlich. Anders als bei der Besetzung von Spitzenpositionen scheint der Job der Assistenz ein Standard zu sein. Ich warne davor. Denken Sie wieder an das Rennsportbild. Stellen Sie sich vor, der Fahrer sagt zwar dem Chefmechaniker, was an dem Auto nicht stimmt, aber der versteht ihn nicht, weil er die Worte nicht in die Praxis umsetzen kann. Er versteht nämlich nicht, was der Fahrer meint, sprich, er weiß nicht, wie der Fahrer tickt. Die Folgen sind klar. Siegertypen im Management wissen das und suchen die Assistenz mit derselben Sorgfalt aus, wie eine strategisch wichtige Führungskraft.

Natürlich ist es richtig, dass nur Kandidatinnen eingeladen werden, die die Anforderungen erfüllen. Doch das Beherrschen von Office-Tools und Fremdsprachen ist nicht alles. Das Herausfiltern nach starren Kriterien birgt die Gefahr, dass solche Standards die sogenannten »Soft Skills« nicht einbeziehen. Standards sind etwas fürs tägliche To-do und nichts für die Position des Menschen, der einem nicht nur räumlich auf der Arbeitsstelle am nächsten ist, nämlich im Vorzimmer.

### Standards nur bei Prozessen

Man könnte daraus eine Grundregel ableiten: Standards bei der Personalauswahl überdenken und beim täglichen Geschäft umsetzen. Das Einführen solcher Regelabläufe macht Sie neben dem richtigen Team garantiert zum Durchstarter. Die Vorteile beleuchte ich ja an der einen oder anderem Stelle. Aber, wie es so mit Ratgeberliteratur ist, man kauft sie nicht, weil man es oft selbst nicht weiß, sondern weil es oft einfach einmal gelesen und auf das eigene Umfeld hin überdacht werden sollte. Darum habe ich Ihnen im Anschluss einige erprobte Standards formuliert. Daraufhin können Sie überprüfen, ob in Ihrer Verwaltung alles stimmt oder ob Verbesserungen möglich sind oder Standards eingezogen werden sollten.

Das sollten Sie und Ihre Assistenz auch bei der Organisation von Zusammenkünften einhalten. Disziplin dank System ist erwiesenermaßen vor allem bei Besprechungen notwendig. Darum hier ein kleiner Leitfaden zum Thema »Meetings«.

## Trainingseinheiten für effiziente Meetings

Wir reden zu viel und zu oft. Ich verweise da noch einmal auf die Studie von Bain & Company (siehe auch Kapitel 2 und 3). Wie aber plane ich ein effizientes Meeting?

### Ziel und Agenda der Zusammenkunft

Ein Meeting ohne Agenda führt zum Chaos! Sie verlieren die Kontrolle über Themen, die Teilnehmer und vor allem über die Zeit, und die ist bekanntermaßen Geld. Gibt es keinen Schwerpunkt des Meetings, sondern werden alle anstehenden Punkte besprochen, ist das eine andere Form. Nennen Sie das in diesem Fall nicht Meeting, sondern Stand-up. Das bedeutet kurzes und knappes Abhandeln und Abstimmen der Punkte. Dabei empfehle ich das Stand-up wörtlich zu nehmen und keine kuschelige Meeting-Raum-Sitzatmosphäre herzustellen. Stehen beim kurzen Informationsabgleich hilft den knappen Zeitrahmen im Blick zu haben (netterweise beim Morgenkaffee).

## Agenda erstellen

Wenn Sie aber in einer personellen Konstellation zusammenkommen, die nicht so einfach zu organisieren ist und/oder es um Grundsatzthemen geht, gehen Sie beim Erstellen einer Agenda wie folgt vor: Im ersten Teil informieren Sie über das Ziel der Besprechung (zum Beispiel Forschungsschwerpunkte der nächsten fünf Jahre diskutieren), dann folgen die konkreten Themenfelder. Sollten noch andere Themen notwendig sein, die nichts mit dem Hauptpunkt zu tun haben, behandeln Sie diese zum Schluss.

### Beispiel Agenda (oder die gute alte Tagesordnung) für Forschung und Entwicklung

### Treffen am:

**Themen des Treffens**
09.00 bis 09.15 Uhr:
Begrüßung der Teilnehmer

09.20 bis 09.40 Uhr:
Status quo und mögliche Innovationsschwerpunkte

09.41 bis 09.50 Uhr:
Kaffeepause

09.51 bis 12.00 Uhr:
Diskussion der Innovationen

12.01 bis 12.30 Uhr:
Mittagspause

12.31 bis 14.30 Uhr:
Zeitfenster für neue Innovationen

14.31 bis 15.00 Uhr:
Festlegen der Aufgaben und Verantwortlichkeiten

15.01 bis 16.00 Uhr:
Etat

**Weitere Themen**
16.01 bis 16.30 Uhr:
Neue Richtlinien des Unternehmens
Ende

## Moderieren Sie oder ein anderer?

Der Moderator sorgt für Ordnung, erteilt das Wort und achtet auf die Einhaltung der Agenda. Das muss nicht der Ranghöchste sein. Aber er soll natürlich im Thema sein und allseits respektiert werden. Wenn Sie selbst moderieren, bereiten Sie sich vor, indem Sie die Sätze der Begrüßung formulieren und das Ziel noch einmal kurz beschreiben. Notieren und überlegen Sie sich zu den einzelnen Tagesordnungspunkten Stichworte, notieren Sie, welche Mitarbeiter Redebeiträge liefern und wie Sie diese vorstellen et cetera.

Vergessen Sie als Moderator auch nicht, dass Vielredner, die sich immer zu allem äußern, Zuspätkommer, Handy-Glotzer und unvorbereitete Mitarbeiter den Ablauf des Meetings behindern. Denken

Sie im Vorfeld darüber nach, wie Sie damit umgehen. Überlegen Sie auch, ab welchem Punkt Sie Diskussionen abbrechen. Guter Tipp: Legen Sie zu den Themen, die berechtigterweise diskutiert werden, weil sich daraus neue Aspekte ergeben, einen neuen Termin mit den direkt Beteiligten fest. So geraten Sie nicht zu sehr aus dem Zeitplan.

### Legen Sie einen Protokollführer fest

Das wird oft nebenbei oder fünf Minuten vorher überlegt. Ein gutes Protokoll ist die entscheidende Grundlage für die Weiterarbeit nach dem Meeting. Ihre Assistenz beherrscht das. Kann oder soll Sie aus irgendwelchen Gründen aber nicht teilnehmen, informieren Sie frühzeitig, wer das Protokoll erfasst und erstellt und in welcher Art (Stichwort- oder ausführliches Protokoll).

### Planen Sie einen Zeitrahmen

Schreiben Sie bereits in der Agenda, in welchem Zeitrahmen ein bestimmtes Thema abgehandelt werden soll. Lassen Sie sich dafür viel Zeit. Danach bestimmt sich nicht nur die Zeitplanung von Ihnen und den anderen Teilnehmern, sondern das zeigt auch die Seriosität Ihrer Planung. Räumen Sie auch kurze Pufferzeiten zwischen den Punkten sowie Zeit für Pausen ein. Stellen Sie sich das Meeting vor. Denn manche Punkte brauchen eben mehr Zeit, vor allem bei grundsätzlichen Entscheidungen und Änderungen ist der Informations-, Frage- und Diskussionsbedarf hoch.

### Bereiten Sie den Inhalt der Sitzung vor und beziehen Sie die Teilnehmer mit ein

Füllen Sie die einzelnen Agenda-Punkte mit Inhalt! Damit meine ich im ersten Schritt: Notieren Sie sich Stichworte zu den einzelnen Themen, die Sie im Meeting erörtern möchten und schreiben Sie eine »Anmoderation«. Um das Meeting in Gang zu bringen, stellen Sie einladende Fragen beim Übergang zu den einzelnen Punkten (Beispiel: »Herr Müller, Sie haben ja Erfahrung mit dem Thema. Wie sehen Sie das?«).

Legen Sie fest, welche Dokumente/Einspielungen, Power-Point-Präsentationen et cetera notwendig sind, um den Teilnehmern die notwendigen Informationen für eine fruchtbare Diskussion zu liefern.

Nachdem Sie diese Dinge erledigt haben, gehen Sie noch einmal den Zeitplan an. Stimmt der noch, nachdem Sie diese Punkte durchdacht haben?

Dann delegieren Sie die zu vorbereitenden Unterlagen. Den Feinschliff können Sie ja immer noch vornehmen. Teilen Sie also Ihrer Assistenz mit, welche Präsentation sie erstellen soll, wer die Grundlagen liefert, welche Fachabteilung komplette Präsentationen übernimmt et cetera. Die Assistenz sorgt dafür, dass die Unterlagen rechtzeitig vorgelegt werden, sodass noch einmal alles gesichtet und möglicherweise modifiziert werden kann.

**Formulieren und Versenden der Einladung**
Natürlich können Sie als Führungskraft einfach einen Termin über Outlook einstellen. Aber das zeugt nicht von besonderer Wertschätzung gegenüber den Eingeladenen. Auch einfach die Agenda anhängen reicht nicht. Formulieren Sie positiv. Hier ein denkbarer Text für die Einladung zum FuE-Strategie-Meeting:

> *Sehr geehrter Herr Müller,*
> *nachdem wir im laufenden Jahr positive Kennzahlen registrieren können, möchte ich frühzeitig den Erfolg für lange Zeit sichern. Anlass genug bei einem Meeting die Forschungs- und Entwicklungsschwerpunkte der kommenden Jahre zu diskutieren.*
> *Die Agenda habe ich zu Ihrer Vorbereitung angehängt.*
> …

Der Zeitpunkt der Versendung sollte natürlich so gewählt sein, dass externe Teilnehmer die Reise nicht zu Last-Minute-Tarifen buchen müssen.

**Was die Assistenz erledigt**

- Teilnehmerliste verwalten
- Präsentationen vorbereiten
- Besprechungsraum buchen
- Bewirtung organisieren
- Handouts auslegen
- Eventuell Anreisen/Unterkünfte buchen
- Abendprogramm organisieren
- Protokoll führen
- Protokoll erstellen
- Protokoll versenden

## Trainingseinheiten für attraktive Präsentationen

Nach Angaben von Buchautor Warren Berger werden jährlich 30 Millionen Beamer-Präsentationen an die Wand geworfen. Die Zahl zeigt, gegen welche Konkurrenz die Präsentationen bestehen müssen. Die meisten überzeugen nicht, sagt eine Befragung (2012: Publikumeter, Institut praesentarium, Hamburg) unter deutschen Führungskräften. 82 Prozent aller Präsentationen wurden als langweilig eingestuft, 14 Prozent als zielführend und nur vier Prozent als begeisternd. Das ist erschreckend – nicht wahr? Außerdem denken Sie darüber nach, dass sich durch Apps, Smartphone et cetera die Kommunikationswahrnehmung geändert hat.

Die Folie muss Ihrer Corporate Line entsprechen. Eine einfache aber gute Regel ist die Erstellung einer Vorlage nach dem KISS-Prinzip (Keep it straight and simple). Also keine Textüberfrachtung, maximal eine Aussage pro Folie. Warum? Nicht die Folien sollen im Fokus stehen, sondern der Vortragende und seine Ausführungen. Zuviel Grafiken, zu viel Spielerei lenken ab. Weniger ist also mehr. Darum sind auch große Überschriften eigentlich unnötig.

Inhaltlich gliedert sich eine Präsentation wie ein Aufsatz in der Schule:

**Einleitungsteil der Präsentation:**
Begrüßung
Vorstellung des Präsentierenden und der zuständigen Abteilung, wenn es sich um eine größere Runde handelt.
Überschrift der Präsentation mit Ziel »Strategie FuE 2020« (das Kommentieren: Wir wollen heute über die Forschungsschwerpunkte der kommenden fünf Jahre beschließen).

**Hauptteil der Präsentation:**
Forschungsstand (das ist unser Status quo)
Hintergrundinformationen (die Wettbewerbssituationen, damit verdienen wir wie folgt Geld)
Vorschläge für die künftige Forschung (das wollen wir machen)

**Schluss der Präsentation:**
Zusammenfassende Aussagen
Vielen Dank für die Aufmerksamkeit!
Die Power-Point-Präsentation darf nicht einschläfern. Hier eine kleine Checkliste, wie Sie Ihren Vortrag und die dazugehörenden Folien interessant machen.

**Ein paar Tipps für einen gelungenen Auftritt:** Der erste Eindruck entscheidet. Wissenschaftler sagen, dass 150 Millisekunden reichen, um zu wissen, ob ich den anderen mag oder nicht. Ob Sie Ihre Zuhörer begeistern, hängt zum einen von der richtigen Körpersprache ab. Denn der Eindruck, den wir vom anderen gewinnen, läuft nun mal nonverbal ab.

Wichtig! Stehen Sie gerade (und mit beiden Beinen fest auf dem Boden), nehmen Sie Blickkontakt auf, lachen Sie herzlich und auch mit den Augen, sprechen Sie die Zuhörer möglichst oft mit Namen an. Ein guter Tipp ist, vor der Präsentation einige Minuten einen Stift zwischen die Zähne klemmen, damit die Mundwinkel oben sind (kein Quatsch. Das funktioniert wirklich).

Nun können Sie also mit Ihrem Beitrag beginnen. Hier ein paar Tricks, um die Zuhörer bei der Stange zu halten.

**Einbeziehen**: Beziehen Sie Ihr Forum durch spontane Fragen mit ein: »Wer von Ihnen kennt dies oder das?« Fragen Sie nach der Meinung zu einem Thema.

**Visualisieren** Sie Ihren Vortrag mit Einspielfilmen oder Toneinspielungen. Untermalen Sie Ihr Referat mit thematisch passenden Einspielungen von Videos, beispielsweise von einer Straßenumfrage. Das ist eine schöne Aufgabe für Auszubildende. Aber bitte nicht einfach Filmausschnitte aus dem Internet nehmen. Die Rechtsfrage muss geklärt sein, wenn Sie Fremdmaterial verwenden. Sonst könnte es teuer werden.

**Wählen Sie einen Aufhänger,** der eine aktuelle Situation beschreibt oder über neuste Erkenntnisse informiert. Je überraschender und je besser dieser Aufhänger ist, umso erfolgreicher. Was immer zieht, sind Fakten gemäß dem Motto: Wussten Sie schon?

**Was Sie sonst noch beachten können**: keine langen Schachtelsätze (Subjekt, Prädikat, Objekt). Ihre Sätze sollen aktiv und Ihre Botschaften möglichst positiv sein. Sagen Sie klar, was Ihnen wichtig ist.

Wechseln Sie das Sprachtempo, das macht Ihren Vortrag lebendig. Finden Sie Beispiele, Vergleiche und Bilder für die Zahlen und Fakten, die Sie vermitteln wollen. Setzen Sie Pausen. Reden Sie nicht zu lange. Üben Sie vorher vor dem Spiegel. Wenn Sie das alles beachten, wird Ihre Präsentation immer ein Erfolg sein.

## Planung ist alles – nicht nur auf der Rennstrecke, sondern schon auf der Reise dahin

Planen Sie 50 Prozent des Reisetages als Zeitpuffer! Sie finden, das ist zu viel? Glauben Sie mir, es ist der optimale Rahmen, den Sie brauchen, um entspannt von einem Termin zum nächsten zu kommen. Sind die Besuche und Besprechungen zu eng geplant, werden Sie sehr schnell unter Druck geraten, wenn sich ein Gespräch mal länger als geplant hinzieht.

Sollte der Zeitraum zwischen den Besprechungen reichen, können Sie Telefonate führen. Zum Beispiel mit Ihrer Assistentin, damit sie Ergebnisse und die daraus folgenden Tätigkeiten aus den Terminen weitergeben kann oder damit sie aktuelle Erkenntnisse bereits dokumentiert. Vielleicht ist Ihnen aber auch noch eine Optimierung der Power-Point-Präsentation für den übernächsten Termin eingefallen? Kein Problem. Die Assistenz arbeitet das ein und sendet Ihnen eine neue Fassung auf Ihr Smartphone.

Genauso wie die Umbuchung des Fluges, weil Sie vielleicht doch noch kurzfristig den Termin bei einem wichtigen Kunden bekommen. Dafür bereitet sie im heimischen Büro noch einmal alle Fakten auf, sodass Sie mit frischen Fakten punkten können. Merken Sie was? Die Assistentin oder der Assistent kann viel mehr als Ihren Flug oder das Hotel buchen. Auch hier ziehe ich den Motorsport und ein gutes Team zum Vergleich heran. Dafür, dass der Race-Truck, in dem alle Teile und das

Auto transportiert werden, pünktlich an der Strecke ist, ist nicht der Rennpilot zuständig. Das besorgt das Team. Sie müssen nur den Kurs kennen, auf dem Sie das Fahrzeug ins Ziel bringen müssen.

Die Assistenz sorgt auch dafür, dass Sie die notwendige Infrastruktur vor Ort vorfinden. Wenn Sie das noch optimieren wollen, klärt Ihre Mitarbeiterin das bei Reisen ins ferne Ausland ab: Benötigen Sie Impfungen oder ein Visum? Welche lokalen Gepflogenheiten müssen Sie beachten? Was und wie isst man vor Ort? Haben Sie eine ausreichende Auslandskrankenversicherung? Gibt es einen deutschsprachigen Arzt vor Ort? Haben Sie ausreichend Bargeld in fremder Währung dabei (für Trinkgelder, Taxis et cetera)?

## Wenn einer eine Reise tut – was die Assistenz für eine optimale Geschäftsreise wissen sollte

Ihr Vorgesetzter möchte seine wichtigsten Kunden besuchen. Der Ort ist so weit entfernt, dass er das an einem Tag nicht erledigen kann. Was erledigen Sie?

### Checkliste für eine perfekte Reise:

- Flug- oder Bahnticket in der gewünschten Klasse buchen (gibt es keine Reisestelle im Unternehmen, dann Angebote online vergleichen)
- Bei einem Bahnticket: Platzreservierung vornehmen (nach den Präferenzen des Chefs)
- Mietwagen (möglicherweise auch am Zielort) oder Firmenwagen reservieren (welche Klasse, Automatik oder Schaltung? Ist ein Navigationssystem gewünscht? Gibt es eine priorisierte Marke/Modell? Braucht man einen internationalen Führerschein?

- Möglicherweise einen Shuttle-Service beauftragen
- Wenn Sie ein Hotel buchen, dann achten Sie auf den gewünschten Standard (ruhiges Zimmer, Lage, ...). Klären Sie bei der Buchung: Ist W-Lan auf dem Zimmer, ist das Frühstück inbegriffen und ist eine Kostenübernahme möglich beziehungsweise Kreditkartenzahlung? Wie sind die Stornobedingungen? Ist eine späte Anreise möglich, wenn ja, bis wann?
- Adressen und Plan: Erstellen Sie eine Liste mit Datum, Uhrzeit, Buchungscode, Flug-Nummer, Terminal oder Bahnsteig und Dauer der Reise. Alternativ-Verbindungen mit Telefonnummer, Buchungs-File
- In der selben Datei stellen Sie eine Adressliste (inkl. Telefonnummern) zusammen von: Hotel, Mietwagenstation, zu besuchende Adressen, gebuchte Restaurants, Devisenbeschaffung
- Was muss in den Business-Koffer? Adapter, Visitenkarten, Notizblock, Unterlagen, Firmenlaptop, Ladegeräte, Handy
- Dokumente zusammenstellen und prüfen: Ist ein Visum beantragt oder ist das vorherige noch gültig? Liegen beglaubigte Kopien der Personaldokumente vor? (erleichtert die Ersatzbeschaffung ungemein). Gibt es einen Ausweis einer Auslandskrankenversicherung?

Ist das alles erledigt, legen Sie mit Ihrem Chef vielleicht noch Uhrzeiten für ein tägliches Gespräch fest, in dem Sie sich telefonisch abstimmen oder in dem er vielleicht Mitarbeiter sprechen will.

# Trainingseinheit für die Dokumentation – zu viel kann belasten, zu wenig kann schaden

## Ordnung auf dem Rechner

Es ist schön, lieber Chef, liebe Assistenz, wenn Sie ein eingespieltes Team sind und sich blind verstehen. Trotzdem, Prozesse brauchen Bedienungsanleitungen. Natürlich zählt dazu eine Anleitung für ein transparentes, logisches und möglichst einfaches Dokumentationssystem. Früher nannte man das Ablage. Es gibt heute wirklich noch Unternehmen, bei denen ein wildes Durcheinander herrscht. Jede Abteilung hat ein eigenes System. Die Frage, wer legt welchen Vorgang ab, ist oft nicht geklärt. Das führt dazu, das zahllose unnötige Kopien gemacht und abgelegt werden. Den Sinn, der hinter Papiersparen steckt, brauche ich wohl keinem mehr zu erklären. Heute müssen aber auch die belegten Server-Kapazitäten bei der Überlegung der Ablagestruktur eine Rolle spielen. Eine Überprüfung des Dokumentenmanagements kann also auf keinen Fall schaden.

Die Dokumentenablage ist auch bei den Mail-Accounts das A und O. Ich glaube zwar, dass Sie nicht nur einen einfachen Eingangs- und Ausgangsordner haben. Aber ich kenne aus meiner Beratungspraxis krudeste Systeme. Für Ihren Rechner gilt dasselbe wie für Ihren Schreibtisch. Schaffen Sie Ordnung!

Wie soll ein solcher Ordnungsbaum aussehen?

### Hier ein Beispiel, nachdem die Assistenz alle Mails sortieren könnte:

- Mails zum Beantworten
- Mails, die die Assistenz erledigt

- Reiseordner
- Terminanfragen
- Projekt xy
- Projekt xx
- Controlling
- Bewerbung
- Privat
- Papierkorb

## Chef User Manual

Was ist aber ebenso wichtig? Dass Sie daran denken, dass auch Sie, liebe Assistentinnen und Assistenten, ausfallen können, weil Sie etwa im wohlverdienten Urlaub sind, wegen Krankheit das Bett hüten müssen, eine andere Aufgabe im Unternehmen übernehmen oder vielleicht eine neue Stelle antreten.

Warum? Sie können doch der Nachfolgerin alles erklären. Nein, garantiert fällt bei der Übergabe das eine oder andere Thema unter den Tisch. Das ist auch bei Motorsportteams das Nonplusultra. Wenn Sie mal einen Werkstattwagen anschauen, sehen Sie an allen Schubfächern eine klare Beschriftung. Jeder Werkstattwagen ist so geordnet, das sich jeder der Mitglieder auskennt. Stellen Sie sich vor, es wird dringend während des Rennens ein Werkzeug gebraucht und die Mechaniker verlieren wichtige Zeit, weil sie suchen müssen. Diese Funktion hat auch das Manual. Das stellt für die Kollegin eine unglaubliche Hilfe dar, weil sie immer alles nachschlagen kann und so den Chef nicht fragen muss. Das ist auch für Sie nützlich. Das Niederschreiben von Prozessen zeigt oft noch Potenziale in einer Ablaufkette auf.

Wie soll ein solcher Ordner aufgezogen werden? Zunächst einmal die wichtigen Verzeichnisse. Das fängt mit Telefonnummernverzeichnissen an (Handynummer des Chefs, evtl. Privatnummer) und hört bei Lebensmittelunverträglichkeiten des Vorgesetzten auf. Natürlich müssen auch die Regelprozesse beschrieben werden. Untenstehend habe ich mal ein beispielhaftes Inhaltsverzeichnis erstellt.

## Ablagesystem

Gehen wir es einmal kurz durch.

**Telefonliste:** In dieses Kapitel gehören neben Mobilfunknummern dringend auch Notruflisten. Das kann die IT-Abteilung sein, die private Rufnummer des Chefs, Vertreterrufnummern oder die eigene private Nummer.

**Telefonregeln:** Wie soll ich mich melden? Wie möchte es der Chef? (kompletter Firmenname, dann Vor- und Nachname oder nur Nachname?). Wie formuliere ich, dass der Chef nicht mit dem Anrufer verbunden werden will? Wer wird immer durchgestellt?

**Mailregeln:** Wie soll die Signatur aussehen? Wie sieht die Ansprache aus? Wie sollen Anhänge benannt werden?

**Terminrichtlinien:** Ab wann und bis wann können Termine vereinbart werden? Wo werden vorzugsweise Termine vereinbart (im Büro, Besprechungsraum, Restaurants)?

**Raumbuchungen für kleine Teilnehmergruppe:** Wo und in welchen Etagen sind Meeting-Räume? Für wie viele Personen sind sie ausgelegt und wie blockiere ich sie?

**Raumbuchungen für große Teilnehmergruppe:** (siehe oben)

**Cateringregeln:** Wie werden Teilnehmer von Meetings und Bürogäste bewirtet (Getränke, Kekse, Buffet und was ab welcher Länge), bevorzugte Restaurants für Geschäftsessen.

**Reiserichtlinien:** Welche Airline, welche Buchungsklasse, welcher Sitz, welche Hotelketten sind bevorzugt, welche Mietwagenfirmen?

**Fuhrpark:** Wer wartet den Wagen, welche Werkstatt, wie lange laufen die Leasingverträge, wann wird ein neues Fahrzeug geordert?

**Privates:** Alle Nummern der Kreditkarte, Ausweisnummern, Impfungen, Auslandskrankenversicherungen, vielleicht Geburtstagsdaten

**Bestellwesen:** Wo beschaffe ich was? Welche Anträge müssen ausgefüllt werden?

Ich bin sicher, dass Ihnen beim Anlegen des Ordners noch genug einfallen wird. Jedes Unternehmen hat seine eigenen Regeln. Aber Regeln helfen allen, sich schnell und umfassend zu orientieren.

Sie werden sehen, diese Handbücher werden dem Werbeslogan »Da werden Sie geholfen« gerecht.

# Dr. Michael Kleer von Rodenstock über Prioritäten und das Zwischenmenschliche

Dr. Michael Kleer setzt nicht nur auf Kompetenz, sondern auch auf den menschlichen Faktor. Darum herrscht in seinem Team kreative Harmonie, wie er mir erklärte.

**Wie bringen Sie als vielbeschäftigte Führungskraft den straffen Berufsalltag, Familie und Freizeit in Einklang?**
**Michael Kleer:** Für mich ist es eine Frage der Prioritäten. Also: Was ist wirklich wichtig? Damit selektiere ich von Anfang an. Der Job ist wichtig, aber es geht auch nicht ohne den privaten Hintergrund – die Familie oder die persönliche Freizeit wie den Sport. Den Sport braucht man, um fit zu bleiben.

**Wie viel steht nach der Selektion täglich auf Ihrem Arbeitszettel?**
**Kleer:** Nach der Selektion bleiben wenige Prioritäten, aber die müssen bedient werden. Darüber hinaus sollte man auch Aufgaben delegieren. Die Weitergabe der Aufgaben kann direkt an den Mitarbeiter oder an und über die Assistenz erfolgen. Um ein Fazit meines Prinzips zu ziehen: erst priorisieren, dann delegieren. Dadurch werden die Themen überschaubar.

**Warum ist die Unterstützung durch die Assistenz so wichtig?**
**Kleer:** Wenn das Zusammenspiel funktioniert, wird es für die Führungskraft sehr viel einfacher. Ein gutes Beispiel aus meinem Arbeitsalltag ist, dass mir das Zeitmanagement komplett abgenommen wird. Ich fange erst gar nicht damit an, Termineinladungen anzuneh-

men oder auszusprechen. Wenn ich das einmal machen würde, organisiere ich das auch. Ich habe das mal probiert, Termine selbst zu akzeptieren und das hat dann sofort nicht mehr funktioniert. Ich will das auch gar nicht selbst machen, darum delegiere ich das Zeitmanagement komplett an die Assistenz.

**Das bedeutet aber auch, dass die Assistenz durch den Tag steuert …**

**Kleer:** Das Einzige was ich in Bezug auf das Zeitmanagement noch ab und zu mache, ist ihr zu sagen, dass ich dann und dann gerne einen Termin hätte und danach läuft das. Sie regelt Termine und die Kommunikation, also zum Beispiel klärt sie, mit wem ich telefonieren muss. Das mache ich alles nicht selbst, sondern das lasse ich organisieren. Ich schaue dank dessen nur noch zur Vorbereitung in den Terminplan. So kann ich mich auf meine Aufgaben konzentrieren.

**Welche Aufgaben werden noch von der Assistenz erledigt?**

**Kleer:** Das sind Tätigkeiten wie Protokolle erstellen. Anhand meiner Notizen formuliert meine Assistentin das aus. Ein anderes Beispiel sind die Betriebsversammlungen. Davon habe ich aufgrund der verschiedenen Standorte mehrere im Jahr. Dafür haben wir einmal ein Präsentationsformat entwickelt, dass meine Assistentin jetzt bei Bedarf ausfüllt. Ich lese das lediglich noch einmal Korrektur und ändere ab und an Formulierungen.

**Also auch Power-Point-Präsentationen?**

**Kleer:** Ja. Auch inhaltlich. Wir unterhalten uns vorher über die Daten und Fakten, die als Grundlage hineingehören. Im Anschluss sammelt meine Mitarbeiterin die gewünschten Informationen und trägt sie zusammen. Die Vorbereitung der Präsentation mache ich gar nicht mehr.

**Hört sich nach einem perfekt eingespielten Team an. Woher weiß die Assistenz, wie der Chef tickt?**
**Kleer:** Man muss absolutes Vertrauen zueinander entwickeln und in der Kommunikation komplett offen sein. Sie kennt von mir alles, was wichtig fürs Geschäft ist, ebenso was sie wissen muss, um das Umfeld zu verstehen. Dadurch wird es für sie viel einfacher, sich in einzelne Punkte reinzudenken. Also, offene Kommunikation über die Dinge, die stattfinden, sowohl was die Firma anbetrifft als auch die Art der Zielsetzung, die wir in der Operation haben. Wenn der Mitarbeiter das kennt, kann er es sehr schnell einordnen. Nehmen wir das Beispiel Anrufe. Muss ich den Anrufer sprechen, will ich ihn überhaupt sprechen? Auf Basis ihres Wissens kann sie entscheiden: Muss ich ihn direkt durchstellen, ablehnen oder einen Termin vereinbaren?

**Das bedeutet aber auch Freigabe der eigenen Daten?**
**Kleer:** Dadurch, dass sie meine Kontakte alle kennt, weiß die Assistentin, wie der Anrufer einzuordnen ist. Das macht sie selbstständig und ich erfahre das gar nicht mehr. Das schützt mich vor unnötigen Gesprächen. Bei neuen Kontakten legen wir dann lediglich einmal fest, wie die Person einzuordnen ist.

**Gibt es einen Jour fixe in der Zusammenarbeit mit der Assistenz?**
**Kleer:** Nein, bewusste Termine gibt es nur bei grundsätzlichen Themen. Allerdings plant die Assistentin alle Jour fixes mit meinen Mitarbeitern.

**Wie lange dauerte es, bis sie aufeinander eingestimmt waren?**
**Kleer:** Das Vertrauen war schnell da. Das Abstimmen und das Wissen darüber, wie der andere tickt, bis es wirklich rund läuft, dauert schon. Ich würde ein bis zwei Jahre dafür ansetzen. Aber ist der Prozess beendet, braucht man gar nicht mehr viel reden.

**Wie motiviert man eine Assistenz?**
**Kleer:** Durch eine große Offenheit. Es motiviert sie, wenn sie alle Themen kennt und sich eingebunden fühlt. Lob schadet auch nicht. Wenn also eine Präsentation super geklappt hat, habe ich die zwar präsentiert, sie aber hat sie erstellt. Auch das positive Feedback von anderen Mitarbeitern oder vom Aufsichtsrat, der sich über sie sehr, sehr lobend geäußert hat, motiviert.

**Wie lange ist sie schon in dieser Funktion?**
**Kleer:** Sie ist jetzt fast vier Jahre bei Rodenstock. Wir kannten uns aber vorher schon. Und darum hat das gut funktioniert. Ich habe sie ja seinerzeit vorgeschlagen, weil ich wusste, dass sie Interesse hat. Unser HR-Leiter war zunächst nicht von ihr begeistert, seine Begründung war: »Sie ist so ruhig und zurückhaltend.« Er glaube nicht, dass das funktioniert. Ich habe geantwortet: »Wenn ich jemanden vorschlage, weiß ich auch, dass das zu 100 Prozent gut geht.« Schon nach einem Monat kam er und hat Abbitte geleistet. Das zeigt, dass sie sich nach so kurzer Zeit in unsere Organisation eingewöhnt hat. Alle sagten, dass es bestens funktioniert. Sie hat sich extrem schnell in ihre neue Aufgabe eingewöhnt.

**Bedeutet das, dass die Chefs ihre Assistenzen selbst aussuchen sollten?**
**Kleer:** Das ist eine absolute Conditio. Da muss man sich auf sein eigenes Gefühl verlassen. Man merkt ja sehr schnell, ob das passt, ob man harmonisch miteinander umgehen kann. Das kann man nur selbst beurteilen und nicht einer anderen Person überlassen. Selbst wenn eine Kandidatin alle Qualifikationen hat, bedeutet das nicht automatisch, dass man sich versteht. Und es gilt noch zu bedenken: Sie ist die Schnittstelle zu allem.

**Was passiert, wenn ein eingespieltes Teammitglied, in unserem Fall die Assistenz, doch einmal andere Wege geht?**
**Kleer:** Ohne Assistenz geht es ja gar nicht. Ich würde zunächst ein-

mal versuchen zu verstehen, warum sie weg möchte, um möglicherweise Ansatzpunkte zu finden, sie doch noch zu halten. Sollte das fehlschlagen, muss man akzeptieren, dass sie geht. Und dann erneut auf die Suche gehen – was für mich eine Herausforderung wäre. Ich würde mir für die Suche Zeit lassen, um genau die richtige Person zu finden. Die Assistenz ist enorm wichtig, sie entlastet mich durch ihre Arbeit sehr. Da muss man als Suchender eben einfach Zeit investieren und mit einer Reihe von Leuten sprechen, um herauszufinden: Wird das funktionieren oder wird das nicht funktionieren? Das ist nötig, damit ich auch künftig wieder meine Freiheiten habe.

**Das könnte doch auch mit dem Hilfsmittel eines »Chef Manual« schneller gehen. Und das hilft auch bei einer Urlaubsvertretung …**
**Kleer:** Das ist ein guter Tipp, dass man das anlegt, wenn mal was passieren sollte. Bislang läuft die Vertretung in unserem Büro gut, da sich zwei vertreten, die sich gut verstehen und auf derselben Unternehmensebene arbeiten. Dadurch wird richtig kommuniziert. So ist die vertretende Assistentin in der Lage, sich recht gut einzuordnen. Darum herrscht hier im Büro Harmonie.

**Vita**
Dr. Michael Kleer ist Chief Operating Officer bei Rodenstock. Zuvor war er bei der Unternehmensberatung Arthur D. Little und Geschäftsführer bei der FRIATEC AG. Dr. Kleer absolvierte sein Studium des Wirtschaftsingenieurwesens und seine Promotion an der Technischen Universität Darmstadt.

# Reglement für den Sieg

## Das richtige Anforderungsprofil

Sie würden als Teamchef eines Motorsportteams keinen Chefkoch einstellen, wenn Sie einen Chefmechaniker suchen. Logisch, sagen Sie? Na, dann machen Sie ja alles richtig bei der Suche nach der optimalen Assistenz. Da gratuliere ich. Damit können Sie diesen Abschnitt überspringen. Sie haben damit zudem bewiesen, dass Sie zu den intelligenten Führungskräften gehören, die sehr viel Zeit investieren, um darüber nachzudenken: Wer passt denn eigentlich in mein Vorzimmer, genauer gesagt, welche Person kann mich optimal entlasten? Oder gehören Sie zu denen, die denken, das Finden der optimalen Assistenz ist Sache der Personalabteilung? Mit dieser Einstellung verschenken Sie eine große Chance. Die Damen und Herren können Ihnen nur eine Auswahl an Bewerbern vorstellen. Definieren, was die Dame oder der Herr für Sie sein soll und was die Person können sollte, müssen Sie. An erster Stelle sollte natürlich die Entlastung stehen! Wichtig ist darum die Überlegung, wo Sie den Hebel ansetzen, beziehungsweise welchen Bereich Ihrer Arbeit künftig Ihre »rechte Hand« für Sie erledigen soll.

Eine Neueinstellung ist die perfekte Gelegenheit, die Rolle der Assistenz neu zu definieren, damit Sie optimal entlastet werden. Aber auch die Mitarbeiterin, die bereits seit Jahren in Ihrem Büro sitzt, könnte eine genaue Beschreibung ihrer Funktion enorm aufmuntern. Das erspart missverständliche Auffassungen, was genau die Aufgaben sind und klärt auch im Innenverhältnis so manche Unsicherheit bezüglich der Zuständigkeiten.

Leider wird in den Unternehmen dieses Thema stiefmütterlich behandelt. Man greift oft zu Retortenlösungen. Und das sowohl bei der Ausschreibung der Stelle als auch bei der Überprüfung der Zuständigkeiten. Darum hier der dringende Appell: Setzen Sie auf das Thema Individualität. So einzigartig wie Sie selbst sind, sollte auch die Assistenz sein, also das perfekte Gegenstück zu Ihnen.

Leider wird im üblichen Bewerbungsverfahren der Wichtigkeit einer Assistenz nicht die gleiche Beachtung geschenkt wie der Besetzung eines Abteilungsleiters. Jeden Tag erfahre ich in meiner Beratungspraxis, dass die ausführliche Suche nach einer passenden Assistenz eine verschenkte Chance sei. Wenn Sie und die Assistenz wirklich wie ein Team sind, dann ist das nicht nur ein Beschleunigungsfaktor für Sie und Ihren Verantwortungsbereich, sondern für die ganze Firma. Warum ist das so? Die Assistenz ist die Schaltstelle zwischen Ihnen und der Welt, und zwar der innerhalb und außerhalb des Unternehmens. Stellen Sie sich ein Tandem vor. Wenn Sie nicht im Gleichklang mit dem Mitfahrer treten, kommen Sie und Ihre Mitfahrer nicht ins Ziel. Das gilt auch für das Duo Chef/Assistenz.

Also nehmen Sie sich die Zeit und formulieren Sie selbst (und nicht die Personalabteilung) das Anforderungsprofil. Vergessen Sie dabei bitte einmal alle Klischees der »Tippse«. Das ist so was von gestern!

Wo ist nun der Übergang von einer Sekretärin oder einem Sekretär zu einer Assistenz? Die Abgrenzung der beiden Berufe ist immer weniger eindeutig und offiziell sind es zudem keine Ausbildungsberufe. Beide Begriffe meinen oft dasselbe. Vermeintlich steht der Beruf der Sekretärin hierarchisch unter der Assistenz. Allerdings ist es in den Betrieben kein Unterschied. Im Allgemeinen ist definiert, dass die Assistentin oder der Assistent einem Vorgesetzten oder einer Abteilung unterstellt ist.

Auf beide trifft zu, dass sie die Führungskraft hinsichtlich zahlloser Belange unterstützen, so übernehmen sie seine Terminplanung und die Reisevorbereitung. Ebenfalls erledigen sie die Korrespondenz. Darüber hinaus betreuen die Mitarbeiter Projekte, erledigen aber auch Sacharbeitertätigkeiten.

Sie sind der Dreh- und Angelpunkt der Kommunikation und beherrschen alle Kommunikationsmittel. Ebenfalls gehört in der Regel die Erstellung von Präsentationen dazu.

Denken Sie also bei dem Stellenprofil an die Begriffe Administration, Unterstützung, Verantwortungsbereiche und nicht an Briefe »tippen« und Flüge buchen. Genauso wichtig ist zudem die Überlegung: Was muss sie oder er für Charaktereigenschaften aufweisen, damit er zu mir passt? Denken Sie bitte nicht, Sie muss sich an mich anpassen. Das ist falsch! Sie müssen zueinander passen.

Schreiben Sie eine Checkliste oder noch besser eine kurze Stellenbeschreibung für die Personalabteilung. Das hilft den Kollegen ungeheuer bei der Vorauswahl. Das sieht vielleicht der eine oder andere Personaler nicht gerne. Aber eine Assistenz ist kein Produkt einer Serie, sondern eine der wichtigsten Stellen, die Sie zu besetzen haben.

Wenn Sie sich das nicht zutrauen und sich fragen: Was ist, wenn ich mich täusche? Das kann passieren. Zu diesem Zweck gibt es jedoch eine Probezeit. Merken Sie, es funktioniert nicht, durchlaufen Sie lieber den Prozess noch einmal, anstatt mit jemanden zusammenzuarbeiten, der Ihnen keine gute Laune beschert. Darum hat man die Probezeit geschaffen. Verfallen Sie nicht in den Fehler zu denken, das wird schon. Nein, das wird es eben nicht. Wenn sich nach vier Monaten noch keine gute gemeinsame Zusammenarbeit entwickelt, wird das in einem Jahr nicht besser werden. Dann sollte man sich trennen.

Noch ein Aspekt ist wichtig. Überlegen Sie auch, ob die Kandidatin in das bestehende Team passt. Denn nichts ist nerviger, als wenn vor Ihrer Bürotür Kriegszustände regieren.

Werden die Assistenzen in Ihrem Unternehmen in einer gemeinsamen Einheit geführt, tauschen Sie die Dame oder den Herren aus. Im Pool lässt sich das gut regeln. Wenn Sie aber solchen Situationen partout nicht ausgesetzt sein wollen, denken Sie über die Einstellung einer Zeitarbeitskraft nach. Diese Damen und Herren kommen eigentlich, um vorübergehend bei Ihnen zu arbeiten. Aber wenn die Chemie stimmt, warum nicht dauerhaft?

## Kompetenz ist keine Frage des Alters, sondern des Könnens

Es gibt für alles ein erstes Mal – auch für das Erstellen eines Profils. Vorab zwei Tipps: Machen Sie sich frei von den Sekretariatsklischees. Entscheidend bei der Gestaltung ist die Vorstellung, wie eine Person aussehen sollte, die intelligent agiert und Sie und sich auf sympathische und effiziente Weise durch den beruflichen Tag steuert. Welche Aufgaben muss sie dazu selbstständig übernehmen?

Denken Sie ebenfalls darüber nach, was sich mit der Neubesetzung für Sie verbessern lässt, indem Sie bisher selbst erledigte Tätigkeiten an die neue Mitarbeiterin oder den Mitarbeiter abgeben. Und noch ein ganz wichtiger Punkt: Die Assistenz ist die Anlaufstelle für Ihre Kunden. Darum ist sie auch eine Botschafterin des Unternehmens. Was Ihnen also wichtig im Umgang mit Kunden ist, muss in die Anforderungsliste aufgenommen werden. Wenn Sie all das durchdacht haben, stellt sich die Frage: Wie erstelle ich so eine Anforderungsliste? Dafür habe ich Ihnen eine Checkliste als Beispiel zusammengestellt, wie das aus meiner Erfahrung heraus aussehen sollte.

## Ein Musterbeispiel fürs Stellenprofil:

Bezeichnung der Stelle: Assistenz der Geschäftsführung
Beschreibung der Stelle: kompetente Mitarbeiterin in den Bereichen Administration und Sekretariat sowie Projektbetreuung
Rang der Mitarbeiterin/des Mitarbeiters: Assistenz
Weisungsbefugte: Vorgesetzte(r): Geschäftsführer
Personalverantwortung: keine
Pensum der Stelle: Vollzeit
Vertretungsregelung bei Abwesenheit der Stelleninhaberin/des Stelleninhabers: wird von Fall zu Fall getroffen. Aber es wird davon ausgegangen, dass bei geplanten Abwesenheiten wie Urlaub oder Weiterbildungsmaßnahmen die Stelleninhaberin oder der Stelleninhaber die Vertretung selbstständig koordiniert.
Ziele, die durch die Besetzung der Stelle erreicht werden sollen: Entlastung des Geschäftsführers und organisatorische Koordination für den Geschäftsführer
Soft Skills: Durchsetzungsvermögen, Teamfähigkeit, Freundlichkeit, Zuvorkommenheit, Eigeninitiative/Selbstständigkeit innerhalb des Aufgabenbereichs, gute Umgangsformen, Loyalität, vorausschauendes Handeln.
Erforderliche Voraussetzungen/Kenntnisse: Sicherer Umgang mit allen Office-Programmen, Englisch in Wort und Schrift (verhandlungssicher), weitere Fremdsprachen wünschenswert

## Aufgaben der Assistenz:

Allgemeine Aufgaben, die in einem normalen Bürobetrieb anfallen wie:

- Erledigung sämtlicher Korrespondenz
- Beurteilung der Wichtigkeit und Dringlichkeit von Post, E-Mails und Telefonaten
- Rechnungskontrolle und Weiterreichung sowie Kostenstellenüberprüfung

- Spesenabrechnungen für den Geschäftsführer und auf dessen Anweisung für …
- Reiseplanung, -buchung und -abrechnung
- Posteingang und -ausgang
- Beschaffungsaufgaben wie Büromobiliar, IT, Büromaterial im Rahmen der Unternehmensrichtlinien
- Organisieren von Besprechungen
- Zeiterfassungsverwaltung der zugeordneten Teammitglieder
- Erarbeitung und Erstellung von Vorlagen, Präsentationen, Ausschreibungen et cetera
- Softwareverwaltung
- Protokollerstellung aller Geschäftsführersitzungen
- Planen und Organisieren von Events
- Beherrschen von Konferenztechnik
- Dokumentenverwaltung
- Erstellen von Vorlagen und -standards

**Zusätzliche Aufgaben:**

- Koordination der Urlaubsplanung
- Führen und Überwachen der Terminplanung und der Wiedervorlage
- Vorbereitende Buchhaltung
- Beurteilung der Bedeutung (Dringlichkeit und Wichtigkeit) eingehender Post, E-Mails und Telefonbetreuung für den Geschäftsführer

**Befugnisse:**

Der Mitarbeiter oder die Mitarbeiterin wird in einer Linienstellenfunktion beschäftigt und hat im Bereich Beschaffung und Organisation eine Kompetenzsumme in Höhe von 2.000 Euro. Unterschriftsberechtigung: mit Zusatz i. A., Bankvollmacht, Postvollmacht.

Wünschenswert wäre ein Interesse am Unternehmensinhalt, an der Branche, Erfahrungen in dem Bereich, Profi in allen Anwendungen von Bürotools, Reisebereitschaft, Weiterbildungswille, Vertretungsbereitschaft

**Sonstiges:**

Die Bewerberin/der Bewerber sollte flexibel hinsichtlich der Arbeitszeit sein, da durch die Absatzmärkte in Übersee hin und wieder wichtige Besprechungen via Videokonferenzen außerhalb der deutschen Arbeitszeiten begleitet werden müssen.

Das ist also die Hardware, um eine optimale Assistenz zu finden. Nun noch einmal zur Software. Überlegen Sie sorgfältig, ob die in Frage kommende Bewerberin auch menschlich zu Ihrer Mannschaft passt. Mut zum Bauchgefühl. Menschenkenntnis ist ja ein Bestandteil Ihrer Führungsstärke. Stimmt das Zusammenspiel, haben Sie ein Team geschaffen, das nur gewinnen kann.

## Weiterentwicklung als Regelprozess

Wie aber verbessern Sie die Effizienz im Zusammenspiel mit dem Vorzimmer, wenn Sie eine Assistenz haben? Auch hier hilft eine präzise Stellenbeschreibung (auch bei bereits tätigen Assistenzen). Diese hilft auf jeden Fall, die Defizite aufzudecken und gemeinsam einen Plan zu entwickeln, wie man die Ergebnisse noch verbessern kann. Das ist vielleicht momentan ein Kulturschock. Doch an Stellschrauben drehen, hilft nicht nur beim Abstimmen eines Rennfahrzeugs, sondern auch beim Tunen Ihres Backoffices.

Nachdem man den Ist-/Soll-Zustand festgestellt hat, folgt nun mein Plädoyer zum Thema ständige Weiterbildungsmöglichkeiten für Ihre »rechte Hand«. Warum? Nicht nur, dass sich momentan die Kommunikation sowie die Möglichkeiten der Kommunikation rasant ändern. Neue Entwicklungen haben enorme Auswirkungen auf Abläufe in der Wirtschaft und der Gesellschaft, das zeigt sich immer mehr. Zum Beispiel: Eine der konkreten nächsten Aufgaben ist die Integration von Big Data in Ihren Berufsalltag. Da muss Ihr Team am Ball bleiben.

Dr. Alexander Lenk, Leiter der Smart-Data-Begleitforschung vom FZI Forschungszentrum Informatik: »Die intelligente Aufbereitung und Nutzung der immer größer werdenden Datenmengen werden das wirtschaftliche und gesellschaftliche Leben grundlegend verändern.« Das Institut untersuchte für das Bundesministerium für Wirtschaft und Energie (BMWi) die Auswirkungen und stellte das Ergebnis auf dem BARC Congress für Business Intelligence und Datenmanagement in Würzburg vor. Gestützt wurde die Untersuchung vom Business Application Research Center (BARC) zusammen mit der Begleitforschung und dem Bundesverband der IT-Anwender e.V. (VOICE). Dafür wurden 340 IT- und Business-Entscheider im deutschsprachigen Raum befragt. Die Mehrheit der Befragten stammt aus der Industrie (22 Prozent), dem Dienstleistungssektor (21 Prozent) und der IT-Branche (15 Prozent). Darüber hinaus wurden Experten der öffentlichen Hand, aus dem Handels- und Finanzbereich sowie aus den Bereichen Energie und Logistik befragt. Bei allen Befragten spielen Daten eine große bis sehr große Rolle. So gaben drei von fünf Befragten an, dass eine permanente Datenanalyse Grundlage der Entscheidungs- und Prozessoptimierung ist (21 Prozent) oder im gesamten Unternehmen Entscheidungen auf datenbasierten Analysen getroffen werden (39 Prozent).«

Das Ergebnis wurde in der Studie »Smart-Data-Business – 10 Thesen zur Nutzung von Big-Data-Lösungen in der Wirtschaft« dokumentiert.

Dr. Carsten Bange, Geschäftsführer von BARC GmbH: »Die Umfrage zeichnet ein Bild davon, wie Big Data in Unternehmen und

Organisationen angekommen ist und wohin die Reise geht. Bereits jetzt gaben 63 Prozent der Befragten, die im Unternehmen eine Big-Data-Initiative laufen haben, an, operative Prozesse durch Big-Data-Lösungen besser steuern zu können. Das Potenzial wird also schon heute von einer deutlichen Mehrheit wahrgenommen. 56 Prozent gaben sogar an, gegenwärtig bereits neue Produktideen und Dienstleistungen mit Big Data zu entwickeln. Wir sind optimistisch, dass diese Tendenz weiter zunimmt.«

Hier die zehn Thesen, von denen sicher mehrere auf Ihr Unternehmen zutreffen:

1. Big Data hilft bei der Entwicklung neuer Geschäftsmodelle, Produktideen und Dienstleistungen
2. Vorhandene datenbasierte Analysemethoden und Vorhersagemodelle sind noch nicht ausreichend – Big Data schafft Abhilfe
3. Steuerung des Tagesgeschäfts durch Big Data ist wichtiger als strategische Implikationen
4. Die größten Herausforderungen liegen im Datenschutz und in der Datensicherheit
5. Das größte Big-Data-Potenzial liegt in der Mobilität und der Industrie
6. Die größten Herausforderungen liegen im Gesundheitsbereich
7. Big-Data-Investitionen fließen vor allem in die Aus- und Weiterbildung des Personals
8. Unternehmen nutzen für die Datenanalyse noch Technologien, die für Big Data nur bedingt nutzbar sind
9. Großes Potenzial liegt in Social-Media-Daten
10. Die IT-Abteilung treibt den Big-Data-Einsatz in Unternehmen voran

Das Befassen mit diesen umwälzenden Entwicklungen ist nicht nur Chefsache, sondern auch Ihr Team muss fit sein, um sich rechtzeitig auf neue Gegebenheiten einstellen zu können. Darum ist permanente Fortbildung für alle Mitarbeiter eine gute Investition. Und auch wenn es sich um IT-Themen handelt, ist die Weiterentwicklungsmöglichkeit keine Frage des Alters. Wenn Sie jetzt nämlich denken, die Kollegin ist doch schon über vierzig, da kommt sie doch nicht mehr mit, dann ist das eine fatale Einschätzung. Vor allem in Hinblick auf die demografische Entwicklung hier in Deutschland. Wir sind zunehmend darauf angewiesen, dass die Älteren so lange wie möglich beruflich aktiv bleiben.

Auch wenn man älter ist, ist man nicht ungeeignet, um solche Prozesse in eine moderne Organisation zu begleiten und zu betreuen. Ich meine damit nicht, dass Ihre Assistenz das Projekt leiten sollte. Aber Sie und Ihre Mitarbeiter müssen sich frühzeitig dafür stark machen, dass auch die administrativen Auswirkungen rechtzeitig beleuchtet und geschult werden.

Herausforderungen kann man nur dann erkennen und zum positiven umwandeln, wenn man am Ball bleibt – also die permanente Weiterentwicklung der Mitarbeiter in der Führungskultur festschreibt. Dadurch hat sich manches Potenzial gezeigt – auch bei Assistentinnen und Assistenten.

Doch wie bringt man Mitarbeiter dazu, permanent aktiv und wach zu bleiben? Wie erreicht man, dass sie es sich nicht in der Komfortzone Routine bequem machen? Indem man sie motiviert.

## Motivation als Turbo

Wie wichtig ein positives Betriebsklima ist, untersuchte das Bundesarbeitsministerium in einer groß angelegten Befragung. Das Ergebnis ist eindeutig. Drei Viertel der Befragten, die in den vergangenen zwei Jahren bei einem Arbeitgeber gekündigt hatten, gaben an, dass der Hauptgrund für ihren Arbeitsplatzwechsel die Suche nach einem besseren Vorgesetzten und eine fairere Behandlung durch das Team war. Geld macht es also nicht.

Die Ergebnisse stammen aus der Studie zum Thema Arbeitsqualität und wirtschaftlichem Erfolg, für die Daten der Betriebs- und Beschäftigtenbefragung Linked Personnel Panel (LPP), für die gut 7.100 Beschäftigte und etwa 700 Personalverantwortliche von Unternehmen befragt wurden, sind in vielerlei Hinsicht aufschlussreich. Im Abschnitt Regressionsanalyse, Maßnahmen der Betriebe zur Höherqualifizierung, spiegelt sich auch die Wahrnehmung der Beschäftigten wider. In den Betrieben, die Höherqualifizierung anbieten, empfinden die Beschäftigten ein signifikant höheres Interesse des Betriebes an ihrer Weiterentwicklung als in Betrieben, die dieses Instrument nicht anbieten. Also alles klar.

## Eine kleine Schaltanleitung für den Umgang

Für alles gibt es eine Regel. Die wichtigste im Umgang mit Mitarbeitern, und ganz besonders mit Ihrer wichtigsten Angestellten (Ihrer Assistenz) ist: Solidarität lässt sich nicht kaufen. Solidarität ist im Lexikon übersetzt mit Verbundenheit und Unterstützung von Ideen, Aktivitäten und Zielen anderer. Das ist die Grundzutat, die ein Formel-1-Pilot braucht, damit sein Team alles möglich macht, um Fahrzeug und Lenker als erste über die Ziellinie zu bringen. Doch dazu muss die Mannschaft überzeugt vom Piloten sein. Das können Sie durch Vorbildfunktion und die richtige Motivation erreichen.

Es reicht nicht, ab und zu mit Geld zu winken. Bonuszahlungen oder Gehaltserhöhungen haben nur einen eingeschränkten Effekt auf das gute Klima zwischen Ihnen und der Assistenz. Bonuszahlungen oder Prämien für gewisse Leistungen stellen die permanente Arbeit vielleicht sogar ein wenig in Frage. Motivation dagegen, als ein fester Bestandteil der Führungskultur, dient dazu, die Mannschaft in einem Ziel zu vereinen. Das gilt für beide Seiten. Nicht nur die Mitarbeiterin muss von Ihnen überzeugt sein, sondern auch Sie von Ihrer Mitarbeiterin. Sie müssen ihr ver- und zutrauen.

Wie erreichen Sie das? Fangen Sie zunächst damit an, zu informieren. Nur informierte Mitarbeiter sind auch motivierte Mitarbeiter. Sie haben dann das Gefühl, ich gestalte mit, ich gehöre dazu. Es ist besonders für die Assistenz wichtig, dass sie organisatorische Prozesse nachvollziehen und sich mit eigenen Anliegen und Vorschlägen einbringen kann. Wenn Sie das beherzigen, ist ein großer Schritt getan. Damit signalisieren Sie der Assistenz, dass Sie sie als kompetente Mitarbeiterin erkannt und akzeptiert haben.

Motivation auf diese Art kostet Sie nichts. Das gilt auch für den zweiten Motivationshebel. Zeigen Sie Interesse und fragen Sie nicht nur aus Höflichkeit, wie es ihr geht. Floskeln spürt das Gegenüber.

Anerkennung und Vertrauen, ein regelmäßiger Kommentar auf geleistete Arbeit und natürlich Lob, spielen eine extrem große Rolle. Pflegen Sie das als Vorgesetzter, fühlt sich Ihre Mitarbeiterin ernst genommen und kompetent. Aber beachten Sie eines. Auf Lob muss auch Anerkennung folgen. Was hilft es sonst der Mitarbeiterin, wenn Sie ihr zwar ständig klarmachen, dass sie eine gute Leistung abliefert, aber sie sich auf ihrem Posten nicht weiterentwickeln kann? Dann verpufft das Lob relativ schnell.

In meinem Unternehmen habe ich das optimiert, indem ich täglich an alle die positiven Botschaften in Form von Mails verbreiten lasse. Das können neue Aufträge sein, neue Kunden oder das Überspringen einer Umsatzschwelle. Erfolge sind eine Leistung von allen im Unternehmen, also sollten auch alle davon wissen. Das steigert die Laune und gute Laune motiviert.

Natürlich passieren im täglichen Geschäft, wie bei Ihnen auch, nicht nur positive Dinge. Wir müssen auch Fehler und Fehlschläge verkraften. Aber das machen wir im Kreis der Betroffenen aus. Schuldzuweisungen bringen uns nämlich bei gemachten Fehlern ganz gewiss nicht weiter. Im persönlichen Gespräch analysieren wir darum die Gründe für das Geschehene und wissen, wie wir es beim nächsten Mal besser machen oder Fehler vermeiden. Das schweißt die Mannschaft zusammen. Darüber hinaus fühlen sich die Mitarbeiter in schwierigen Situationen nicht allein gelassen. Sie identifizieren sich auch in Krisenzeiten (was wir nicht hoffen, dass es jemals dazu kommt) mit dem Unternehmen. Darüber hinaus haben die Mitarbeiter die Chance, ohne Druck Fehler zuzugeben, eine Lösung zu suchen und den Kurs zu korrigieren.

Die Weiterentwicklung der Mitarbeiter ist ein noch besseres Motivationsinstrument. Das sollte bei einer Ihrer engsten beginnen, Ihrer Assistenz. Es gibt aus diesem Grunde Mitarbeitergespräche, bei der Ihre Assistenz vorbringen kann, was sie wirklich möchte. Hören Sie also genau zu und erweisen Sie sich als Mentor. Betrachten Sie bei dem Gespräch nicht Ihre(n) Gegenüber als untergeordnete Mitarbeiter(in), sondern als Teammitglied. Am Ende wollen sie doch beide Erfolg.

Eine erfolgreiche Fortschreibung der Tätigkeiten und Verantwortungsbereiche ist für die Assistenz vielleicht die Leitung eines Projektes. Warum nicht? Geben Sie ihr den gestalterischen Freiraum, den Job noch interessanter zu machen. Dann arbeitet sie gerne und wer etwas gerne tut, macht es gut. Doch überfordern Sie sie auch nicht. Sie als Chef haben die Verantwortung für Ihre Mitarbeiter und Verantwortung heißt gegebenenfalls auch Grenzen des Gegenübers erkennen. Es gibt allerdings immer einen gewissen Satz an Mitarbeitern, die einen »Nine-to-five-Job« suchen. Auch die verdienen den Versuch des Vorwärtskommens. Sind die nicht willig, sorgen oft die motivierten Kollegen dafür, dass das klappt oder sich die so eingestellten Mitarbeiter im dynamischen Team nicht mehr wohlfühlen.

Wenn Sie aber das Gefühl haben, dass kleine Geschenke die Freundschaft erhalten. Warum nicht mal eine Extraprämie im Rahmen Ihrer Möglichkeiten? Oder Sie bringen mal ein kleines Mitbringsel mit. Das regelmäßige Dankeschön und ein höflicher Ton sind ein Zeichen des stil- und respektvollen Umgangs mit den Mitarbeitern. Motivation kostet Sie nichts und spricht für eine souveräne Führungskraft mit Vorbildfunktion. Also werden Sie die Stilikone Ihres Teams.

## Guter (Fahr-)Stil ist das A und O

Gute Manieren und ein guter Stil sind bei Geschäftspartnern und bei Mitarbeitern die beste Visitenkarte. Vor allem bei Verhandlungen mit Kunden, Lieferanten und Kollegen hilft die sogenannte »Parkettsicherheit«. Korrekte Umgangsformen sind nicht nur eine gemeinsame Kommunikationsbasis, sondern auch der Schlüssel für eine motivierende Arbeitsatmosphäre und ein reibungsarmes Miteinander. Der »Knigge« ist auf keinen Fall »out«, das entsprechende Auftreten beweist vielmehr Ihr Fingerspitzengefühl. Das hilft vor allem bei kritischen Gesprächen, die schnell emotional werden können. Gute Manieren halten das vielleicht etwas aufgebrachte Gegenüber auf Distanz. Das entschärft. Darum ist für alle das Trainieren und Beherrschen guter Manieren profitabel – auch fürs Geschäft.

Im Geschäftsleben werden – wie in vielen anderen Bereichen – besonders korrekte Umgangsformen und ein angemessenes Auftreten erwartet. Die Kenntnis und das Vorleben von korrekten Umgangsformen haben zudem noch einen anderen Vorteil. Sie sind gut fürs sichere Auftreten und stärken das Selbstbewusstsein – auch über die

Grenzen Deutschlands hinaus. Führungskräfte und Assistenzen, die häufig mit ausländischen Geschäftspartnern zu tun haben, sollten unbedingt ein interkulturelles Seminar besuchen, um nicht ungewollt gegen die guten Sitten zu verstoßen und das Gegenüber damit in Verlegenheit zu bringen. Im Zuge der Globalisierung heben sich aber nach und nach die Unterschiede auf. Doch bis dahin, Obacht. Die wichtigsten Merkmale guter Manieren habe ich für Sie als kleines Reglement zusammengestellt.

Du oder Sie – wie hält man es mit Mitarbeitern? Ein heikles Thema ist das Du oder Sie zwischen Chef und Mitarbeiter. Duzen oder Siezen? Es gibt kein richtig oder falsch. Das Du lockert das Miteinander auf. Das Sie stellt die Distanz her, die man als Führungskraft vielleicht bewusst sucht. Doch was Sie auch bevorzugen, es macht keinen Unterschied in der Akzeptanz Ihrer Mitarbeiter. Sie müssen als Du oder Sie Loyalität, Transparenz und Kompetenz gegenüber dem Team beweisen. Grundsätzlich gilt: Der Ranghöhere bietet das Du an, unter Gleichgestellten der Ältere. In Motorsportteams ist das Du üblich. Das liegt aber auch daran, dass man in der Saison mit den Teammitgliedern mehr Zeit, als mit jedem anderen verbringt. In meinem Unternehmen habe ich mich ebenfalls für das Du entschieden, da mir der Teamgedanke wichtiger ist als Hierarchie. Doch egal wie Sie sich entscheiden, die Regel gilt für alle – ohne Ausnahme. Also, denken Sie gut darüber nach, wie Sie mit den Mitarbeitern kommunizieren. Das fängt schon bei der morgendlichen Begrüßung oder vor Beginn des Meetings an.

Der erste Eindruck ist entscheidend – die richtige Begrüßung. Wie grüße ich korrekt? Nicke ich kurz oder gebe ich die Hand? Im internationalen Business ist das völlig unterschiedlich, in Deutschland eindeutig.

Hier die Regeln kurz zusammengefasst: Derjenige, der in den Raum kommt, grüßt. Sind Sie im Raum, begrüßt der Rangniedrige den

Vorgesetzten. Der antwortet bitte mit den gleichen Worten oder im gleichen Sinn. Also auf ein »Guten Morgen« folgt ein »Guten Morgen«. Gibt man die Hand, tut das zuerst der Ranghöhere. Er entscheidet, ob er die Hand geben möchte oder nicht. Das wartet der Mitarbeiter ab. Hände aus den Taschen ist zwar eine Regel. Sie zu rühren, um zu zeigen, dass Sie keine Waffe in der Hand haben, ist heute zwar eher unwahrscheinlich (ich meine das mit der Waffe), aber die Regel ist heute nach wie vor eine Höflichkeitsbezeugung.

Ein Kunde oder Lieferant, der das Unternehmen aufsucht, gilt immer als Ranghöherer, also wird er vorab begrüßt. Das sind Sie Ihrer Gastgeberrolle schuldig. Ein Tipp beim Händeschütteln. Ein Händedruck soll Vertrauen herstellen. Darum soll er fest, aber nicht zu fest sein. Ebenso sollte er nicht allzu lange dauern. Sind Sie aufgeregt und die Hände feucht, bitte zuvor unauffällig an der Kleidung trocknen. Beim Händeschütteln schauen Sie Ihrem Gegenüber bitte in die Augen. Mehr bitte nicht. Also keine zweite Hand über die Hand des Begrüßten legen und kein weiterer Körperkontakt. Sie stellen sich mit »Guten Tag, meine Name ist Hans Müller« vor. Das reicht. Kein sehr erfreut. Kein »Wie geht es Ihnen?« das ist nicht mehr notwendig.

Nun nehmen wir an, Sie betreten einen Besprechungsraum. Die Teilnehmer kennen Sie nicht und diese stehen in einer Gruppe um den Kaffeeanrichte-Tisch. In dem Fall fangen Sie mit dem Nächststehenden an. In dem Fall gilt, die Damen der Runde zuerst. Sitzen die Personen, gilt für beide Geschlechter – aufstehen bei der Begrüßung. Stellen Sie einen Gast vor, wird der Ranghöchste im Raum immer als erstes darüber informiert, wer der Gast ist.

Visitenkarten sind Gedächtnishilfen. Warum übergeben Sie eine Visitenkarte? Damit der andere Ihren Namen und die Kontaktdaten kennt. Bei der Übergabe kann allerdings ein Fauxpas passieren. Nicht nur die Asiaten legen auf das Prozedere viel Wert. Die Art, durch das intensive Lesen Interesse für die Person zu signalisieren, gehört in Deutschland mittlerweile ebenfalls zum guten Ton. Man sollte den Austausch der Karten zu Beginn eines Gespräches erledigen. Derjenige, der die Visitenkarte in Empfang nimmt, liest diese sichtbar. Das signalisiert wahres Interesse und hilft dem, der die Visitenkarte bekommen hat, bei der richtigen Ansprache. Ein Bespiel gefällig? Der Gast hat einen Doktortitel. Dieser ist unbedingt zu nennen. Und auch hier bekommt der Ranghöchste als erste Person die Visitenkarte. Und noch einen Tipp aus Asien, der sehr sinnvoll ist. Übergeben Sie die Visitenkarte so, dass der Empfangene die Informationen gleich lesen kann, ohne die Karte zu drehen. Also von Ihnen gesehen auf den Kopf gestellt.

## Regeln im E-Mail-Verkehr

Grundsätzlich gehört unter jede E-Mail eine sogenannte Signatur. Diese sollte für alle gleiche Regeln haben. Natürlich sind AGs et cetera gewissen Regeln unterworfen. Aber eine Signatur ist gestaltungsfähig und sollte aussehen wie die Visitenkarte. Also: Vor- und Nachname, Rang/Abteilung, Postanschrift, Telefonnummer und E-Mail-Kontakt. Gibt es eine Homepage Ihrer Firma, diese am Ende der Signatur nennen. Das kann nicht schaden, so kann der Empfänger erste Informationen einholen.

Die Bezugszeile ist dazu da, den Empfänger auf den ersten Blick zu informieren, was der Grund der Nachricht ist. Nutzen Sie das. Die Unart, ständig auf Antworten zu drücken, generiert mitunter eine Riesen-E-Mail und einen riesigen Verdruss. Man möchte sich nicht durch alle zuvor gesendeten E-Mails kämpfen, um auf des »Pudels Kern« zu kommen.

Kurz und knapp ist die beste Formel beim Formulieren von E-Mail-Inhalten. Bitte möglichst sachbezogen schreiben, Privates gehört nicht in geschäftliche E-Mails und das Setzen von Emoticons nur in den aller seltensten Fällen. Das ist dem Privatbereich vorbehalten. Hier geht es um Geschäftskorrespondenz. Dasselbe gilt für die Anrede. »Hallo« oder »Hi« sind nicht angebracht.

Wenn Sie Anhänge versenden, achten Sie bitte auf eine korrekte Beschriftung. Anlagen sollten zudem nur die Sache betreffen. Sind in der Datei für die Korrespondenz unwichtige Dinge (zum Beispiel Studien), schneiden Sie per »Snapshot« das aus, was den Empfänger interessiert.

## Geschäftsessen: Räumen Sie die Fettnäpfe vom Tisch

Vieles kennen Sie schon, wie etwa die folgende Regel. Der Gastgeber bestimmt das Restaurant. Natürlich auch, dass das Handy stumm und nicht sichtbar ist. Grundsätzlich wissen Sie: andere Länder, andere Sitten. Darum hören Sie darüber hinweg, wenn beispielsweise Ihr chinesischer Kunde die Suppe laut schlürft (in China ein Zeichen des Wohlgefallens) oder der Franzose ein Menü und nicht nur ein Hauptgericht erwartet. Vermeiden Sie beim Bestellen des Essens Gerichte, die eine Herausforderung sind, wie etwa Spaghetti, Salat oder Schalentiere. Sprechen Sie nicht über Politik oder Persönliches und nicht unbedingt über das Geschäft. Gepflegter Small Talk wie Wetter, Reisen und so weiter lockert die Runde auf. Wenn es sich dann ergibt oder schon von vornherein als Thema Geschäftliches verabredet ist, bitteschön.

Der Einladende weist die Plätze zu. Und wie beim Begrüßen ist der Ranghöchste der Wichtigste. Darum beachten Sie, dass die besten Plätze die zur Rechten der Gastgeberin oder des Gastgebers sind.

Heiße Getränke, die in Tassen nach dem Essen gereicht werden, dürfen erst serviert werden, wenn alle Besteckteile abgeräumt sind. Allenfalls wenn ein Digestif serviert wurde, darf dieser zum Espresso, Kaffee oder Mokka stehen bleiben.

Am Ende muss ja immer einer die Zeche zahlen. Es ist kein Gebot, zum Zahlen den Tisch zu verlassen, doch im Fall der Barzahlung ist dies angebracht. Kreditkarten können Sie in einem guten Restaurant in die dafür vorgesehene Mappe legen. Aber die beste Möglichkeit ist, sich die Rechnung in die Firma senden zu lassen. Bitte prüfen Sie die Rechnung nicht auffällig am Tisch. Das schadet der hoffentlich positiven Stimmung nach einem guten Essen. Diskretion ist hier oberstes Gebot.

Das sind natürlich nur einige Umgangsregeln, die einem aber schon ganz gut durch den beruflichen Alltag helfen. So fahren Sie und Ihr Team ganz gewiss durch das Ziel, ohne von der Bahn zu rutschen. Sollte diese Art Training noch nicht fester Bestandteil Ihres Weiterbildungsangebots sein, sollten Sie das ändern. Gutes Benehmen aufzufrischen und zu kennen, hat noch niemandem geschadet. Weder Ihnen noch Ihren Mitarbeitern.

# Jacqueline Jakob sagt: Klar kommunizieren

Die Berufslaufbahn von Jacqueline Jakob beweist, dass der Beruf der Assistenz nicht das Ende der Fahnenstange ist. Sie hat heute in einer internationalen Personalberatung eine Managementposition inne.

**Sie bekleiden heute eine Managementposition bei einer international tätigen Personalberatung und haben zuvor als Assistenz gearbeitet. Das ist eine beachtliche Karriere. Wie hat das funktioniert?**
**Jaqueline Jakob:** In meinem Fall war von Anfang an klar, dass die Assistentenposition eine Zwischenstation ist. In der damaligen DDR begann ich ein Studium der Psychologie und der Pädagogik. Aufgrund des Mauerfalls konnte ich das Studium nicht beenden. Später entschied ich mich, das Studium der Psychologie/Pädagogik nicht fortzusetzen, sondern ein BWL-Studium zu absolvieren. Hierfür suchte ich nach einer Branche, bei der ich das BWL-Studium mit der beruflichen Praxis optimal verbinden konnte. So bin ich auf die Branche der Unternehmensberatung aufmerksam geworden und habe mich als Assistenz beworben.

**War denn Studium und Beruf nebeneinander möglich?**
**Jakob:** Nicht sofort. Als ich die Stelle als Assistentin bei einer Unternehmensberatung angetreten habe, wurde schnell klar, dass mein damaliger Arbeitgeber keine Möglichkeit sah, mir eine flexible Arbeitszeitlösung anzubieten, um neben dem Beruf ein Studium zu absolvieren. Daraufhin suchte und fand ich ein Unternehmen, das Verständnis für meine Situation aufbrachte und mir durch eine entsprechende Arbeitszeitregelung das Studium möglich machte.

**Wie würden Sie mit dem heutigen Abstand die Tätigkeit der Assistenz beschreiben?**
**Jakob:** Die Aufgaben auf diesem Posten können sehr vielseitig und anspruchsvoll sein. Das hängt davon ab, wie viele Freiräume man der Assistenz lässt. In den Unternehmen herrscht meist eine klare Vorstellung davon, was auf dieser Position gewünscht oder nicht gewünscht ist. Es gibt Firmen, die möchten, dass die Assistenz lediglich eine bessere Terminplanerin ist und es gibt Vorgesetzte, die die Assistenz bewusst klein halten. Es gibt aber auch Arbeitgeber, die an die Assistentenstelle anspruchsvolle Aufgaben knüpfen.

**Was raten Sie, wenn man sich als Assistenz intern auf eine interessante Stelle bewerben will?**
**Jakob:** Smart und klar kommunizieren, dass man sich für diesen Job interessiert. Ich schätze, dass 80 Prozent der Assistenten nicht offen sagen, was sie diesbezüglich wollen. Da mangelt es oft auch am nötigen Selbstbewusstsein. Eine gute Idee ist auch, sich im Unternehmen gut zu vernetzen und zu signalisieren, dass man an der oder einer anderen Stelle Interesse hätte.

**Sollte man bei der Bewerbung auf eine Stelle als Assistenz bereits sagen, dass man Ambitionen hat, sich weiterzuentwickeln?**
**Jakob:** Das kommt ganz auf den Gesprächspartner und die Kultur des Unternehmens an. Es lässt sich beim Bewerbungsgespräch sehr schnell erkennen, ob das ein Unternehmen oder Vorgesetzter ist, das beziehungsweise der in dieser Beziehung offen ist. Ich selbst habe da völlig unterschiedliche Erfahrungen gemacht.

**Was würden Sie einer Assistenz als Karrieretipp mit auf den Weg geben?**
**Jakob:** Zunächst einmal, dass sie reflektiert und hinterfragt, was macht mir denn eigentlich Spaß oder was interessiert mich? Wo liegen meine Stärken? Ebenso wichtig ist natürlich der Wille zur Weiterbildung. Man sollte an Weiterbildung mitnehmen, was geht.

Manche Arbeitgeber fördern das. Bei meinem aktuellen Arbeitgeber, Egon Zehnder, wird das sogar gern gesehen und der Wille zur Weiterbildung wird vorausgesetzt.

**Ist es aber nicht sehr anstrengend, neben dem Beruf erneut »die Schulbank zu drücken«?**
**Jakob:** Wenn man ein Ziel erreichen will, ist das eine gute Motivation.

**Vita**
Jacqueline Jakob arbeitet seit 2005 in einer global agierenden Management-Beratung für verschiedene Klienten aus Schlüsselindustrien (unter anderem Energie und Automobil). Zuvor war sie fünf Jahre für Arthur D. Little tätig, nachdem sie ihre Laufbahn in der Beraterbranche bei Accenture begonnen hatte. Während ihrer Tätigkeit bei der Beratung Arthur D. Little absolvierte Jacqueline Jakob in München das Studium der Betriebswirtschaft mit dem Fokus auf Organisation.

# Poleposition

## Fahren Sie in die Startaufstellung

Sie haben es geschafft. Sechs Kapitel und Interviews mit Führungskräften, die die Wichtigkeit und das Potenzial Ihrer rechten Hand erkannt haben und nutzen, sind absolviert. Aber es ist wie beim Erwerb der Fahrlizenz. Die Prüfung zur Erteilung besteht aus zwei Teilen, der Theorie und der Praxis.

Die Lektüre hat Ihnen nun die notwendige Theorie oder – wie es auf Neudeutsch heißt – die Tools geschildert. Mit Hilfe des Lesestoffs sind Sie somit in der Lage, das Gelesene mit den Prozessen in Ihrem Unternehmen abzugleichen. Wenn Sie das tun, machen Sie Ihren Mitarbeitern klar, wie wichtig Ihnen diese Phase ist. Bevor Sie damit vor Ihre Mannschaft treten, prüfe ich Sie noch einmal und stelle sicherheitshalber zum Abschluss die Frage: Warum sollten Sie überhaupt in Ihrem Büroalltag etwas ändern? In Ihrer Firma läuft es doch gut, die Umsätze stimmen.

Wächst ein Unternehmen, ist das grundsätzlich positiv. Wenn Strukturen und Prozesse nicht ständig angepasst werden, wenn die Führung zu sehr mit der Abwicklung der laufenden Geschäfte beschäftigt ist, und die Mitarbeiter bei der wachsenden Arbeitsfülle ihre Aufgaben nur »irgendwie« erledigen, weil sich keiner Gedanken um einen mitwachsenden Prozess macht, kurz: Wenn die Verwaltungsabläufe nicht auf sich ändernde Bedingungen und neue Herausforderungen aufgebaut sind, ist der Erfolg garantiert nicht langfristig. Das sicherzustellen ist aber genau der Job der Führungskraft. So wie der Pilot das Fahrzeug über die Ziellinie bringt und nicht die Reifen wechselt.

Wenn Sie sich auf Geschäftsreisen lieber um den Zucker für den Gästekaffee kümmern, ist das für Ihre Mannschaft äußerst demotivierend. Die Mitarbeiter gehen davon aus, dass ihr Chef ihnen nichts zutraut und darum alles lieber selbst in die Hand nimmt. Die Folge: innere Kündigung des Personals und bei den Guten wirkliche Kündigung. Schon um die Abwanderung der Leistungsträger zu verhindern, ist die Überprüfung der Abläufe immer wieder notwendig. Sie wollen doch die Zielflagge nicht nur einmal, sondern dauerhaft als Erster sehen. Voraussetzung dafür ist, eine atmende Struktur und Organisation zu schaffen, die die gewinnbringenden Prozesse des Unternehmens stärken. Dieser Plan ist allerdings nicht mit umständlichen Verwaltungsprozessen oder mit »ich mache das lieber selbst-Bossen« umzusetzen.

Wie heißt es so richtig in Goethes Faust: »Der Worte sind genug gewechselt, nun lasst uns endlich Taten sehen.« Reduzieren Sie also Ihre Aufgaben und delegieren Sie. Lassen Sie die Mitarbeiter die Routinejobs erledigen und machen Sie das, was Ihr Job ist – nämlich führen. Läuten Sie den Wechsel ein, damit Ihr Fortkommen gesichert ist. Fachsprachlich wird so ein Anstoß international als »Change Management« benannt. Das Wort Change ist enorm stark und hievte in den USA den ersten schwarzen Präsidenten ins Weiße Haus.

Das Management der Veränderungen ist dann erfolgreich, wenn es sorgfältig gesteuert und auf lange Sicht gefahren wird. Planung, Realisierung und Kontrolle der neuen Abläufe wollen gut durchdacht sein, damit die Realisierungsphase möglichst ohne Reibungsverluste und Konflikte durchgezogen wird.

Für eine funktionierende Implementierung muss zudem die Veränderung richtig kommuniziert werden. Bereits bei der Konzeptionszeit einer sich verändernden Organisationsstruktur sollte nicht nur über das Ziel, sondern auch über die Strecke informiert werden.

Es versteht sich, die Gründe der neuen Struktur zu erklären, Vorgehenskonzepte zu entwickeln, zu präsentieren und zu diskutieren sowie die Umsetzung immer wieder zu kontrollieren. Darum ist es besonders wichtig, mit den betroffenen Teammitgliedern oder Angestellten von Anfang an in den Dialog zu treten.

Das ist für die Akzeptanz und den Projekterfolg ausschlaggebend. Und motivierend ist es auch noch. Bleiben wir bei dem Beispiel Ihrer Assistenz, die in der neuen Struktur mehr Aufgaben übernehmen soll. Sie muss die Ziele, den Nutzen und die Risiken der Neuordnung verstehen und mit einbezogen werden. Eine Änderung des bisherigen Status quo funktioniert nur, wenn Ihre Mitarbeiter das auch wollen. Das Wichtigste ist darum, dass alle Beteiligten den »Check« verstehen und mitgestalten. Das Informieren und Einbeziehen hat nichts mit Schwäche oder Machtverlust zu tun, sondern im Gegenteil. Es beweist, dass mit Ihrer Einstellung der Richtige/die Richtige für die Führungsaufgaben gewählt wurde.

Haben Sie das in Ihrer Planung berücksichtigt, können Sie den Startknopf drücken. Drücken Sie den auch, wenn die Initialzündung von Ihrer Assistenz kommt. Sie hat vielleicht statt Ihrer dieses Buch gelesen (Ihnen also bereits eine Aufgabe abgenommen) und trägt nun zur Optimierung Ihres Arbeitsalltags bei. Stimmt die Chemie zwischen Ihnen, wird Ihre Mitarbeiterin das Thema offen ansprechen. Ich gratuliere Ihnen zu diesem Vertrauensverhältnis.

Wie gehen Sie jetzt das Rollen in die Startaufstellung an? Zunächst denken Sie darüber nach, wer in Ihrem Team, neben der Assistenz, von der Neuorganisation betroffen ist. Sprich: Welche internen Ansprechpartner müssen informiert und somit einbezogen werden? Wenn sich Prozesse in Ihrem Büroablauf ändern, ändern sich oft Tätigkeitsfelder von mehreren Personen im Unternehmen. Ihr wichtigster Partner ist aber in dem Fall die Assistenz. Doch wie gehen Sie das am diplomatischsten an? Sie haben ja bereits gelesen, dass ein Bestandteil der Führungskultur die Information und die Transparenz über Abläufe, Projekte und Ziele ist. Machen Sie aber am Anfang des Veränderungsprozesses klar, dass es hier nicht um eine Personaleinsparung geht, sondern um eine Optimierung.

Laden Sie zum Start die betroffenen Mitarbeiter ein und benennen Sie klar den Anlass. Der Termin sollte nicht gleich morgen stattfinden, denn Ihre Mitarbeiter – und vor allem auch Sie – sollten sich gründlich auf das Gespräch vorbereiten. Zwei Wochen vorher ist sicher ein ausreichender Zeitraum. Der Tag sollte so gewählt sein, dass Sie im Anschluss keine wichtigen Termine mehr haben, damit Sie bei Bedarf nach angesetzten eineinhalb Stunden in eine Verlängerung gehen können (sollte das beim ersten Gespräch notwendig sein). Bitten Sie auch die Eingeladenen ausdrücklich darum, das Thema aktiv anzugehen.

Und noch eins: Handelt es sich um eine Neuordnung der Aufgaben und Tätigkeiten zwischen Ihnen und Ihrer Assistenz, überlegen Sie sich die Belastbarkeit und das Potenzial Ihrer Mitarbeiterin. Warum sage ich das? Der Beruf der Assistenz ist nicht eindeutig in einem Berufsbild definiert. Auch die Ausbildung ist sehr unterschiedlich. Sprechen Sie mit großen Personalabteilungen, werden diese Ihnen leidvoll berichten, dass sich von der Verkäuferin bis zur Gärtnerin alles auf eine Assistentenstelle bewirbt. Studierte Betriebswirte sind darunter, gerne auch Kandidaten aus dem Tourismussektor (zu denen ich auch mal zählte). Was sagt uns das? Bei der Besetzung ist mehr als auf jeder anderen administrativen Stelle Fingerspitzengefühl gefragt. Gehen Sie ruhig noch mal die Stellenbeschreibung des vorherigen Kapitels durch und überlegen Sie noch einmal: Was trauen Sie Ihrer rechten Hand zu, was kann sie gut und wozu ist sie fähig?

Bereiten Sie sich auf das erste Gespräch vor, indem Sie Ihre Mitarbeiter darüber informieren, dass sie ein Tuningprogramm für die Büroorganisation starten wollen. Sie fangen mit dem Ende, dem Ziel an und formulieren das auch in der Einladung. Eine eindeutige Definition des Vorhabens bringt allen Beteiligten Klarheit über die Absicht.

### Darum bauen Sie folgende Punkte im Inhalt ein:

- Wo wollen Sie hin?
- Wie und in welchem Zeitrahmen soll das Ziel erreicht werden?
- Was sind die ersten Schritte?

Das hilft auch Ihrer Assistenz und den involvierten Mitarbeitern, ihre Sicht der Dinge zu formulieren und Vorschläge argumentativ zu unterfüttern.

Die Definition des gewünschten Ergebnisses hat für alle die Funktion eines Navigationssystems. Danach bestimmt sich die Route (vorzugsweise auf der Ideallinie). Damit können sich alle gedanklich vorstellen, wohin die Reise gehen soll. Dabei unterscheiden Sie zwischen quantitativen Zielen (ich will 20 Prozent mehr Zeit für strategische Aufgaben haben) und qualitativen Zielen, beispielsweise die Verbesserung der internen Kommunikation. Dasselbe bitten Sie Ihre Assistenz zu tun. Sie werden erstaunt sein, dass viele Vorschläge von Ihrer Assistenz kommen. Vor allem bei Details kennt sie sich besser aus als Sie.

Damit ist eine gute Basis für einen Neustart gelegt. Wichtig ist, dass alle im Boot sitzen und gemeinsam auflisten, welche Aufgaben und Tätigkeiten da sind, wer diese im Moment erledigt oder ob es eine Verbesserung wäre, dass sie künftig jemand anderes übernimmt.

**Hier eine Beispielliste:**

- Filterung der eingehenden Mails
- Ablage der Mails
- Weiterleitung an zuständige Mitarbeiter

- Recherche durchführen
- Präsentationsgestaltung
- Terminplanung
- Reisemanagement
- Protokollarbeiten
- Eventplanung und -durchführung
- Rechnungscontrolling
- Vertragsunterlagen vorbereiten …

Klären Sie beim Change-Prozess am Anfang des ersten Gesprächs mit der Assistenz und den betroffenen Mitarbeitern, ob die Bereitschaft gegeben ist. Wenn nicht alle an einem Strang ziehen, wird es mühsam, das Ganze ins Rollen zu bringen. Propagieren Sie: Beteiligung statt Anweisung ist ein klares Zeichen von Wertschätzung.

Führen Sie während des Prozesses ein Gebetbuch (die Schaltanleitung im Rallyesport für den Fahrer), in dem alle Ideen und Anregungen erfasst sind und in dem steht, wie die Implementierung erfolgen soll. Nur so ist eine Überprüfung der Umsetzung zur Prozessoptimierung möglich. Das Führen und Lesen dieses Logbuchs zeigt, wie nah man dem Endziel ist. Vereinbaren Sie schon beim ersten Termin, in welchem Rhythmus Sie sich zusammensetzen und das »Gebetbuch« für den Neustart überprüfen möchten.

Wie Sie bei dem Einziehen neuer Strukturen vorgehen, ist natürlich immer individuell. Jedes Unternehmen hat seine Eigenheiten, die man einbeziehen muss. Um während des Prozesses überprüfen zu können, wo Sie stehen, empfehle ich eine Matrix, von der die Anfangsbuchstaben der einzelnen Punkte passenderweise SMART ergeben.

**S** steht für spezifisch. Dahinter steht die Frage: Haben Sie Ihre Ziele klar kommuniziert und wurden sie von allen Beteiligten verstanden? Es ist absolut wichtig, dass Ihre Mitarbeiter verstehen, worum es Ihnen dabei geht. Dasselbe gilt im umgekehrten Fall, wenn Sie als Assistenz den Vorschlag machen, über eine Neuaufteilung aus Effizienzgründen nachzudenken.

**M** steht für messbar. Woran wollen Sie die Fortschritte beziehungsweise die Erfolge der neu verabredeten Abläufe festmachen (im Fall des Vorgesetzten: mindestens 20 Prozent mehr Zeit für strategische statt Routinedinge, im Fall der Assistenz: neue Aufgabenfelder oder Budgetverantwortung)?

**A** steht für akzeptiert. Wird ein Neuaufsetzen und eine Umverteilung von Aufgaben und möglicherweise von Zuständigkeit von allen Beteiligten akzeptiert? Es versteht sich von selbst, dass der Erfolg davon abhängt, wie das Team mitzieht. Auch hier sollten Sie sich Ihrer Vorbildfunktion im Klaren sein. Die Kunst lautet: Du-Botschaften in Ich-Botschaften umzuwandeln, also »Was genau strebe ich an?«, »Warum ist mir das so wichtig?«. Damit fühlt sich der Gesprächspartner nicht unnötig unter Druck gesetzt.

**R** steht für realistisch. Halten alle Beteiligten die neuen Abläufe für förderlich, um das formulierte Ziel für mehr Effizienz zu erreichen? Sie müssen sicherstellen, dass die Notwendigkeit und die Vorteile der neuen Organisationsstruktur anerkannt und von allen Beteiligten für möglich gehalten werden. Hören Sie sich mit aller Ruhe an, ob eine geplante Umstellung in die Firmenabläufe aus Sicht der Gesprächspartner einzubetten ist.

**T** steht für terminiert. Wann sollte die neue Struktur eingezogen sein und wie sollte sie funktionieren? Welche Etappenziele sollten wann erreicht werden? Beachten Sie dabei, dass neue Abläufe trainiert werden müssen, um selbstverständlich zu werden. Vor allem denken Sie daran, dass Ihr Tagesablauf ein anderer wird. Geben Sie sich also auch selbst die Zeit, um sich zu gewöhnen.

Sind diese Fragen Ihrerseits beantwortet, dann können Sie den Motor für einen Neuanfang SMART starten. Aber aller Anfang ist wichtig. Darum drehen wir jetzt noch eine kleine »zwischenmenschliche« Schleife.

## Ein gutes Team versteht sich ohne viele Worte

Haben Sie mal über die Persönlichkeit in Ihrem Vorzimmer nachgedacht? Das sollten Sie tun. Wissen, wie der andere »tickt«, erleichtert die Feststellung der Potenziale. Menschen haben nun einmal verschiedene Interessen, Wertevorstellungen und Orientierungen, die natürlich auch deren Handeln steuern. Es sind Ausprägungen in die eine oder andere Richtung. Doch klar ist, ihre Ausprägungen sind nicht allgemeingültig. Das Schließen von sich auf andere ist daher sinnlos.

Um ein wenig hinter das Wesen Ihrer Mitarbeiterin beziehungsweise des Mitarbeiters (oder auch Ihres Chefs) zu kommen, gibt es eine bewährte Methode. Die Einordnung nach Typen basiert auf Fritz Riemann, der vor rund fünfzig Jahren das wegweisende Buch *Grundformen der Angst* geschrieben hat. Die Einordnung nach Riemann erklärt, warum wir als Menschen eher dem Wechsel oder der Dauer zuneigen, warum wir eher Nähe suchen oder Distanz halten. Das ist wichtig, damit Sie sich ein Bild Ihres Teammitglieds machen. Es ist ein Hinweis. Aber denken Sie immer daran, es gibt nicht die eine oder andere Persönlichkeit, sondern nur mehr oder weniger. Riemann unterteilte die Charakterzüge in vier Kategorien (Quelle: http://arbeitsblaetter.stangl-taller.at/EMOTION/Riemann.shtml):

Typ Nr. 1: Wenn Ihre Mitarbeiterin/Ihr Vorgesetzter sich immer streng an Abläufe hält, spricht das nach dem Münchner Psychologen Riemann für die Angst vor der Veränderung. Die Eigenschaften einer solchen Person sind Perfektion und Optimierung, Kontrolle, Macht und Beherrschung. Für ihn gibt es nur richtig oder falsch. Recht und Ordnung sind für ihn höchstes Gut. Er zeichnet sich aus durch Gewissenhaftigkeit, ist auf Sicherheit bedacht und geht mit einer gewissen Vorsicht an neue Dinge heran. Für ihn zählt Leistung, Ausdauer und Hartnäckigkeit. Er ist ehrgeizig. Geld und Gut sind Maßstäbe. Bodenständigkeit, konservatives Denken, das Bewahren von Tradition, Ordnung, Sauberkeit, Sparsamkeit (bis hin zu Geiz) sowie Sachlichkeit stehen ganz oben. Sie akzeptieren Wahrnehmbares, Konkretes, sind konsequent und zuverlässig.

Typ Nr. 2: Wenn Ihre Mitarbeiterin oder Ihr Vorgesetzter etwas orientierungslos ist, spricht das dafür, dass sie beziehungsweise er eine gewisse Endgültigkeit fürchtet. Dieser Typus neigt dazu, das leichte, mühelose und anregende Leben anzustreben, (äußere) Freiheit und Ungebundenheit wird als wichtig empfunden. Menschen dieses Typs suchen das Abenteuer und die Herausforderung. Sie wollen immer etwas erleben und es muss möglichst spannend sein. Abwechslung und immer wieder neue Reize sind ihnen wichtig. Aktivität, Impulsivität und Unternehmungsgeist sind ihre Merkmale, aber auch der Mut zum Risiko, Kontaktfreude, Spontaneität und Begeisterung. Dieser Typ will aber auch im Mittelpunkt stehen und gefallen. Das setzt er mit einer gewissen Theatralik und Show um. Seine Auftritte unterstreicht er mit Effekten, zugleich aber entwickelt er Ideen und ist kreativ. Dieser Typ arbeitet oberflächlich und erledigt seine Aufgaben eher flüchtig. Dafür zeichnet dieser sich durch Flexibilität aus, er ist aufgeschlossen für Neuerungen und revolutionäre Umsetzungen.

Typ Nr. 3: Haben Sie das Gefühl, das Gegenüber hat Angst vor Nähe? Dann ist das ein Zeichen für den Wunsch nach innerer Freiheit und Unabhängigkeit. Er ist nicht der Team-Typ, sondern strebt nach Autonomie. Er hält stets Distanz und grenzt sich gerne von der Gruppe ab. Selbstbestimmung und Selbstbewahrung sind ihm wichtig. Er lebt gerne in einer eigenen Welt und das mit Phantasie und Individualität. Nach außen hin wirkt er sehr beherrscht und lässt sich nicht gerne in die Karten sehen. Das heißt aber nicht, dass er keine intensiven Gefühle hat. Ambivalenz und Ringen um innere Einheit bestimmen sein Verhalten, Identität und Harmonie sind seine bevorzugten Werte. Er ist bei aller Distanz sensibel, geradezu hochsensitiv. Wenn Sie solch einen Typ vor sich haben, passen Sie auf folgende Attribute auf: konsequent, sachlich, rational, logisch, abstrakt. Innerlich ist er unsicher, äußerlich jedoch selbstbewusst (in manchen Situationen sogar arrogant wirkend).

Typ Nr. 4: Die vierte Kategorie von Einordnung nach Riemann ist der Charakter, der Angst vor der Selbstwerdung hat. Was ist ihm wichtig? Geborgenheit, Anpassung, Anlehnung und Harmonie. Die Person ist ein Teamplayer, weil sie kooperationsfähig ist und sich mit Hingabe einer Aufgabe widmet. Der Charaktertyp ist warmherzig und gefühlvoll, ist zu Mitgefühl fähig und nimmt Anteil. Er will Frieden im Team, ist ausgleichend und vorsorglich. Er ist die perfekte Nummer zwei. Er ist fürsorglich und kann sich sowohl in eine bestehende Gruppe einfügen als sich dieser auch unterordnen. Dabei ist er auch ein wenig naiv und gutgläubig. Er braucht Führung.

Haben Sie den Gegenüber in einem der Typenprofile wiedergefunden? Vielleicht sich selbst auch ein wenig? Denken Sie bei der Einordnung daran: Ein Mensch ist immer eine Mischung, jedoch mit einem gewissen Schwerpunkt. Also, wozu neigt die Assistenz/der Chef im täglichen Umgang? Warum das wichtig ist? Es ist grundsätzlich wichtig, dass Sie bei der Zusammenarbeit wissen, wie Ihr Gegenüber sich verhält. Das ist unstrittig. Wenn Sie eine neue Struktur einziehen wollen, kann das große Auswirkungen haben. Und die negativen Reaktionen darauf sollten Sie vorher mit sachlichen Argumenten entkräften. Das gleiche trifft auf das Ausloten der Möglichkeiten und Fähigkeiten zu, die Ihr Gegenüber hat. Wenn Sie Tätigkeiten delegieren wollen, brauchen Sie eine Person, die das in Ihrem Sinne erfüllt. Doch diese Person muss auch wollen. Ich schreibe das so ausführlich, weil ich Sie darauf aufmerksam machen will, dass diese Überlegungen dringend zu einem Neuanfang gehören. Sonst besteht die Gefahr, dass sie einen Fehlstart hinlegen. Dafür müssen Sie sich eben auch intensiv mit dem Menschen und seinen Möglichkeiten beschäftigen. Denn nur im Team gelingt ein guter Start und die Durchsetzung der neuen Strategie.

## Briefing für den Neuanfang

Einen Neuanfang anzustoßen, ist immer schwierig. Darum ist die eigene sorgfältige Vorbereitung extrem wichtig. Bevor Sie also auf den Startknopf drücken, überprüfen Sie noch einmal alles.

Dabei hilft die Beantwortung folgender Fragen:

**Frage 1:** Welche Stellen, Personen, Abteilungen und Prozesse sind für den Neuanfang relevant?

**Frage 2:** Weiß ich, wie andere Beteiligte zu neuen Prozessen und Umstrukturierungen stehen?

**Frage 3:** Wer profitiert von einer neuen Struktur/Aufgabenteilung?

**Frage 4:** Was muss ich selbst tun, um die Struktur umzusetzen?

Dann fragen Sie sich, welche Maßnahmen sollen (zunächst nur die aus Ihrer Sicht) angestoßen werden. Zur Hilfe auch hier Fragestellungen:

**Frage 1:** Was muss zuerst getan werden?/Was ist der erste Schritt?

**Frage 2:** Was wäre eine Veränderung, die mich bei meinem Job weiterbringt?

**Frage 3:** Welche Mitarbeiter müssen diesen Weg mitgehen, wen darf ich nicht vergessen?

**Frage 4:** Welche Ideen und Vorschläge kann und will ich von anderen mit einbeziehen?

**Frage 5:** Wer kann mich bei der Umsetzung unterstützen, und vor allem wie?

**Frage 6:** Wenn sich Widerstände bei den Beteiligten zeigen, lasse ich eine Maßnahme fallen oder suche ich einen anderen Weg?

**Frage 7:** Wo will ich am Ende der Umsetzungsphase stehen, und wie läuft es dann im Alltagsbetrieb?

Damit ist das Wichtigste – der gut eingeleitete Start – erledigt. Sie haben alles zur neuen Führung, Ordnung und Struktur durchdacht und können nun darangehen, die erforderlichen Impulse zu geben. Das können Sie auch delegieren. Hilfreich ist in diesem Zusammenhang der unabhängige Blick eines externen Beraters oder Coaches, der mit dem äußeren Abstand auch Missstände in der laufenden Organisation anspricht. Übrigens ist das für Mitarbeiter meist leichter zu akzeptieren, nach dem Motto: Der Prophet gilt nichts im eigenen Land.

An dieser Stelle sei noch einmal wiederholt, wie wichtig die Transparenz und das Einbeziehen der Mitarbeiter in die neue Struktur ist. Sie möchten sicher nicht, dass der Betriebsrat um ein Gespräch mit Ihnen bittet oder die Mitarbeiter das Umsetzen mit allen Mitteln boykottieren? Verhindern Sie das, indem Sie Skeptiker von neuen Abläufen von Anfang an mit ins Boot holen. Beziehen Sie in Ihre vorbereitenden Planungen auch befremdliche Reaktionen ein. Interpretieren Sie Einwendungen oder negative Reaktionen nicht als Kritik. Mitunter kann es sogar etwas hitzig werden. Sie halten sich an die Fakten und entziehen damit emotional reagierenden Bremsern den Boden. Ein kleiner Tipp: Bei einer persönlich werdenden Diskussion brechen Sie den Termin ab – nicht aber ohne ein neues Datum festzulegen. Dann können sich alle erst einmal abkühlen und wieder mit aller Sachlichkeit beim neu angesetzten Termin weiterentwickeln.

Gehen wir aber davon aus, da Sie alles gut und transparent kommuniziert haben, dass die neue Struktur im gegenseitigen Einvernehmen geschieht. Nun gilt es darüber nachzudenken, wie eine neue Aufgabeneinteilung eingeführt wird. Sie haben die Wahl zwischen »alles gleichzeitig« oder »Schritt für Schritt«. Bei einer stufenweisen Umsetzung werden die einzelnen Schritte sukzessive in den neuen Ablauf implementiert. Zum Beispiel: Sie übertragen als erstes Ihr Mail-Postfach an die Assistenz. Nachdem die verabredeten Filterfunktionen »geübt« sind, kommt der nächste Schritt, die Terminplanung und so weiter.

Der Vorteil einer kleinschrittigen Vorgehensweise ist, dass man bereits nach der ersten Phase der Veränderung im Ablauf erkennen kann, ob diese Form der Umstrukturierung wirklich funktioniert. Der zweite Vorteil ist, dass man aus diesen Erfahrungen lernen kann und dass eventuelle Probleme sofort korrigiert werden können. Das gibt den Beteiligten Sicherheit. Die stufenweise Einführung der neuen Organisationsstruktur erlaubt das allmähliche beiderseitige Loslassen herkömmlicher Arbeitsabläufe.

Wenn Sie sich aber zu »alles oder nichts« entscheiden, wird die verabredete neue Aufgabenteilung in allen Punkten eingeführt. Vergessen Sie dabei nicht, dass unternehmensweit zu kommunizieren. Die Einführung auf einen Schlag hat den Vorteil der kürzeren Zeiträume und unterstreicht die Ernsthaftigkeit. Bereichsübergreifende Prozesse wie die Erledigungen von E-Mail-Anfragen läuten die neue Organisation ein. Der Prozess wird somit für alle gleichzeitig »sichtbar« und daher schneller akzeptiert.

Aber das erhöht natürlich auch das Risiko, wenn der neue Prozess nicht funktioniert und nachgebessert werden muss. Ein Scheitern macht schlechte Stimmung. Die Vorgehensweise »alles auf einmal« erfordert von den Beteiligten auch besonders viel Energieaufwand, da viel Neues zu beachten ist.

Einen Rat noch für die Umsetzung neuer Organisationsstrukturen. Auch wenn Sie sich einen Zeitrahmen gesetzt haben, brauchen Sie hier eine gewisse Toleranz. Strukturelle Veränderungen werden manchmal von nicht vorhergesehenen Umständen gebremst. Daran darf es aber nicht scheitern. Wenn nicht alles nach dem Zeitplan geht, heißt das nicht, dass der Plan nicht umgesetzt werden kann. Manchmal trifft die alte Weisheit »Gut Ding will Weile haben« zu.

## So werden Sie von Einzelkämpfern zum Winning-Team

Sie sind schon ganz schön weit gekommen. Theoretisch zumindest. Sie wissen nun, dass es auch für den Profit gut ist, wenn Sie durch das Change-Management Ihren Verantwortungsbereich von der autoritären Zelle zur selbstdenkenden Organisation wandeln.

Peter M. Senge definierte in seinem Buch »The Fifth Discipline«, was aus seiner Sicht die Voraussetzungen für das Change-Management sind. Hier die Thesen kurzgefasst:

- Ständige individuelle Selbstverbesserung
- Durch das permanente Streben der Teammitglieder zur Selbstverbesserung werden deren Fähigkeiten verbessert.

- Gemeinsames Ziel
- Gemeinsame Visionen entstehen, wenn alle ein gemeinsames Ziel haben. Jeder begreift, was sein Beitrag ist.
- Gemeinsames Lernen
- Die Bereitschaft zum gemeinsamen Lernen ist dann gegeben, wenn die Mitarbeiter eine innere Verbundenheit haben. Das Team ist eine Einheit und bewegt mehr als die Einzelnen.
- Systematisches Denken

Das Nonplusultra ist ganzheitliches Denken. Durch ein gemeinsam erarbeitetes System können Herausforderungen erkannt, geplant und bearbeitet werden. Mit den systematischen Methoden kann man ebenfalls simulieren und dadurch präzisere Prognosen stellen.

Der Rahmen steht also. Jeder Einzelne kennt nun also das Ziel, jeder kennt seine Funktion im Zusammenspiel für einen effizienten Ablauf. Alles sollte nun ein gemeinsames Fundament haben.

Wichtig für ein perfektes Miteinander sind aber auch die persönlichen Chancen eines jeden Mitarbeiters. Machen sie klar, dass durch das neue Miteinander sich auch neue Möglichkeiten für die eigene Weiterentwicklung auftun. Sie sind nicht nur Moderator, sondern auch Mentor. Ist die neue Struktur nämlich erfolgreich, wird im Team auch der Profit geteilt und zum Beispiel durch die nächste Stufe auf der Karriereleiter belohnt.

Interessieren Sie sich für die Meinung des Teams. Fordern Sie immer wieder Anregungen, Innovationen, Kritik und auch Lob ein. Stellen Sie regelmäßig durch Umfragen fest, wie die Stimmungslage und die Einstellung im Team sind. Fördern Sie einen offenen Dialog und interpretieren Sie das nicht als Angriff. Interpretation ist der Feind der sachlichen Diskussion. Halten Sie aber auch informellen Kontakt. Denken Sie an das vorgeschlagene tägliche Treffen an der Kaffeebar im Unternehmen. Wie, Sie haben noch keine?

Dann wird es aber Zeit. Ein Treffpunkt für alle ist eine so gute Investition.

Lernen Sie Ihre Mitarbeiter kennen, beobachten Sie die Vorgehensweise der einzelnen Teammitglieder. Ist ein Vorgehen in Ihren Augen optimal, diskutieren Sie mit dem Team, ob das ein Layout für alle sein kann.

Neue Mitglieder müssen zügig informiert und auf den aktuellen Informationsstand gebracht werden. Es ist enorm wichtig, dass auch mit neuen Mitarbeitern die Verständigung und Kommunikation auf Teamebene abläuft.

Proaktives Konfliktmanagement ist das Alpha und Omega einer harmonischen und somit produktiven Arbeitsatmosphäre. Warten Sie also nicht ab, bis es zu einem Konflikt kommt. Arbeiten Sie gemeinsam im Team an einem Leitfaden, der im Fall von möglichen Meinungsverschiedenheiten angewandt wird. Erarbeiten Sie einen Verhaltenskodex als Richtschnur für den Umgang miteinander. Manifestieren Sie ihn ruhig durch Symbolhandlung, indem man beispielsweise alle Mitarbeiter die Richtlinien abzeichnen lässt. Das gilt natürlich auch für jedes neue Teammitglied. Dies hat den Vorteil, dass bei einem Neuzugang der Kodex auch mal wieder ins Gedächtnis gerufen und möglicherweise modifiziert wird.

Arbeiten Sie bei den Anforderungsprofilen bei einer Neueinstellung auch die Eigenschaften ein (wie teamorientiert, verbindlich, souverän), die notwendig sind, dass die künftige Kollegin oder der Kollege ins Team passt. Nach dem Motto »Hardware ist ohne Software nicht arbeitsfähig«.

Pflegen Sie den Dialog und vergessen Sie den Monolog. Interaktion von allen Teammitgliedern fördert den Austausch und die Weiterentwicklung von Ideen. Über die bedingungslose Regelmäßigkeit habe ich bereits mehrfach geschrieben.

Geben Sie dem Team Freiräume bei der Gestaltung des Teams. Lassen Sie sie also aktiv bestimmen, wie das Team noch besser zusammenwachsen kann. Jedes Team bildet so eine individuelle Kultur aus. Aber vergessen Sie den Spaß dabei nicht. Das kann der jährliche Ausflug in den Klettergarten sein oder der gemeinsame gemeinnützige Einsatz. Der wichtigste Leim beim Zusammenhalt ist das Lachen und das miteinander Feiern.

Nun haben Sie also gemeinsam mit Ihrer Mannschaft ein optimales Team gebildet. Nachdem Sie nun gemeinsam die neue Struktur eingezogen haben, Sie selbst mehr Zeit als je zuvor für Strategieaufgaben verwenden können, kommt die Assistenz und formuliert, dass sie weiterkommen will. Dank Weiterbildung kann sich Ihre engste Mitarbeiterin vorstellen, auf eine andere Stelle im Unternehmen zu wechseln. Und alle Beteiligten können sich die Umbesetzung vorstellen. Und nun? Sie haben die Wahl das zu verhindern oder sie mit guten Wünschen gehen zu lassen. Was machen Sie? Sie freuen sich für sie und ihre Fortentwicklung. Aber Sie stehen jetzt ohne perfekte Assistenz da. Doch ehe Sie jetzt mit sich hadern, kann ich Ihnen versichern: Intelligente Menschen streben immer das Weiterkommen an. Sie hätten es also auf lange Sicht nicht verhindern können.

Wie finden Sie nun aber einen würdigen Nachfolger? Leider kann man Assistentinnen oder Assistenten nicht klonen. Aber man kann dank sorgfältiger Auswahl einen entsprechenden Ersatz finden.

Wie gehen Sie vor? Verabreden Sie mit der Personalabteilung oder den Vermittlungsagenturen einen Fahrplan bei der Neubesetzung. Unten finden Sie die Vorgehensweise, wie wir bei der Suche nach einer Topassistenz verfahren.

**Assistenz-Suche**

- Erstellung eines individuellen Anforderungsprofils (siehe auch Kapitel »Reglement für den Sieg« – »Das richtige Anforderungsprofil«)
- Suche und Ansprache geeigneter Kandidaten (Vorauswahl der möglichen Bewerber)
- Vorabscreening für das Kandidaten-Assessment (Vorabprüfung, wer in den engeren Auswahlprozess kommt)

**Assistenz-Assessment**

- Test und Bewertung der Kompetenzen in unserem hierfür spezifisch entwickelten Assessment-Center (wie gut sind die Kenntnisse, die die Bewerber angeben wirklich und passen diese auch zum Job?)
- Abgleich der Kompetenzen der Bewerber mit dem definierten Anforderungsprofil
- Finaler Check für den idealen Fit von Chef und Assistenz

**Assistenz-Placement**

- Begleitung von Chef und Assistenz in der Einarbeitungsphase
- Ergänzendes Training von spezifischen Kompetenzen
- Sicherstellung der nachhaltigen und erfolgreichen Zusammenarbeit von Chef und Assistenz als Winning-Team

Ich weiß, das hört sich nach ganz viel Arbeit und Zeitaufwand an. Nö, muss es nicht. Auch das, wie alle anderen Routinedinge, kann delegiert werden. Sie geben nur – wie immer – die Richtung vor und fällen die Entscheidung. Auf diese Weise steht Ihrem weiteren Erfolg nichts mehr im Wege und das Buch hat geholfen. Was kann sich ein Autor am Ende eines Buches mehr wünschen?

# Anhang

## Nützliche Links

http://arbeitsblaetter.stangl-taller.at/EMOTION/Riemann.shtml

http://better-operations.com/2015/10/19/5s-done-right/

http://gettingthingsdone.com/2015/08/podcast-8-introducing-gtd-to-a-friend

http://management-innovation.com/download/Transformationale-Fuehrung.pdf

http://meedia.de/2015/11/11/stress-bei-der-arbeit-kostet-bis-zu-drei-lebensjahre

http://www.bain.de/press/press-archive/your-scarcest-resource.aspx

http://www.bmas.de/SharedDocs/Downloads/DE/Thema-Arbeitsmarkt/2014-04-04-studie-gewinnung-von-fachkraeften-monitor.pdf

http://www.rolandberger.de/media/pdf/Roland_Berger_tac_Lean_Management_im_Finanzsektor_20130318.pdf

http://www.welt.de/wirtschaft/karriere/article131273460/Wo-Manager-am-meisten-Zeit-und-Geld-verplempern.html

https://www.fzi.de/aktuelles/news/detail/artikel/smart-data-business-zehn-thesen-zur-nutzung-von-big-data-in-der-wirtschaft/

https://www.the-klu.org/

www.fuehrungskompetenzen.com

www.harvardbusinessmanager.com

www.plu.de

# Nützliche Literatur

Kahnemann, Daniel: *Schnelles Denken, langsames Denken*, München: Siedler Verlag, 2012.

Moss Kanter, Rosabeth: *On the Frontiers of Management*, Boston: Harvard Business Review Press, 2003.

Nerdinger, Friedemann W.: Motivation von Mitarbeitern, Göttingen [u.a.]: Hogrefe, 2003.

Senge, Peter M.: *The Fifth Discipline. The Art & Practice of The Learning Organization*, New York [u.a.]: Doubleday Business, 2006.

Tajfel, Henri: *Gruppenkonflikt und Vorurteil. Entstehung und Funktion sozialer Stereotypen*, Bonn [u.a.]: Verlag Hans Huber, 1982.

# Über die Autorin

© moritzhoffmann.com

Christine Walker ist erfolgreiche Unternehmerin, Personal Coach für Assistenten und das Topmanagement, Keynote Speaker und zählt zu den Top 100 Exzellenter Unternehmer. Nebenbei ist die engagierte zweifache Mutter noch begeisterte Reiterin und Tänzerin – kein Problem für die Zeit- und Effizienzexpertin.

Ihre steile Karriere begann sie als Assistenz einer Geschäftsleitung. Aus dieser Tätigkeit heraus gründete sie die erfolgreiche PLU Unternehmensgruppe mit heute über 50 Mitarbeitern. Mit ihrem Unternehmen vermittelt sie effiziente Assistenten und coacht Topmanager und deren Assistenten und Teams. Darüber hinaus hält sie Seminare und Vorträge rund ums Thema Effizienz.

www.plu.de
www.christinewalker.de

# Stichwortverzeichnis

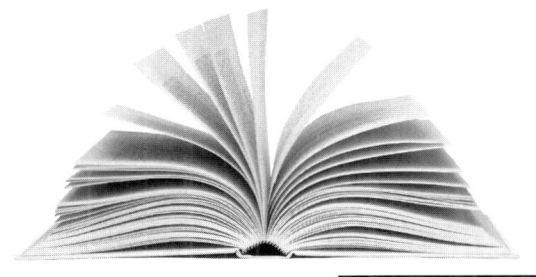